Entscheidungsnützlichkeit der Kapitalkonsolidierungsmethoden im Konzernabschluss nicht kapitalmarktorientierter österreichischer Konzernunternehmen

Europäische Hochschulschriften

Publications Universitaires Européennes
European University Studies

Reihe V
Volks- und Betriebswirtschaft

Série V Series V
Sciences économiques, gestion d'entreprise
Economics and Management

Bd./Vol. 3398

PETER LANG
Frankfurt am Main · Berlin · Bern · Bruxelles · New York · Oxford · Wien

Susanne Leitner-Hanetseder

Entscheidungsnützlichkeit der Kapitalkonsolidierungsmethoden im Konzernabschluss nicht kapitalmarktorientierter österreichischer Konzernunternehmen

Eine empirische Analyse aus Sicht der „primären“ Adressaten

PETER LANG
Internationaler Verlag der Wissenschaften

Bibliografische Information der Deutschen Nationalbibliothek
Die Deutsche Nationalbibliothek verzeichnet diese Publikation in der Deutschen Nationalbibliografie; detaillierte bibliografische Daten sind im Internet über http://dnb.d-nb.de abrufbar.

Gedruckt auf alterungsbeständigem, säurefreiem Papier.

ISSN 0531-7339
ISBN 978-3-631-61860-8

www.peterlang.de

Geleitwort

Mit der vorliegenden Arbeit widmet sich Frau Leitner-Hanetseder der Frage der Identifikation entscheidungsnützlicher Kapitalkonsolidierungsmethoden für den Einbezug von Tochter- und Gemeinschaftsunternehmen und einer sich darin widerspiegelnden konzerntheoretischen Ausrichtung für nicht kapitalmarktorientierte Konzernunternehmen sowie der Möglichkeit einer größenabhängigen differenzierten Ausgestaltung vor dem Hintergrund der Erhaltung bestehender Netzwerkeffekte. Auf Grund der zunehmenden Konzernierung nicht kapitalmarktorientierter Konzernunternehmen und des damit erhöhten Informationsbedürfnisses der Adressaten nicht kapitalmarktorientierter Konzernunternehmen kommt der Arbeit praktische und theoretische Relevanz zu. Die Aktualität der Thematik spiegelt sich in der auf internationaler und auch nationaler Ebene von den Standardsettern geführten Diskussion einer Anpassung oder Annäherung der Kapitalkonsolidierungsmethoden von nicht kapitalmarktorientierten Konzernunternehmen an die Einheitstheorie entsprechend den kapitalmarktgeprägten IFRS wider. Auf europäischer Ebene gewinnt die Problemstellung insbesondere auch vor dem Hintergrund der diskutierten Frage einer differenzierten Ausgestaltung der Konzernrechnungslegung im Zuge des europäischen Aktionsprogramms zur Verringerung der Verwaltungskosten an aktueller Bedeutung.

Frau Leitner-Hanetseder setzt sich mit ihrer Arbeit das Ziel im Wege einer umfassenden empirischen Analyse die subjektiven Informationsbedürfnisse der Adressaten der Konzernrechnungslegung nicht kapitalmarktorientierter österreichischer Konzernunternehmen zu erheben und konkrete Handlungsempfehlungen hinsichtlich der Ausgestaltung der Kapitalkonsolidierungsmethoden sowie auch der daraus abgeleiteten konzerntheoretischen Ausrichtung zu geben.

Hervorzuheben ist insbesondere die intensive theoretische Auseinandersetzung mit der Frage der Identifizierung der primären Abschlussadressaten, welche bislang weder vom österreichischen noch von internationalen Standardsettern in einer derartigen Tiefe aufgegriffen und thematisiert wurde. Als Ergebnis leitet Frau Leitner-Hanetseder die Fremdkapitalgeber/-innen als vorrangige primäre Adressatengruppe und die Gruppe der Eigenkapitalgeber/-innen und Manager/-innen als nachrangige primäre Adressatengruppe einer nicht kapitalmarktorientierten Konzernrechnungslegung ab. Es wäre wohl auch dem IASB anzuraten sich dem Thema intensiv zu widmen, um die Diskussion von neuen Regelungen zielgerichteter führen zu können.

Ein weiterer Hauptteil umfasst die empirische Arbeit, die sich aus zwei Studien zusammensetzt. Hervorzuheben ist insbesondere die umfassende Analyse der nicht kapitalmarktorientierten Konzernunternehmen. Diese umfassende Erhebung ermöglicht erstmals die Untersuchung des Einflusses der Unternehmensgröße auf die gewählte Rechnungslegungsnorm und auf die konzertheoretische Ausrichtung, indem eine Differenzierung in Abhängigkeit von Arbeitnehmeranzahl, Konzernumsatzerlösen und Konzernbilanzsumme, in Abhängigkeit von der Anzahl der Tochterunternehmen sowie in Abhängigkeit des relativen Anteils anderer Gesellschafter am Konzerneigenkapital und Konzernergebnis vorgenommen wird. Zu betonen ist ferner die Einbeziehung des Entscheidungsnutzens der Einbezugsmethode von Gemeinschaftsunternehmen (Quotenkonsolidierung versus Equity-Methode), die erstmalig in der vorliegenden Form durchgeführt wird und für weitere Fragen der Normierung der Rechnungslegung wesentliche Erkenntnisse bringt.

Abschließend ist festzuhalten, dass das vorliegende Buch, das als Dissertation an der JKU eingereicht wurde, eine Vorreiterrolle hinsichtlich der Identifikation entscheidungsnützlicher Rechnungslegungsmethoden für nicht kapitalmarktorientierte Konzernunternehmen einnimmt. Es obliegt dem Gesetzgeber bei der nächsten Reformierung der UGB Vorschriften zur Konzernrechnungslegung auf die Ergebnisse von Fr. Leitner-Hanetseder zurück zu greifen; zu empfehlen ist es jedenfalls. Zu wünschen bleibt abschließend, dass auch in der Internationalen Rechnungslegung eine grundlegende Forschung für künftige Rechnungslegungsstandards voran gestellt wird, was zwar ansatzweise versucht wird, allerdings noch ausreichend Verbesserungspotential in sich birgt.

Linz, im Juli 2011 Univ. Prof. Dr. Roman Rohatschek

Vorwort

Beim Verfassen einer Dissertation nimmt man die Hilfe zahlreicher Menschen aus dem eigenen Umfeld in Anspruch. Dieses Vorwort soll der Ort sein, ihnen zu danken.

An erster Stelle gilt mein Dank meinem Doktorvater Univ.-Prof. Dr. Roman Rohatschek. Ich bedanke mich an dieser Stelle für seine konstruktiven Anregungen bei der Erstellung dieser Arbeit, die dennoch den wissenschaftlichen Freiraum nie einschränkten. Dankbar bin ich auch für die vielfältigen Möglichkeiten und Einblicke, die ich während meiner Tätigkeit am Institut gewinnen durfte. Herrn a.o. Univ.-Prof. MMag. Dr. Klaus Hirschler gilt mein besonderer Dank für die Übernahme und zügige Erstellung des Zweitgutachtens.

Des Weiteren möchte ich mich bei den Teilnehmern der Experteninterviews bedanken, die zwar an dieser Stelle nicht namentlich genannt werden, durch ihr Fachwissen aber maßgeblich zum Gelingen der Arbeit beigetragen haben.

Ein besonderer Dank gilt auch meinen KollegInnen am Institut für die gute Zusammenarbeit und das hervorragende Arbeitsklima. Besonders bedanken möchte ich mich an dieser Stelle bei Frau Mag.a Dr.in Nicole Promper, die mir stets motivierend zur Seite stand und diese Arbeit durch ihre Anregungen und ihre konstruktive Kritik bereicherte. Dank gilt auch Frau Mag.a Daniela Schausberger und Frau Mag.a Doris Niedergrottenthaler für ihre unermüdliche Unterstützung bei der Daten- und Literaturbeschaffung sowie beim Korrekturlesen.

Zum Schluss möchte ich mich bei jenen Menschen bedanken, ohne deren familiären Rückhalt diese Arbeit nicht möglich gewesen wäre. Dank gilt meinen Eltern Manfred und Christine Leitner, die durch ihre umsichtige Erziehung den Grundstock für die vorliegende Arbeit gelegt haben und mir gleichzeitig dadurch stets ein Vorbild sind. Ebenso möchte ich mich bei Frau Dipl.-Ing.in (FH) Christine Leitner für die mehr als schwesterliche Unterstützung bedanken.

Mein innigst empfundener Dank gilt den zwei wichtigsten Personen in meinem Leben. Meinem Ehegatten Dipl.-Ing. Markus Hanetseder für seine grenzenlose und uneingeschränkte Unterstützung bei der Verfolgung meiner Ziele und meiner Tochter Katharina für ihre Liebe und Geduld. Ihnen widme ich diese Arbeit.

Linz, im August 2011 Dr.in Susanne Leitner-Hanetseder

Inhaltsverzeichnis

Abkürzungsverzeichnis

A	Agent
ABl.	Amtsblatt
Abs.	Absatz
AFRAC	Austrian Financial Reporting and Auditing Committee
AG	Aktiengesellschaft
AICPA	American Institute of Certified Public Accountants
AIN-APB	Accounting Interpretations-Accounting Principles Board
AktG	Aktiengesetz
AktRÄG	Aktienrechts-Änderungsgesetz
Art.	Artikel
ATX	Austrian Traded Index
Aufl.	Auflage
BB	Betriebs-Berater (Zeitschrift)
BC	Basis for Conclusions
BDI	Bundesverband der Deutschen Industrie eV
BFuP	Betriebswirtschaftliche Forschung und Praxis (Zeitschrift)
BGBl.	Bundesgesetzblatt
BilMoG	Bilanzrechtsmodernisierungsgesetz
BörsG	Börsengesetz
BSpG	Bausparkassengesetz
BT	Besonderer Teil
BWG	Bankwesengesetz
bzw.	beziehungsweise
ca.	circa
CHF	Schweizer Franken
CL	Comment Letter
CPA	Certified Public Accountants
DAX	Deutscher Aktienindex
DB	Der Betrieb (Zeitschrift)
dBGBl.	deutsches Bundesgesetzblatt
DBW	Die Betriebswirtschaft (Zeitschrift)
dGmbHG	deutsches Gesetz über Gesellschaften mit beschränkter Haftung
dh	das heißt
dHGB	deutsches Handelsgesetzbuch

DRGBl.	deutsches Reichsgesetzblatt
DRS	deutsche Rechnungslegungsstandards
DRSC	Deutsches Rechnungslegungs Standards Committee e.V.
EAA	European Accounting Association
ED	Exposure Draft
EFRAG	European Financial Reporting Advisory Group
EG	Europäische Gemeinschaft
EITF	Emerging Issues Task Force
EK/M	Eigenkapitalgeber/Manager
EKEG	Eigenkapitalersatz-Gesetz
et al.	et alii (und andere)
EU	Europäische Union
eV	eingetragener Verein
EWG	Europäische Wirtschaftsgemeinschaft
f.	folgende
F.	Framework
FASB	Financial Accounting Standards Board
FBG	Firmenbuchgesetz
FEE	Fédération des Experts Comptables Européens
ff.	fortfolgend
FK	Fremdkapitalgeber
FN	Firmenbuchnummer
Fn.	Fußnote
FTSE	Financial Times Stock Exchange Index
GAAP	Generally Accepted Accounting Principles
gem.	gemäß
Gesellschaft m.b.H.	Gesellschaft mit beschränkter Haftung
GesRÄG	Gesellschaftsrechts-Änderungsgesetz
GIRÄG	Gesellschaftsrechts- und Insolvenzrechtsänderungsgesetz
GmbH	Gesellschaft mit beschränkter Haftung
GmbHG	Gesetz über Gesellschaften mit beschränkter Haftung
GoB	Grundsätze ordnungsmäßer Buchführung
GuV	Gewinn- und Verlustrechnung
HB (II)	Handelsbilanz (II)
HFA	Hauptfachausschuss
Hrsg.	Herausgeber
IAS	International Accounting Standards
IASB	International Accounting Standards Board

idF	in der Fassung
IDW	Institut der Wirtschaftsprüfer
IFRS	International Financial Reporting Standards
InFG	Investmentfondsgesetz
IRZ	Zeitschrift für Internationale Rechnungslegung
iSd	im Sinne des
iVm	in Verbindung mit
KMU	kleine und mittlere Unternehmen
KonzaG	Konzernabschlussgesetz
KoR	Zeitschrift für internationale und kapitalmarktorientierte Rechnungslegung
L	Rechtsvorschriften (Amtsblatt der Europäischen Union)
lf.	laufend
lit.	litera
M/EK	Management/Eigenkapitalgeber
MDAX	Midcap-Index der deutschen Börse
Mio	Million(en)
MoMiG	Gesetz zur Modernisierung des GmbH-Rechts und zur Bekämpfung von Missbräuchen
MU	Mutterunternehmen
no.	number
NPAEs	Non-publicly Accountable Entities
Nr.	Nummer
NZI	Neue Zeitschrift für das Recht der Insolvenz und Sanierung
oA	ohne Angabe
OB	Objective
OECD	Organisation for Economic Co-operation and Development
P	Preface des IFRS for SMEs oder Prinzipal
PAT	Prinzipal-Agenten-Theorie
PiR	Praxis der internationalen Rechnungslegung (Zeitschrift)
PuG	Publizitätsrichtlinien-Gesetz
RÄG	Rechnungslegungsrechts-Änderungsgesetz
RdW	Österreichisches Recht der Wirtschaft (Zeitschrift)
ReLÄG	Rechnungslegungsänderungsgesetz
rev.	revised
RV	Regierungsvorlage
RWZ	Zeitschrift für Recht und Rechnungswesen

Rz.	Randziffer(-n)
S	Schnittmenge
S.	Seite(-n)
SDAX	Small Cap Index der deutschen Börse
SEC	Securities and Exchange Commission
SIC	Standing Interpretations Committee
SMEs	Small and Medium-sized Entities
sog.	sogenannt(-e)/(-en)/(-er)/(-es)
Sp.	Spalte(-n)
SPSS	Statistical Package for the Social Sciences
Standardabw.	Standardabweichung
StuB	Steuern und Bilanzen (Zeitschrift)
SWK	Steuer- und WirtschaftsKartei (Zeitschrift)
T	Tausend
UB (II)	Unternehmensbilanz (II)
UGB	Unternehmensgesetzbuch
URÄG	Unternehmensrechts-Änderungsgesetz
US	United Staates
USA	United States of America
US-GAAP	United States-Generally Accepted Accounting Principles
v.	von
vgl.	vergleiche
vol.	volume
WAG	Wertpapieraufsichtsgesetz
WDRL	Wertpapierdienstleistungsrichtlinie
WiSt	Wirtschaftswissenschaftliches Studium (Zeitschrift)
WPg	Die Wirtschaftsprüfung (Zeitschrift)
Z.	Ziffer
zB	zum Beispiel
ZfB	Zeitschrift für Betriebswirtschaft
Zfbf	Schmalenbachs Zeitschrift für betriebswirtschaftliche Forschung
ZfgK	Zeitschrift für das gesamte Kreditwesen
ZGR	Zeitschrift für Unternehmens- und Gesellschaftsrecht
ZVglRWiss	Zeitschrift für vergleichende Rechtswissenschaften

Symbolverzeichnis

n_0	Anzahl der Beobachtungen mit Ausprägung x=0 des dichotomen Merkmals
n_1	Anzahl der Beobachtungen mit Ausprägung x=1 des dichotomen Merkmals
t_1	Anzahl der Beobachtungen mit der Ausprägung „Einheitstheorie = IFRS“
em_1	Anzahl der Beobachtungen mit der Ausprägung „*Equity*-Methode“
r_1	Anzahl der Beobachtungen mit der Ausprägung „IFRS“
t_0	Anzahl der Beobachtungen mit der Ausprägung „Interessentheorie = UGB-Buchwertmethode“
ku_1	Anzahl der Beobachtungen mit der Ausprägung „kapitalmarktorientiert“
ku_0	Anzahl der Beobachtungen mit der Ausprägung „nicht kapitalmarktorientiert“
em_0	Anzahl der Beobachtungen mit der Ausprägung „Quotenkonsolidierung“
r_0	Anzahl der Beobachtungen mit der Ausprägung „UGB“
n	Anzahl der Grundgesamtheit
r_{pb}	BRAVAIS-PEARSON
$\overline{gk}_0$	Durchschnitt der jeweiligen Größenkriterien für die Fälle „Interessentheorie = UGB-Buchwertmethode“
$\overline{gk}_0$	Durchschnitt der jeweiligen Größenkriterien für die Fälle „nicht kapitalmarktorientiert“
$\overline{gk}_0$	Durchschnitt der jeweiligen Größenkriterien für die Fälle „Quotenkonsolidierung“
$\overline{gk}_0$	Durchschnitt der jeweiligen Größenkriterien für die Fälle „UGB“
$\bar{y}_0$	Durchschnitt der metrischen Variablen (y) für die Fälle x=0
$\bar{y}_1$	Durchschnitt der metrischen Variablen (y) für die Fälle x=1
$\overline{gk}_1$	Durchschnitt des jeweiligen Größenkriteriums für die Fälle „Einheitstheorie = IFRS“
$\overline{gk}_1$	Durchschnitt des jeweiligen Größenkriteriums für die Fälle „*Equity*-Methode“
$\overline{gk}_1$	Durchschnitt des jeweiligen Größenkriteriums für die Fälle „IFRS“
$\overline{gk}_1$	Durchschnitt des jeweiligen Größenkriteriums für die Fälle „kapitalmarktorientiert“
€	Euro

β	Fehler 2. Art
n	Gesamtstichprobenumfang $n_0 + n_1$
ku	Gesamtstichprobenumfang $ku_0 + ku_1$
r	Gesamtstichprobenumfang $r_0 + r_1$
t	Gesamtstichprobenumfang $t_0 + t_1$
em	Gesamtstichprobenumfang $em_0 + em_1$
>	größer
>=	größer gleich
Mio€	Millionen Euro
§(§)	Paragraph(-en)
‰	Promille
%	Prozent
s_0	Standardabweichung der jeweiligen Größenkriterien (gk)
s_0	Standardabweichung der jeweiligen Größenkriterien (gk)
s_0	Standardabweichung der jeweiligen Größenkriterien (gk)
s_0	Standardabweichung der jeweiligen Größenkriterien (gk)
s_0	Standardabweichung der metrischen Variablen (y)
T€	Tausend Euro
&	und
α	zulässige Irrtumswahrscheinlichkeit

Abbildungsverzeichnis

Tabellenverzeichnis

1 Einleitung

1.1 Problemstellung und Zielsetzung

> "Since accounting has evolved over many years, through trial and error, to serve useful purposes, it should be continually advanced and improved on a basis that is responsive to the requirements of those various groups in our society who use the end product – the financial statements."[1]

In den letzten Jahrzehnten hat sich der Konzern zu einer der wichtigsten Organisationsformen der modernen Wirtschaftsaktivität sowohl für kapitalmarktorientierte als auch nicht kapitalmarktorientierte Unternehmen entwickelt.[2] Dem Konzernabschluss[3] und im Speziellen konsolidierten Rechnungslegungsgrößen kommt deshalb auch auf Ebene nicht kapitalmarktorientierter Konzernunternehmen eine besondere Bedeutung zu.

Im Rahmen der Konzernrechnungslegung zeichnete sich in den *International Financial Reporting Standards* (kurz: IFRS) auf Grund der Reformen der letzten Jahre eine klare Verfolgung der Einheitstheorie ab, was im Speziellen in der viel diskutierten Möglichkeit der Anwendung der *Full Goodwill*-Methode als Kapitalkonsolidierungsmethode für Tochterunternehmen dargelegt wurde.[4] Entsprechend des Standardentwurfes ED 9 *„Joint Arrangements"*, dessen Verabschiedung im 2. Quartal des Jahres 2010 geplant ist, soll zukünftig die eindeutig der Interessentheorie zuzuordnende Quotenkonsolidierung als Einbezugsmethode von Gemeinschaftsunternehmen zu Gunsten der *Equity*-Methode, die als Bewertungsmethode nicht den Prämissen der Einheitstheorie widerspricht,[5] aufgegeben werden.

---

1 CATLETT (1960), S. 44.

2 Vgl. BAETGE et al. (2004), S. XII.

3 Vgl. GRÄFER/SCHELD (2007), S. 3.

4 Vgl. KÜTING et al. (2008), S. 142. Auch die Möglichkeit der Anwendung der sog. *Partial Goodwill*-Methode gem. IFRS 3 (*rev.* 2008) entspricht im Wesentlichen einer einheitstheoretischen Ausrichtung siehe dazu die Ausführungen in Kapitel 3.2.2.5.

5 Vgl. BUSSE v. COLBE et al. (2006), S. 525f. Ausführlicher zur Diskussion, ob die *Equity*-Methode als Kapitalkonsolidierungsmethode oder Bewertungsmethode zu klassifizieren ist, siehe Kapitel 3.2.3.2.

Auch die Novellierung der deutschen handelsrechtlichen (Konzern-)Rechnungslegung durch das Bilanzrechtsmodernisierungsgesetz (kurz: BilMoG)[6], die auch zum Anlass einer „Modernisierung" der österreichischen Rechnungslegungsnormen genommen wird,[7] brachte eine „moderate"[8] Modernisierung der Kapitalkonsolidierung mit sich. Das erklärte Ziel der Reformierung der deutschen Rechnungslegung lag in der Verbesserung der Entscheidungsnützlichkeit von Jahres-/Konzernabschlussinformationen. Dieses Ziel wurde in erster Linie durch eine verstärkte Anpassung an die IFRS sowie einer Reduktion von Wahlrechten umgesetzt.[9] Durch die Abschaffung von Methodenwahlrechten[10] im Gesetzesentwurf zum BilMoG werden die Möglichkeiten der Kapitalkonsolidierung von Tochterunternehmen auf die sog. Neubewertungsmethode beschränkt, die in ihren Grundzügen der sog. *Partial-Goodwill*-Methode nach IFRS 3 (*rev.* 2008) entspricht. Aus konzerntheoretischer Sicht ist beim deutschen Gesetzgeber hinsichtlich der eingeschränkten Möglichkeiten der Kapitalkonsolidierung von Tochterunternehmen eine Hinwendung zur Einheitstheorie erkennbar.[11] Für Gemeinschaftsunternehmen ist jedoch die Anwendung der Quotenkonsolidierung als Einbezugsmethode auch weiterhin anwendbar, wodurch im Konzernabschluss des deutschen Handelsgesetzbuches (kurz: dHGB) ebenso Elemente der Interessentheorie verankert sind.

Auch wenn bislang nicht bekannt ist, inwieweit die UGB-Rechnungslegung nicht bereits ein „Auslaufmodell" innerhalb der Konzernrechnungslegung nicht kapitalmarktorientierter Konzernunternehmen[12] darstellt, wird angesichts inter-

---

6 Vgl. dBGBl. 2009 I/27.

7 Vgl. AFRAC (2009), S. 16.

8 A. II. 3b Begründung zum Gesetzesentwurf des BilMoG.

9 Vgl. A. II. 3b Begründung zum Gesetzesentwurf des BilMoG.

10 So wurde die in § 301 Abs. 1 dHGB geregelte Buchwertmethode sowie die bisher nach § 302 dHGB in bestimmten Fällen alternativ zulässige Interessenzusammenführungsmethode ersatzlos gestrichen. Vgl. BT Art. 1 zu Nr. 42 (§ 301 dHGB) und Nr. 43 (§ 302 dHGB) des Gesetzesentwurfes zum BilMoG. Auch im Bereich von *at Equity* einbezogenen Gemeinschaftsunternehmen bzw. assoziierten Unternehmen besteht nur mehr die Möglichkeit zum Einbezug nach der Buchwertmethode. Vgl. BT Art. 1 zu Nr. 48 (§ 312 dHGB) des Gesetzesentwurfes zum BilMoG.

11 Vgl. STIBI/FUCHS (2007), S. 102.

12 Eine Auseinandersetzung mit dem Forschungsfeld nicht kapitalmarktorientierter Konzernunternehmen erfordert auch eine inhaltliche Abgrenzung des Begriffes der Kapitalmarktorientierung. Im Rahmen dieser Arbeit wird diese in Übereinstimmung mit der Verordnung (1606/2002) (sog. IAS-Verordnung) vom 19. Juli 2002 getroffen. Kapitalmarktorientierung im Sinne der IAS-Verordnung ist demnach gleichzusetzen mit dem geregelten Markt. Für die Begriffsbestimmung des geregelten Marktes ist die Wertpapierdienstleistungsrichtlinie (WDRL) maßgeblich. In Österreich umfasst der geregelte

nationaler „Modernisierungen" im Bereich der Kapitalkonsolidierung eine Reformierung der Kapitalkonsolidierung zumindest diskutiert. Basierend auf dem Endbericht des im Jahr 2008 veröffentlichten Diskussionspapieres spricht sich auch das *Austrian Financial Reporting and Auditing Committee* (kurz: AFRAC) für eine Abschaffung der Buchwertmethode gemäß § 254 Abs. 1 Z. 1 UGB zu Gunsten der Neubewertungsmethode aus.[13] Wie dem Diskussionspapier zu entnehmen ist, basieren die Reformvorschläge überwiegend auf einem pragmatischen Ansatz. Die Vorgehensweise der Modernisierung zeichnet sich aus diesem Grund durch die Prüfung der Möglichkeiten einer Annäherung der UGB- an die IFRS-Rechnungslegungsnormen aus, wobei auch den Reformvorschlägen des deutschen Bilanzrechtsmodernisierungsgesetzes und der Möglichkeit der Reduktion von Verwaltungskosten Beachtung geschenkt wird.[14]

An einer derartigen Vorgehensweise kann kritisiert werden, dass durch die „blinde" Übernahme der in den IFRS und deutschen Rechnungslegungsnormen festgelegten Kapitalkonsolidierungsmethoden und in weiterer Folge auch der darin zum Ausdruck kommenden konzerntheoretischen Ausrichtung noch lange nicht den Bedürfnissen der Adressaten einer UGB-Konzernrechnungslegung und damit einer nicht kapitalmarktorientierten Konzernrechnungslegung entsprochen werden muss. Unbestrittenes und wahrzunehmendes primäres Ziel des Konzernabschlusses nach UGB[15] ist die Informationsfunktion. Diese wahrzunehmende Informationsfunktion wurde in § 250 Abs. 2 UGB kodifiziert und konkretisiert.[16] Demzufolge hat der Konzernabschluss[17] unter Beachtung der GoB „ein möglichst getreues Bild der Vermögens-, Finanz- und Ertragslage des

---

Markt den Amtlichen Handel sowie den Geregelten Freiverkehr. Der dritte Markt ist auf Grund einer Änderung des WAG seit 1.1.2005 ausgenommen. Vgl. BURGER/ULBRICH (2005), S. 174. Nicht kapitalmarktorientierte (Konzern-)Unternehmen sind damit entsprechend einer Negativabgrenzung all jene (Konzern-)Unternehmen, die nicht kapitalmarktorientiert sind.

13 Vgl. AFRAC (2009), S. 18.

14 Vgl. AFRAC (2009), S. 15. Eine wissenschaftliche Grundlagendiskussion hinsichtlich der Normenauswahl ist auch bislang unterblieben.

15 In den IFRS ist die Informationsfunktion als „*decision usefulness*" explizit im *Framework* festgelegt. Vgl. F.12 sowie PELLENS et al. (2008b), S. 78.

16 Vgl. NOWOTNY (2000), Vorbemerkung vor § 244 Rz. 3. Vgl. dazu auch die deutsche Rechnungsliteratur: RUHNKE (2005), S. 11; ADLER et al. (1995), § 297 Rz. 3. Zur Funktion des Konzernabschlusses als internes Steuerungs- und Führungsinstrument in Konzernen siehe auch BAETGE et al. (2004), S. 50ff.

17 Die Vorschrift entspricht wortgleich der Kodifikation der Informationsfunktion im Jahresabschluss. Vgl. dazu die entsprechenden Vorschriften für Kapitalgesellschaften gemäß § 222 Abs. 2 UGB bzw. § 264 Abs. 2 dHGB.

Konzerns zu vermitteln."[18] Für ein Verständnis der in § 250 Abs. 2 UGB festgelegten Informationsfunktion ist entsprechend der bestehenden Fachliteratur[19] und mangels einer fehlenden allgemein anerkannten Definition[20] auf einen entscheidungstheoretisch orientierten Informationsbegriff[21] zurückzugreifen.

Geht man von einem entscheidungstheoretisch orientierten Informationsbegriff aus, sind die durch die Rechnungslegung zur Verfügung gestellten Informationen[22] jedenfalls in Abhängigkeit der Bedürfnisse der Adressaten der (Konzern-)Rechnungslegung als Entscheidungsträger festzulegen.[23] Die in der Arbeit aufgegriffenen Kapitalkonsolidierungsmethoden müssen somit für die Adressaten der Konzernrechnungslegung nicht kapitalmarktorientierter Konzernunternehmen, die das UGB anwenden, entscheidungsnützlich sein.[24] Dem Schrifttum zufolge liegt im Bereich der externen (Konzern-)Rechnungslegung eine entscheidungsrelevante Information vor, wenn eine Rechnungslegungsinformation zu einer Erwartungsänderung führt und diese wiederum eine veränderte Entscheidung des Entscheidungsträgers bewirkt.[25] Ebenso liegt eine entscheidungsrelevante Information vor, wenn durch die Information eine bereits in der Vergangenheit getroffene Entscheidung bestätigt wird oder wenn es sich um eine Information handelt, die die Voraussetzung dafür bildet, dass andere Informationen eine Relevanz im Entscheidungsprozess erlangen (sog. Hintergrundinformationen).[26] Entscheidungsnützliche Informationen sind jedoch nicht ob-

---

18 § 250 Abs. 2 UGB.

19 Nur eine entscheidungsnützliche Darstellung der Vermögens-, Finanz- und Ertragslage kann die Informationsfunktion erfüllen. Vgl. MOXTER (2000), S. 2146.

20 Vgl. LEHNER/MAIER (1994), S. 8ff.

21 Vgl. SCHNEIDER (1997), S. 12. Der Informationsbegriff kann so BODE (1997) im Bereich der Betriebswirtschaftslehre auch aus produktionswirtschaftlicher, strategischer, agency- und transaktionstheoretischer Sichtweise definiert werden. Vgl. BODE (1997), S. 449f.

22 Eine Information liegt der Definition nach vor, wenn eine Sammlung von Zeichen und Signalen beim Entscheidungsträger eine Entscheidungsveränderung bewirkt. Vgl. SCHILDBACH (1986), S. 6f.

23 Vgl. EATON/BAWDEN (1991), S. 162.

24 Entscheidungsnützliche Informationen haben allgemein neben der Voraussetzung der Entscheidungsrelevanz die Kriterien der Verlässlichkeit bzw. Glaubwürdigkeit und der zeitlichen Nähe zu erfüllen. Vgl. RUHNKE (2005), S. 38. Im derzeit gültigen *Framework* des IASB haben Informationen, um den geforderten Grundsatz der Informationsvermittlung im Sinne von „*decision usefulness*" zu erfüllen, die qualitativen Anforderungen Verständlichkeit, Relevanz, Verlässlichkeit und Vergleichbarkeit zu erfüllen. Vgl. F.24ff. sowie PELLENS et al. (2008b), S. 114ff.

25 Vgl. MARSCHAK (1954), S. 200ff.

26 Vgl. KIRCHNER (1981), S. 328.

jektiv, sondern werden von den subjektiven Bedürfnissen der Entscheidungsträger bestimmt.[27]

An einer entscheidungstheoretisch orientierten Vorgehensweise kann kritisiert werden, dass die Entscheidungsnützlichkeit von Rechnungslegungsinformationen zwar als Zielsetzung deklariert wird, dass Normen oftmals nur durch einen Verweis auf die Entscheidungsnützlichkeit einer Rechnungslegungsinformation Rechtfertigung erfahren. Entscheidungsnützlich ist demnach, was der Ansicht der Wissenschafter und *Standardsetter* zufolge für die Abschlussadressaten nützlich ist. Ein systematisches Studium der tatsächlichen Bedürfnisse der Adressaten unterbleibt jedoch oftmals.[28]

Zielsetzung der vorliegenden Arbeit ist, durch eigene empirische Forschung zu erheben, welche Kapitalkonsolidierungsmethoden von den „primären" Adressaten einer nicht kapitalmarktorientierten österreichischen Konzernrechnungslegung als entscheidungsnützlich erachtet werden und inwieweit sich darin eine konzerntheoretische Ausrichtung widerspiegelt.

Um die Entscheidungsnützlichkeit der Kapitalkonsolidierungsmethoden für die Adressaten der Konzernrechnungslegung nicht kapitalmarktorientierter österreichischer Konzernunternehmen beurteilen zu können, ist im Vorfeld zu klären, für welche Adressaten die Informationen entscheidungsnützlich sein müssen.[29] Dabei wird grundsätzlich in der Literatur[30] von der *Stakeholder*-Theorie ausgegangen. Der Adressatenkreis der *Stakeholder*-Theorie umfasst grundsätzlich alle (potentiellen) Nutzer eines Abschlusses.[31] Eine Einschränkung auf eine oder mehrere „primäre" Adressatengruppen ist dem Schrifttum folgend dennoch erforderlich.[32] Eine befriedigende Antwort zum „primären" Adressatenkreis" einer nicht kapitalmarktorientierten Konzernrechnungslegung findet sich jedoch weder in den Rechnungslegungsnormen des UGB noch der IFRS. Obgleich das IASB mit dem kürzlich verabschiedeten IFRS *for* SMEs die Zielsetzung verfolgt, entscheidungsnützliche Informationen vor allem für nicht kapitalmarktorientierte (Konzern-)Unternehmen zur Verfügung zu stellen, hat das IASB – wie vielfach kritisiert wurde – eine fundierte Analyse des Adressatenkreises weitestgehend unterlassen.[33] Auch den vorliegenden Forschungsbeiträgen kann kein

27 Vgl. EATON/BAWDEN (1991), S. 162.

28 Vgl. YOUNG (2006), S. 596.

29 Vgl. JANSSEN/GRONEWOLD (2010), S. 76.

30 Beispielhaft siehe dazu COENENBERG et al. (2009), S. 1225; KRÖNERT (2001), S. 13.

31 Vgl. KRÖNERT (2001), S. 13.

32 Vgl. PELLENS et al. (2008b), S. 21 sowie MOXTER (1974), S. 418. Zur Auswahl einer oder mehrer „primärer" Adressaten siehe die Ausführungen in Kapitel 2.

33 Vgl. JANSSEN/GRONEWOLD (2010), S. 76.

adäquater „primärer" Adressatenkreis einer nicht kapitalmarktorientierten Konzernrechnungslegung entnommen werden. Vor dem Hintergrund der Zielsetzung entscheidungsnützliche Informationen durch die (Konzern-)Rechnungslegung zur Verfügung stellen zu wollen, ist diese Forschungslücke zu schließen und die Frage zu beantworten, wessen Informationsbedürfnisse hinsichtlich einer nicht kapitalmarktorientierten Konzernrechnungslegung „primär" zu befriedigen sind?

Ziel der vorliegenden Arbeit ist darüber hinaus, im Wege einer umfassenden empirischen Analyse die subjektiven Informationsbedürfnisse[34] der Adressaten der Konzernrechnungslegung nicht kapitalmarktorientierter Konzernunternehmen zu erheben und konkrete Empfehlungen zur inhaltlichen Ausgestaltung der Kapitalkonsolidierung nicht kapitalmarktorientierter Konzernunternehmen und einer sich darin widerspiegelnden konzerntheoretischen Ausrichtung zu geben.

Es ist aber auch anzunehmen, dass sich nicht kapitalmarktorientierte Konzernunternehmen insbesondere hinsichtlich ihrer Unternehmensgröße unterscheiden und damit auch die Bedürfnisse der Adressaten in Abhängigkeit der Größe variieren. Auch wenn der europäische und auch der nationale Gesetzgeber eine Differenzierung der Rechnungslegung teilweise bereits anhand von Größenkriterien vorsieht und im Zuge des Aktionsprogramms zur „Verringerung der Verwaltungslasten"[35] forcieren sollte, um Abstufungen bei Rechnungslegungsanforderungen festzulegen, mangelt es an empirischen Studien, die die Entscheidungsnützlichkeit von Rechnungslegungsnormen oder -methoden in Abhängigkeit der Größe eines Konzernunternehmens konkretisieren.

Die Herausforderung der Arbeit liegt somit darin, einen Vorschlag zur Normierung der Kapitalkonsolidierung und einer möglicherweise zu verfolgenden konzerntheoretischen Ausrichtung abzugeben, welcher den spezifischen Anforderungen der Adressaten der Konzernrechnungslegung nicht kapitalmarktorientierter österreichischer Konzernunternehmen, vor allem derer, die das UGB anwenden, Rechnung trägt.

1.2 Gang der Untersuchung

Nach dem einführenden ersten Kapitel werden im zweiten Kapitel der Arbeit ausgehend von der *Stakeholder*-Theorie die in den Rechnungslegu gsnormen des UGB, der IFRS sowie des IFRS for SMEs explizit oder implizit festgelegten Adressatengruppen aufgegriffen und einer kritischen Betrachtung hinsichtlich

34 WESSLING (1991) zufolge sind Informationen immer subjektiv und nicht objektivierbar. Vgl. WESSLING (1991), S. 19.

35 Vgl. EUROPÄISCHE KOMMISSION (2007a), S. 1ff.

des Untersuchungsgegenstandes der „primären" Adressaten einer nicht kapitalmarktorientierten Konzernrechnungslegung" unterzogen. Um die „primären" Adressaten einer nicht kapitalmarktorientierten Konzernrechnungslegung zu konkretisieren bzw. deren spezielle Schutzbedürftigkeit zu untermauern, werden bestehende empirische und theoretische Forschungsbeiträge analysiert. Im Anschluss daran werden auch mögliche Probleme und Lösungsvorschläge bei Vorliegen heterogener oder auch homogener Interessen zwischen den „primären" Adressatengruppen aufgezeigt. Kapitel zwei schließt mit einer für den folgenden empirischen Teil maßgeblichen Wertung hinsichtlich der Befriedigung der Bedürfnisse der primären Adressatengruppen als „vorrangige" oder „nachrangige" primäre Adressatengruppe.

In Kapitel drei werden die nach UGB und IFRS anwendbaren Kapitalkonsolidierungsmethoden für Tochter- und Gemeinschaftsunternehmen dargestellt und anhand bestehender Meinungen und Forschungsergebnisse im Schrifttum beurteilt. Ebenso erfolgt eine überblicksartige Erläuterung grundsätzlich möglicher konzerntheoretischer Ausrichtungen sowie eine Kategorisierung der Kapitalkonsolidierungsmethoden anhand dieser Ausrichtungen. Im empirischen Teil der Arbeit kann somit von den Präferenzen der Adressaten gegenüber einer bestimmten Kapitalkonsolidierungsmethoden auf eine möglicherweise präferierte konzerntheoretische Ausrichtung geschlossen werden.

Der Zielsetzung des empirischen Teils der Arbeit der Kapitel vier und fünf der Arbeit entsprechend wird empirisch erhoben, welche Kapitalkonsolidierungsmethoden für die „primären" Adressaten einer nicht kapitalmarktorientierten Konzernrechnungslegung als entscheidungsnützlich erachtet werden und ob von den Präferenzen hinsichtlich bestimmter Kapitalkonsolidierungsmethoden auf eine konzerntheoretische Ausrichtung geschlossen werden kann.

Kapitel 6 schließt mit einer thesenförmigen Zusammenfassung der wichtigsten Ergebnisse und Prämissen der gesamten Arbeit.

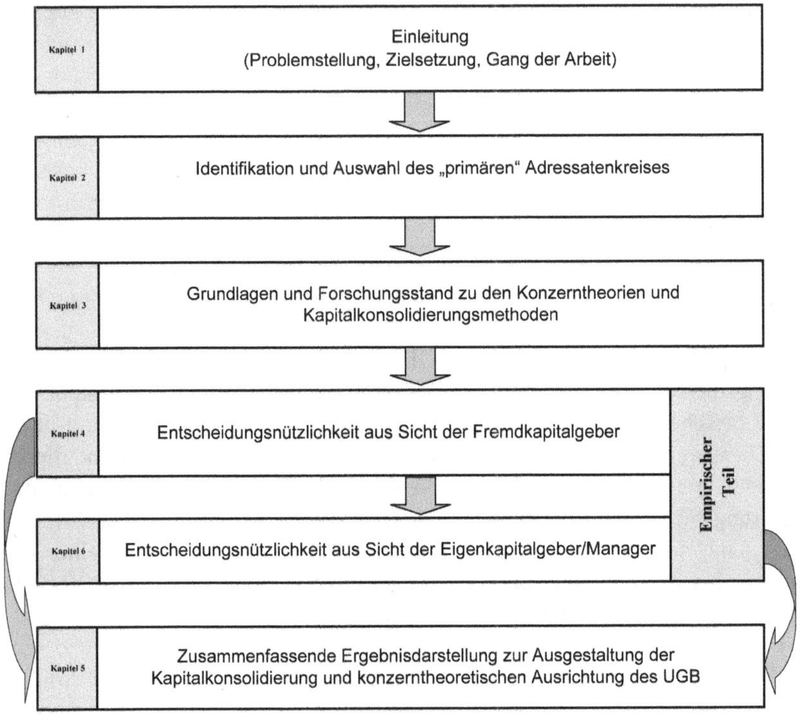

Abbildung 1: Gang der Arbeit

2 Identifikation und Auswahl des „primären“ Adressatenkreises

„Die Konkretisierung von Informationspflichten setzt mithin Klarheit über den zu schützenden Adressatenkreis und die zu beeinflussenden Entscheidungen voraus.“[36]

2.1 Einführung

Die Ausgestaltung einer entscheidungsorientierten Konzernrechnungslegung nicht kapitalmarktorientierter Konzernunternehmen wie jener des Unternehmensrechtes erfordert zunächst die grundsätzliche Beantwortung der Frage, wessen Informationsbedürfnisse die Konzernrechnungslegung zu befriedigen hat. Dazu werden ausgehend von der *Stakeholder*-Theorie bestehende Normenkonzepte hinsichtlich der Adressaten einer nicht kapitalmarktorientierten (Konzern-)Rechnungslegung betrachtet. Da ein Rückgriff auf bestehende Normenkonzepte entsprechend der nachfolgend aufzuzeigenden Kritikpunkte nicht möglich ist, werden im Anschluss daran empirische Forschungsbeiträge zum Untersuchungsgegenstand „nicht kapitalmarktorientierte Adressaten einer nicht kapitalmarktorientierten (Konzern-)Rechnungslegung“ aufgriffen. Anzumerken ist, dass die vorliegenden empirischen Forschungsarbeiten zwar die Frage der Adressaten einer nicht kapitalmarktorientierten Rechnungslegung, nicht aber der „Konzernrechnungslegung“ im Speziellen behandeln. Aus diesem Grund wird anhand des bestehenden Schrifttums demonstriert, inwieweit die in den bestehenden empirischen Studien identifizierten „primären“ Adressaten als Adressaten einer nicht kapitalmarktorientierten Konzernrechnungslegung herangezogen werden können.

Ebenfalls zu klären ist, ob übereinstimmende Interessen oder Interessenkonflikte zwischen den identifizierten „primären“ Adressatengruppen bestehen. Liegen übereinstimmende Interessen vor, ist die Festlegung der Informationsbedürfnisse dahingehend erleichtert, als dass keine Abwägung hinsichtlich der festzulegenden Informationsbedürfnisse zu erfolgen hat. Die Problematik unterschiedlicher Informationsbedürfnisse bei mehreren „primären“ Adressatengruppen und daraus erforderliche Lösungsvorschläge hinsichtlich der Abbildung von

---

36 MOXTER (2003), S. 223.

Rechnungslegungsinformationen sowie vorzunehmende Wertungen werden deshalb ebenfalls aufgegriffen.

2.2 Definition der Adressaten nach dem Koalisationsmodell und der *Stakeholder*-Theorie

Die Definition der Adressaten der (Konzern-)Rechnungslegung wird vor allem abhängig von dem allgemein vorherrschenden betriebswirtschaftlichen Verständnis der „Unternehmung" zu bestimmen sein. So wird auch in der allgemeinen Betriebswirtschaft nicht mehr die Auffassung vertreten, dass ein Unternehmen nur für die Eigenkapitalgeber und das Management eine Entscheidungsgrundlage bildet.[37] Vielmehr wird dem sog. „Koalitionsmodell"[38] gefolgt. Dem Koalitionsmodell zufolge ist ein Unternehmen ein „produktives, soziales System"[39], das die Ziele sämtlicher Beteiligter umzusetzen hat.[40] Diese Koalition besteht wiederum nur solange, solange die Zielvorstellungen der Koalitionsteilnehmer ausreichend befriedigt werden.[41]

Dieses Verständnis liegt auch der im Zuge der entscheidungsorientierten Rechnungslegung entwickelten *Stakeholder*-Theorie zu Grunde.[42] Im Unterschied zur kapitalmarktgeprägten *Shareholder*-Theorie, welche sich aus der Eigner-Theorie und Management-Theorie entwickelte[43] und der zufolge das Unternehmen vorrangig eine Einkommensquelle für die Eigentümer darstellt,[44] bedingt die *Stakeholder*-Theorie, dass Wohlstand und Wertzuwachs für alle Adressaten geschaffen werden soll.[45] Der Adressatenkreis entsprechend der *Stakeholder*-Theorie ist dementsprechend weit zu ziehen und umfasst KRÖNERT (2001) zufolge: die Eigen- und Fremdkapitalgeber, das Management, die Arbeitnehmer, die Lieferanten und Kunden, den Fiskus und die allgemein interessierte Öffentlichkeit.[46]

---

37 Vgl. ACHLEITNER (1995), S. 36.

38 Näheres zum Koalitionsmodell siehe auch KISTNER/STEVEN (2002) S. 320ff.

39 ACHLEITNER (1995), S. 37.

40 Vgl. COENENBERG et al. (2009), S. 1225; ACHLEITNER (1995), S. 37.

41 Vgl. COENENBERG et al. (2009), S. 1225.

42 Vgl. COENENBERG et al. (2009), S. 1225.

43 Vgl. COENENBERG et al. (2009), S. 1223. Einen Überblick über die Theorien zu den Abschlussadressaten bietet ebenso COENENBERG et al. (2009), S. 1223.

44 Vgl. STEINER/WALLMEIER (1999), S. 1.

45 Vgl. COENENBERG et al. (2009), S. 1225; KRÖNERT (2001), S. 13.

46 Vgl. KRÖNERT (2001), S. 13.

Die Konzernrechnungslegung, deren primäre Zielsetzung die Informationsfunktion darstellt, hat unter der Prämisse einer entscheidungsorientierten Rechnungslegung folglich jene Informationen zur Verfügung zu stellen, die von den Adressaten der Rechnungslegung als „Entscheidungsträger“[47] im Entscheidungsprozess benötigt werden.[48] Neben dem Erfordernis entscheidungsnützliche Informationen zu normieren, sind in weiterer Folge insbesondere Informationen, die als schutzwürdig erachtet werden, zu normieren. Demnach hat die (Konzern-)Rechnungslegung einen Informationsbedarf abzubilden, der als schutzbedürftig einzustufen ist.[49]

Trotz der grundsätzlichen Ausrichtung an dem Grundgedanken der *Stakeholder*-Theorie ist eine Konzentration auf einige wenige „schutzwürdige“ „primäre“ Adressaten unerlässlich.[50] Eine derartige Einschränkung macht die Beantwortung der folgenden Frage notwendig: Wessen Informationsbedürfnisse in Bezug auf die Konzernrechnungslegung nicht kapitalmarktorientierter Konzernunternehmen sind ***„primär“*** zu befriedigen?[51]

Wer als „schutzwürdiger“ „primärer“ Adressat der Rechnungslegung zu klassifizieren ist, ist gemäß MOXTER (2000) ausschließlich vom *Standardsetter* festzulegen. Keinesfalls kann dies durch die zur Rechnungslegung Verpflichteten erfolgen.[52]

2.3 Adressaten gemäß UGB, IFRS und IFRS *for* SMEs

2.3.1 Adressaten des UGB

Der österreichische Gesetzgeber hat es bislang verabsäumt die „primären“ Abschlussadressaten einer (Konzern-)Rechnungslegung zu kodifizieren. Dem

47 Im Folgenden wird der Begriff des (Konzern-)Rechnungslegungsadressaten synonym zu Entscheidungsträger verwendet.

48 Vgl. MOXTER (1976), S. 96f.

49 Vgl. HARTMANN-WENDELS (1992), S. 423, der sich jedoch konkret auf die Adressatengruppe der „Fremdkapitalgeber bezieht.

50 Vgl. PELLENS et al. (2008b), S. 21.

51 Vgl. PELLENS et al. (2008b), S. 21; MOXTER (1974), S. 418.

52 Vgl. MOXTER (2000), S. 2148.

Schrifttum zu den Abschlussadressaten[53] einer UGB-Konzernrechnungslegung ist jedoch zu entnehmen, dass die unternehmensrechtliche Konzernrechnungslegung in den Gründzügen die *Stakeholder*-Theorie verfolgt und die Adressaten sich im Allgemeinen[54] mit jenen des Einzelabschlusses decken, wenngleich auch diese im Gesetz nicht explizit geregelt sind. Der allgemeine Adressatenkreis beinhaltet damit dem Schrifttum[55] zufolge gegenwärtige und potentielle Eigen- und Fremdkapitalgeber, Arbeitnehmer und Arbeitnehmervertreter, Kunden und Lieferanten, die Unternehmensleitung des Mutterunternehmens sowie aller in den Konzernabschluss einbezogenen assoziierten Unternehmen, Gemeinschaftsunternehmen und Tochterunternehmen und auch die allgemein interessierte Öffentlichkeit.[56]

Die grundsätzlich zweifelsfreie Ausrichtung des unternehmensrechtlichen Einzelabschlusses am Gläubigerschutz[57] findet sich in den Konzernrechnungslegungsvorschriften implizit wieder.[58] Implizit kodifiziert wird das Gläubigerschutzinteresse im Konzernabschluss durch § 251 Abs. 1 UGB, wodurch die gläubigerschutzorientierten Ansatz-, Bewertungs- und Ausweisvorschriften für große Kapitalgesellschaften auch im Konzernabschluss Anwendung finden sowie durch § 250 Abs. 2 UGB demgemäß der Konzernabschluss den Grundsätzen ordnungsgemäßer Buchführung des Einzelabschlusses zu entsprechen hat.[59] Aus

53 Vgl. EGGER et al. (2009), S. 2f.; FRÖHLICH (2007), S. 6. Bezüglich das sich auf das deutsche Handelsgesetzbuch beziehende Schrifttum siehe KÜTING/WEBER (2008), S. 79; BUSSE v. COLBE et al. (2006), S. 18f.; BALLWIESER (2002), S. 115.

54 Da der Konzernabschluss keine Steuerbemessungsgrundlage darstellt, zählt der Fiskus jedoch nicht zu den Adressaten des Konzernabschlusses. Vgl. SCHILDBACH/FELDHOFF (1993), Sp. 34.

55 Vgl. TSCHESCHE (2000), S. 146ff.; SCHILDBACH/FELDHOFF (1993), Sp. 30ff. BALLWIESER (2002) spricht jedoch Kunden auf Grund ihrer rechtlich nicht durchsetzbaren inhaltlichen Informationsansprüche den Status von Adressaten ab, insofern sie auch kein Einkommensrisiko im Sinne eines Kapitalgebers tragen. Vgl. BALLWIESER (2002), S. 115. Eine gegenteilige Meinung findet sich bei SCHILDBACH/FELDHOFF (1993), da auch Kunden Vorleistungen sowie Investitionen im Zuge der Geschäftsbeziehung zu tätigen haben und mittels Rechnungslegungsinformationen Gewissheit über eine mögliche langfristige Zusammenarbeit erhalten können. Vgl. SCHILDBACH/FELDHOFF (1993), Sp. 33.

56 Die Öffentlichkeit kann ihren Rechtsanspruch nur durch das Firmenbuchgericht geltend machen. Vgl. dazu beispielhaft für Deutschland: BALLWIESER (2002), S. 116.

57 Vgl. STRAUBE/TORGGLER (2000), Vorbemerkungen vor § 189 Rz. 6.

58 Vgl. PELLENS et al. (2008b), S. 22.

59 Für die Konzernrechnungslegung des deutschen Handelsrechts siehe BONSE (2004), S. 21.

diesem Grund kommt den Fremdkapitalgebern als Adressaten einer UGB-Konzernrechnungslegung jedenfalls eine besondere Stellung zu.

2.3.2 Adressaten der „*full*"-IFRS

In den von nicht kapitalmarktorientierten österreichischen Konzernunternehmen im Konzernabschluss auch anwendbaren „*full*"[60]-IFRS[61] sind die Adressaten im *Framework* explizit festgelegt, wobei den Eigenkapitalgebern eine bevorzugte Stellung beigemessen wird.[62]

Das IASB als *Standardsetter* unterstellt, obgleich grundsätzlich alle *Stakeholder* als potentielle Abschlussadressaten zu betrachten sind,[63] mit der Befriedigung der Interessen der Eigenkapitalgeber, da diese Risikokapital zur Verfügung stellen und damit deren Informationsbedürfnis am größten sei, dass dadurch auch den Informationsbedürfnissen der anderen Adressaten entsprochen

60 Der Begriff der sog. „*full*"-IFRS wird in der Literatur als Abgrenzung zudem vom IASB verabschiedeten Standard IFRS *for* SMEs gesehen. In weiterer Folge findet der Begriff IFRS in der Arbeit für die sog. „*full*"-IFRS Anwendung.

61 Der österreichische Gesetzgeber räumte bereits mit dem Konzernabschlussgesetz (KonzaG 1999) durch § 245a UGB die Möglichkeit ein, einen Konzernabschluss nach international anerkannten Rechnungslegungsgrundsätzen aufzustellen, sofern bestimmte Voraussetzungen erfüllt werden. So lös(t)en Konzernabschlüsse, die nicht nach UGB erstellt werden, eine befreiende Wirkung aus, wenn die im Abschluss angewendete Rechnungslegungsnorm im Einklang mit den Bilanzrichtlinien stand/steht. Von der in der Verordnung (1606/2002) (sog. IAS-Verordnung) vorgesehenen Möglichkeit einer Ausweitung des Anwendungsbereiches der IFRS auch auf den Konzernabschluss nicht kapitalmarktorientierter Unternehmen (vgl. Art. 5 lit. b IAS-Verordnung) sowie auf den Einzelabschluss kapitalmarktorientierter Unternehmen (vgl. Art. 5 lit. a IAS-Verordnung) und nicht kapitalmarktorientierter Unternehmen (vgl. Art. 5 lit. b IAS-Verordnung) macht der österreichische Gesetzgeber nur eingeschränkt Gebrauch. Lediglich das Wahlrecht, dass auch nicht kapitalmarktorientierte Unternehmen ihren Konzernabschluss nach international anerkannten Rechnungslegungsnormen erstellen können, hat der österreichische Gesetzgeber in § 245a UGB aufgenommen. Durch die bereits mit dem Konzernabschlussgesetz 1999 vorgesehene Möglichkeit eines befreienden Konzernabschlusses nach international anerkannten Rechnungslegungsnormen handelt es sich vielmehr um eine „formale" Anpassung an die Vorgaben des europäischen Gesetzgebers als um tiefgreifende Veränderungen. Vgl. LEITNER (2007), S. 35. Mit der Umsetzung der IAS-Verordnung im Zuge des ReLÄG 2004 erfolgt dennoch eine Einschränkung der Befreiungsmöglichkeit auf Konzernabschlüsse, die nach IFRS erstellt werden. Vgl. BGBl. I 161/2004.

62 Vgl. PELLENS et al. (2008b), S. 22; BUSSE v. COLBE (1995), S. 713.

63 Vgl. F.9.

werden kann.[64] Das IASB legt somit im Rahmenkonzept der „*full*"-IFRS implizit fest, dass die Informationsbedürfnisse der Eigenkapitalgeber vorrangig sind.[65]

Dem *Exposure Draft of an improved Conceptual Framework for Financial Reporting Paper* vom Mai 2008 zufolge hätte jedoch zukünftig die IFRS-(Konzern-)Rechnungslegung die Bedürfnisse aller gegenwärtigen und potentiellen Kapitalgeber mittels zweckentsprechender Informationen zu erfüllen.[66] Der Begriff der Kapitalgeber umfasst dem *Exposure Draft* (kurz: ED) zufolge die Eigenkapitalinvestoren (*equity investors*), Kreditgeber (*lenders*) und die sonstigen Kapitalgeber (*other creditors*)[67],[68] wodurch zukünftig die IFRS die Bedürfnisse von drei „primären" Adressatengruppen zu erfüllen hätten.[69] Unterstellt wird, dass die Informationen, die für die Kapitalgeber des Konzernunternehmens entscheidungsnützlich sind, auch für andere Adressaten[70] von Nutzen sein werden.[71] Dem Management wird lediglich die Stellung als Bilanzersteller beigemessen.[72]

Begründet wird die Ausdehnung des Adressatenkreises damit, dass die ausschließliche Bezugnahme auf Eigenkapitalgeber (*Proprietary*-Theorie) nicht mehr zeitgemäß ist und deshalb einer Betrachtung aus Sicht des Gesamtunternehmens *(Entity*-Theorie*)* der Vorzug zu geben ist.[73]

---

64 Vgl. F.10.

65 Vgl. SCHILDBACH (2005), S. 59.

66 Vgl. IASB (2008a), ED OB2 und OB7.

67 Unter den Begriff sonstige Kapitalgeber sind Mitarbeiter, Lieferanten und/oder Kunden zu subsumieren, die auch die Rolle eines Kapitalgebers einnehmen können. Vgl. IASB (2008a), ED OB6 (c).

68 Vgl. IASB (2008a), ED OB2 und eine Darstellung der jeweiligen Interessenlagen der Kapitalgeber in IASB (2008a), ED OB6.

69 Vgl. PELGER (2009), S. 161.

70 Davon erfasst sind Mitarbeiter, Kunden und Lieferanten, sofern sie nicht als Kapitalgeber des Unternehmens agieren sowie die Öffentlichkeit. Vgl. IASB (2008a), ED OB8.

71 Vgl. IASB (2008a), ED OB2.

72 Vgl. IASB (2008a), ED OB8.

73 Zu den Konzerntheorien der Interessentheorie (*Proprietary*-Theorie) und Einheitstheorie (*Entity*-Theorie) siehe ausführlich Kapitel 3.1 sowie die Ausführungen in den *Basis for Conclusions* des ED. Vgl. dazu IASB (2008a), ED BC1.12ff.

2.3.3 Adressaten des IFRS *for* SMEs

Mit 9. Juli 2009 veröffentlichte das IASB nach einem langjährigen Entwicklungsprozess[74] den sog. IFRS *for Small and Medium-sized Entities*[75] (kurz: IFRS *for* SMEs). Das Projekt des IASB, eigene Rechnungslegungsnormen für *SMEs* zu entwickeln, wurde im Jahr 2003 ins Leben gerufen und stieß von Anfang an auf reges internationales Interesse. Im Unterschied zu den bestehenden Rechnungslegungsstandards und Interpretationen des IASB bzw. IFRIC ist der IFRS *for* SMEs nicht für kapitalmarktorientierte Konzernunternehmen bestimmt, sondern richtet sich an alle Unternehmen ohne öffentliche Rechenschaftspflicht (*non publicly accountable entities*)[76], die Mehrzweckabschlüsse für externe Adressaten veröffentlichen.[77] (Konzern-)Unternehmen mit Rechenschaftspflicht sind per Definition einerseits kapitalmarktorientierte (Konzern-)Unternehmen sowie andererseits (Konzern-)Unternehmen, die Vermögenswerte in der Eigenschaft eines Treuhänders für eine große Gruppe von Außenstehenden halten. Letztere umfassen beispielsweise Kreditinstitute, Versicherungsunternehmen, Börsenmakler, Pensionsfonds, Investmentfonds oder Investmentbanken.

---

74 Im August 2006 konnte das IASB bereits einen *Staff Draft of Proposed Exposure* vorlegen, der lediglich zur Information der Öffentlichkeit galt und keine Stellungnahmen vorsah. Die endgültige Veröffentlichung des *Exposure Draft* IFRS *for* SMEs (ED IFRS *for* SMEs) erfolgte im Februar 2007. Die Kommentierungsphase für den ED IFRS *for* SMEs sowie das Einsenden der Ergebnisse der *Field Tests* endete nach einmaliger Verlängerung mit 30. November 2007. Seit der Veröffentlichung des ED IFRS *for* SMEs erfuhr der vom IASB verfolgte Standard bereits zweimalig eine Namensänderung (IFRS *for Private Entities* sowie IFRS *for Non-publicly Accountable Entities*). Angesichts der internationalen Akzeptanz und Verständlichkeit wurde die Bezeichnung IFRS *for* SMEs indem am 9. Juli 2009 veröffentlichten Standard beibehalten. Vgl. IASB (2009a), IFRS *for* SMEs BC78f.

75 In der deutschen Übersetzung kleine und mittelgroße Unternehmen (kurz: KMU).

76 Vgl. IASB (2009a), IFRS *for* SMEs 1.3. Auch wenn die grundsätzliche Anwendungspflicht gem. IFRS *for* SMEs P13 vom nationalen Gesetzgeber festzulegen ist, bringt der Standard klar zum Ausdruck, dass auch wenn der nationale Gesetzgeber den IFRS *for* SMEs für öffentlich rechenschaftspflichtige (Konzern-)Unternehmen festlegen würde, ein derartiger Abschluss nicht als übereinstimmend mit dem IFRS *for* SMEs bezeichnet werden dürfte. Vgl. IASB (2009a), IFRS *for* SMEs 1.5. Die Übernahme des IFRS *for* SMEs anstelle der nationalen (Konzern-)Rechnungslegungsnormen wirft die Frage auf, welche Rechnungslegungsnormen öffentlich rechenschaftspflichtige (Konzern-)Unternehmen (wie zB Kreditinstitute und Versicherungen), die nicht kapitalmarktorientiert im Sinne der IAS-Verordnung sind, anzuwenden haben?

77 Vgl. IASB (2009a), IFRS *for* SMEs 1.2.

Hinsichtlich der Festlegung der Adressaten der (Konzern-)Rechnungslegung orientiert sich das IASB bei der Festlegung der Adressaten der (Konzern-)Rechnungslegung auch im IFRS *for* SMEs an der *Stakeholder*-Theorie. Im *Preface* des IFRS *for* SMEs werden als Adressaten beispielhaft Eigenkapitalgeber, Gläubiger, Mitarbeiter und die allgemeine Öffentlichkeit genannt.[78] Darüber hinaus werden in den *Basis for Conclusions* auch Ratingagenturen, Lieferanten, Kunden und *Venture Capital*-Geber angeführt.

Dem Management des Unternehmens kommt, wie auch in den *„full"*-IFRS, keine Adressatenfunktion zu, da das IASB unterstellt, dass das Management auch außerhalb der externen Rechnungslegung in der Lage ist, zweckadäquate Informationen zu erhalten.[79] Ausgeschlossen von der Position eines Adressaten wurden aus diesem Grund auch Eigenkapitalgeber, die selbst in die Unternehmensleitung involviert sind.[80]

2.3.4 Kritik und Schlussfolgerungen

Im Unterschied zu den internationalen Rechnungslegungsnormen des IASB werden in den UGB-Rechnungslegungsnormen die Adressaten nicht explizit festgelegt. Ausgehend von der im Einzelabschluss verfolgten Ausrichtung an den Gläubigern kann auch für den Konzernabschluss eine implizite Ausrichtung an den Interessen der Gläubiger unterstellt werden. Festzuhalten ist aber, dass es den UGB-Konzernrechnungslegungsnormen im Sinne einer entscheidungsorientierten Rechnungslegung an einem klaren Bekenntnis zu einer „primären" Adressatengruppe mangelt.

Für die *„full"*-IFRS, die auch von nicht kapitalmarktorientierten österreichischen Konzernunternehmen neben den UGB-Rechnungslegungsnormen wahlweise angewandt werden können, lässt sich abgesehen von der grundsätzlichen Ausrichtung als kapitalmarktorientierte Rechnungslegungsnorm hinsichtlich der Adressaten der Rechnungslegung folgendes festhalten. Einerseits darf in Frage gestellt werden, ob die zukünftig geplante Änderung einer Ausweitung des Adressatenkreises auf sämtliche Kapitalgeber (Eigenkapitalinvestoren (*equity investors*), Kreditgeber (*lenders*) und die sonstigen Kapitalgeber (*other creditors*)) eine Verbesserung der Entscheidungsnützlichkeit mit sich bringen kann. Da das IASB keine Lösungsvorschläge zur Vorgehensweise bei divergierenden Informationsinteressen innerhalb der Kapitalgeber aufzeigt, ist davon auszugehen,

78 Vgl. IASB (2009a), IFRS *for* SMEs P7.

79 Vgl. IASB (2009b), IFRS *for* SMEs BC53.

80 Vgl. IASB (2009b), IFRS *for* SMEs BC53f.

dass das IASB von homogenen Interessenlagen zwischen den Adressatengruppen der Kapitalgeber ausgeht. Dies wird von Seiten der wissenschaftlichen Literatur allerdings angezweifelt.[81] Andererseits kann an der bestehenden Ausrichtung der „*full*"-IFRS an den Eigenkapitalgebern als „primäre" Adressaten der Konzernrechnungslegung kritisiert werden, dass damit eine einseitige Betrachtungsweise verbunden ist[82] und dass gemeinsame Informationsinteressen lediglich fingiert werden.[83] Eine Ausweitung des Adressatenkreises auf alle Kapitalgeber birgt jedoch die Gefahr in sich, dass die bislang klare Ausrichtung an den Eigenkapitalgebern nur eine Verwässerung hinsichtlich der Bedürfnisse der Fremdkapitalgeber und sonstigen Gläubiger erfährt.[84]

Angesichts der im IFRS *for* SMEs festgelegten Adressaten kann kritisiert werden, dass das IASB auf eine eingehende fundierte Analyse des Adressatenkreises verzichtet hat.[85] Im Unterschied zu den im gültigen *Framework* der „*full*"-IFRS festgelegten Eigenkapitalgebern als „primäre" Adressaten der Rechnungslegung wird auch keine Einschränkung auf eine „primäre" Adressatengruppe vorgenommen. Auf Grund der unterschiedlichen Bedürfnisse der oben angeführten Adressatengruppen ist damit die Gefahr verbunden, dass die spezifischen Informationsinteressen besonders wichtiger Adressatengruppen nur unzureichend erfüllt werden, da Kompromisslösungen mit den Interessen anderer „sekundärer" Adressaten getroffen wurden. So ist anzunehmen,[86] dass den Kunden, Mitarbeitern und Lieferanten in nicht kapitalmarktorientierten (Konzern-)Unternehmen lediglich die Stellung von „sekundären" Adressaten zukommt. Inwieweit der im IFRS *for* SMEs festgelegten allgemeinen Öffentlichkeit ein Adressatenstatus zukommt, ist insbesondere für die vom Anwendungsbereich des IFRS *for* SMEs erfassten „*Non Publicly Accountable Entities*" fragwürdig. Kommt doch auch den vom Anwendungsbereich des IFRS *for* SMEs erfassten Unternehmen im Einzelfall auch keine volkswirtschaftliche Bedeutung zu, worin sich ein Schutzbedürfnis der allgemeinen Öffentlichkeit rechtfertigen lassen würde.

---

81 Vgl. PELGER (2009), S. 162. Hinsichtlich möglicher heterogener als auch homogener Informationsinteressen innerhalb der Adressatengruppen der Kapitalgeber siehe die Ausführungen in Kapitel 2.7.3.

82 Vgl. BALLWIESER (1982), S. 775.

83 Vgl. BERNDT (2005), S. 51.

84 Vgl. PELGER (2009), S. 162.

85 Eine möglicherweise durchgeführte Analyse wurde jedoch weder im Standard noch in den *Basis for Conclusions* dokumentiert. Vgl. JANSSEN/GRONEWOLD (2010), S. 76.

86 Vgl. dazu auch die Ergebnisse der empirischen Studien in Kapitel 2.4.

Auch wenn allen Rechnungslegungsnormen gemein ist, dass jedenfalls den Kapitalgebern ein Adressatenstatus beizumessen ist, sei anzumerken, dass sowohl der österreichische als auch internationale *Standardsetter* mögliche Unterschiede hinsichtlich der Adressaten des Einzelabschlusses und Konzernabschlusses nicht betrachtet. Aus Sicht einer entscheidungsnützlichen Rechnungslegung und in weiterer Folge einer konsistenten Ableitung von Kapitalkonsolidierungsmethoden[87] erscheint es, da ein Rückgriff auf ein bestehendes Normenkonzept nicht für sinnvoll erachtet wird, unerlässlich die Adressaten der Konzernrechnungslegung nicht kapitalmarktorientierter österreichischer Konzernunternehmen zu konkretisieren und in weiterer Folge deren Informationsbedürfnisse zu analysieren.

2.4 Empirischer Forschungsstand zu den „primären" Adressaten einer nicht kapitalmarktorientierten (Konzern-)Rechnungslegung

Die Aufbereitung der folgenden empirischen Studien zum Forschungsstand der „primären" Adressaten einer nicht kapitalmarktorientierten (Konzern-)Rechnungslegung erfolgt weitgehend einheitlich. Um aktuelle Gegebenheiten sowie länderspezifische Besonderheiten ausschließen zu können, wurde eine Einschränkung auf Studien des deutschsprachigen Raums seit dem Jahr 2004 vorgenommen. Anhand einer tabellarischen Übersicht wird Auskunft über die Repräsentativität und angewendete Methodik zur Identifizierung der Informationsbedürfnisse gegeben. Angemerkt an dieser Stelle wird, dass in den empirischen Studien überwiegend[88] die Adressaten der Jahresabschlusserstellung erhoben werden.

---

87 Vgl. JANSSEN/GRONEWOLD (2010), S. 77.

88 Mit Ausnahme der Studie des DRSC et al. (2007).

Tabelle 1: Tabellarische Darstellung der empirischen Studien zu den Adressaten einer nicht kapitalmarktorientierten (Konzern-)Rechnungslegung

Autor	Erhebungsland/-jahr	Untersuchungsdesign
MEYER et al. (2004)	**Schweiz 2004**	Die Auswahl der Grundgesamtheit erfolgte anhand der Datenbank „Handelszeitung" mit Stand Dezember 2003. 328 mittelgroße nicht kapitalmarktorientierte Unternehmen mit einem Umsatz von mehr als 75 MioCHF, die nicht als Finanzdienstleister oder Beratungsunternehmen tätig sind, konnten identifiziert werden. Als Untersuchungsmethode wurde ein standardisierter Fragebogen gewählt. Die Rücklaufquote betrug 36 % (118 Fragebögen) und gilt als repräsentativ für die Schweiz.[89]
	Ergebnis: 94 % der befragten Unternehmen nannten die Anteilseigner, 92 % den Wirtschaftsprüfer, 88 % das Management, 83 % die Kreditinstitute, 71 % den Fiskus, 16 % die Kunden, 13 % die Arbeitnehmer und 9 % die Hauptlieferanten als Empfänger ihres Abschlusses.[90]	

Autor	Erhebungsland/-jahr	Untersuchungsdesign
OEHLER (2005)	**Deutschland 2005**	Befragt wurden ca. 1.800 klein- und mittelständische Unternehmen in Mittelfranken mit weniger als 500 Mitarbeitern und einem Umsatz von im Jahr 2003 von unter 50 Mio€. Als Datenbank diente die „Hoppenstedt-Firmendatenbank". Die Rücklaufquote betrug 6 % (109 Fragebögen). Von den befragten Unternehmen wiesen 38 % einen Umsatz von mehr als 5 Mio€ aus. Eine Repräsentativität für andere Regionen Deutschlands wird durch die Untersuchung nicht gewährleistet.[91]
	Ergebnis: Der Meinung der befragten klein- und mittelständischen Unternehmen zufolge, spielen Jahresabschlussinformationen für die Kreditgeber (88 %), den Fiskus (81 %), das Management (75 %), die potentiellen und aktuellen Anteilseigner (jeweils 74 %), die Lieferanten (28 %), die Arbeitnehmer (13 %) und die Kunden (13 %) eine bedeutende Rolle.[92]	

89 Vgl. MEYER et al. (2004), S. 8.

90 Vgl. MEYER et al. (2004), S. 18f.

91 Vgl. OEHLER (2005), S. 23ff.

92 Vgl. OEHLER (2005), S. 30.

Autor	Erhebungsland/-jahr	Untersuchungsdesign
BDI/ERNST & YOUNG GLOBAL LIMITED (2005)	**Deutschland 2005**	Der Untersuchung lagen 820 auswertbare Fragebögen zu Grunde. Befragt wurden nicht kapitalmarktorientierte Unternehmen, welche Mitglieder der 35 Verbände und Landesvertretungen des Bundesverbandes der deutschen Industrie eV (kurz: BDI) sind. An der Studie nahmen überwiegend große Unternehmen (56 % der Befragten) teil.[93] Die Angabe einer Grundgesamtheit, Auswahlmethode und Stichprobe wurde unterlassen. Die Studie ist deshalb als nicht repräsentativ zu beurteilen.[94]
	Ergebnis: Hinsichtlich der Frage, welche Funktion der handelsrechtliche Jahresabschluss einnimmt, lässt sich folgende Rangordnung ablesen: So sind Jahresabschlussdaten gemessen an der relativen Antworthäufigkeit für den Fiskus (74 %), die Kreditinstitute (70,2 %), die Eigentümer (68 %) und das Management (42,5 %) nicht kapitalmarktorientierter Unternehmen von Bedeutung.[95]	

Autor	Erhebungsland/-jahr	Untersuchungsdesign
DRSC et al. (2007)	**Deutschland 2007**	Befragung von 4.000 nicht kapitalmarktorientierten Unternehmen zu Konzeption und Inhalt des ED IFRS *for* SMEs mittels Fragebogen. Anhand einer vierstufigen Skala mussten die Unternehmen selbst einschätzen, ob die Konzernrechnungslegungsinformationen für die aufgezählten Adressatengruppen eine geringe bis sehr hohe Bedeutung einnehmen. Die Rücklaufquote umfasst 410 auswertbare Fragebögen (10,3 %). Die Untersuchung gilt als repräsentativ für Deutschland.[96]
	Ergebnis: Die Studie zeigt, dass 80 % der antwortenden Unternehmen den Gesellschaftern eine sehr hohe Bedeutung beimessen. Daneben kommt den Kreditinstituten mit 71 % und dem eigenen Management mit 60 % eine sehr hohe Bedeutung zu. Interessanterweise wird den Kreditinstituten im Vergleich zum Einzelabschluss ein höheres Interesse am Konzernabschluss beigemessen. Anhand der relativen Antworthäufigkeiten scheinen Gesellschafter und Management hingegen ein geringeres Interesse am Konzernabschluss als am Einzelabschluss zu haben.[97]	

93 Die Größeneinteilung erfolgte entsprechend § 267 dHGB zum Zeitpunkt der Studie. Als groß wurden Unternehmen klassifiziert, die zwei der drei Kriterien (> 32 Mio€ Umsatzerlöse; >16 Mio€ Bilanzsumme; > 250 Arbeitnehmer) erfüllen. Vgl. BDI/ERNST & YOUNG GLOBAL LIMITED (2005), S. 21.

94 Vgl. BDI/ERNST & YOUNG GLOBAL LIMITED (2005), S. 20.

95 Vgl. BDI/ERNST & YOUNG GLOBAL LIMITED (2005), S. 40.

96 Vgl. DRSC et al. (2007), S. 1ff.

97 Vgl. DRSC et al. (2007), S. 9.

Autor	Erhebungsland/-jahr	Untersuchungsdesign
KAJÜTER et al. (2007)	**Deutschland 2007**	Die Studie richtete sich an mittelständische Unternehmen mit einem Umsatz von mehr als 5 Mio€ und einer Größe gemessen an den Mitarbeitern zwischen 50 und 500 für den Großraum Berlin anhand der Postleitzahlen 10,12,13,14,15 und 16, die in der Hoppenstedt-Datenbank vermerkt waren. Von der Grundgesamtheit von 934 Unternehmen erklärten sich im Jahr 2007 332 mittelständische Unternehmen für eine Teilnahme bereit. Insgesamt wurden 107 Fragebögen verwertbar zurückgesandt. Dies entspricht einer Rücklaufquote von 11,4 %. Die Teilnehmer wurden gebeten, die drei wichtigsten Adressaten des Einzelabschlusses zu nennen.[98]
	Ergebnis: 98 % der befragten Unternehmen sahen die Gesellschafter, 84 % den Fiskus, 75 % die Banken, 34 % das Management, 2 % die Kunden, 1 % jeweils die Mitarbeiter und die Lieferanten sowie 9 % sonstige Gruppe als wichtige Adressaten.[99]	

Im Rahmen der Ergebnisse der präsentierten Studien, deren Untersuchungsgegenstand überwiegend in der Gewinnung von Erkenntnissen hinsichtlich des Kosten-/Nutzenverhältnisses von Rechnungslegungsinformationen nicht kapitalmarktorientierter Unternehmen lag, zeichnet sich die Bedeutung der Eigenkapitalgeber, Manager und Kreditinstitute als „primäre“ Adressaten der externen Rechnungslegung nicht kapitalmarktorientierter (Konzern-)Unternehmen im deutschsprachigen Raum ab.

Da in den Studien keine Einschränkung der Befragung auf die Adressaten der Konzernrechnungslegung vorgenommen wurde, wurde mit Ausnahme der Studie des DRSC ET AL. (2007) auch dem Fiskus eine „primäre“ Adressatenfunktion in den Studien zugesprochen. Da die vorliegende Arbeit die Adressaten der nicht kapitalmarktorientierten österreichischen Konzernrechnungslegung erhebt, ist der Fiskus als „primärer“ Adressat jedoch außer Acht zu lassen. Den Lieferanten, Arbeitnehmern sowie den Kunden kommt in allen Studien eine allenfalls sekundäre Bedeutung als Adressat einer nicht kapitalmarktorientierten Konzernrechnungslegung zu. Der Ansicht JANSSEN/GRONEWOLD (2007) folgend werden diese Adressatengruppen ihre Informationsbedürfnisse gegenüber nicht kapitalmarktorientierten (Konzern-)Unternehmen eher auf informellem Wege befriedigen.[100]

98 Vgl. KAJÜTER et al. (2007), S. 1878.

99 Vgl. KAJÜTER et al. (2007), S. 1880.

100 Vgl. JANSSEN/GRONEWOLD (2010), S. 77.

Der allgemeinen Öffentlichkeit, der in allen obigen Rechnungslegungsnormen eine Adressatenfunktion zukommt, wird in den empirischen Studien keine Bedeutung beigemessen. Wie bereits in Kapitel 2.3.4 dargelegt, ist dem auf Grund der vermeintlichen geringen volkswirtschaftlichen Relevanz einzelner nicht kapitalmarktorientierter (Konzern-)Unternehmen beizupflichten.

Wenngleich die Aussagekraft des Vergleichs der dargestellten Studien durch unterschiedliche Untersuchungsdesigns eingeschränkt ist, die Ergebnisse der Studien im Kontext der Rahmenbedingungen (Finanzierungs- und Rechtsformen) zu betrachten sind und auch die relativen Antworthäufigkeiten auf Grund der unterschiedlichen Art und Weise der Fragestellung bzw. vorgegebenen Antwortalternativen und -möglichkeiten variieren, kristallisieren sich in allen Studien dennoch die Kapitalgeber als Eigenkapitalgeber und die Kreditinstitute als Fremdkapitalgeber sowie das Management als „primäre“ Adressaten einer nicht kapitalmarktorientierten (Konzern-)Rechnungslegung heraus.

2.5 Begründung der Kapitalgeber als „primäre“ Adressaten einer nicht kapitalmarktorientierter (Konzern-)Rechnungslegung

2.5.1 Allgemeine Abgrenzung der Position der Eigen- und Fremdkapitalgeber als Adressaten der (Konzern-)Rechnungslegung

Auch wenn die Auswahl der „primären“ Adressatengruppe und der damit verfolgten entscheidungsnützlichen Informationen nur begrenzt begründbar ist, zeichnet sich, abgesehen von den obigen empirischen Ergebnissen, auch im Schrifttum[101] und den Rechnungslegungsnormen die besondere Schutzwürdigkeit der Kapitalgeber[102] als „primäre“ Adressaten ab.[103]

Begründet wird der Status der Kapitalgeber als „primäre“ Adressaten der (Konzern-)Rechnungslegung vor allem in der Wahrnehmung der Kapitalüberlassung.[104] So benötigen sowohl potentielle als auch bestehende Eigen- und

101 Vgl. BALLWIESER (1982), S. 775.

102 Der Begriff der Kapitalgeber umfasst in weiterer Folge sowohl die Eigen- als auch Fremdkapitalgeber.

103 Vgl. PELLENS et al. (2008b), S. 21; BONSE (2004), S. 21; BALLWIESER (2002), S. 116; LEFFSON (1986), S. 437.

104 Vgl. YOUNG (2006), S. 579; LEFFSON (1986), S. 437; SCHILDBACH (1975), S. 23f.

Fremdkapitalgeber zur Abschätzung zukünftiger Zahlungsströme entscheidungsnützliche Informationen hinsichtlich Höhe, Zeitpunkt und Risiko. Durch entscheidungsnützliche Informationen wird der einzelne Kapitalgeber in die Lage versetzt, sein Handeln an die erwartete Situation anzupassen zB durch Ausübung von Rechten aus einer Beteiligung oder Nichtverlängerung/Nichtgewährung eines Kreditvertrages.[105] Zu klären ist, inwieweit Eigen- als auch Fremdkapitalgeber eines nicht kapitalmarktorientierten Konzernunternehmens über homogene oder heterogene Interessen verfügen.[106]

Aus einer weiten Auslegung der Rechenschaftsfunktion („*stewardship*") lässt sich ableiten, dass das bilanzierende Unternehmen den Eigen- und Fremdkapitalgebern gleichermaßen verpflichtet ist.[107] Entsprechend einer derartigen Auslegung umfassen die „primären" Adressaten alle gegenüber dem Unternehmen finanziell verbundenen, von der Einwirkung auf das operative Geschäft jedoch ausgeschlossene Personen.[108] Der unmittelbare Informationsbedarf der Kapitalgeber des (Konzern-)Unternehmens ergibt sich aus der Gestaltung dieser Verträge und ihren damit verbundenen Kapitalanlagebeziehungen.[109] Sowohl Eigen- als auch Fremdkapitalgeber gemein ist zunächst die Kontrolle der Kapitalverzinsung sowie auch -rückzahlung, damit sind beide primär an Informationen über die Bonität, die zukünftige Ertragsentwicklung, das Innenfinanzierungspotential und die Rentabilität des Unternehmens interessiert.[110]

Eigenkapitalgeber erwerben durch die Bereitstellung von Kapital für eine unbegrenzte Dauer Eigentum an dem damit finanzierten Unternehmen. Durch die Anteilhabe sowohl am positiven als auch negativen Unternehmensergebnis erhalten sie eine residuale Verzinsung des eingesetzten Kapitals und tragen somit das Unternehmensrisiko.[111]

Fremdkapitalgebern ist hingegen in der Regel vertraglich eine auf das eingesetzte Kapital fixierte Verzinsung zugesichert, unabhängig von der wirtschaftlichen Lage des Unternehmens. Von Interesse für Fremdkapitalgeber ist, negative Unternehmensentwicklungen zu identifizieren, um die Sicherstellung des eingesetzten Kapitals sowie die Verzinsung zu gewährleisten.[112] Das Hauptinteresse

---

105 Vgl. SCHILDBACH (1986), S. 7.

106 Eine Wertung bei heterogenen Interessen zu Gunsten einer Adressatengruppe verlangt beispielsweise BALLWIESER (2002), S. 116; MOXTER (2000), S. 2148; STONE (1967), S. 333.

107 Vgl. BERNDT (2005), S. 23.

108 Vgl. BERNDT (2005), S. 23.

109 Vgl. METH (2007), S. 13; BURGER/BUCHHARDT (2000), S. 2199.

110 Vgl. BRUNS (1993), S. 142.

111 Vgl. BURGER/BUCHHARDT (2000), S. 2199.

112 Vgl. BURGER/BUCHHARDT (2000), S. 2199; RENTSCHLER (1988), S. 37f.

liegt in erster Linie damit nicht unmittelbar im Fortbestand des Unternehmens, sondern in einer ausreichenden Liquidität, um die vertraglichen Verpflichtungen erfüllen zu können.[113] Allgemein dient Rechnungslegung potentiellen und bestehenden Fremdkapitalgebern zur Abschätzung von Informationen über mögliche Sicherheiten im Falle eines Konkurses oder einer Liquidation[114] sowie bestehender Kreditverbindlichkeiten im Konzern,[115] woraus sich die Risikoprämie im Zuge der Kreditvergabe bestimmen lässt.[116] Fremdkapital ist des Weiteren nach den schuldrechtlichen Regeln aufkündbar. Im Falle einer Insolvenz kommt dem Fremdkapitalgeber der Status eines Insolvenzgläubigers zu.[117]

2.5.2 Begründung des Status eines „primären" Adressaten für Eigen- und Fremdkapitalgeber in nicht kapitalmarktorientierten (Konzern-)Unternehmen

Eine Besonderheit nicht kapitalmarktorientierter österreichischer (Konzern-) Unternehmen besteht darin, dass diese mehrheitlich als Familienunternehmen geführt werden.[118] Im Unterschied zu kapitalmarktorientierten (Konzern-)Unternehmen, die überdies durchwegs mit anonymen Adressaten konfrontiert sind, weisen nicht kapitalmarktorientierte (Konzern-)Unternehmen zudem in der Regel eine überschaubare Anzahl von Adressaten auf.[119] Pro Adressat fallen damit höhere Kosten der Erstellung eines (Konzern-)Abschlusses an.[120]

Eigenkapitalgeber eines nicht kapitalmarktorientierten (Konzern-)Unternehmens lassen sich wie folgt charakterisieren: Der Erwerb von Anteilen nicht kapitalmarktorientierter Unternehmen ist üblicherweise längerfristiger Natur.[121] Gemäß STREIM/KUGEL (1985) begründet sich auch im Fehlen aktiver liquider Märkte für die Unternehmensanteile der Status eines „primären" Adressaten von Eigenkapitalgebern nicht kapitalmarktorientierter Unternehmen,[122] da ein Ver-

113 Vgl. KASPERZAK/LIECK (2008), S. 772; WILSDORF (1988), S. 133.
114 Vgl. WILSDORF (1988), S. 133.
115 Vgl. KÜTING/WEBER (2008), S. 79; KUPFERNAGEL (1991), S. 77.
116 Vgl. WOLK et al. (2001), S. 264.
117 Vgl. REUTER (2001), S. 396.
118 Vgl. MANDLER (2004), S. 40. Zur empirischen Bedeutung der Familienunternehmen in Österreich siehe Kapitel 2.7.2.
119 Vgl. KIRSCH/METH (2007), S. 9f.; MAINGOT/ZEGHAL (2006), S. 514; SCHORR/WALTER (2006), S. 1090.
120 Vgl. COLLIS et al. (2001), S. 170; BOLLEN (1995), S. 39.
121 Vgl. STREIM/KUGEL (1985), S. 109.
122 Vgl. STREIM/KUGEL (1985), S. 109.

kauf eines Anteils und damit ein Ausstieg aus dem Unternehmen mit größerer Unsicherheit behaftet ist.[123]

Im Unterschied zu kapitalmarktorientierten unterliegen nicht kapitalmarktorientierte (Konzern-)Unternehmen auch nicht den Überwachungsmöglichkeiten des Kapitalmarktes. Eine Disziplinierungsmöglichkeit des Managements durch den Aktienmarkt steht für nicht kapitalmarktorientierte (Konzern-)Unternehmen damit außer Frage.[124] Aus diesen Gründen kann zumindest den nicht geschäftsführenden Eigenkapitalgebern nicht kapitalmarktorientierter (Konzern-)Unternehmen eine „schutzwürdige" „primäre" Adressatenstellung beigemessen werden. Somit kommt, wie auch im IFRS *for* SMEs deklariert, vor allem nicht geschäftsführenden Eigenkapitalgebern nicht kapitalmarktorientierter (Konzern-) Unternehmen ein besonderes Schutzbedürfnis zu.[125] Auch wenn nicht geschäftsführenden Eigenkapitalgebern nicht kapitalmarktorientierter (Konzern-)Unternehmen die Machtstellung zugesprochen wird, ihre zusätzlichen individuellen Informationswünsche auf Grund des geringeren Adressatenkreises im Rahmen eigener Berichterstattungsinstrumente oder persönlicher Kontaktaufnahme befriedigen zu können.[126] Dem kann entgegengehalten werden, dass mit zunehmender Größe des (Konzern-)Unternehmens auch die Bereitschaft eines nicht kapitalmarktorientierten (Konzern-)Unternehmens, individuelle Informationsbedürfnisse nicht geschäftsführender Eigenkapitalgeber zu befriedigen, sinkt. So ist bei großen nicht kapitalmarktorientierten (Konzern-)Unternehmen davon auszugehen, dass die Möglichkeit, über die externe Rechnungslegung hinaus Informationen zu erhalten, nur eingeschränkt besteht.[127]

Auch die Rechnungslegungskenntnisse und Instrumente professioneller Investoren kapitalmarktorientierter Unternehmen sind höher einzuschätzen als jene von nicht kapitalmarktorientierten Unternehmen.[128] Komplexere entscheidungsnützliche Informationen würden demnach mitunter bei Eigenkapitalgebern nicht kapitalmarktorientierter (Konzern-)Unternehmen zu Verständnisproblemen

---

123 Vgl. STREIM/KUGEL (1985), S. 109.

124 Managergeführte kapitalmarktorientierte (Konzern-)Unternehmen sind aber bei fehlendem Erfolg sinkenden Aktienkursen sowie Unternehmensübernahmen ausgesetzt. Vgl. FÜLBIER (1998), S. 190; ABDEL-KHALIK (1983), S. 45.

125 Vgl. IASB (2009a), IFRS *for* SMEs 1.2b.

126 Vgl. BOLLEN (1995), S. 130.

127 Vgl. KIRSCH/METH (2007), S. 10. Zur Problematik der Interessenkonflikte zwischen Eigenkapitalgeber und Manger siehe im Detail auch die Ausführungen in Kapitel 2.7.2.

128 Vgl. EIERLE (2003), S. 47. So verfügten 44 % der befragten Geschäftsführer in der von PAGE (1984) durchgeführten Studie über keinerlei Rechnungslegungskenntnisse. Vgl. PAGE (1984), S. 282.

führen.[129] Die Erfüllung der Informationsbedürfnisse der Eigenkapitalgeber vor dem Hintergrund ihrer Verarbeitungsmöglichkeiten ist damit unumgänglich.

Unter den Begriff der „Fremdkapitalgeber" sind im Allgemeinen all jene zu subsumieren, die einem (Konzern-)Unternehmen finanzielle Mittel zur Verfügung stellen, ohne dabei eine gesellschaftsrechtliche Position einzunehmen. Nachweislich erfolgt die Fremdfinanzierung nicht kapitalmarktorientierter Unternehmen zumeist durch Bankkredite,[130,131] wobei die Finanzierung durch einige wenige Hausbanken[132] im Vordergrund steht.[133] Die Stellung der Kreditinstitute als Adressaten der Rechnungslegung lässt sich auch aus dem allgemein hohen Fremdfinanzierungsgrad und der Bedeutung der Kreditinstitute als Fremdkapitalgeber außerhalb des angloamerikanischen Raumes ableiten.[134] Kreditinstitute als Kreditgeber stellen somit die bedeutsamste Subgruppe dar,[135] wobei deren Handlungsoptionen vorrangig in der Kreditvergabe bzw. -ablehnung sowie in der Kreditkündigung oder -prolongation bestehen.[136]

Fremdkapitalgebern kann grundsätzlich die Machtposition zugesprochen werden, durch rechtsgeschäftliche Vereinbarungen über die externe Rechnungslegung hinausgehende weitergehende Informationsbedürfnisse befriedigen zu

129 Vgl. BERNDT (2005), S. 50.

130 Dies entspricht der Definition von Leffers (2000), der zufolge kurzfristig überlassenes Kapital (zB Waren- und Lieferkredite) nicht unter den Begriff des Fremdkapitals zu subsumieren ist. Vgl. LEFFERS (2000), S. 15.

131 Vgl. KIRSCH/METH (2007), S. 9.

132 Eine Hausbank bezeichnet jene Bank, mit denen meist mittelständische Unternehmen dauerhaft ihre finanziellen Transaktionen abwickeln. Von Seiten der Kreditinstitute ist ein umfassendes *Relationship*-Management notwendig. Vgl. PERNSTEINER (2005) S. 526ff.

133 Vgl. MANDLER (2004), S. 40. Zur großen Bedeutung der Finanzierung durch Hausbanken bei oberösterreichischen (Familien-)Unternehmen siehe PERNSTEINER (2008), S. 65ff. Der Stellenwert der kapitalmarktorientierten Unternehmen in den zitierten Untersuchungen kann als sehr gering eingeschätzt werden, weshalb die Ergebnisse auch für nicht kapitalmarktorientierte Unternehmen herangezogen werden können. Vgl. LEITNER/ROHATSCHEK (2008), S. 83. Bestätigt wird diese Aussage durch die Studie von OEHLER (2005) für das Gebiet Mittelfranken (Deutschland), bei der 21 % der Befragten angaben, ihre Bankgeschäfte nur mit einer Bank abzuwickeln. Durchschnittlich zieht die Mehrheit (79 %) der befragten Unternehmen drei Kreditinstitute zur Fremdfinanzierung heran. Vgl. OEHLER (2005), S. 27.

134 Eine europaweite Studie im Auftrag der Europäischen Kommission aus dem Jahr 2003 zeigt den Grad der Fremdfinanzierung europäischer Unternehmen auf. Vgl. EUROPÄISCHE KOMMISSION (2003a), S. 19ff.

135 Vgl. SKRZIPEK (2005), S. 63.

136 Vgl. KÜTING/WEBER (2009), S. 8.

lassen.[137] Dennoch nehmen Rechnungslegungsinformationen neben dem persönlichen Gespräch einen hohen Stellenwert im Kreditvergabeprozess ein.[138] Entscheidungsnützliche Rechnungslegungsinformationen sind damit aus Sicht der Fremdkapitalgeber im Kreditvergabeprozess relevant und begründen den Status eines „schutzwürdigen" „primären" Adressaten nicht kapitalmarktorientierter (Konzern-)Unternehmen.

2.5.3 Begründung des Status eines „primären" Adressaten für Eigen- und Fremdkapitalgeber bei Konzernverhältnissen

Konzernverhältnisse bedingen auch gleichzeitig zwei Gruppen von Eigenkapitalgebern – Mehrheits- und Minderheitsanteilseigner –, wobei den Mehrheitsanteilseigner gegenüber den Minderheitsanteilseignern eine besondere Machtstellung zugesprochen wird. Durch die Machstellung der Mehrheitsanteilseigner in einem Konzern sind aber auch Fremdkapitalgeber eines in einem Konzernverbund einbezogenen Unternehmens den im Folgenden angeführten Risiken auf Grund von kapitalen und wirtschaftlichen Verflechtungen ausgesetzt.[139]

2.5.3.1 Anteile anderer Gesellschafter im Konzernverbund

2.5.3.1.1 Allgemeine Begriffsabgrenzung und Ausweis im Konzernabschluss

Unter den unternehmensrechtlich geprägten Begriff der Anteile anderer Gesellschafter[140] (Minderheitsgesellschafter, Anteile Dritter, *Minorities, Non Controlling Interests*, Fremdgesellschafter[141])[142] sind sämtliche Beteiligungen an Tochterunternehmen zu subsumieren die weder unmittelbar noch mittelbar vom Mutterunternehmen (Mehrheitsanteilseigner) kontrolliert werden.[143]

In Bezug auf die Klassifizierung der Anteile anderer Gesellschafter im Konzernabschluss herrscht in der Literatur kein allgemeiner Konsens darüber, ob diese als Eigen- oder Fremdkapitalgeber zu betrachten sind. Begründet wird eine Stellung der Anteile anderer Gesellschafter als Fremdkapitalgeber darin, dass

137 Vgl. BERNDT (2005), S. 19; JARVIS (1996), S. 14; BUSSE v. COLBE (1995), S. 713.
138 Vgl. MAINGOT/ZEGHAL (2006), S. 520; BERRY et al. (1993), S. 131.
139 Vgl. BALLWIEẞER (1997), S. 35f.
140 Vgl. § 259 Abs. 1 UGB sowie § 307 Abs. 1 dHGB.
141 Vgl. EBELING (1995b), S. 377.
142 Die genannten Termini werden in der Arbeit synonym verwendet.
143 Vgl. PAWELZIK (2004), S. 677; MÜHLBERGER (2001), S. 1314.

Anteile, die nicht von Konzernunternehmen gehalten werden, in Fremdbesitz sind und damit auch als Fremdkapital zu klassifizieren sind.[144]

Dem ist entgegenzuhalten, dass zentrale Charakteristika eines Fremdkapitalgebers wie der Rückzahlungsanspruch fehlen[145] und auch das Kapital der Anteile anderer Gesellschafter Haftungskapital darstellt.[146] Ausgehend von einem Anteilsrecht an zumindest einer Teileinheit des Konzerns, das sowohl den Mehrheitsanteilseignern als auch den Anteilen anderer Gesellschafter zukommt, sind auch Anteile anderer Gesellschafter als wirtschaftliche Eigentümer und damit Eigenkapitalgeber zu klassifizieren.[147] Dieser Ansatz entspricht dem Kerngedanken der Einheitstheorie.[148] Sowohl nach österreichischem[149] als auch nach deutschem[150] Konzernrechnungslegungsrecht sind die Anteile anderer Gesellschafter wie auch die Anteile der Mehrheitsanteilseigner im Konzerneigenkapital auszuweisen.[151] Ebenso stellt der Erfolgsanteil der Anteile anderer Gesellschafter einen Bestandteil des Konzernerfolges dar.[152] Damit kann auf eine grundsätzliche Gleichstellung der Minder- und Mehrheitsanteilseigner im österreichischen und deutschen Konzernrechnungslegungsrecht geschlossen werden.[153]

Auch das IASB folgte im Zuge einer Überarbeitung des IAS 27 (*rev.* 2003) der Ansicht, Anteile anderer Gesellschafter stellen Eigenkapital dar.[154] Das IASB argumentiert dies damit, dass die Kapitalanteile von Minderheitsgesellschaftern keine Schulden des Konzerns darstellen, weil diese die Definition einer Schuld gemäß F.49(b) iVm F.60 nicht erfüllen würden. Ferner deklariert das IASB die Kapitalanteile der Anteile anderer Gesellschafter als „residual interest in the net assets of those subsidaries held by some of the shareholders of the subsidaries within the group“[155] und lässt damit eine Übereinstimmung mit der

144 Vgl. WENTLAND (1979), S. 34f.

145 Vgl. HINZ (2002), S. 184.

146 Vgl. HINZ (2002), S. 184.

147 Vgl. WENTLAND (1979), S. 42.

148 Vgl. dazu im Detail Kapitel 3.1.3.

149 Vgl. § 259 Abs. 1 UGB.

150 Vgl. § 307 Abs. 2 dHGB.

151 Vgl. DEUTSCH/PLATZER (2000), § 259 Rz. 8; WEBER/ZÜNDORF (1998), § 307 Rz. 2.

152 Vgl. § 259 Abs. 2 UGB; § 307 Abs. 2 dHGB sowie WEBER/ZÜNDORF (1998), § 307 Rz. 13; ADLER et al. (1995), § 307 Rz. 79.

153 Vgl. WEBER/ZÜNDORF (1998) § 307 Rz. 12; ADLER et al. (1995), § 307 Rz. 63; EBELING (1995b), S. 380f.

154 Vgl. IAS 27.4 (*rev.* 2003).

155 IAS 27.BC32 (*rev.* 2008).

in F.49(c) festgelegten Eigenkapitaldefinition zu.[156] Sowohl nach den geltenden UGB- als auch IFRS-Normen sind die Anteile anderer Gesellschafter innerhalb des Eigenkapitals getrennt auszuweisen.[157]

Diesen zwei Extrempositionen folgt die dritte in der Literatur angeführte Meinung zur Klassifizierung von Anteilen fremder Gesellschafter, welche auch das IASB in IAS 27.26 (*rev.* 2000) noch vertreten hat. In diesem Zusammenhang wird argumentiert, dass Kapitalanteile von Anteilen anderer Gesellschafter „kein vollwertiges Eigenkapital des Gesamtkonzerns“[158] darstellen, da die Anteile anderer Gesellschafter nicht am Konzernerfolg, sondern an einem separierten Ergebnis eines Konzernunternehmens teilhaben und auch nicht am Reinvermögen des Konzerns, sondern am Reinvermögen eines separierten Konzernunternehmens beteiligt sind und Anteile anderer Gesellschafter auch kein Haftungskapital für Fremdkapitalgeber darstellen.[159] Einer derartigen Auffassung entsprechend des *Parent Company Extension*-Konzeptes[160] zufolge wären die Anteile anderer Gesellschafter als Sonderposition zwischen Eigen- und Fremdkapital auszuweisen.[161] Die auf Anteile anderer Gesellschafter entfallenden Erfolgsanteile wären als Aufwand oder Ertrag vor dem Konzernerfolg der Mehrheitsanteilseigner zu zeigen.[162]

2.5.3.1.2 Anteile anderer Gesellschafter als „primäre“ Adressaten der Konzernrechnungslegung

Warum aber kommt Anteilen anderer Gesellschafter der Status eines „primären“ Adressaten im Konzernverbund zu? Anteilen anderer Gesellschafter kommt eine schutzwürdige Stellung zu, da Mehrheitsanteilseigner ihren Einfluss auf die Geschäftsführung und Gewinnverteilungspolitik jederzeit wahrnehmen können, um ihre eigenen Vermögensinteressen durchzusetzen, welche möglicherweise nicht denen der Anteile anderer Gesellschafter entsprechen und damit deren Vermögensinteressen verletzten könnten.[163] Den Anteilen anderer Gesellschafter kommt der Status eines Adressaten zu, um zu vermeiden, dass Mehrheitsanteilseigner ihre Machtstellung dazu nutzen, durch nachteilige Geschäfte zu marktun-

156 Der Definition gemäß F.49(c) ist Eigenkapital als *„residual interest in the assets of the enterprise after deduction all of its liabilities.*" zu verstehen.

157 IAS 27.27 (*rev.* 2008) sowie § 259 Abs. 1 UGB.

158 EBELING (1995b), S. 379.

159 Vgl. RENTSCHLER (1988), S. 104f.; EBELING (1995b), S. 378f.

160 Vgl. im Detail Kapitel 3.1.2.

161 Vgl. EBELING (1995b), S. 378; DREGER (1969), S. 43f.

162 Vgl. EBELING (1995b), S. 378.

163 Vgl. RUDOLPH (1998), § 2.56.

üblichen Bedingungen den Minderheitsanteilseignern Vermögensverluste aufzuerlegen.[164] Ein kodifiziertes schutzwürdiges Interesse der Minderheitsanteilseigner nicht kapitalmarktorientierter Unternehmen äußert der europäische Gesetzgeber in Art. 7 Abs. 1 iVm Art. 8 Abs. 1 der Konzernabschlussrichtlinie (83/349/EWG).[165] Damit wird Minderheitsanteilseignern eines nicht kapitalmarktorientierten Konzernunternehmens die Möglichkeit zugestanden, einen Teilkonzernabschluss zu verlangen. Diese Regelung findet ebenso in § 245 Abs. 1 UGB ihren Niederschlag.[166]

Auch wenn den Anteilen anderer Gesellschafter im Konzern grundsätzlich der Status eines Adressaten der Konzernrechnungslegung zukommt, werden im empirischen Teil der Arbeit die Informationsinteressen der Mehrheitsanteilseigner betrachtet. Da der Untersuchungsgegenstand des Kapitels fünf der empirischen Studie „der Konzernabschluss" vor allem die Informationsinteressen der Mehrheitsanteilseigner widerspiegelt. Erstellen doch die von den Mehrheitsanteilseigner eingesetzten Manager den Konzernabschluss und treffen damit auch die Wahl der Rechnungslegungsnorm bzw. Kapitalkonsolidierungsmethode.

2.5.3.2 Fremdkapitalgeber

Im Allgemeinen tragen Fremdkapitalgeber grundsätzlich das Risiko, dass der Kreditnehmer durch Aufnahme eines weiteren Kredites und bessere Besicherung des neuen Kredites das Kreditausfallsrisiko erhöht.[167] Auf Grund konzernspezifischer Finanzierungsformen sind konzernexterne Fremdkapitalgeber einem höheren finanziellen Risiko ausgesetzt.[168] Haben doch konzernspezifische Finanzierungsformen zur Folge, dass sich „die Gläubiger und selbst die Gesellschafter der einzelnen Konzernunternehmen nur schwer ein zutreffendes Bild verschaffen können."[169]

Das Verstehen der finanziellen Situation bei Konzernverhältnissen ist für Fremdkapitalgeber von besonderer Bedeutung,[170] um die Problematik einer strukturellen Nachrangigkeit für Fremdkapitalgeber zu reduzieren. Auch die

164 Vgl. KASPERZAK/LIECK (2008), S. 772.
165 Vgl. KASPERZAK/LIECK (2008), S. 772.
166 Vgl. dazu auch die Ausführungen in Fn. 607.
167 Vgl. ausführlich EWERT (1986), S. 17f.; RUDOLPH (1984), S. 33ff.; DRUCKARCZYK (1981), S. 308f.
168 Vgl. DEBUS (1990), S. 13.
169 SCHNEIDER (1984), S. 506.
170 Vgl. RUSCH (2004), S. 6.

Stellung eines „primären" Adressaten der Konzernrechnungslegung lässt sich darin begründen.

Demnach kann in einem Konzern extern aufgenommenes Fremdkapital auch anderen im Konzernverbund stehenden Unternehmen zur Verfügung gestellt werden. SCHNEIDER (1984) bezeichnet dies als sog. „Durchleitungseffekt"[171] (vgl. Abbildung 2), der insbesondere vorliegt, wenn der Konzern durch ein konzernweites *Cash Management* Fremdkapital zur Verfügung stellt, um damit Einsparungen bei der Finanzbuchhaltung, bessere Konditionen bei der Kreditgewährung sowie eine bessere Planung des Finanzbedarfs der Konzerngruppe zu gewährleisten.[172]

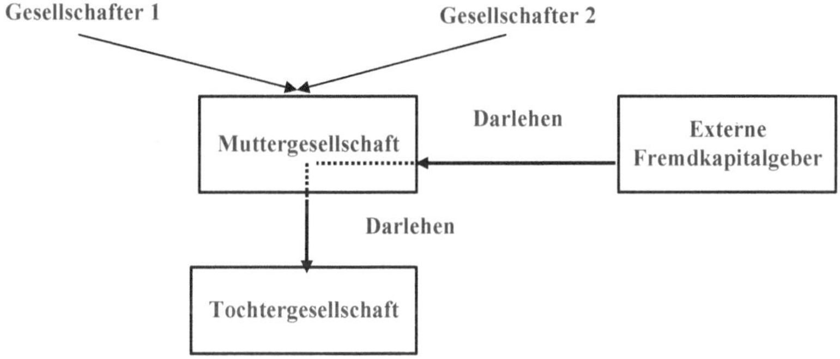

Abbildung 2: Durchleitungseffekt bei Einbezug externer Fremdkapitalmittel

Quelle: In Anlehnung an SCHNEIDER (1984), S. 503

Aus Sicht der konzernexternen Gläubiger ist zudem die sog. „Eigenkapitalschaffung auf Kredit"[173] bzw. ein „*capital leveraging*" [174] bedeutsam. In diesem Fall wird von einem Konzernunternehmen extern aufgenommenes Kapital einem anderen Konzernunternehmen als Eigenkapital zur Verfügung gestellt.[175] Ändert das durchgeleitete Fremdkapital dadurch seinen Charakter, wird dieser

171 SCHNEIDER (1984), S. 502.

172 Vgl. GRIEBELER (2006), S. 2. Im Detail dazu auch ZIMMERLING (1998), S. 66f. sowie JULA/BREITBARTH (1997), S. 256ff.

173 NEUMANN (1998), S. 99.

174 NEUMANN (1998), S. 99.

175 Vgl. SCHNEIDER (1984), S. 503.

Effekt auch als „Metamorphoseneffekt“[176] bezeichnet (vgl. Abbildung 3). Im Ergebnis wird dadurch die Eigenkapitalbasis der Untergesellschaft gestärkt.[177]

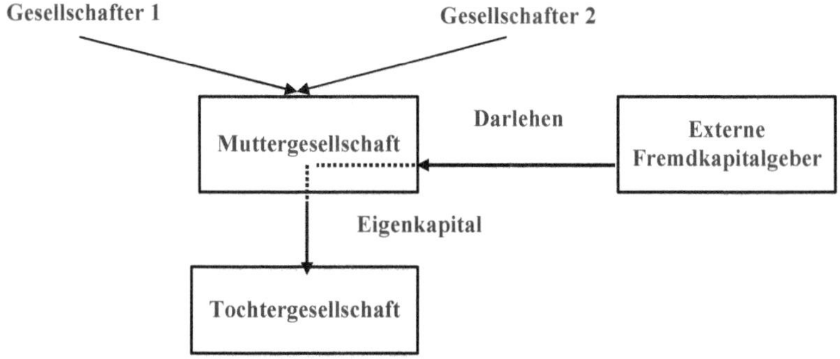

Abbildung 3: Metamorphoseneffekt bei Einbezug externer Fremdkapitalmittel

Quelle: In Anlehnung an SCHNEIDER (1984), S. 503

Neben der dargestellten Möglichkeit des Mutterunternehmens, welches als Konzernobergesellschaft von Dritten erhaltenes Fremdkapital an Untergesellschaften in Form von Tochter- oder Enkelgesellschaften weiterleitet, besteht auch die Möglichkeit, dass ein Tochterunternehmen von externen Fremdkapitalgebern aufgenommenes Fremdkapital nach oben schleust bzw. an Schwestergesellschaften weiterleitet. Ebenso können eigene Zwischenholdings bzw. Finanzierungsgesellschaften eingerichtet werden, deren Aufgabe darin besteht, zentral Kredite aufzunehmen und diese an die Konzerngesellschaften weiterzureichen, um eine ausreichende Liquiditätsversorgung zu garantieren.[178]

Grundsätzlich führen sowohl der Durchleitungs- als auch der Metamorphoseneffekt nur zu Kreditunsicherheiten, wenn finanzielle Schwierigkeiten eintreten.[179] Wie bereits oben erläutert, kann die von externen Fremdkapitalgebern Kredit nehmende Gesellschaft finanzielle Mittel in Form von Eigenkapital im Konzern an eine Untergesellschaft weiterleiten. Thesauriert die Untergesellschaft ihre Gewinne, werden die *Cashflows* der Obergesellschaft verringert, die Obergesellschaft hat dennoch die vollen Zinsen für das aufgenommene Darlehen

176 SCHNEIDER (1984), S. 503.
177 Vgl. SCHNEIDER (1984), S. 503.
178 Vgl. REUTER (2001), S. 394.
179 Vgl. RUSCH (2004), S. 6.

zu tragen, auch wenn die Untergesellschaft daraus einen finanzwirtschaftlichen Nutzen zieht.[180] Konzernexterne Fremdkapitalgeber können auf Grund ungleicher Fristen und Zinshöhen mit finanziellen Schwierigkeiten der von ihnen Kredit nehmenden Konzerngesellschaft konfrontiert sein.

Neben dem Fall finanzieller Schwierigkeiten und Insolvenzen im Konzern gilt es zu bedenken, dass wenn extern aufgenommenes Fremdkapital im Konzern als Eigenkapital einem Konzernunternehmen zur Verfügung gestellt wird und die Eigenkapitalbasis dieses Unternehmens gestärkt wird, auch die Verbindlichkeiten gegenüber Dritten bei diesem Unternehmen erhöht werden könnten.[181] Der Verschuldungsgrad des Konzerns wäre dadurch deutlich höher, als bei einem einzelnen Unternehmen derselben Größenordnung.[182] Sichert sich der Kreditgeber nicht ab,[183] so könnte auf diese Weise das drittfinanzierte Vermögen mehrfach beliehen werden.[184]

Als Fremdkapitalgeber einer Obergesellschaft ist zu beachten, dass bei einer Insolvenz der Untergesellschaft zunächst die Ansprüche der Fremdkapitalgeber der Untergesellschaft befriedigt werden. Der Obergesellschaft verbleibt auch als Fremdkapitalgeber der Untergesellschaft nur das Vermögen, das über die restlichen bestehenden Verbindlichkeiten hinausgeht.[185] Trotz einer bestehenden Finanzierungsfreiheit,[186] muss die Obergesellschaft als Fremdkapitalgeber von einer Rückzahlung des Darlehens Abstand nehmen, sofern diese Rückzahlung dazu führt, dass eine Deckung des Stammkapitals[187] bzw. Nennkapitals[188] nicht mehr gewährleistet wird und eine sog. „Unterbilanz“ [189] entsteht.[190] Eine Rück-

---

180 Werden Gewinne beim Konzernunternehmen thesauriert und kommen diese nicht bei den Obergesellschaften an, spricht die Literatur von einem sog. „Tresoreffekt“. Vgl. HORMUTH (1998), S. 37; SCHNEIDER (1984), S. 502.

181 Vgl. DEBUS (1990), S. 13 Dieser Effekt wird in der Literatur als „Teleskopeffekt“ bzw. „Pyramideneffekt“ bezeichnet. Vgl. SCHNEIDER (1984), S. 504; SCHIERENBECK (1980), S. 249ff.

182 Vgl. DEBUS (1990), S. 14. PELLENS (1994) konnte in einer empirischen Untersuchung deutscher Konzerne einen Pyramideneffekt nicht nachweisen. Vgl. PELLENS (1994), S. 162ff.

183 Zur ausreichenden Information hinsichtlich der Werthaltigkeit und Durchsetzbarkeit von Sicherheiten sind Kreditinstitute per Gesetz verpflichtet. Vgl. § 27 Abs. 8 BWG.

184 Vgl. DEBUS (1990), S. 14; SCHNEIDER (1984), S. 504.

185 Vgl. EICHHOLZ (1993), S. 48; SCHNEIDER (1984), S. 503.

186 Vgl. HOFFMANN (2009), S. 182; REUTER (2001), S. 396f. Eine konkrete Gefährdung der Vermögens-, Finanz- und Ertragslage einer abhängigen Gesellschaft ist davon jedoch ausgeschlossen. Vgl. im Detail dazu KALSS/ECKERT (2007), S. 583ff.

187 Vgl. dazu ausführlich SAUER (2003), § 52 AktG Rz. 122.

188 Zum Kapitalersatzrecht der AG siehe SAUER (2003), § 52 AktG Rz. 123.

189 REUTER (2001), S. 397.

zahlung des Darlehens an die Obergesellschaft ist folglich auch dann ausgeschlossen, wenn eine bereits bestehende Unterbilanz vergrößert werden würde. Das von der Obergesellschaft zur Verfügung gestellte Fremdkapital wird bei Vorliegen einer Unterbilanz des Kredit nehmenden Konzernunternehmens dem Eigenkapital gleichgestellt.[191] Mit dieser Gleichstellung bei einer bestehenden Unterbilanz von Eigenkapital und Gesellschafterdarlehen soll verhindert werden, dass Gesellschafter ihr Finanzierungsrisiko auf andere externe Fremdkapitalgeber abwälzen können.[192] Irrelevant ist zudem, ob die Obergesellschaft den Eigenkapitalzuschuss an die Untergesellschaft aus eigenen Mitteln bestreitet oder fremdfinanziert.[193]

Der österreichische Gesetzgeber hat im Unterschied zum deutschen Gesetzgeber[194] zunächst offen gelassen, ab welcher Beteiligungshöhe die Gesellschafter mit einer Einstufung eines von ihnen gewährten Darlehens als eigenkapitalersetzend zu rechnen haben.[195] Mit dem Bundesgesetz über Eigenkapital ersetzende Gesellschafterleistungen (sog. Eigenkapitalersatz-Gesetz – EKEG)[196] aus dem Jahr 2003 wurde Rechtssicherheit in den Fällen einer kreditunwürdigen Gesellschaft in der Krise geschaffen. Wenngleich nur für jene Fälle, in denen einer kreditunwürdigen Gesellschaft in der Krise[197] ein Darlehen gewährt wurde. Demzufolge müssen Gesellschafter, die kontrollierend tätig sind oder über einen Anteil von mindestens 25 % des Nennkapitals verfügen oder wenn sie einen beherrschenden Einfluss auf eine Kredit nehmende Gesellschaft ausüben, auch ohne an der Gesellschaft beteiligt zu sein, eine Verantwortung für eine ordnungsgemäße Unternehmensfinanzierung übernehmen.[198]

190 Vgl. REUTER (2001), S. 397.

191 Vgl. REUTER (2001), S. 397.

192 Vgl. SAUER (2003), § 52 AktG Rz. 117.

193 Vgl. KREJCI (1993), S. 11.

194 In § 39 Abs. 5 dGmbHG idF 2008 legt der deutsche Gesetzgeber fest, dass eine Einstufung eines Darlehens als eigenkapitalersetzend nicht für den nicht geschäftsführenden Gesellschafter, der mit 10 % oder weniger am Stammkapital beteiligt ist, vorliegt. Ursprünglich fand die Regelung in § 32a Abs. 3 dGmbHG ihren Niederschlag. Diese Vorschrift wurde jedoch aufgehoben und fand durch das Gesetz zur Modernisierung des GmbH-Rechts und zur Bekämpfung von Missbräuchen (MoMiG) vom 23.10.2008 seinen Niederschlag in § 39 Abs. 5 dGmbHG.

195 Dies gilt sowohl für Gesellschafter einer GmbH als auch AktG. Vgl. SAUER (2003), § 52 AktG Rz. 122f.

196 Vgl. BGBl. I 92/2003.

197 Der Begriff „Krise" wurde in § 2 EKEG festgelegt.

198 Vgl. § 5 Abs. 1 EKEG. Siehe dazu im Detail die Gesetzesmaterialien zum Gesellschafts- und Insolvenzrechtsänderungsgesetz 2003 (kurz: GIRÄG 2003), S. 16.

Auf Konzernverhältnisse bezogen, sind jedenfalls auch Darlehen gegenüber Enkelgesellschaften als eigenkapitalersetzende Gesellschafterleistung zu werten.[199] Gesellschafter ist in diesem Zusammenhang immer, wer mittelbar einen beherrschenden Einfluss[200] oder zumindest 33 % mittelbar an der Kredit nehmenden Gesellschaft hält.[201] Darüber hinaus ist ein Kreditgeber im Konzern auch als Gesellschafter zu deklarieren, wenn die Kredit gebende Gesellschaft zwar nicht an der Kredit nehmenden Gesellschaft, aber an einer Gesellschaft mittelbar oder unmittelbar kontrollierend beteiligt ist, die wiederum mindestens 25 % an der Kredit nehmenden Gesellschaft hält.[202] Durch § 9 EKEG wird zudem die Kreditgewährung unter Schwestergesellschaften, die aneinander nicht beteiligt sind, erfasst.[203]

Im Insolvenzfall aller Konzernunternehmen werden die Fremdkapitalgeberansprüche auf Grund der Verwertung des Darlehens als Beteiligung erst nach den Ansprüchen der Fremdkapitalgeber der nachgeordneten Konzernunternehmen voll befriedigt.[204] Das Risiko dieser sog. *„strukturellen Nachrangigkeit“*[205] eines externen Fremdkapitalgebers des Mutterunternehmens nimmt mit jeder zusätzlichen Stufe eines Konzerns zu,[206] besteht aber auch bei der Kreditgewährung unter Schwestergesellschaften.[207]

Nimmt die Obergesellschaft darüber hinaus noch die Funktion einer Holdinggesellschaft ein, besteht gemäß MERKEL (1998) eine „absolute strukturelle Nachrangigkeit“[208], steht doch den externen Kreditgebern, wird von den Beteiligungen an den Konzerngesellschaften abgesehen, kein Haftungsvermögen im Sinne von operativen Vermögensgegenständen/-werten[209] mehr zur Verfügung.[210]

---

199 Vgl. die Gesetzesmaterialien zum Gesellschafts- und Insolvenzrechtsänderungsgesetz 2003 (kurz: GIRÄG 2003), S. 17.

200 Siehe dazu SAUER (2003), der von einem Einfluss entsprechend den Kontrolltatbeständen gemäß § 244 Abs. 2 UGB ausgeht. Vgl. SAUER (2003) Rz. 156.

201 Vgl. § 8 Z. 1 und 2 EKEG.

202 Vgl. § 8 Z. 3 EKEG.

203 Vgl. die Gesetzesmaterialien zum Gesellschafts- und Insolvenzrechtsänderungsgesetz 2003 (kurz: GIRÄG 2003), S. 17.

204 Vgl. EICHHOLZ (1993), S. 48; SCHNEIDER (1984), S. 503.

205 Zur Begriffsbildung siehe SCHNEIDER (1984), S. 503.

206 Vgl. SCHNEIDER (1984), S. 503.

207 Vgl. MERKEL (1998), § 17.15.

208 MERKEL (1998), § 17.15.

209 Derartiges operatives Vermögen wie zB Immobilien und Vorräte gelten erfahrungsgemäß als leicht verwertbar. Vgl. REUTER (2001), S. 394.

210 Vgl. REUTER (2001), S. 394; MERKEL (1998), § 17.15.

Wie exemplarisch gezeigt werden konnte, sind Fremdkapitalgeber bei Vergabe eines Kredites an ein Unternehmen, welches in einen Konzern eingebunden ist, einem höheren Kreditausfallsrisiko ausgesetzt. Um die wirtschaftlichen Verhältnisse eines Konzerns aufzugreifen, erlangen auch die Konzernrechnungslegung und damit auch die spezifischen Vorschriften der Kapitalkonsolidierung eine Bedeutung für Kreditinstitute. Gemäß § 27 Abs. 8 BWG sind Kreditinstitute ohnedies verpflichtet bei einem Kredit von 10 % der anrechenbaren Eigenmittel des Kreditinstitutes oder mindestens 750.000 €, die wirtschaftlichen Verhältnisse insbesondere durch die Vorlage von Jahresabschlüssen zu klären. Auch wenn der Gesetzgeber lediglich die Vorlage von Jahresabschlüssen kodifiziert, wird zur Erfassung der wirtschaftlichen Lage nach Ansicht der Verfasserin eine über den Wortlaut des Gesetzes hinausgehende Vorlage von Konzernabschlüssen als notwendig erachtet. Der Konzernabschluss als Informationsquelle zur Einschätzung von Kreditrisiken ist damit auch implizit gesetzlich verankert. Der Status eines „primären" Adressaten der Konzernrechnungslegung lässt sich – wie gezeigt werden konnte – für Fremdkapitalgeber einerseits aus der Schutzbedürftigkeit auf Grund eines höheren Kreditausfallsrisikos durch konzernspezifische Finanzierungsformen und andererseits aus den gesetzlich verankerten Informationspflichten ableiten.

2.6 Begründung des Managements als „primäre" Adressaten einer nicht kapitalmarktorientierten (Konzern-)Rechnungslegung

Anhand der Ergebnisse der empirischen Studien aus Kapitels 2.4 kann bei Anwendung der *Stakeholder*-Theorie auch dem Management der Status eines primären Adressaten einer nicht kapitalmarktorientierten (Konzern-)Rechnungslegung zugesprochen werden. Im für nicht kapitalmarktorientierte (Konzern-) Unternehmen geschaffenen Standard des IASB dem IFRS *for* SMEs kommt jedoch weder dem Management noch den Eigenkapitalgebern, die geschäftsführend tätig sind, die Position eines Adressaten zu.[211] Begründet wird ein derartiger Ausschluss der Bedürfnisbefriedigung des Managements damit, dass die Informationsbedürfnisse des Managements auch über andere Informationsquellen außerhalb der externen Rechnungslegung befriedigt werden können.[212]

211 Vgl. IASB (2009b), IFRS *for* SMEs BC53f.

212 Vgl. sinngemäß F.11.

KÜTING/WEBER (2009) zufolge stellt der Konzernabschluss jedoch ein wichtiges Entscheidungs- und Führungsinstrument für das Management des Konzerns dar.[213] Insbesondere auch auf Grund der zunehmenden Bedeutung[214] einer Harmonisierung der internen und externen (Konzern-)Rechnungslegung kann ein begründetes Interesse der Manager nicht kapitalmarktorientierter (Konzern-) Unternehmen am (Konzern-)Abschluss argumentiert werden. Darüber hinaus bietet die Einbeziehung der Managementperspektive einen Zusatznutzen für die übrigen Adressaten einer nicht kapitalmarktorientierten Konzernrechnungslegung. Diese Orientierung an den Informationsbedürfnissen der Manager kann auch aus dem *Framework* der *„full*"-IFRS schlussgefolgert werden. So haben die veröffentlichen (Konzern-)Abschlüsse auf den vom Management verwendeten Informationen über die Vermögens- Finanz- und Ertragslage sowie Veränderungen in der Vermögens- und Finanzlage des (Konzern-)Unternehmens zu basieren.[215]

Wenngleich der Adressatengruppe der Manager ein grundsätzliches Informationsbedürfnis durchaus unterstellt werden kann, bleibt das Kriterium der „Schutzwürdigkeit" vorerst unbeantwortet.[216] Die Festlegung der Manager als „primäre" Adressaten der (Konzern-)Rechnungslegung und damit die Abbildung der Interessen der „Manager" wird immer durch das Spannungsverhältnis der Interessen der Manager als Hauptverantwortliche für die Erstellung und Darstellung des Konzernabschlusses und der Interessen anderer Adressatengruppen insbesondere der Eigenkapitalgeber geprägt sein.

---

213 Vgl. KÜTING/WEBER (2009), S. 79.

214 Vgl. die Ergebnisse der Studie von LEITNER/ROHATSCHEK (2008), der zufolge die Mehrheit der oberösterreichischen Unternehmen über ein vollständiges oder teilweise harmonisiertes internes und externes Rechnungswesen verfügen. Vgl. LEITNER/ROHATSCHEK (2008), S. 94.

215 Vgl. IASB (2009b), IFRS *for* SMEs BC53 sowie die entsprechende Regelung in den *„full*"-IFRS siehe F.11.

216 Vgl. dazu die Ausführungen im folgenden Kapitel.

2.7 Mögliche Interessenkonflikte zwischen Eigen- und Fremdkapitalgeber und Management

2.7.1 Informationsasymetrien vor dem Hintergrund der Prinzipal-Agenten-Theorie

Bereits aufgezeigt werden konnte, dass der Status eines „primären" Adressaten der (Konzern-)Rechnungslegung für die Eigen- und/oder Fremdkapitalgebern als auch das Management argumentiert werden kann. Auf Grund ihres jeweiligen Status wird es besser und schlechter informierte Adressatengruppen geben. Problematisch ist dies insofern, wenn eine besser informierte Adressatengruppe ihr Mehrwissen zu Lasten einer schlechter informierten Vertragspartei nutzt und dieser dadurch Schaden zufügt.[217] Somit wird davon ausgegangen, dass nicht alle genannten Adressatengruppen über vollständige Informationen verfügen[218] und mittels der Rechnungslegung nicht alle geforderten Informationen zur Verfügung gestellt werden können. In weiterer Folge wird gezeigt, inwieweit Informationsasymmetrien und daraus resultierende Informationskonflikte zwischen den Adressatengruppen (Eigen- und Fremdkapitalgeber sowie Manager) bestehen (vgl. Abbildung 4) und sich darin ein besonderes Schutzbedürfnis einer Adressatengruppe ableiten lässt.

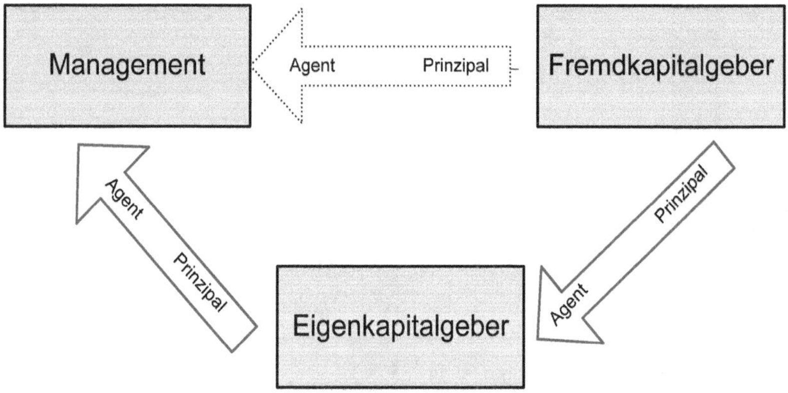

Abbildung 4: Interessenkonflikte innerhalb der Adressatengruppen

Quelle: In Anlehnung an EIERLE (2003), S. 25

Der Analyse der Informationsasymmetrien zwischen den obigen Adressatengruppen wird die Prinzipal-Agenten-Theorie (kurz: PAT)[219] zu Grunde gelegt. Der Prinzipal-Agenten-Theorie zufolge delegiert der Prinzipal (Auftraggeber) eine Aufgabe und die daraus abgeleitete Entscheidungsbefugnis an den Agenten (Auftragnehmer).[220] Der Agent verfügt bezüglich der Gestaltung der Vertragsbeziehung über bestimmte gewollte und ungewollte Freiheitsgrade seitens des Prinzipals.[221] Gewollt, weil der Agent über mehr Wissen verfügt als der Prinzipal. Ungewollt, weil der Prinzipal mit Informationsasymmetrien zu seinen Lasten konfrontiert wird.[222] Die daraus entwickelte Konflikttheorie wird als Prinzipal-Agenten-Theorie bezeichnet und basiert auf der Tatsache, dass einerseits eine asymmetrische Informationsverteilung zu Lasten des Prinzipals und andererseits ein Interessenkonflikt zwischen Prinzipal und Agenten besteht, da beide ihren eigenen Nutzen zu maximieren versuchen (vgl. Abbildung 5).[223]

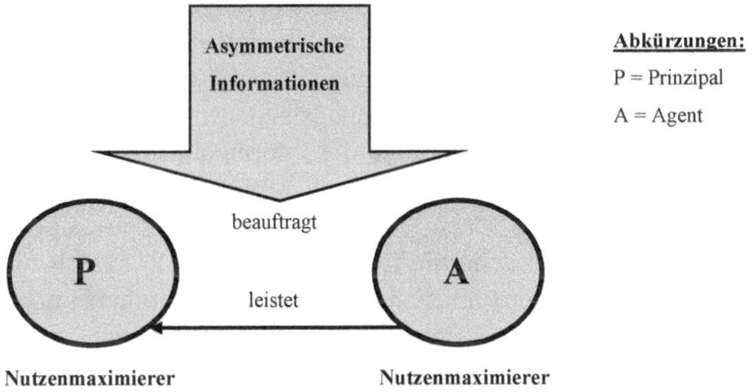

Abbildung 5: Grundmodell der Prinzipal-Agenten-Theorie

217 Vgl. HARTMANN-WENDELS (1992), S. 413.

218 Vgl. METH (2007), S. 17ff.

219 Hinsichtlich der Interpretation eines Prinzipal-Agenten-Konfliktes kann zwischen einem positiven und normativen Prinzipal-Agenten-Ansatz unterschieden werden. Während der normative Ansatz eine formale Prüfung vorsieht, beschreibt der positive Ansatz die Beziehungen zwischen Prinzipal und Agenten empirisch-verbal. Vgl. EWERT (1990), S. 17; JENSEN (1983), S. 334. In der vorliegenden Arbeit werden ausschließlich bestehende Ergebnisse des positiven Ansatzes erläutert.

220 Vgl. NOTH (1994), S. 21; HARTMANN-WENDELS (1989), S. 714.

221 Vgl. WEIBENBERGER (1997), S. 142.

222 Vgl. WEIBENBERGER (1997), S. 142.

223 Vgl. EIERLE (2003), S. 24; EWERT (1986), S. 10ff.; ROSS (1973), S. 134.

2.7.2 Homogene Interessen zwischen Management und Eigenkapitalgebern nicht kapitalmarktorientierter (Konzern-)Unternehmen

Die (Konzern-)Rechnungslegung bietet den Eigenkapitalgebern (Prinzipal) die Möglichkeit zu kontrollieren, inwieweit ihre Vorstellungen vom Management (Agenten) umgesetzt werden.[224] Es ist darauf zu achten, dass Manager als Bilanzersteller[225] ihre Position nicht dazu nutzen, Rechnungslegungsvorschriften, insbesondere Bilanzierungswahlrechte, so auszulegen, dass die eigene Position gestärkt und die Entscheidungsnützlichkeit für die Eigenkapitalgeber gemindert wird.[226] Bei unterstelltem eigennützigem Verhalten entsprechend der Prinzipal-Agenten-Theorie wird das Management die vom *Standardsetter* eingeräumten Möglichkeiten im eigenen Sinne nutzen und die Entscheidungsnützlichkeit der Rechnungslegungsinformationen für die Eigenkapitalgeber folglich mindern.[227] Wird die Konzernrechnungslegung als Kontrollmöglichkeit gesehen, ist Aufgabe des Managements die Entscheidungssituation des Eigenkapitalgebers zu konkretisieren und in den externen Rechnungslegungsberichten festzuhalten.[228] (Konzern-)Rechnungslegung hat deshalb die Informationsinteressen der Eigenkapitalgeber abzubilden.

Ein Interessenkonflikt zwischen Management und Eigenkapitalgeber[229] kann jedoch nur dann vorliegen, wenn die Eigenkapitalgeber (Prinzipal) nicht selbst die Leitung des Unternehmens innehaben, sondern diese an einen oder mehrere Manager (Agenten) übertragen. Bei einer personalen Trennung von Eigentum und Management delegiert der Eigenkapitalgeber als Prinzipal die Aufgabe der

224 Vgl. HARTMANN-WENDELS (1991), S. 138.

225 Der internen Auftragsbeziehung zwischen Management und Rechnungswesen sowie daraus resultierender Prinzipal-Agenten-Beziehungen auf Grund der Delegation der Informationsbereitstellung an das Rechnungswesen, wird an dieser Stelle keine weitere Beachtung geschenkt. Näheres dazu bei WEIßENBERGER (1997), S. 13ff.

226 Vgl. dazu MOXTER (1976), S. 96. In der Prinzipal-Agenten-Theorie wird dieses Problem als hidden action bezeichnet. Da die Handlungen des Managements (Agenten) nach Vertragsabschluss nicht unmittelbar von den Eigenkapitalgebern (Prinzipal) beobachtet werden können. Vgl. HARTMANN-WENDELS (1992), S. 420ff.

227 Vgl. BERNDT (2005), S. 13.

228 Vgl. MOXTER (1976), S. 96.

229 Ein Konfliktpotential bestünde grundsätzlich auch zwischen Management und potentiellen Eigenkapitalgebern. Vgl. ELSCHEN (1991), S. 210. In der vorliegenden Arbeit werden potentielle Eigenkapitalgeber nicht erfasst, da bei nicht kapitalmarktorientierten (Konzern-)Unternehmen von einer geringen Fluktuation innerhalb der Eigenkapitalgeber auszugehen ist.

Unternehmensleitung und die Entscheidungsbefugnisse an den Agenten.[230] Prinzipal-Agenten-Konflikte bestehen somit, wenn Eigenkapitalgeber nicht an der Geschäftsführung des (Konzern-)Unternehmens teilhaben und erhöhen sich, wenn umgekehrt auch Manager nicht am (Konzern-)Unternehmen beteiligt sind und damit kein persönliches Unternehmensrisiko tragen.[231]

Mit zunehmender Größe liegt jedoch – so die KUßMAUL/HENKES (2006) – tendenziell eine Trennung zwischen Unternehmensleitung und Eigenkapitalgeber vor.[232] Bei nicht kapitalmarktorientierten Konzernunternehmen, die die Größe eines durchschnittlichen mittelständischen Unternehmens überschreiten, würden demnach Interessenkonflikte zwischen dem Management und den Eigenkapitalgebern anzunehmen sein. Dennoch können auch für große nicht kapitalmarktorientierte österreichische (Konzern-)Unternehmen Informationsasymmetrien weitestgehend ausgeschlossen werden. Eine Eindämmung derselben erfolgt dadurch, dass Anteilseigners, die über hohe konzentrierte Anteile verfügen und damit die Kontrollkosten reduzieren, in der Lage sein werden ihre Interessen gegenüber dem Management durchzusetzen.[233] Insbesondere in Familienunternehmen, welche sich dadurch auszeichnen, dass die Familie konzentrierte Eigentumsanteile hält und die Ausübung der Unternehmensleitung zumindest mitbestimmt, ist davon auszugehen, dass Eigentümer-Manager-Konflikte, wenngleich vorhanden, von untergeordneter Bedeutung sind.[234] Auf Grund der beachtlichen volkswirtschaftlichen Bedeutung der Familienunternehmen mit einem Anteil von 70 bis 80 % in Österreich[235] werden asymmetrische Informationsverteilungen zwischen Management und Eigenkapitalgebern bei nicht kapitalmarktorientierten (Konzern-)Unternehmen[236] weitestgehend ausgeschlossen. Als Prämisse der Arbeit wird unterstellt, dass der vom Management erstellte (Konzern-)Abschluss und die darin gewählten Kapitalkonsolidierungsmethoden somit auch die Interessen der Eigenkapitalgeber eines nicht kapitalmarktorientierten österreichischen Konzerns, die grundsätzlich als schutzwürdig zu erachten sind, widerspiegeln.

---

230 Vgl. EIERLE (2003), S. 26; NOTH (1994), S. 21.

231 Vgl. HARTMANN-WENDELS (1991), S. 132.

232 Vgl. KUßMAUL/HENKES (2006), S. 2239.

233 Vgl. SHLEIFER/VISHNY (1986), S. 462ff. Dem schließt sich auch JASKIEWICZ (2006), S. 98 an, demzufolge sich eine niedrige Anzahl von Eigenkapitalgebern positiv auf die Eindämmung von Eigentümer-Manager-Konflikten auswirkt.

234 Vgl. WAGNER (2008), S. 187.

235 Vgl. FRÖHLICH (1995), S. 116.

236 Auch bei anderen nicht kapitalmarktorientierten (Konzern-)Unternehmen ist davon auszugehen, dass die Eigenkapitalgeber in einer engen Beziehung zum Management stehen. Vgl. HARTMANN-WENDELS (1992), S. 414.

2.7.3 Interessenkonflikte zwischen Eigen- und Fremdkapitalgebern

Informationsasymmetrien und mögliche Informationskonflikte sind bei nicht kapitalmarktorientierten (Konzern-)Unternehmen verstärkt in der Beziehung zwischen Eigen- und Fremdkapitalgebern zu finden.[237]

Mangels nachgewiesener Management-Eigenkapitalgeber-Interessenkonflikte, wird auch in der Argumentationsweise in Bezug auf die Konflikte zu Fremdkapitalgebern von einer Personalunion („Eigenkapitalgeber/Manager") ausgegangen.[238] Der in Abbildung 4 angedeuteten Management-Fremdkapitalgeber-Beziehung wird aus diesem Grund keine Bedeutung beigemessen.

Interessenkonflikte zwischen Eigen- und Fremdkapitalgeber über bilanzielle Wertansätze des Vermögens und der Schulden sind auf Grund unterschiedlicher individueller Nutzenmaximierungen vorprogrammiert.[239] Informationsasymmetrien in Bezugnahme auf die Abbildung von Geschäftstransaktionen stellen sich ein,[240] wenn die Eigenkapitalgeber kein orginäres Interesse daran haben, die Fremdkapitalgeber über die tatsächliche Vermögens-, Finanz- und Ertragslage zu informieren.[241] Um günstige Kreditkonditionen zu erlangen, werden die Eigenkapitalgeber/Manager versuchen eine erstklassige Bonität zu zeigen. Jedoch werden auch die Fremdkapitalgeber, sofern sie sich dieses Risikos bewusst sind, die Kreditkosten erhöhen. Überschätzen die Fremdkapitalgeber das daraus entstehende Risiko, so wirken sich die höheren Kreditzinsen negativ für die Eigenkapitalgeber aus.[242] Aufgrund dieses bestehenden Interessenkonfliktes kommt den Fremdkapitalgebern jedenfalls der Status eines „schutzwürdigen" „primären" Adressaten zu.

---

237 Vgl. HARTMANN-WENDELS (1992), S. 414.

238 Dies entspricht auch den Prämissen von DEBUS (1990) hinsichtlich des Vorliegens von Prinzipal-Agenten-Konflikten zwischen Eigen- und Fremdkapitalgebern. Vgl. DEBUS (1990), S. 46.

239 Vgl. RIAHI-BELKAOUI (2000), S. 370.

240 Nach der Aufnahme von Krediten können Informationsasymmetrien zwischen Eigen- und Fremdkapitalgebern auch resultieren, wenn Kreditnehmer in abweichende Projekte investieren und damit Reichtumsverschiebungen zu Lasten der Fremdkapitalgeber verursachen. Vgl. HARTMANN-WENDELS (1992), S. 421. Derartige abweichende Projekte finden im Zuge der Abschlusserstellung im Nachhinein Berücksichtigung.

241 Vgl. RIAHI-BELKAOUI (2000), S. 370.

242 Vgl. HARTMANN-WENDELS (1992), S. 414. Zur normativen Beurteilung der Prinzipal-Agenten-Theorie zwischen Eigen- und Fremdkapitalgeber siehe auch HARTMANN-WENDELS (1992), S. 415ff.

2.8 Lösungsansätze bei heterogenen Informationsbedürfnissen der „primären“ Adressatengruppen

Wie in Kapitel 2.7 gezeigt, ist davon auszugehen, dass in nicht kapitalmarktorientierten Konzernunternehmen die grundsätzlich „schutzwürdigen“ Informationsbedürfnisse der Eigenkapitalgeber weitestgehend durch die Manager des Konzerns abgebildet werden, da Informationsasymmetrien zwischen den Eigenkapitalgebern und Managern in nicht kapitalmarktorientierten österreichischen Konzernunternehmen von untergeordneter Bedeutung sind. Eigenkapitalgeber und Manager sind deshalb als eine „primäre Adressatengruppe“ zu betrachten, die über weitgehend homogene Informationsbedürfnisse verfügen. Die Arbeit geht somit von zwei „primären“ Adressatengruppen aus: der Gruppe der „Eigenkapitalgeber/Manager“ sowie der „Fremdkapitalgeber“. Auch wenn das IASB im *Exposure Draft of an improved Conceptual Framework for Financial Reporting Paper* von homogenen Interessen innerhalb der Kapitalgeber ausgeht,[243] kann diesem Ansatz nicht uneingeschränkt beigepflichtet werden. In der Arbeit wird vielmehr die Auffassung von BERNDT (2005) geteilt, dass sofern mehr als eine „primäre“ Adressatengruppe festgelegt wird, die Informationsinteressen der Adressatengruppen keineswegs homogen sein werden, wenngleich davon auszugehen ist, dass innerhalb der Adressatengruppen Übereinstimmungen bestehen werden.[244] Aus diesem Grund werden nachfolgend Lösungsvorschläge bei (teilweise) divergierenden Bedürfnissen demonstriert. Da hinsichtlich einzelner Sachverhalte[245] davon auszugehen ist, dass möglicherweise auch homogene Interessen vorliegen, werden der Vollständigkeit halber alle von BERNDT (2005) formulierten drei Adressatenstrukturen und dazugehörigen Lösungsvorschläge erläutert.[246]

BERNDT (2005) zufolge könnte eine strenge Interessenhomogenität vorliegen (vgl. dazu Abbildung 6). Alle Adressatengruppen verfügen folglich über völlig identische Informationsinteressen, die durch die Rechnungslegung zu befriedigen sind.[247] Wie auch hinsichtlich der weiteren Adressatenstrukturen, sind zu setzende Informationsgrenzen zum Schutze der Adressaten zu bedenken.[248]

243 Im Detail dazu Kapitel 2.3.2.

244 Vgl. BERNDT (2005), S. 67.

245 Wie zum Beispiel die Wahl der Rechnungslegungsnorm bzw. Kapitalkonsolidierungsmethode.

246 Vgl. dazu BERNDT (2005), S. 51ff.

247 Vgl. BERNDT (2005), S. 55f.

248 Vgl. MOXTER (2000), S. 2148; LEV (1988), S. 2.

Die externe Rechnungslegung erfährt somit eine Einschränkung aus wettbewerbsrechtlichen Motiven.[249]

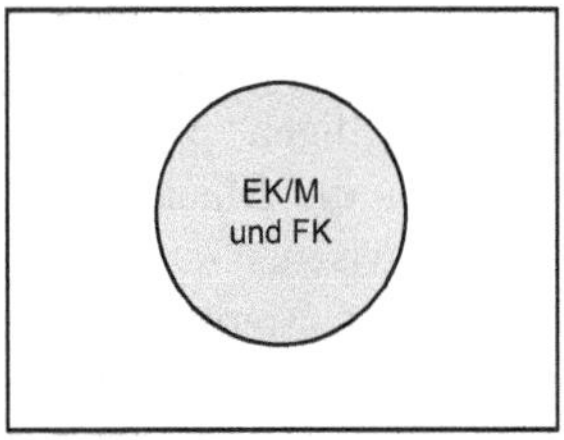

Abkürzungen:
EK/M: Informationsinteressen der Adressatengruppe Eigenkapitalgeber/Manager
FK: Informationsinteressen der Adressatengruppe Fremdkapitalgeber

Abbildung 6: Informationsinteressen bei strenger Adressatenhomogenität

Quelle: In Anlehnung an BERNDT (2005), S. 56

Im Unterschied zu homogenen Interessen der Adressaten besteht auch die Möglichkeit eines strengen Adressatenpluralismus. Demnach haben die Adressaten voneinander unabhängige, durch die (Konzern-)Rechnungslegung zu befriedigende Informationsinteressen. Schnittmengen fehlen gänzlich (vgl. Abbildung 7). Daraus leitet sich ein enormer Informationsumfang ab, sofern versucht werden würde, alle Präferenzen zu berücksichtigen.[250] Allerdings führt eine Ausweitung des Informationsumfanges nicht notwendigerweise zu einer besseren Entscheidungsgrundlage,[251] da von Seiten der Adressaten Grenzen durch die Informationsverarbeitungsfähigkeiten[252] gesetzt sind.[253]

Können nicht alle Informationsbedürfnisse abgebildet werden, sind die Bedürfnisse der Eigenkapitalgeber/Manager gegenüber den Fremdkapitalgebern nicht kapitalmarktorientierter Konzernunternehmen als zweitrangig zu betrachten. Begründet werden kann dies damit, dass Eigenkapitalgeber/Manager in der Machtposition sein werden, ihre Informationsbedürfnisse durch eine zusätzliche interne Berichterstattung zu befriedigen.

---

249 Vgl. MOXTER (2000), S. 2148.

250 Vgl. BERNDT (2005), S. 53.

251 Vgl. HAYNES/KACHELMEIER (1998), S. 103.

252 Im Detail zu den Informationsverarbeitungsfähigkeiten der Adressaten siehe SCHICK et al. (1990), S. 199ff. und dem damit in Verbindung stehenden „*information overload*" siehe EPSTEIN (2007), S. 6ff. Eine empirische Studie zum Informationsumfang und den Informationsverarbeitungsmöglichkeit bietet CASEY (1980), die zeigt, dass die Prognosequalität bei mehr Informationen nicht notwendigerweise steigt. Vgl. CASEY (1980), S. 36 ff.

253 Vgl. BERNDT (2005), S. 53; STONE (1967), S. 337.

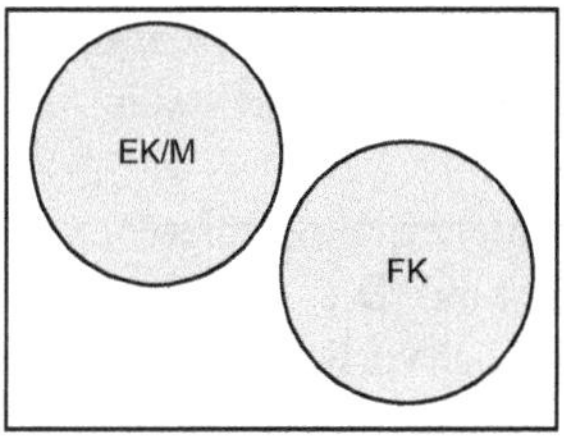

Abkürzungen:
EK/M: Informationsinteressen der Adressatengruppe Eigenkapitalgeber/Manager
FK: Informationsinteressen der Adressatengruppe Fremdkapitalgeber

Abbildung 7: Informationsinteressen bei strengem Adressatenpluralismus

Quelle: In Anlehnung an BERNDT (2005), S. 53

Als letzte Möglichkeit kann von einer teilweisen Adressatenhomogenität ausgegangen werden. Demnach können Informationsinteressen danach gruppiert werden, inwieweit diese für einzelne, mehrere oder auch für alle Adressatengruppen relevant sind. Für die unterstellten zwei Adressatengruppen der (Konzern-)Rechnungslegung nicht kapitalmarktorientierter Unternehmen kann damit eine Schnittmenge (S1) identifiziert werden, welche die homogenen Informationsinteressen zwischen den Adressatengruppen visualisiert (vgl. Abbildung 8).[254]

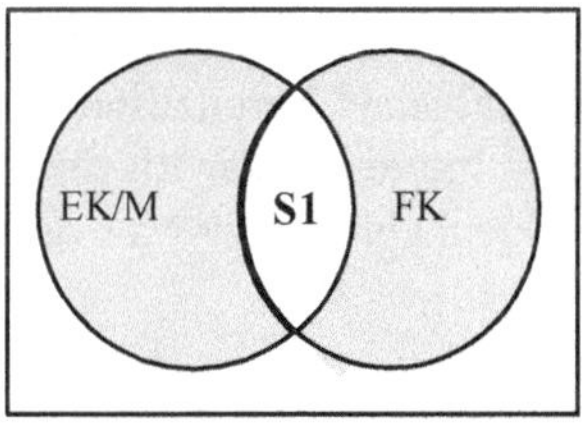

Abkürzungen:
EK/M: Informationsinteressen der Adressatengrupp Eigenkapitalgeber/Manager
FK: Informationsinteressen der Adressatengruppe Fremdkapitalgeber
S: Schnittmenge der jeweiligen Adressatengruppe

Abbildung 8: Informationsinteressen bei teilweiser Adressatenhomogenität

Quelle: In Anlehnung an BERNDT (2005), S. 57

Wie auch im Fall des Adressaenpluralismus hat der *Standardsetter* die Möglichkeit, alle identifizierten Informationsansprüche zu erfüllen.[255] Dies birgt jedoch die Gefahr in sich, dass Adressaten diese Fülle an Informationen nicht

254 Vgl. BERNDT (2005), S. 56.
255 Vgl. BERNDT (2005), S. 56f.

mehr verarbeiten können.[256] Das bereits thematisierte Kernproblem, bei divergierenden Interessen eine Hierarchie innerhalb der „primären" Adressaten festzulegen, wird dadurch nicht gelöst.[257]

Der *Standardsetter* könnte nur jene Informationsinteressen normieren, welche für alle Adressatengruppen von gleichem Interesse sind. Dies umfasst in der Abbildung 8 die Schnittmenge S1. Dadurch wird auch bei vorliegender Interessenheterogenität eine künstliche Adressatenhomogenität zumindest hinsichtlich der von den Unternehmen zur Verfügung gestellten Informationen erzeugt. Einzelne Adressatengruppen würden nicht bevorzugt behandelt werden. Ist diese Schnittmenge der Informationsinteressen nur sehr gering, würde nur ein sehr geringer Anteil der gesamten Informationsansprüche normiert werden. Die Adressaten wären auf zusätzliche Quellen angewiesen. Jede Ausweitung des Informationsumfanges verringert zwar die Kosten zum Erlangen der Informationen, erhöht aber gleichzeitig die Kosten der Erstellung der Informationen aus Sicht des erstellenden Unternehmens.[258]

Welche Informationen zusätzlich über die Schnittmenge der gemeinsamen Informationsbedürfnisse festgelegt werden sollen, hat wiederum eine Wertung und damit die Bildung einer Hierarchie innerhalb der „primären" Adressatengruppen zufolge. Wie auch bei einer strengen Adressatenheterogenität wird den Informationsinteressen der Fremdkapitalgeber der Vorzug gegenüber den Interessen der Eigenkapitalgeber/Manager eines nicht kapitalmarktorientierten Konzernunternehmens gegeben. Die Konzernrechnungslegung hat somit vorrangig entscheidungsnützliche Informationen für Fremdkapitalgeber bereitzustellen. Auch wenn durch Preisgabe von Informationen, die den Interessen der Eigenkapitalgeber/Manager entgegenstehen, die Position der Eigenkapitalgeber/Manager geschwächt wird.[259]

---

256 Vgl. BERNDT (2005), S. 53. Auch STONE (1967) spricht sich dafür aus, dass der Informationsinhalt möglichst gering gehalten werden muss. Vgl. STONE (1967), S. 337.

257 Vgl. BERNDT (2005), S. 54.

258 Vgl. BERNDT (2005), S. 56ff.

259 Entsprechend den Ausführungen von MOXTER (1976) würde damit aber dem Grundsatz entscheidungsrelevanter Rechnungslegungsinformationen entsprochen werden (vgl. MOXTER (1976), S. 97).

2.9 Conclusio und Vorschlag zur Adressatenfestlegung einer nicht kapitalmarktorientierten Konzernrechnungslegung

Das vorliegende Kapitel verfolgt die Zielsetzung, die „schutzwürdigen" „primären" Adressaten einer nicht kapitalmarktorientierten Konzernrechnungslegung zu identifizieren. Als Ergebnis kann festgehalten werden, dass wenngleich im Sinne einer entscheidungsorientierten (Konzern-)Rechnungslegung von einem *Stakeholder*-Ansatz auszugehen ist, dennoch eine Eingrenzung auf eine oder mehrere „schutzwürdige" „primäre" Adressatengruppen zu erfolgen hat.[260]

In den IFRS wie auch in der vorliegenden Arbeit wird unterstellt, dass durch Befriedigung der Informationsbedürfnisse der „primären" Adressatengruppen auch die Bedürfnisse der weiteren Adressatengruppen einer nicht kapitalmarktorientierten Konzernrechnungslegung zum größten Teil befriedigt werden. Den analysierten empirischen Studien zufolge zeigen „sekundäre" Adressaten wie Lieferanten, Kunden und Mitarbeiter ohnedies nur ein geringes Interesse an den (Konzern-)Abschlüssen nicht kapitalmarktorientierter Unternehmen.

Eigenkapitalgebern als Träger des Unternehmensrisikos kann jedenfalls der Status eines „schutzwürdigen" „primären" Adressaten der Konzernrechnungslegung nicht kapitalmarktorientierter Konzernunternehmen beigemessen werden. Demnach hat auch eine entscheidungsnützliche Konzernrechnungslegung die Informationsbedürfnisse der Eigenkapitalgeber zu erfüllen. Da in vielen Fällen eine Personalunion oder zumindest homogene Informationspräferenzen zwischen dem Management und den Eigenkapitalgebern unterstellt werden können, sind das Management und die Eigenkapitalgeber als eine „primäre" Adressatengruppe nicht kapitalmarktorientierter Konzernunternehmen zu betrachten.

Der Status eines „schutzwürdigen" „primären" Adressaten der Konzernrechnungslegung begründet sich für Fremdkapital eines nicht kapitalmarktorientierten Konzernunternehmens im Einschätzen der Rückzahlungsfähigkeit von Krediten, dem insbesondere bei Konzernverhältnissen eine besondere Bedeutung zukommt. Gegenüber der „primären" Adressatengruppe „Eigenkapitalgeber/Manager" ist bei heterogenen Informationsinteressen den Interessen der Adressatengruppe „Fremdkapitalgeber" der Vorzug zu geben, da diese vergleichsweise geringere Möglichkeiten besitzen, ihre Bedürfnisse durch eine zusätzliche Berichterstattung zu befriedigen.

260 Eine Einschränkung auf eine oder mehrere „primäre" Adressatengruppen steht auch nicht im Widerspruch zur *Stakeholder*-Theorie.

Unter dieser Prämisse ist den Bedürfnissen der Fremdkapitalgeber bei der Ausgestaltung der (Konzern-)Rechnungslegung der Vorzug zu geben. *Vice versa* sind die Bedürfnisse der Eigenkapitalgeber/Manager „nachrangig" zu betrachten. Aus diesem Grund werden im empirischen Teil der Arbeit zunächst die Informationsbedürfnisse der Fremdkapitalgeber und erst daran anschließend die Bedürfnisse der Eigenkapitalgeber/Manager erhoben. Diese Vorgehensweise ermöglicht es, Kapitalkonsolidierungsmethoden oder auch konzerntheoretische Ausrichtungen auszuschließen, die aus Sicht der Fremdkapitalgeber keine entscheidungsnützlichen Informationen zur Verfügung stellen. Zeichnet sich eine einzelne Kapitalkonsolidierungsmethode oder konzerntheoretische Ausrichtung für den Einbezug eines Tochter- oder Gemeinschaftsunternehmen von Seiten der Fremdkapitalgeber als entscheidungsnützlich ab, ist diese auch zu normieren. Erfolgt eine Wertung innerhalb der „primären" Adressaten der Konzernrechnungslegung, sind die Bedürfnisse der „nachrangigen" „primären" Adressaten nur dann zu erheben, wenn die Fremdkapitalgeber mehreren Kapitalkonsolidierungsmethoden oder konzerntheoretischen Ausrichtungen indifferent gegenüberstehen (vgl. dazu auch Abbildung 9).

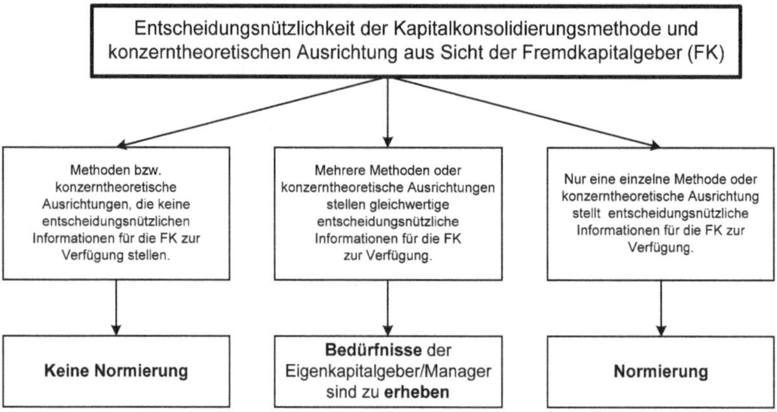

Abbildung 9: Vorgehensweise zur Analyse der Entscheidungsnützlichkeit von Kapitalkonsolidierungsmethoden aus Sicht der „primären" Adressaten

3 Grundlagen und Forschungsstand zu den Kapitalkonsolidierungsmethoden

3.1 Konzerntheorien im Überblick

3.1.1 Die Interessentheorie

Entsprechend der Interessentheorie[261] (*Proprietary*-Theorie,[262], *ownership theory, proportionate consolidation concept*[263], Interessentheorie mit partieller Konsolidierung[264]) wird der Konzernabschluss als erweiterter Einzelabschluss der Konzernobergesellschaft gesehen.[265] Der Konzernabschluss ist entsprechend der Interessentheorie aus der „kapitalistischen Sicht“[266] der Eigentumsverhältnisse der Mehrheitsanteilseigner aufzustellen,[267] es wird deshalb nur von einer Darstellung des rechtlichen Eigentums der Mehrheitsanteilseigner ausgegangen.[268] Dies begründet sich vor allem in der Tatsache, dass die Mehrheitsanteilseigner „own the assets of the firm, its liabilities are their obligations and its net income accrues directly to them.“[269]

Als „primäre“ Adressaten einer an der Interessentheorie ausgerichteten Konzernrechnungslegung gelten deshalb ausschließlich die Mehrheitsanteilseigner.[270] Somit wird Minderheitsanteilseignern unterstellt, kein Interesse an der wirtschaftlichen Einheit Konzern zu haben, sondern lediglich an dem Unternehmen, an dem die Beteiligung direkt gehalten wird.[271] Minderheitsanteilseignern kommt bei Verfolgung des interessentheoretischen Ansatzes die Stellung

---

261 Als Vertreter der Interessentheorie im deutschen Schrifttum gelten FUCHS/GERLOF (1954).

262 Vgl. BAXTER/SPINNEY (1975), S. 32.

263 Vgl. KÜTING/GATTUNG (2003), S. 506.

264 Vgl. BAETGE et al. (2004), S. 14.

265 Vgl. FUCHS/GERLOFF (1954), S. 96.

266 OTTE (1988), S. 100.

267 Vgl. OTTE (1988), S. 101.

268 Vgl. NIEHUS/THYLL (2000), S. 29.

269 BAXTER/SPINNEY (1975), S. 32.

270 Vgl. WENTLAND (1979), S. 46; BAXTER/SPINNEY (1975), S. 32. Dem ED *of an improved Conceptual Framework for Financial Reporting Paper* des IASB kann hinsichtlich der *Proprietary*-Theorie keine Differenzierung zwischen Mehr- und Minderheitsanteilseigner entnommen werden. Vgl. dazu IASB (2008a), ED BC1.13.

271 Vgl. WÖHE (1997), S. 908.

eines Konzernfremden zu,[272] dessen Anteile im Konzernabschluss nicht abgebildet werden.[273]

Veränderungen der Beteiligungsquote beim Mutterunternehmen erfordern überdies einen Erwerbs- bzw. Veräußerungsvorgang über den Erwerb der zusätzlichen Anteile.[274] Vermögensgegenstände/-werte und Schulden sowie ein etwaiger Firmenwert aus einem zusätzlichen Erwerb sind mit den anteiligen Zeitwerten zum Zeitpunkt des Erwerbs der Anteile anzusetzen. Werden Anteile veräußert ist die Differenz zwischen dem Veräußerungspreis und den anteilig veräußerten Vermögen und Schulden als positiver oder negativer Erfolgsbeitrag zu verbuchen.[275]

Der Interessentheorie zufolge sind alle Vermögensgegenstände/-werte und Schulden sowie Erträge und Aufwendungen wie auch die stillen Reserven und Lasten nur quotal in Höhe des Konzernanteils[276] der Mehrheitsanteilsgesellschafter im Konzernabschluss zu berücksichtigen. Anteile anderer Gesellschafter werden, wie bereits erwähnt, nicht ausgewiesen. Auch konzerninterne Beziehungen sind nur in Höhe der Beteiligungsquote zu eliminieren.[277]

Im Rahmen des Einbezugs von Tochterunternehmen wird die *Proprietary*-Theorie jedoch für ungeeignet gehalten.[278] Weder die Mehrheits- noch die Minderheitsanteilseigner haben einen Anspruch auf die nach der Interessentheorie ausgewiesenen anteiligen Vermögensgegenstände/-werte und Schulden. Dies steht einer anteiligen Konsolidierung der Abschlussposten entgegen und rechtfertigt einen hundertprozentigen Ausweis der Vermögensgegenstände/-werte und Schulden im Konzernabschluss,[279] wodurch auch die Anteile anderer Gesellschafter abgebildet werden. In welchem Ausmaß diese Anteile anderer Gesellschafter zu berücksichtigen sind, variiert je nach konzerntheoretischem Konzept.

---

272 Vgl. BAETGE et al. (2004), S. 13; PELLENS et al. (2003), S. 1; HAYN (1999), S. 25; BAXTER/SPINNEY (1975), S. 32.

273 Vgl. LUTTER/RIMMELSPACHER (1992), S. 486.

274 Vgl. im Detail HENDLER/ZÜLCH (2005), S. 1159; KÜTING/GATTUNG (2003), S. 508; HAYN (1999), S. 144.

275 Vgl. HENDLER/ZÜLCH (2005), S. 1159.

276 Dieser entspricht dem Kapitalanteil. Vgl. KÜTING/WEBER (2008), S. 511.

277 Vgl. DREGER (1969), S. 42ff.

278 Vgl. KÜTING/WEBER (2008), S. 72.

279 Vgl. WENTLAND (1979), S. 47; DEARDEN/SHANK (1975), S. 263.

3.1.2 *Parent Company*-Konzept und *Parent Company Extension*-Konzept

Ausgehend von den ursprünglichen[280] zwei Konsolidierungstheorien, der Einheits- und der Interessentheorie, wurden in der Praxis deshalb weitere Lösungsansätze, insbesondere vor dem Hintergrund der Abbildung der Anteile anderer Gesellschafter, entwickelt.[281] Um die konzerntheoretischen Konzepte vollständig darzustellen und um Parallelen zu den Kapitalkonsolidierungsmethoden aufzuzeigen, werden das sog. *Parent Company*-Konzept sowie das *Parent Company Extension*-Konzept an dieser Stelle diskutiert.[282]

Sowohl das *Parent Company*-Konzept als auch das *Parent Company Extension*-Konzept basiert nicht wie die Interessentheorie auf einer generellen Rechnungslegungstheorie, sondern entwickelte sich aus einer in der Konsolidierungspraxis geforderten Lösung zur Abbildung von Anteilen anderer Gesellschafter.[283] Im Schrifttum werden das *Parent Company*-Konzept sowie das *Parent Company Extension*-Konzept durchwegs als interessentheoretische Konzepte betrachtet.[284] BERTSCH (1995) sieht im *Parent Company*-Konzept als auch im *Parent Company Extension*-Konzept eine Mischform mit mehr oder weniger starken Einflüssen aus der Interessen- und Einheitstheorie,[285] wodurch grundsätzlich nur von zwei Konzerntheorien (der Einheits- und der Interessentheorie) auszugehen ist.[286]

Dem *Parent Company*-Konzept entsprechend werden die auf die Mehrheitsanteilseigner entfallenden Vermögensgegenstände/-werte und Schulden zu Zeitwerten bewertet. Die anteiligen Vermögensgegenstände/-werte und Schulden der Anteile anderer Gesellschafter werden jedoch zu Buchwerten ange-

280 Ihren Ursprung haben die Konzerntheorien in der US-amerikanischen Konsolidierungspraxis genommen. Vgl. BORES (1935), S. 129. Eine ausführliche Darstellung der Konzerntheorien sowie eine Prägung der Begriffe „Einheitstheorie" und „Interessentheorie" erfolgte im deutschen Schrifttum durch BORES (1935), S. 129ff.

281 Vgl. BAXTER/SPINNEY (1975), S. 32.

282 Vgl. KÜTING/WEBER (2008), S. 72. Diese werden auf Deutsch unter dem Begriff „Interessentheorie mit Vollkonsolidierung" subsumiert.

283 Vgl. BAXTER/SPINNEY (1975), S. 32.

284 Vgl. HENDLER/ZÜLCH (2005), S. 1158; BAETGE et al. (2004), S. 15; BAXTER/SPINNEY (1975), S. 34.

285 Vgl. BERTSCH (1995), S. 149.

286 Diese Auffassung vertritt auch die Verfasserin, die das *Parent Company*-Konzept der Interessentheorie und das *Parent Company Extension*-Konzept der Einheitstheorie zuordnet.

setzt.[287] Diese Nichtauflösung der Anteile anderer Gesellschafter an den stillen Reserven/Lasten lässt sich darin begründen, dass eine pagatorische Absicherung des Zeitwertes der Anteile anderer Gesellschafter nicht vorhanden sei, umfasst doch der Kaufpreis lediglich den Kaufpreis der Mehrheitsanteilseigner.[288] Eine vollständige Neubewertung der Vermögensgegenstände/-werte und Schulden erfolgt hingegen beim *Parent Company Extension*-Konzept, in dem auch die anteiligen stillen Reserven der Anteile anderer Gesellschafter aufgedeckt werden.[289] Eine Hochrechnung des Geschäfts- und Firmenwertes auf die Anteile anderer Gesellschafter erfolgt weder nach dem *Parent Company*-Konzept noch nach dem *Parent Company Extension*-Konzept.[290]

Anteile anderer Gesellschafter sind nach dem *Parent Company*-Konzept als Anteile konzernfremder Dritter zu betrachten und demnach als „Quasi-Verbindlichkeit"[291] im Konzernabschluss auszuweisen.[292] In der Literatur wird unter anderem auch die Ansicht vertreten,[293] dass, wie auch nach dem *Parent Company Extension*-Konzept, die Anteile anderer Gesellschafter in einer Sonderposition zwischen Eigenkapital und Schulden auszuweisen sind.[294]

Wie auch bei der Interessentheorie stellt jede Veränderung der Beteiligungsquote beim Mutterunternehmen sowohl nach dem *Parent Company*-Konzept[295] als auch dem *Parent Company Extension*-Konzept einen Erwerbs-[296] bzw. Veräußerungsvorgang dar.[297]

---

287 Vgl. KÜTING/GATTUNG (2003), S. 510; HENDLER (2002), S. 102.

288 Vgl. HENDLER (2002), S. 35.

289 Vgl. KÜTING/GATTUNG (2003), S. 510.

290 Vgl. HENDLER/ZÜLCH (2005), S. 1159ff.; PELLENS et al. (2003), S. 1; BAXTER/SPINNEY (1975), S. 33.

291 Vgl. DREGER (1969), S. 44.

292 Vgl. HENDLER/ZÜLCH (2005), S. 1159.

293 Vgl. KÜTING/GATTUNG (2003), S. 516.

294 Vgl. HENDLER/ZÜLCH (2005), S. 1160. Zur Behandlung der Anteile anderer Gesellschafter siehe auch Kapitel 2.5.3.1.

295 HENDLER/ZÜLCH (2005) zufolge begründet sich eine Abbildung als Erwerbs- bzw. Veräußerungsvorgang darin, dass nach dem *Parent Company*-Konzept den Anteilen anderer Gesellschafter der Status eines Fremdkapitalgebers beigemessen wird. Vgl. HENDLER/ZÜLCH (2005), S. 1160.

296 Für den eine eigene Erst- bzw. Folgekonsolidierung notwendig sein wird. Vgl. KÜTING/GATTUNG (2003), S. 509.

297 Eine derartige Auffassung geht auch aus der zusammenfassenden Darstellung von HENDLER/ZÜLCH (2005) hervor. Vgl. HENDLER/ZÜLCH, (2005), S. 1161.

Hinsichtlich der Eliminierung konzerninterner Schulden, Aufwendungen und Erträge[298] sowie der Behandlung von Zwischenergebnissen[299] herrscht hinsichtlich des *Parent Company*-Konzeptes im Schrifttum Uneinigkeit. Nach dem *Parent Company Extension*-Konzept ist eine vollständige Eliminierung der konzerninternen Schulden-, Zwischenergebnisse[300] als auch Aufwendungen und Erträge vorzunehmen.[301]

3.1.3 Einheitstheorie

Kerngedanke eines Konzernabschlusses nach der Einheitstheorie (*entity concept*[302], *economic unit concept*[303], *entity point of view*[304]) ist, dass der Konzern im Unterschied zur Interessentheorie als wirtschaftliche Gesamtheit begriffen wird,[305] in der den einbezogenen Unternehmen die Stellung unselbständiger Betriebsstätten zukommt und der Konzernabschluss aus der Fiktion der rechtlichen Einheit erstellt wird.[306]

---

298 Eine anteilige Konsolidierung der Schulden als auch Aufwendungen und Erträge ist gemäß der Auffassung von BAXTER/SPINNEY (1975), S. 34 vorzunehmen. Für eine anteilige Konsolidierung der konzerninternen Aufwendungen und Erträge spricht sich zudem HENDLER/ZÜLCH (2005) aus. Vgl. HENDLER/ZÜLCH (2005), S. 1160. Für eine vollständige Eliminierung konzerninterner Schuldenbeziehungen sprechen sich ebenso HENDLER/ZÜLCH (2005), S. 1160 aus.

299 HENDLER/ZÜLCH (2005) sprechen sich auch für eine anteilige Eliminierung der Zwischenergebnisse aus, da Anteile anderer Gesellschafter als konzernfremde nach dem *Parent Company*-Konzept betrachtet werden und damit auch diese Zwischengewinne als im Konzern realisiert zu betrachten sind. Vgl. HENDLER/ZÜLCH (2005), S. 1160. Darüber hinaus findet sich auch die Meinung, dass eine vollständige Eliminierung der Zwischenergebnisse bei Lieferungen vom Mutterunternehmen an das Tochterunternehmen (*downstream*-Lieferungen) vorzunehmen sei. Bei sog. *upstream*-Lieferungen, bei denen das Tochterunternehmen an das Mutterunternehmen liefert, oder *crossstream*-Lieferungen, bei denen Lieferungen zwischen Tochterunternehmen stattfinden, ist jedoch nur eine anteilige Eliminierung der Zwischenergebnisse vorzunehmen. Vgl. WEBER (1991), S. 15.

300 Da die Vorgehensweise hinsichtlich der Eliminierung der Zwischenergebnisse identisch zur Einheitstheorie ist, wird auf die dort angeführten Ausführungen verwiesen. Vgl. Kapitel 3.1.3.

301 Vgl. HENDLER/ZÜLCH (2005), S. 1160; BAXTER/SPINNEY (1975), S. 34.

302 Vgl. BAXTER/SPINNEY (1975), S. 35.

303 Vgl. FASB (1991), S. 24.

304 Vgl. BAETGE et al. (2004), S. 11.

305 Vgl. OTTE (1988), S. 101.

306 Vgl. GÖTH (1997), S. 28; ADLER et al. (1995), Vormerkungen zu §§ 290-315 Rz. 19.

Ob die Einheitstheorie alle Kapitalgeber als Adressaten einer „primären" Konzernrechnungslegung oder ausschließlich die Anteilseigner umfasst, kann nicht abschließend beantwortet werden. Das IASB bringt im *Exposure Draft* zur Phase A des *Conceptual Framework* zum Ausdruck, dass die *Entity*-Theorie wörtlich als „Unternehmenstheorie" zu verstehen ist und damit sowohl Anteilseigner als auch alle Gläubiger als „primäre" Adressaten der (Konzern-)Rechnungslegung zu verstehen sind.[307] Wird eine derartige einheitstheoretische Sichtweise verfolgt, wird fingiert, dass alle Anteilseigner[308] als auch Gläubiger[309] über homogene Interessen verfügen. Anzunehmen ist auch, dass Fremdkapitalgeber damit auch eine einheitstheoretische Ausrichtung präferieren werden.

Im Schrifttum findet sich diesbezüglich häufig nur die Auffassung, dass die Mehrheits- und Minderheitsanteilseigner als „primäre" Adressaten zu betrachten sind. Demnach kommt den Anteilen anderer Gesellschafter genauso wie den Mehrheitsanteilseignern der Status der Eigenkapitalgeber des Konzerns zu.[310] Es erfolgt keine Differenzierung, sondern es werden homogene Interessen der Mehrheits- und Minderheitsanteilseigner unterstellt.[311]

In Bezug auf die konzeptionelle Ausgestaltung einer an der Einheitstheorie orientierten Konzernrechnungslegung können folgende Kernpunkte identifiziert werden: Die Darstellung des Konzerns im Konzernabschluss wird nicht von der Gesellschafterkonstellation bestimmt.[312] Der Einzelabschluss der einbezogenen Unternehmen wird immer vollständig in den Konzernabschluss einbezogen.[313] Die Vermögensgegenstände/-werte und Schulden sind zu 100 % mit dem beizulegenden Zeitwert im Zeitpunkt der Erstkonsolidierung zu bewerten.[314] Hinsichtlich der Abbildung des Geschäfts- und Firmenwertes wird bei einer Anteilsquote von weniger als 100 %, der erworbene Firmenwert auf die Anteile anderer Gesellschafter hochgerechnet.[315] Wenngleich die Ansicht vertreten wird, dass auch

307 Diese Ansicht findet sich auch bei HINZ (2004), S. 281; LUTTER/RIMMELSPACHER (1992), S. 485; DREGER (1969), S. 41.

308 Vgl. HARR et al. (2009), S. 2; SAHNER (1981), S. 713; WENTLAND (1979), S. 54f.

309 Vgl. LUTTER/RIMMELSPACHER (1992), S. 485; SCHILDBACH (1989), S. 158.

310 Vgl. ADLER et al. (1995), Vormerkungen zu §§ 290-315 Rz. 20; DREGER (1969), S. 41.

311 Vgl. ADLER et al. (1995), Vormerkungen zu §§ 290-315 Rz. 19; WENTLAND (1979), S. 54.

312 Vgl. BAETGE et al. (2004), S. 12; HAYN (1999), S. 22.

313 Vgl. KÜTING/WEBER (2008), S. 73.

314 Vgl. BAETGE et al. (2004), S. 12.

315 Vgl. HINZ (2004), S. 282; BAXTER/SPINNEY (1975), S. 35f.; DREGER (1969), S. 42.

ein Verzicht der Hochrechnung als konform mit der Einheitstheorie zu betrachten ist.[316] Der Einbezug eines Konzernunternehmens erfolgt nicht tranchenweise wie bei der Interessentheorie, sondern vollständig zu jenem Zeitpunkt, an dem die Beherrschungsmacht des Mutterunternehmens erlangt wird.[317]

Bei weiteren zusätzlichen Anteilserwerben bzw. auch Veräußerung von Anteilen bei bereits bestehenden Mutter-Tochter-Verhältnissen werden diese als erfolgsneutraler Kapitaltransfer zwischen den Mehrheits- und Minderheitsgesellschaftern auf der Passivseite abgebildet.[318]

Hinsichtlich der Schuldenbeziehungen zwischen Konzernunternehmen sowie der Aufwands-, Ertrags- und Zwischenergebniskonsolidierung herrscht Einigkeit darüber, dass diese vollständig zu eliminieren sind.[319] Die Zwischenergebnisse, die auf die Anteile anderer Gesellschafter entfallen, sind abhängig davon zu verrechnen, wer das Zwischenergebnis realisiert hat.[320]

3.1.4 Zusammenfassende Darstellung

Tabelle 2 enthält eine überblicksartige Zusammenfassung der wesentlichen Grundprämissen der oben dargestellten Konzerntheorien hinsichtlich der für die Ausgestaltung von Kapitalkonsolidierungsmethoden erforderlichen Prämissen.

316 Vgl. EBELING (1995b), S. 137.

317 Vgl. KÜTING/WEBER (2008), S. 74; KÜTING/GATTUNG (2003), S. 512.

318 Vgl. BUSSE v. COLBE (2004), S. 54. Im Detail auch HENDLER/ZÜLCH (2005), S. 1158.

319 Vgl. HENDLER/ZÜLCH (2005), S. 1157; BAXTER/SPINNEY (1975), S. 36.

320 Bei *upstream*-Lieferungen würden die Zwischenergebnisse beim Tochterunternehmen realisiert werden und sind proportional dem Anteil der Minder- bzw. Mehrheitsanteilseigner zuzurechnen. Bei *downstream*-Lieferungen würden die beim Mutterunternehmen realisierten Zwischengewinne mit dem Teil der den Anteilseignern des Mutterunternehmens zuzurechnen ist zu verrechnen sein. Vgl. HENDLER/ZÜLCH (2005), S. 1157.

Tabelle 2: Zusammenfassende Darstellung der Konzerntheorien (Teil I)

Quelle: In Anlehnung an HENDLER/ZÜLCH (2005), S. 1161 sowie KÜTING/GATTUNG (2003), S. 515f

	Interessentheorie	*Parent Company*-Konzept	*Parent Company Extension*-Konzept	Einheitstheorie
Einbeziehung von Tochterunternehmen	Anteil des MU	Vollständig	Vollständig	Vollständig
Aufdeckung stiller Reserven	Anteil des MU	Anteil des MU	Vollständig	Vollständig
Geschäfts- und Firmenwert	Anteil des MU – keine Hochrechnung der Anteile anderer Gesellschafter	Anteil des MU – keine Hochrechnung der Anteile anderer Gesellschafter	Anteil des MU – keine Hochrechnung der Anteile anderer Gesellschafter	Strittig: Hochrechnung der Anteile anderer Gesellschafter oder Verzicht auf Hochrechnung
Anteile anderer Gesellschafter am Konzerneigenkapital	Kein Ausweis der Anteile anderer Gesellschafter notwendig	Ausweis als „Quasi-Verbindlichkeit" oder zwischen Eigenkapital und Schulden	Ausweis zwischen Eigenkapital und Schulden	Ausweis im Eigenkapital

Eine Kategorisierung der Kapitalkonsolidierungsmethoden erfolgt in den folgenden Kapiteln anhand der zwei ursprünglichen Konzerntheorien – der Interessen- und Einheitstheorie – da wie bereits erläutert die Ansicht vertreten wird, dass sowohl das *Parent Company*-Konzept als auch das *Parent Company Extension*-Konzept ausschließlich Mischformen dieser beiden Konzerntheorien darstellen.

3.2 Kapitalkonsolidierungsmethoden in UGB und IFRS

3.2.1 Abgrenzung der Begrifflichkeit der Kapitalkonsolidierungsmethoden

Kapitalkonsolidierungsmethoden unterscheiden sich hinsichtlich des Ansatzes und Ausweises der Anteile anderer Gesellschafter, was insbesondere in der Berücksichtigung von stillen Reserven/Lasten sowie der Aufdeckung des Geschäfts- und Firmenwertes zum Ausdruck kommt, und lassen sich, wie im Folgenden gezeigt wird, wiederum einer konzerntheoretischen Ausrichtung zuordnen.

Die Vorgehensweise der Kapitalkonsolidierung[321] kann wie folgt beschrieben werden. Nach dem Zusammenführen der Einzelabschlüsse des Mutterunternehmens mit den einzubeziehenden Konzerngesellschaften und Vereinheitlichung der einzubeziehenden Daten[322], werden die bestehenden wirtschaftlichen Verflechtungen zwischen den einzelnen Konzernunternehmen, welche sich auch in der Summenbilanz widerspiegeln, eliminiert. Im Zuge der Kapitalkonsolidierung sind Doppelerfassungen, die darauf beruhen, dass Anteils- und Beteiligungswert im Besitz-(Mutter-)Unternehmen[323] ebenso in den Summenabschluss einfließen wie bilanzierungsfähiges Vermögen und Schulden der Einzelabschlüsse der einbezogenen Konzernunternehmen, zu bereinigen. Der auf das Besitz-(Mutter-)Unternehmen entfallende Wertansatz ist mit dem entfallenden Betrag des Eigenkapitals des einbezogenen Konzernunternehmens zu verrechnen. Komplexität gewinnt diese Aufrechnung, wenn Differenzen zwischen dem Anteils- und Beteiligungswert im Besitz-(Mutter-)Unternehmen sowie dem Eigenkapital des einbezogenen Konzernunternehmens auftreten.[324]

3.2.2 Kapitalkonsolidierung von Tochterunternehmen

3.2.2.1 Erwerbsmethode

Nach geltenden UGB als auch IFRS-Rechnungslegungsvorschriften kann für Zwecke der Kapitalkonsolidierung von Tochterunternehmen[325] nur mehr[326] die

---

321 Neben der in der Arbeit betrachteten Kapitalkonsolidierung ist auch eine Schulden-, Aufwands- und Ertrags- sowie Zwischenerfolgskonsolidierung durchzuführen. Vgl. dazu die §§ 256 UGB sowie IAS 27.20 (*rev.* 2008). Die weiteren Konsolidierungsschritte sind aber nicht Gegenstand der Arbeit.

322 Wie die Vereinheitlichung des Abschlussstichtages (§ 252 UGB), Ansatz (§ 253 Abs. 2 UGB) und Bewertung (§ 260 UGB). Vgl. dazu im Detail DEUTSCH (1994), S. 26.

323 Vgl. DEUTSCH (1994), S. 29.

324 Vgl. KÜTING/WEBER (2008), S. 229; DEUTSCH (1994), S. 29.

325 Das Vorliegen eines Tochterunternehmens ist gemäß UGB davon abhängig, ob eine einheitliche Leitung oder ein beherrschender Einfluss (sog. *Control*-Konzept) vorliegt. Die einheitliche Leitung gem. § 244 Abs. 1 UGB setzt eine faktische (tatsächliche) Beeinflussung des Mutterunternehmens voraus. Darüber hinaus muss auch eine Beteiligung iSd § 228 UGB vorliegen, wobei gem. § 244 Abs. 6 UGB auch eine Beteiligung von 20 % des Nennkapitals bei Kapitalgesellschaften und Genossenschaften erreicht werden muss. Vgl. HARTER (2010), S. 76; FRÖHLICH (2007), 18f.; NOTWOTNY (2000), § 244 Rz. 20ff.; SIEBOURG (1998), § 290 Rz. 16ff. Anzumerken ist, dass das AFRAC in seinen Vorschlägen zur Modernisierung und Vereinheitlichung der UGB-Rechnungslegung für einen Verzicht des Beteiligungserfordernisses eintritt, um zu ver-

Erwerbsmethode[327] (*Purchase*-Methode[328], *Acquisition*-Methode[329]) herangezogen werden. Der Erwerbsmethode liegt eine Erwerbsfiktion zu Grunde. Fingiert wird in diesem Zusammenhang, dass im Zeitpunkt des Erwerbes der Anteile oder des erstmaligen Einbezugs des Tochterunternehmens der Konzern die einzelnen Vermögensgegenstände/-werte und Schulden übernimmt.[330] Die Anschaffungskosten der Anteile des Mutterunternehmens sind aus diesem Grund auf die Vermögensgegenstände/-werte und Schulden des Tochterunternehmens zu verteilen.[331] Eine Aufrechnung des Kapitals[332] erfolgt entsprechend den Verhältnis-

hindern, dass über spezielle Konstruktionen der Konsolidierungskreis künstlich verkürzt wird. Vgl. AFRAC (2009), S. 18. Abzuwarten ist, ob ein derartiger Vorschlag in einer zweiten Phase der Modernisierung der Rechnungslegung Umsetzung findet. Zur Präzisierung der Anforderungen der einheitlichen Leitung siehe auch HARTER (2010), S. 76; FRÖHLICH (2007), S. 18f.; NOTWOTNY (2000), § 244 Rz. 20ff.; SIEBOURG (1998), § 290 Rz. 20ff. Im Unterschied zur einheitlichen Leitung stellt das *Control*-Konzept gem. § 244 Abs. 2 UGB auf die Ausübung der formalen Rechtsverhältnisse ab, wobei § 244 Abs. 2 UGB vier Tatbestände der Wahrnehmung des beherrschenden Einflusses unterscheidet. Vgl. im Detail dazu auch FRÖHLICH (2007), S. 20; NOTWOTNY (2000), § 244 Rz. 26ff.; SIEBOURG (1998), § 290 Rz. 66ff. Nach IAS 27.4 (*rev.* 2008) ist das *Control*-Konzept für das Vorliegen eines Mutter-Tochterunternehmens heranzuziehen. Konkretisiert wird das Vorhandensein eines beherrschenden Einflusses nach IFRS durch IAS 27.13 (*rev.* 2008). Vgl. dazu im Detail auch LÜDENBACH (2010), § 32 Rz. 7ff.; FRÖHLICH (2007), S. 86.

326 Wenngleich IAS 22 auch noch die *Pooling of Interests*-Methode für den Einbezug von Tochterunternehmen vorsah, wurde mit Verabschiedung des IFRS 3 (*rev.* 2003) diese Möglichkeit jedoch auf die Erwerbsmethode eingeschränkt. Vgl. dazu auch PELLENS et al. (2003), S. 1.

327 Neben der Erwerbsmethode würde auch die Möglichkeit des Einbezugs nach der Interessenzusammenführungsmethode (*Pooling of Interests*-Methode) sowie der Neugründungsmethode (*Fresh Start*-Methode) diskutiert. Der *Pooling of Interests*-Methode entsprechend werden stille Reserven des erworbenen Unternehmens nicht aufgedeckt. Ein möglicher aktiver Unterschiedsbetrag wird erfolgsneutral mit dem Eigenkapital verrechnet. Die *Fresh Start*-Methode sieht wiederum die Aufdeckung der stillen Reserven/Lasten und des *Goodwill* des Tochterunternehmens als auch des Mutterunternehmens vor. Vgl. PELLENS et al. (2003), S. 1. Im Detail dazu auch HAYN, B./HAYN, S. (2006), S. 76.

328 Die *Purchase*-Methode entsprach auch der vom IASB im IFRS 3 (*rev.* 2003) gewählten Bezeichnung. Vgl. IFRS 3.14 (*rev.* 2003).

329 Mit IFRS 3 (*rev.* 2008) erfuhr die bislang in den IFRS als *Purchase*-Methode bezeichnete Erwerbsmethode eine sprachliche Neudefinition als „*Acquisition*-Methode".

330 Vgl. DEUTSCH/PLATZER (2000), § 254 Rz. 2.

331 Vgl. DEUTSCH/PLATZER (2000), § 254 Rz. 2.

332 Das konsolidierungspflichtige Kapital umfasst gemäß § 224 Abs. 1 UGB die Bilanzpositionen Nennkapital (Grund-, Stammkapital), Kapitalrücklagen (gebundene und nicht

sen im Zeitpunkt des Anteilserwerbes. Stehen sich die Anschaffungskosten der Anteile des Mutterunternehmens und das konsolidierte anteilige Eigenkapital nicht in gleicher Höhe gegenüber, so sind auch diese Unterschiedsbeträge in der Konzernbilanz entsprechend abzubilden.[333]

Bei Einbezug eines Tochterunternehmens nach UGB kann zwischen der sog. Buchwert- bzw. Neubewertungsmethode gewählt werden. Die nach IFRS 3 (*rev.* 2008) mögliche Full Goodwill-Methode findet im UGB jedoch keinen Niederschlag. Mit IFRS 3 (*rev.* 2008) legte aber auch das IASB ein Wahlrecht hinsichtlich des Einbezugs von Tochterunternehmen fest. So kann seit 1.07.2009 zwischen der *Partial-* und *Full Goodwill*-Methode gewählt werden, wobei die Partial Goodwill-Methode in den wesentlichen Zügen der Neubewertungsmethode nach UGB entspricht und auch bislang Anwendung fand. Die Anwendung der Buchwertmethode entsprechend den Regelungen des UGB ist jedoch nach IFRS 3 (*rev.* 2008) nicht möglich (vgl. Abbildung 10).

Abbildung 10: Wahlrechte nicht kapitalmarktorientierter österreichischer Konzernunternehmen

gebundene), Gewinnrücklagen (gesetzliche Rücklage, satzungsmäßige Rücklagen, andere Rücklagen), Bilanzerfolg. § 253 Abs. 3 bietet die Möglichkeit auch die unversteuerten Rücklagen in Gewinnrücklagen und Rückstellungen für latente Steuern zu trennen und dadurch die den Gewinnrücklagen zugewiesenen unversteuerten Rücklagen konsolidierungsfähig zu machen. Vgl. DEUTSCH/PLATZER (2000), § 254 Rz. 9.

333 Vgl. DEUTSCH/PLATZER (2000), § 254 Rz. 2.

3.2.2.2 Buchwert- und Neubewertungsmethode gemäß UGB

Bei Anwendung der Buchwertmethode werden Vermögen und Schulden nach dem Grundsatz der einheitlichen Bewertung zu Buchwerten in den Konzernabschluss aus der UB II[334] im Zeitpunkt der Erstkonsolidierung übernommen.[335] Dies impliziert, dass die im Zeitpunkt der Erstkonsolidierung ermittelten Buchwerte auch in den Folgejahren auf Konzernebene entsprechend dem Grundsatz der einheitlichen Bewertung fortzuführen sind. Inwieweit dem auch in der Praxis Rechnung getragen wird und damit von einer „unreflektierten“ Übernahme der Buchwerte des Tochterunternehmens in den Folgejahren Abstand genommen wird, kann an dieser Stelle nicht beantwortet werden. Im Zeitpunkt der Erstkonsolidierung sind in einem weiteren Schritt die dem Mutterunternehmen zugehörigen Beteiligungen (Anschaffungskosten) mit dem anteiligen Eigenkapital des Tochterunternehmens aufzurechnen. Daran anschließend sind die stillen Reserven bzw. Lasten der vom Tochterunternehmen übernommenen Vermögensgegenstände und Schulden aufzudecken. Die Buchwertmethode nach UGB begrenzt die Neubewertung der Vermögensgegenstände und Schulden auf den Anteil, den das Mutterunternehmen erworben hat.[336] Neben der Aufdeckung der stillen Reserven/Lasten ist auch ein sich ergebender Unterschiedsbetrag auf die Konzernbeteiligung beschränkt. Die Beteiligung der Anteile anderer Gesellschafter wird zu anteiligen Buchwerten des erworbenen Unternehmens fortgeführt.[337] Gemäß § 259 UGB hat ein Ausweis der Anteile anderer Gesellschafter unter entsprechender Bezeichnung gesondert innerhalb des Eigenkapitals zu erfolgen.[338] Nach UGB ist zudem zu beachten, dass die Anschaffungskosten des

334 Der Begriff der UB II bezeichnet den für die Konsolidierung vorbereiteten Einzelabschluss. Vgl. ROHATSCHEK/MAUKNER (2008), S. 180. Einer Verwendung der Abkürzung „HB II“ steht trotz Neudefinition der Handels- als Unternehmensbilanz (UB) wegen der allgemein gebräuchlichen Verwendung nichts entgegen. Vgl. EGGER et al. (2009), S. 46.

335 Vgl. DEUTSCH/PLATZER (2000), § 254 Rz. 2.

336 Vgl. KÜTING/WEBER (2008), S. 235.

337 Vgl. FRÖHLICH (2007), S. 131; PELLENS et al. (2003), S. 2.

338 Vgl. § 259 Abs. 1 UGB. Der Ausweis eines einzelnen Postens mit der Bezeichnung „Ausgleichsposten für die Anteile anderer Gesellschafter“ oder nur „Anteile anderer Gesellschafter“ nach „IV. Bilanzgewinn (Bilanzverlust)“ ist ausreichend. Eine Aufgliederung des Postens in die einzelnen Eigenkapitalbestandteile wird jedoch auch als zulässig erachtet. Eine Gleichstellung der beiden Eigenkapitalgruppen im Sinne der Einheitstheorie kommt bei einer Aufgliederung der Posten des Eigenkapitals noch besser zum Ausdruck. Vgl. DEUTSCH/PLATZER (2000), § 259 Rz. 8; WEBER/ZÜNDORF (1998), § 307 Rz. 12; ADLER et al. (1995), § 307 Rz. 63; SAHNER (1981), S. 713.

erworbenen Tochterunternehmens den sog. pagatorischen Deckel für die Aufdeckung von stillen Reserven bilden.[339]

Im Zuge der Neubewertungsmethode wird bei der Kapitalkonsolidierung ein neu bewerteter Abschluss zu Grunde gelegt.[340] Die Aufdeckung der beim Tochterunternehmen vorhandenen stillen Reserven bzw. Lasten ist der eigentlichen Kapitalkonsolidierung somit vorgelagert.[341] Erst nach erfolgter Neubewertung wird der Beteiligungsansatz des Mutterunternehmens mit dem Eigenkapital verrechnet. Wie bei Anwendung der Buchwertmethode nach UGB darf auch hier das Anschaffungskostenprinzip nicht durchbrochen werden.[342] Abweichungen der Neubewertungs- von der Buchwertmethode sind nur dann gegeben, wenn weniger als 100 % am Tochterunternehmen gehalten werden.[343] Erfolgt die Kapitalkonsolidierung mittels Neubewertungsmethode werden die stillen Reserven/Lasten auch zu Gunsten/zu Lasten der Anteile anderer Gesellschafter aufgedeckt. Um die maximal aktivierbaren stillen Reserven ermitteln zu können, bedarf es einer Hochrechnung des entrichteten Kaufpreises für den Mehrheitsanteil auf 100 %.[344] Auf eine Hochrechnung des entstehenden Geschäfts- und Firmenwertes auch auf die Anteile anderer Gesellschafter wird bei der Neubewertungsmethode wie auch bei der Buchwertmethode verzichtet.[345] Auf Grund der Auflösung der stillen Reserven/Lasten der Anteile anderer Gesellschafter wird, sofern die stillen Reserven die stillen Lasten übersteigen, bei Anwendung der Neubewertungsmethode eine höhere Eigenkapitalquote erzielt.[346]

Inwieweit die Kapitalkonsolidierungsmethoden einheitlich auf alle einzubeziehenden Tochterunternehmen anzuwenden sind, wird in der Literatur unterschiedlich diskutiert. Unbestritten ist das zeitliche Stetigkeitsgebot gemäß § 250 Abs. 3 UGB. Demnach für ein einbezogenes Konzernunternehmen die Kapitalkonsolidierungsmethode im Zeitablauf beizubehalten ist.[347] Die Anwen-

---

339 Vgl. FRÖHLICH (2007), S. 86; DEUTSCH/PLATZER (2000), § 254 Rz. 19. Übersteigt das buchmäßige Eigenkapital die Anschaffungskosten des Tochterunternehmens ist eine Aktivierung der stillen Reserven untersagt. Vgl. DEUTSCH/PLATZER (2000), § 254 Rz. 27.

340 Vgl. FRÖHLICH (2007), S. 85.

341 Vgl. DEUTSCH/PLATZER (2000), § 254 Rz. 22.

342 Vgl. FRÖHLICH (2007), S. 158f.

343 Diese Tatsache ist auch auf die sog. *Full Goodwill*-Methode nach IFRS 3 (*rev.* 2008) anzuwenden.

344 Vgl. FRÖHLICH (2007), S. 130; PELLENS (2003), S. 2.

345 Vgl. KÜTING/HARTH (1999), S. 1427.

346 Vgl. SAHNER/HÄGER (1988a), S. 407.

347 Vgl. DEUTSCH/PLATZER (2000), § 254 Rz. 10; DUSEMOND et al. (1998), § 301 Rz. 151.

dung mehrerer Methoden für die zu konsolidierenden Tochterunternehmen wird damit begründet, dass sachliche Gründe die gleichzeitige Anwendung mehrerer Varianten rechtfertigen.[348] So kann OTTE (1988) zufolge jedes einbezogene Tochterunternehmen im Konzernabschluss eine andere Bedeutung einnehmen. Aus diesem Grund muss der Konzernleitung, dass Recht zu gestanden werden, für jedes einbezogene Unternehmen die Konsolidierungsmethode frei zu wählen.[349]

Wenngleich sich in der Behandlung eines aktiven oder passiven Unterschiedsbetrags keine unmittelbare konzerntheoretische Besonderheit widerspiegelt, wird aus Gründen der Vollständigkeit dennoch darauf eingegangen. Demnach kann ein gemäß § 254 Abs. 3 UGB auszuweisender aktiver Unterschiedsbetrag entsprechend dem Rechnungslegungsrechts-Änderungsgesetz 2010 (kurz: RÄG 2010)[350] sowohl nach der Buchwert- als auch der Neubewertungsmethode entweder als Unterschiedsbetrag über fünf Jahre abgeschrieben werden[351] oder, soweit der aktive Unterschiedsbetrag einem erworbenen Geschäfts- und Firmenwert im Sinne des § 203 UGB entspricht, planmäßig[352] auf die Geschäftsjahre, in denen er voraussichtlich genutzt wird, verteilt werden.[353] Die Möglichkeit der Verrechnung des aktiven Unterschiedsbetrags offen mit jeder Kapital- und Gewinnrücklage wurde mit dem RÄG 2010 untersagt. Damit erfolgt eine Anpassung an die durch das BilMoG reformierten deutschen Rechnungslegungsnormen.[354]

Bei einem passiven Unterschiedsbetrag ist die weitere Behandlung vom jeweiligen Entstehungsgrund abhängig. Liegt der Grund eines passiven Unterschiedsbetrags in zukünftigen negativen Ertragserwartungen, ist der passive Unterschiedsbetrag aus Konzernsicht als Rückstellung für drohende Verluste zu behandeln. Spiegelt der passive Unterschiedsbetrag dagegen einen realisierten

348 Vgl. DUSEMOND et al. (1998), § 301 Rz. 151; ADLER et al. (1995), § 301 Rz. 45.

349 Vgl. OTTE (1988), S. 101.

350 BGBl. 140/2009.

351 Diese Methode wird so EGGER et al. (2009), dann zur Anwendung kommen, wenn die Erstkonsolidierung erst Jahre nach dem Erwerb stattfindet. Vgl. EGGER et al. (2009), S. 64.

352 Gem. § 204 Abs. 2 UGB ist zudem zwingend eine außerplanmäßige Abschreibung des Geschäfts- und Firmenwertes durchzuführen, wenn dieser nachhaltig an Wert verliert. Vgl. FRÖHLICH/PLATZER (2000), § 261 Rz. 17. Eine Zuschreibung des Geschäfts- und Firmenwertes wird bei Wegfall der Gründe einer außerplanmäßigen Abschreibung allgemein als nicht zulässig erachtet. Vgl. WEBER/ZÜNDORF (1998), § 309 Rz. 32; ADLER et al. (1995), § 301 Rz. 197.

353 Vgl. FRÖHLICH/PLATZER (2000), § 261 Rz. 4ff.

354 Vgl. dazu auch BT zu Z. 11 (§261)) der Gesetzesmaterialien zum RÄG 2010.

Gewinn wider (sog. *Lucky Buy*), wird eine erfolgswirksame Auflösung als zulässig erachtet. Des Weiteren kann auch eine erfolgsneutrale Umschichtung im Eigenkapital vorgenommen werden, vorausgesetzt der günstige Kaufpreis steht schon im Erwerbszeitpunkt fest. Die Literatur nennt darüber hinaus noch eine dritte, im UGB jedoch nicht explizit verankerte, Erfassungsmethode eines negativen Unterschiedsbetrags. Diesbezüglich erfolgt ein erfolgsneutraler Ausweis unter den Gewinnrücklagen, wenn auf Grund zeitlicher Differenzen ein passiver Unterschiedsbetrag daraus resultiert, dass zwischen der Erstkonsolidierung und dem Erwerb des einbezogenen Unternehmens zwischenzeitlich Gewinne thesauriert wurden.[355]

An der Buchwertmethode wird kritisiert, dass die Buchwertfortführung Wertsteigerungen suggeriert, die bereits im Zeitpunkt des Erwerbs bestanden haben aber als selbst erwirtschafteter Gewinn bei einer Veräußerung des Tochterunternehmens ausgewiesen werden. Dies ist insofern problematisch, als die stillen Reserven eines Vermögensgegenstandes, der gegen Gewährung einer Gegenleistung übertragen wurde, Werte darstellen, die nicht im Zuge der Konzernzugehörigkeit geschaffen wurden. Bei Veräußerung bilden die Verkaufserlöse somit bei der Neubewertungsmethode die im Konzern geschaffenen stillen Reserven ab.[356]

Werden die Vermögensgegenstände zu ihrem beizulegenden Zeitwert nach der Neubewertungsmethode bilanziert, wird zudem der Wertverzehr der stillen Reserven im Konzern durch zukünftige Abschreibungen dargestellt. Bei der Buchwertmethode hingegen spiegeln die Abschreibungen nicht den tatsächlichen Wertverzehr des Konzernvermögens wider.[357]

3.2.2.3 *Partial Goodwill*-Methode und *Full Goodwill*-Methode gemäß IFRS

Wenngleich im Vorfeld sehr kontrovers diskutiert, stellt das mit IFRS 3 (*rev.* 2008) verabschiedete Wahlrecht,[358] Anteile der sog. *Non Controlling Interests*[359]

355 Vgl. FRÖHLICH (2007), S. 109ff.; FRÖHLICH/PLATZER (2000), § 261 Rz. 20ff.

356 Vgl. KASPERZAK/LIECK (2008), S. 775.

357 Vgl. KASPERZAK/LIECK (2008), S. 775.

358 Die Anwendung des IFRS 3 (*rev.* 2008) ist zwingend auf Unternehmenszusammenschlüsse anzuwenden, die nach dem 01.07.2009 erfolgen.

359 Mit Verabschiedung von IFRS 3 (*rev.* 2008) sowie IAS 27 (*rev.* 2008) ist nun im Zusammenhang mit Minderheitsanteilen nicht mehr die Rede von Minorities, sondern *Non Controlling Interests*. Die *Non Controlling Interests* entsprechen im Wesentlichen dem Begriff der Anteile anderer Gesellschafter gem. § 259 UGB.

zum *Fair Value*[360] im Erwerbszeitpunkt oder zum Anteil am neubewerteten identifizierbaren Nettovermögen anzusetzen, eine wesentliche Neuerung[361] des IFRS 3 (*rev.* 2008) dar.[362] Das Wahlrecht kann für jeden Unternehmenszusammenschluss neu ausgeübt werden.[363]

Bei der *Partial Goodwill*-Methode bestimmt sich der *Goodwill* gem. IFRS 3 (*rev.* 2008) aus dem *Fair Value* der gewährten Gegenleistung zuzüglich der *Non Controlling Interests* bestimmt zu ihrem Anteil am neubewerteten identifizierbaren Nettovermögen abzüglich des vollständig neubewerteten Nettovermögens einschließlich der *Non Controlling Interests* (vgl. dazu Tabelle 3).[364] Im Ergebnis entspricht diese Ermittlungsmethode damit jener des IFRS 3 (*rev.* 2003). Dieser Methode zufolge ist der *Goodwill* die Differenz aus dem Kaufpreis und

---

360 Gemäß Anhang A des IFRS 3 (*rev.* 2008) entspricht der *Fair Value* jenem Betrag "*for which an asset could be exchanged, or a liability settled, between knowledgeable, willing parties in an arm's length transaction.*"

361 Weitere wesentliche Änderungen betreffen die Behandlung der nunmehr erfolgswirksamen Verbuchung von Akquisitionskosten. Sog. *Earn-out*-Zahlungen sind unabhängig der Eintrittswahrscheinlichkeit mit dem *Fair Value* beim Erwerbszeitpunkt anzusetzen. Bei einem schrittweisen Erwerb sind die Anteile, die vor der Beherrschung bereits gehalten wurden, zum Erwerbszeitpunkt ergebniswirksam neu zu bewerten. Vgl. VETTINGER/HIRZEL (2009), S. 835. Ausführlich zu den Bestimmungen des IFRS 3 (*rev.* 2008) im Vergleich zu jenen des IFRS 3 (*rev.* 2003). Vgl. HACHMEISTER (2008), S. 115ff.; HENDLER/ZÜLCH (2008), S. 484ff.; PELLENS et al. (2008a), 602ff. Im Unterschied zu IAS 27 (*rev.* 2003) enthält IAS 27 (*rev.* 2008) explizite Regelungen zur Abbildung des Erwerbs und der Veräußerung von Anteilen an Tochterunternehmen, ohne dass das Tochterunternehmen den Status eines Tochterunternehmens verliert. Mangels expliziter Regelungen konnte die gem. IAS 27 (*rev.* 2008) verpflichtend festgelegte Vorgehensweise bereits vor Verabschiedung des IAS 27 (*rev.* 2008) als faktisches Wahlrecht angewendet werden. Vgl. FRÖHLICH (2007), S. 712. Derartige Transaktionen sind als Transaktionen zwischen Eigenkapitalgebern zu deklarieren, wodurch sich das IASB auch diesbezüglich für eine einheitstheoretische Ausrichtung entscheidet. Unterschiedsbeträge zwischen den Buchwerten der Anteile anderer Gesellschafter und dem zu erhaltenen oder bezahlten beizulegenden Zeitwert der Gegenleistung sind im Eigenkapital zu erfassen und den Mehrheitsanteilseigner zuzuschreiben. Vgl. IAS 27.30 (*rev.* 2008). MILLA/BUTTOLLO (2007) zufolge hat ein Ausweis derartiger Unterschiedsbeträge in der Kapitalrücklage zu erfolgen. Vgl. MILLA/BUTOLLO (2007), S. 176. Das IASB bringt darüber hinaus in den *Basis for Conclusions* klar zum Ausdruck, dass aus einer Veränderung der Beteiligungsquote keinerlei Gewinne oder Verluste resultieren dürfen. Vgl. IAS 27.BC41.

362 Vgl. IFRS 3.19 (*rev.* 2008).

363 Vgl. IFRS 3.32 iVm IFRS 3.19 (*rev.* 2008); BRÖSEL (2009), S. 192; HAAKER (2008), S. 188.

364 Vgl. IFRS 3.32 iVm IFRS 3.19 (*rev.* 2008).

dem anteilig neubewerteten identifizierbaren Nettovermögen der Mehrheitsanteilseigner.[365] Sowohl die Neubewertungsmethode nach UGB als auch die *Partial Goodwill*-Methode nach IFRS 3 (*rev.* 2008) entsprechen sich in ihren Grundzügen. Ein wesentlicher Unterschied zur Neubewertungsmethode nach UGB besteht allerdings darin, dass die Auflösung von stillen Reserven nach IFRS ohne „pagatorischen Deckel" erfolgt.[366]

Tabelle 3: Ermittlung des Goodwill nach der Partial- und Full Goodwill-Methode

Quelle: In Anlehnung an COENENBERG et al. (2009), S. 695

Partial Goodwill-Methode	*Full Goodwill*-Methode
***Fair Value* der gewährten Gegenleistung**	***Fair Value* der gewährten Gegenleistung**
+ *Non Controlling Interests* bestimmt zu ihrem Anteil am neu bewerteten identifizierbaren Nettovermögen	+ *Non Controlling Interests* bestimmt zum *Fair Value*
– Vollständiges neu bewertetes Nettovermögen (einschließlich *Non Controlling Interests)*	– Vollständiges neu bewertetes Nettovermögen (einschließlich *Non Controlling Interests)*
= Goodwill	***= Goodwill***

Auch bei der sog. *Full Goodwill*-Methode berechnet sich der *Goodwill* aus den Komponenten des Unternehmenszusammenschlusses (vgl. dazu Tabelle 3). Im Unterschied zur *Partial Goodwill*-Methode ist der *Fair Value* der *Non Controlling Interests* aber auf Basis beobachtbarer Marktwerte oder mit Hilfe von Bewertungsvereinfachungsverfahren zu ermitteln.[367]

Anzumerken ist, dass das IASB im ED zum IFRS 3 (*rev.* 2008)[368] noch von einer Betrachtung des Gesamtunternehmenswertes zur Ermittlung des *Goodwill* des einbezogenen Tochterunternehmens ausgegangen ist. IFRS 3 (*rev.* 2008) stellt jedoch nur mehr auf die einzelnen Komponenten des Unternehmenszusammenschlusses ab. An der *Full Goodwill*-Methode des IFRS 3 (*rev.* 2008) kann kritisiert werden, dass im Unterschied zum ED keine Obergrenze durch

365 Vgl. HAAKER (2008), S. 191.

366 Vgl. COENENBERG et al. (2009), S. 695.

367 Vgl. IFRS 3.B44 sowie auch MACKENSTEDT et al. (2006), S. 1041.

368 Der ED IFRS 3 wurde gemeinsam mit dem ED zu IAS 27 am 30.06.2005 veröffentlicht. Eine Ausführliche Darstellung der nach ED IFRS 3 geplanten *Full Goodwill*-Methode findet sich bei HAHN (2007), S. 408ff.

den hochgerechneten Kaufpreis mehr vorgeschrieben ist, wodurch bilanzpolitische Handlungsmöglichkeiten ausgedehnt wurden.[369]

Sofern für die *Non Controlling Interests* kein aktiver Markt besteht, sind zudem zusätzliche bilanzpolitische Spielräume durch deren Ermittlungsmöglichkeit anhand von Bewertungsvereinfachungsverfahren gegeben.[370] Ist das einbezogene Tochterunternehmen nicht kapitalmarktorientiert, ist mangels eines aktiven Marktes auf andere Bewertungsvereinfachungsverfahren zurückzugreifen.[371]

Aus bilanzpolitischer Sichtweise führt die Anwendung der *Partial Goodwill*-Methode zu einer dauerhaft niedrigeren Eigenkapitalquote als bei Anwendung der *Full Goodwill*-Methode. Sofern kein Statuswechsel erfolgt, ändert auch eine Auf- oder Abstockung der Anteile an einem Tochterunternehmen nichts, da diese als Verschiebungen im Eigenkapital abzubilden sind und keine Änderung der Beherrschungsverhältnisse bewirken.[372]

Im Zuge der Einführung der *Full Goodwill*-Methode wurde vielfach auch beanstandet, dass damit „der sichere Boden der Pagatorik verlassen“ [373] wurde. Eine Verletzung des Anschaffungskostenprinzips erfolgte in den IFRS jedoch bereits mit der verpflichtenden Anwendung der Neubewertungsmethode in IFRS 3 (*rev.* 2003) und der Aufdeckung der stillen Reserven über die Anschaffungskosten hinaus.[374]

Kritik kann aber auch hinsichtlich des bestehenden Wahlrechtes geübt werden. Vor allem wenn, wie auch implizit im UGB geregelt, das Wahlrecht für jeden Unternehmenszusammenschluss neu ausgeübt werden kann. Das IASB dürfte damit seine selbst gesetzte Zielsetzung „to improve (...) comparability“[375] verfehlt haben.[376] Da eine Informationsgestaltung von Seiten der Bilanzierenden bei Wahlrechten erleichtert wird, wird auch die Entscheidungsnützlichkeit von Rechnungslegungsinformationen negativ beeinflusst.[377] Der Ausschluss von Wahlrechten bedingt wiederum, dass die Erwartungshaltung der Adressaten gegenüber dem Informationsinhalt erhöht[378] und der Entscheidungsprozess erleichtert wird. Abzuwarten ist, inwieweit dass *Full Goodwill*-Konzept in der Praxis Anwendung findet.

---

369 Vgl. COENENBERG et al. (2009), S. 695.
370 Vgl. HARR et al. (2009), S. 2; HAAKER (2008), S. 192.
371 Vgl. PELLENS et al. (2008a), S. 603.
372 Vgl. HARR et al. (2009), S. 3ff; PAWELZIK (2009), S. 277f.
373 Vgl. PELLENS et al. (2003), S. 4.
374 Vgl. BUSSE v. COLBE (2004), S. 57.
375 IFRS 3.1 (*rev.* 2008).
376 Vgl. HAAKER (2008), S. 189.
377 Vgl. BALLWIESER (1982), S. 776.
378 Vgl. SCHNEIDER (1997), S. 201.

Hinsichtlich der Behandlung des *Goodwill* nach IFRS 3 (*rev.* 2008) ist anzumerken, dass bereits mit IFRS 3 (*rev.* 2003) die Möglichkeit, den Goodwill planmäßig abzuschreiben, abgeschafft wurde. Der *Goodwill* ist entsprechend den Bestimmungen des IAS 36 auf der Ebene von zahlungsmittelgenerierenden Einheiten oder deren Gruppe mindestens einmal jährlich auf Werthaltigkeit zu überprüfen.[379]

Übersteigt der Anteil des Erwerbers am beizulegenden Zeitwert der identifizierbaren Vermögenswerte und Schulden sowie Eventualverbindlichkeiten auch nach wiederholter Überprüfung (*Reassessment*) [380] den *Fair Value* der gewährten Gegenleistung, liegt nach IFRS 3 (*rev.* 2008) ein günstiger Erwerb (sog. *Bargain Purchase*) vor, der erfolgswirksam im Erwerbszeitpunkt zu verbuchen ist.[381]

3.2.2.4 Kapitalkonsolidierung gem. IFRS *for* SMEs

Das IASB sieht auch für die Kapitalkonsolidierung von Tochterunternehmen die Erwerbsmethode vor, behält dafür aber die in IFRS 3 (*rev.* 2003) gewählte Begrifflichkeit der „*Purchase*-Methode" bei.[382] Entsprechend den „*full*"-IFRS sind Anteile von „*Non Controlling Interests*"[383] im Eigenkapital gesondert von den Anteilen der Mehrheitsanteilseigner auszuweisen.[384] Im Unterschied zu IFRS 3.19 (*rev.* 2008) sieht das IASB von der *Full Goodwill*-Methode als Wahlrecht ab und legt ausschließlich die *Partial Goodwill*-Methode als Möglichkeit des Einbezugs von Tochterunternehmen fest. Abweichend von den „*full*"-IFRS ist zudem der im Rahmen der Erstkonsolidierung aufgedeckte *Goodwill* in den Folgekonsolidierungen um planmäßige Abschreibungen[385] zu verringern.[386] Dar-

379 Vgl. IAS 36.80ff. sowie auch BRÖSEL (2009), S. 193f.; WULF (2009), S. 729ff.

380 In einem vorgelagerten Schritt hat der Erwerber nochmals zu beurteilen, ob alle erworbenen Vermögenswerte und übernommenen Schulden richtig identifiziert wurden. Vgl. im Detail IFRS 3.36 (*rev.* 2008).

381 Zur Bilanzierung von *Bargain Purchases* siehe IFRS 3.34 (*rev.* 2008) sowie PAWELZIK (2009), S. 278. Zur Problematik der Erfassung eines Bargain Purchase beim Mutterunternehmen sowie des *Goodwill*-Ausweises bei den Anteilen anderer Gesellschafter im Zuge der *Full Goodwill*-Methode siehe auch die Ausführungen bei PAWELZIK (2009), S. 278.

382 Vgl. IASB (2009a), IFRS *for* SMEs 19.6.

383 Die Bezeichnung der Anteile anderer Gesellschafter entspricht damit auch jener der „*full*"-IFRS.

384 Vgl. IASB (2009a), IFRS *for* SMEs 4.2(q).

385 Für die Bestimmung der Nutzungsdauer sind die entsprechenden Regelungen des IFRS *for* SMEs 18.19ff. für immaterielle Vermögenswerte heranzuziehen. Kann die Nut-

über hinaus ist ein Werthaltigkeitstest nur dann durchzuführen, wenn Anzeichen für eine Wertminderung am Bilanzstichtag vorliegen.[387,388]

3.2.2.5 Konzerntheoretische Kategorisierung und Beurteilung der Kapitalkonsolidierungsmethoden von Tochterunternehmen

Die Konzerntheorien (oder auch Konsolidierungskonzepte)[389] werden oftmals als „„„Theorien“ der Adressatenkonkretisierung“[390] eines Konzernabschlusses“ verstanden.[391] Anhand der im Schrifttum geführten Diskussion darf bezweifelt werden, ob anhand der Konzerntheorien eine umfassende Adressatenkonkretisierung vorgenommen werden kann. Die bereits in Kapitel 2 identifizierten „primären“ Adressaten einer nicht kapitalmarktorientierten Konzernrechnungslegung würden demnach nur bei Verfolgen der Einheitstheorie eine entsprechende Berücksichtigung finden. Lediglich die Einheitstheorie als Unternehmenstheorie (*entity theory*) greift sowohl die Interessen der Fremd- als auch Eigenkapitalgeber auf.

Ein Kritikpunkt, welcher auch im Rahmen der empirischen Arbeit aufgegriffen wird, ist die Frage, ob Mehrheitsanteilseigner als „interessentheoretisch typisierte“ Investoren, die durch stärker interessentheoretisch geprägte Konsolidierungsmethoden zur Verfügung gestellten Informationen tatsächlich als entscheidungsnützlicher empfinden.[392] Erklärungsbedürftig erscheint, warum die Informationsbedürfnisse der Mehrheitsanteilseigner durch ein Wertkonglomerat aus den Buchwerten und stillen Reserven der Mehrheitsanteilseigner besser befriedigt werden als bei Abbildung der stillen Reserven für das gesamte Vermögen und Schulden entsprechend der Neubewertungsmethode.[393] Zudem ist selbst ein

---

zungsdauer des *Goodwill* nicht bestimmt werden, ist von einer 10jährigen Nutzungsdauer auszugehen. Vgl. IASB (2009a), IFRS *for* SMEs 19.23a.

386 Vgl. IASB (2009a), IFRS *for* SMEs 19.23.

387 Indikatoren, die auf eine Wertminderung hinweisen, sind dem IFRS *for* SMEs 27.9 zu entnehmen.

388 Wie auch in den „*full*“-IFRS gilt: Übersteigt der Anteil des Erwerbers am beizulegenden Zeitwert der identifizierbaren Vermögenswerte und Schulden sowie Eventualverbindlichkeiten die Anschaffungskosten, ist nach einem sog. *Reassessement* die Differenz erfolgswirksam zu erfassen. Vgl. IASB (2009a), IFRS *for* SMEs 19.24.

389 Vgl. KÜTING/GATTUNG (2003), S. 505.

390 HAAKER (2006), S. 452.

391 Vgl. HAAKER (2006), S. 452f.

392 Vgl. HAAKER (2006), S. 454.

393 Kritisch zum Informationsnutzen der Buchwertmethode siehe MUJKANOVIC (2000), S. 644.

entsprechend der Anteile anderer Gesellschafter ausgewiesener *Goodwill* im Sinne der *Full Goodwill*-Methode als „(latenter) Wert" der Mehrheitsanteilseigner zu betrachten. Stellt doch auch der *Goodwill* realisierbare Synergieeffekte eines Tochterunternehmens dar und ist damit untrennbar mit der von den Mehrheitsanteilseignern kontrollierten Vermögensmasse verbunden.[394]

Auch nicht abschließend beantwortet werden kann die Frage, ob das vom IASB angestrebte Ziel der Erhöhung des Entscheidungsnutzens für die genannten „primären" Adressatengruppen des Konzernabschlusses erreicht wird, indem auch der *Goodwill* der Anteile anderer Gesellschafter als konzernweites Potential aufgezeigt wird.

Festgehalten werden kann, dass auch wenn die konzerntheoretische Ausrichtung eine spezifische Adressatengruppe ins Auge fasst, keine empirischen Studien vorliegen, die belegen, dass eine bestimmte konzerntheoretische Ausrichtung von den Adressaten der Konzernrechnungslegung bevorzugt wird. Um die von den „primären" Adressaten durch die Wahl der Kapitalkonsolidierungsmethode bevorzugte konzerntheoretische Ausrichtung zu erheben, erfolgt eine Kategorisierung der Kapitalkonsolidierungsmethoden entsprechend ihrer interessen- oder einheitstheoretischen Ausprägungen.

Die Kapitalkonsolidierungsmethoden unterscheiden sich im Wesentlichen hinsichtlich der Abbildung der Anteile anderer Gesellschafter. Für die Bilanzierung der Anteile anderer Gesellschafter ist entsprechend der verfolgten konzerntheoretischen Ausrichtung ausschlaggebend, welcher Status den Anteilen anderer Gesellschafter eines Konzerns beigemessen wird.[395] Kennzeichnend für die Einheitstheorie ist der Status der Anteile anderer Gesellschafter als Eigenkapitalgeber[396] und der daraus folgende Ausweis im Eigenkapital. SCHILDBACH (2008) zufolge liegt bereits ein Verstoß gegen die Einheitstheorie und die vertretene Homogenität der Interessen aller Eigentümer vor, wenn die Anteile anderer Gesellschafter gesondert von den Mehrheitsanteilseignern ausgewiesen werden.[397] Damit würde sowohl nach UGB als auch IFRS ein Verstoß gegen die Einheitstheorie vorliegen. Sowohl nach UGB als auch nach IFRS sind die Anteile anderer Gesellschafter nicht in Summe, sondern getrennt vom Eigenkapital der Mehrheitsanteilseigner des Konzerns zu erfassen.[398] Ein gesonderter Ausweis im Eigenkapital ist jedoch, so die Meinung der Verfasserin, noch nicht als

394 Vgl. BUSSE v. COLBE/FALKENHAHN (2005), S. 23.

395 Vgl. HARR et al. (2009), S. 1.

396 Vgl. dazu die Ausführungen in Kapitel 3.1.3.

397 Vgl. SCHILDBACH (2008), S. 152.

398 Vgl. § 259 Abs. 1 UGB sowie IAS 27.27 (*rev.* 2008).

Verstoß gegen die Einheitstheorie zu werten.[399] Insbesondere, wenn nur von den zwei ursächlichen konzerntheoretischen Ausrichtungen ausgegangen wird. Ansonsten würde ein Verstoß gegen die Einheitstheorie zwangsläufig eine Zuordnung zur Interessentheorie bedeuten und demnach dem Nichteinbezug der Anteile anderer Gesellschafter gleichgesetzt werden. Ein gesonderter Ausweis stellt kein Kriterium für die Einstufung als Interessen- oder Einheitstheorie dar, sondern ist als eine Zusatzinformation sowohl für Minderheits- als auch Mehrheitsanteilseigner zu werten. Hinsichtlich des Ausweises der Anteile anderer Gesellschafter im Eigenkapital ist demnach sowohl nach UGB als auch nach IFRS vom Vorliegen der Einheitstheorie auszugehen.

Ein Verfolgen der „reinen" Interessentheorie hinsichtlich der Kapitalkonsolidierung von Tochterunternehmen wird, wie bereits erläutert, weitgehend abgelehnt. Da der Anteil anderer Gesellschafter am Buchwert des Nettovermögens ausgewiesen wird und damit ein geringerer Anteil anderer Gesellschafter sowie gleichzeitig geringere Vermögensgegenstände-/werte ausgewiesen werden, wird jedoch bei Anwendung der Buchwertmethode tendenziell eine stärker interessentheoretische Ausrichtung unterstellt als bei der Neubewertungs- bzw. *Partial Goodwill*-Methode.[400] Unter diesem Aspekt ist die Neubewertungs- bzw. *Partial Goodwill*-Methode jedenfalls, da nur von zwei eigentlichen konzerntheoretischen Ausrichtungen ausgegangen wird, als eine Ausprägung der Einheitstheorie[401] im Konzernabschluss zu interpretieren (vgl. dazu auch Tabelle 4 und Tabelle 5).[402]

Stellt die Hochrechnung des Geschäfts- und Firmenwertes auf die Anteile anderer Gesellschafter einen Wesenszug der Einheitstheorie dar,[403] würde jedenfalls die Buchwert- als auch die Neubewertungsmethode (*Partial Goodwill*-Methode) nach UGB und IFRS nicht der Einheitstheorie zuzuordnen sein.[404] Die

399 Diese Ansicht findet sich auch bei HENDLER/ZÜLCH (2005), S. 1157; EBELING (1995a), S. 328; SCHILDBACH (1987), S. 394.

400 Hinsichtlich der Aufdeckung der stillen Reserven der Anteile anderer Gesellschafter unterscheiden sich die Neubewertungsmethode nach UGB als auch IFRS 3 (*rev.* 2003) und IFRS 3 (*rev.* 2008) grundsätzlich nicht. Wenngleich nach UGB das Anschaffungskostenprinzip zu berücksichtigen ist. Vgl. Kapitel 3.2.2.2.

401 Vgl. BUSSE v. COLBE (2004), S. 45; FASB (1991), S. 59ff.

402 Ob die Hochrechnung des Geschäfts- /Firmenwertes für die Einheitstheorie kennzeichnend ist, wird teilweise bestritten. Vgl. dazu die Ausführungen in Kapitel 3.1.2.

403 Vgl. dazu die Ausführungen in Kapitel 3.1.3.

404 Vgl. dazu auch die zusammenfassende Darstellung in Tabelle 2.

Full Goodwill-Methode gem. IFRS 3 (*rev.* 2008) entspricht, darüber ist man sich in der Literatur im Grunde einig, weitestgehend der Einheitstheorie.[405]

3.2.2.6 Zusammenfassende Ergebnisdarstellung

Eine Zusammenfassung der Kategorisierung der Kapitalkonsolidierungsmethoden von Tochterunternehmen wurde in Tabelle 4 und Tabelle 5 getrennt nach UGB und IFRS vorgenommen.[406] Daraus ist auf einen Blick zu ersehen, dass die Buchwertmethode die stärkste Orientierung an der Interessentheorie aufweist. Da in der Arbeit die Ansicht geteilt wird, dass grundsätzlich von nur zwei ursächlichen konzerntheoretischen Ausrichtungen auszugehen ist, ist die Neubewertungsmethode nach UGB sowie die der Neubewertungsmethode nach UGB entsprechende *Partial Goodwill*-Methoden nach IFRS der Einheitstheorie zuzuordnen. Die *Full Goodwill*-Methode gem. IFRS 3 (*rev.* 2008) ist wiederum als jene Kapitalkonsolidierungsmethode zu betrachten, die der Einheitstheorie in allen Bereichen entspricht.

---

405 Anzumerken ist aber auch, dass mit der Beibehaltung der Anschaffungskostenrestriktion für die Ermittlung des *Goodwill* der Mehrheitsanteile keine *Full Goodwill*-Methode basierend auf dem Gesamtunternehmenswert vorliegt. Vgl. EBERT/SIMONS (2009), S. 623; IASB (2008b), S. 12.

406 Wenngleich auch die Meinung vertreten wird, dass eine abschließende Zuordnung nicht möglich ist und deshalb unterlassen werden sollte. Vgl. PAWELZIK (2004), S. 682.

Tabelle 4: Gegenüberstellung Kapitalkonsolidierungsmethoden nach UGB

	UGB			
	Buchwertmethode nach UGB		**Neubewertungsmethode nach UGB**	
	Interessen-theorie	**Einheits-theorie**	**Interessen-theorie**	**Einheits-theorie**
Einbeziehung von Tochter-unternehmen	Anteil des MU	Vollständig	Anteil des MU	Vollständig
Aufdeckung stiller Reserven	Anteil des MU	Vollständig	Anteil des MU	Vollständig
Geschäfts- und Firmenwert	Anteil des MU – keine Hochrechnung der Anteile anderer Gesellschafter	Strittig: Hochrechnung auf Anteile anderer Gesellschafter oder Verzicht auf Hochrechnung	Anteil des MU – keine Hochrechnung der Anteile anderer Gesellschafter	Strittig: Hochrechnung auf Anteile anderer Gesellschafter oder Verzicht auf Hochrechnung
Anteile anderer Gesellschafter am Eigenkapital	Kein Ausweis der Anteile anderer Gesellschafter notwendig	Ausweis im Eigenkapital	Kein Ausweis der Anteile anderer Gesellschafter notwendig	Ausweis im Eigenkapital

Tabelle 5: Gegenüberstellung Kapitalkonsolidierungsmethoden nach IFRS

	IFRS			
	Neubewertungsmethode (*Partial Goodwill*-Methode) (*rev.* 2008)		***Full Goodwill*-Methode (*rev.* 2008)**	
	Interessentheorie	**Einheitstheorie**	**Interessentheorie**	**Einheitstheorie**
Einbeziehung von Tochterunternehmen	Anteil des MU	Vollständig	Anteil des MU	Vollständig
Aufdeckung stiller Reserven	Anteil des MU	Vollständig	Anteil des MU	Vollständig
Geschäfts- und Firmenwert	Anteil des MU – keine Hochrechnung der Anteile anderer Gesellschafter	Strittig: Hochrechnung auf Anteile anderer Gesellschafter oder Verzicht auf Hochrechnung	Anteil des MU – keine Hochrechnung der Anteile anderer Gesellschafter	Strittig: Hochrechnung auf Anteile anderer Gesellschafter oder Verzicht auf Hochrechnung
Anteile anderer Gesellschafter am Konzerneigenkapital	Kein Ausweis der Anteile anderer Gesellschafter notwendig	Ausweis im Eigenkapital	Kein Ausweis der Anteile anderer Gesellschafter notwendig	Ausweis im Eigenkapital

3.2.3 Einbezugsmethoden von Gemeinschaftsunternehmen

3.2.3.1 Definition eines Gemeinschaftsunternehmen nach UGB und IFRS

Im allgemeinen Sprachgebrauch werden Gemeinschaftsunternehmen oft begrifflich gleichgesetzt mit gemeinschaftlich geführten Unternehmen, *Joint Venture,*[407] *jointly owned companies,*[408] Partnerschaftsunternehmen[409] sowie auch *Partnership Investments.*[410,411] Im Stufenkonzept des Konzernabschlusses sind

407 Vgl. FRÖHLICH (2007), S. 115.

408 Vgl. DREGER (1969), S. 37.

409 Vgl. KÜTING (1983), S. 804.

410 Vgl. SKINNER (1972), S. 180.

Gemeinschaftsunternehmen sowohl nach UGB als auchnach IFRS eine Stufe unter den Tochterunternehmen angesiedelt.[412]

Trotz Bezeichnung im Schrifttum[413] findet der Begriff „Gemeinschaftsunternehmen" in den unternehmensrechtlichen Regelungen keinen Niederschlag.[414] Kennzeichnend für ein Gemeinschaftsunternehmen nach UGB ist, dass es sich um ein rechtlich selbständiges Unternehmen handelt, dass von mehreren Unternehmen gemeinsam geführt wird, wobei die Gesellschafterunternehmen nicht zum Konsolidierungskreis gehören und voneinander unabhängig sind.[415] Eine Einschränkung auf eine bestimmte Rechtsform des Gemeinschaftsunternehmens[416] sowie das Erfordernis einer gewissen Dauer der Unternehmenseigenschaft ist § 262 UGB nicht zu entnehmen.[417]

In den IFRS hat mit der Veröffentlichung des *Exposure Draft* (ED) 9 „*Joint Arrangements*"[418] der Terminus „*Joint Venture*" eine Neudefinition erfahren.

---

411 Ein ausführlicher Überblick über den Begriff des Gemeinschaftsunternehmens findet sich bei ZÜNDORF (1987a), S. 1911 sowie ZÜNDORF (1987b), S. 6f.

412 Vgl. FRÖHLICH (2007), S. 115; SIGLE (1998), § 310 Rz. 5.

413 Vgl. beispielhaft EGGER et al. (2009), S. 138; FRÖHLICH (2007), S. 115; BUSSE v. COLBE et al. (2006), S. 502f.

414 Vgl. NOWOTNY/PLATZER (2000), § 262 Rz. 9. Von einem Gemeinschaftsunternehmen ist jedoch auszugehen, wenn ein in einen Konzernabschluss einbezogenes Mutter- oder Tochterunternehmen ein anderes Unternehmen gemeinsam mit einem oder mehreren nicht in den Konzernabschluss einbezogenen Unternehmen führt. Vgl. § 262 Abs. 1 UGB.

415 Vgl. FRÖHLICH (2007), S. 116.

416 Vgl. WINKELJOHANN/BÖCKER (2010), § 310 Rz. 10; EGGER et al. (2009), S. 139; BUSSE v. COLBE et al. (2006), S. 503.

417 Vgl. NOWOTNY/PLATZER (2000), § 262 Rz. 14. Für den Fall der selbstbilanzierenden Arbeitsgemeinschaften und damit dem Erfordernis einer zeitlichen Dauer der Unternehmenseigenschaft herrscht jedoch in der Literatur kein Konsens. Diesbezüglich sprechen sich EISELE/RENTSCHLER (1989) sowie SCHINDLER (1987) gegen eine Qualifizierung als Gemeinschaftsunternehmen aus, da die Gesellschaft nicht auf Dauer angelegt ist. Vgl. EISELE/RENTSCHLER (1989), S. 310; SCHINDLER (1987), S. 159. Auch BUSSE V. COLBE et al. (2006) ist zu entnehmen, dass die gemeinsame Führung dauerhaft auszuüben ist. Vgl. BUSSE v. COLBE et al. (2006), S. 503. Eine zeitliche Abgrenzung der Unternehmereigenschaft und damit Qualifikation als Gemeinschaftsunternehmen wird jedoch mangels Kodifikation in § 262 UGB von NOWOTNY/PLATZER (2000) sowie für Deutschland von FRÜH/KLAR (1993) abgelehnt. Vgl. NOWOTNY/PLATZER (2000), § 262 Rz. 14; FRÜH/KLAR (1993), S. 495.

418 Um die Finanzberichterstattung zu verbessern, veröffentlichte das IASB im Zuge des kurzfristigen Konvergenz-Projektes von IASB und FASB ED 9 „*Joint Arrangements*". ED 9 „*Joint Arrangements*" stellt formal eine Zusammenfassung von IAS 31 „*Joint Ventures*" und SIC-13 „*Jointly Controlled Entities – Non-Monetary Contributions by*

Demnach würde der Begriff „*Joint Venture*“ nicht länger als Oberbegriff für die drei Ausprägungsformen gemeinschaftlicher Vereinbarungen stehen (vgl. dazu Abbildung 11). Unter den Begriff „*Joint Venture*“ ist zukünftig ausschließlich ein Gemeinschaftsunternehmen zu subsumieren. Diese sprachliche Präzisierung der Begriffsdefinitionen ist, um Doppeldeutigkeiten zu vermeiden, begrüßenswert. 419 Auch die vorliegende Arbeit bedient sich des Begriffes des Gemeinschaftsunternehmens („*Joint Venture*“) anstelle des in IAS 31 verwendeten Begriffes des gemeinschaftlich geführten Unternehmens (*jointly controlled entity*).

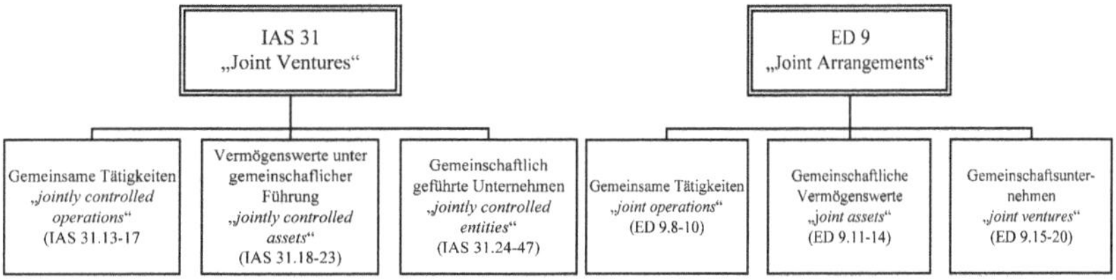

Abbildung 11: Gegenüberstellung der Begrifflichkeiten des IAS 31 und ED 9

Quelle: In Anlehnung an FINK/ULBRICH (2008), S. 54

Neben einer Neudefinition der Begrifflichkeiten legt ED 9 „*Joint Arrangements*“ ein Gemeinschaftsunternehmen auch als Residual fest. So definiert das IASB in ED 9.15 zwar, dass ein Gemeinschaftsunternehmen eine gemeinschaftliche Vereinbarung ist, welches gemeinschaftlich von den Partnerunternehmen geführt wird.[420] Ausgeschlossen wird aber, dass Partnerunternehmen darüber hinaus Rechte an einem einzelnen Vermögenswert halten.[421] Im Unterschied zu den unternehmensrechtlichen Bestimmungen als auch dem bislang geltenden IAS 31 sind nach ED 9 „*Joint Arrangements*“ die Rechte eines Partnerunternehmens an einzelnen Vermögenswerten oder Schulden aus dem Gemeinschaftsunternehmen herauszulösen und separat zu erfassen.[422] Das verbleibende Gemeinschaftsunternehmen ist somit als „Residualgröße“[423] an Vermögenswerten und Schulden an denen keiner der Partnerunternehmen spezielle Rechte inne

Ventures“ dar. Eine Verabschiedung des IFRS X „*Joint Arrangements*“ ist für das vierte Quartal 2010 geplant.

419 Vgl. ZÜLCH/WÜNSCH (2008), S. 29.

420 Vgl. IASB (2007a), ED 9.15.

421 Vgl. IASB (2007a), ED 9.15.

422 Vgl. IASB (2007a), ED 9.15 sowie kritisch KAFADAR (2008), S. 279.

423 KAFADAR (2008), S. 275.

hat, zu verstehen. Damit verbunden ist, dass zunächst Vermögenswerte und Schulden an denen das Partnerunternehmen spezielle Rechte hält, bilanziell als eigenständige Vermögenswerte oder Schulden in der Bilanz des Partnerunternehmens erfasst werden, auch wenn sie rechtlich noch zum Gemeinschaftsunternehmen gehören.[424]

Gemäß ED 9 „*Joint Arrangements*“ ist eine vertragliche Vereinbarung über die gemeinschaftliche Führung des Unternehmens notwendig.[425] Damit stellt das IASB, wie auch bereits in IAS 31.8ff., auf die Möglichkeit der gemeinsamen Führung ab. Den unternehmensrechtlichen Regelungen zufolge ist jedoch gemäß § 262 Abs. 1 UGB von einer tatsächlich ausgeübten Führung hinsichtlich des Gemeinschaftsunternehmens auszugehen.[426]

Auch wenn in der Praxis der „Prototyp“ ein sog. „50:50-Gemeinschaftsunternehmen“ sein wird,[427] ist ein paritätischer Kapitalanteil zweier oder mehrerer[428] konzernfremder Partnerunternehmen weder nach IFRS[429] noch nach UGB[430] erforderlich, um als Gemeinschaftsunternehmen klassifiziert zu werden.

3.2.3.2 Konzeption der Quotenkonsolidierung und/oder *Equity*-Methode in UGB und IFRS

Für den Einbezug von Gemeinschaftsunternehmen standen im Untersuchungszeitraum 2006/2007 bzw. 2007 sowohl nach UGB als auch nach noch gültigem IAS 31 die Quotenkonsolidierung als auch die *Equity*-Methode zur Verfügung.[431] Hinsichtlich der konzeptionellen Ausgestaltung ist darauf hinzuweisen,

---

424 Vgl. KAFADAR (2008), 275f.

425 Vgl. IASB (2007a), ED 9.1 oder auch IASB (2007a), ED 9.5.

426 Vgl. § 262 Abs. 1 UGB; FRÖHLICH (2007), S. 116; BUSSE v. COLBE et al. (2006), S. 502; NOWOTNY/PLATZER (2000), § 262 Rz. 11.

427 Vgl. NOWOTNY/PLATZER (2000), § 262 Rz. 11.

428 Grundsätzlich können auch mehrere Unternehmen eine gemeinsame Führung ausüben. Eine beliebige Vermehrung der Anzahl der Partnerunternehmen ist jedoch nur begrenzt möglich. So müssen jedenfalls für das jeweilige Unternehmen die Voraussetzungen eines assoziierten Unternehmens und damit ein maßgeblicher Einfluss gewahrt bleiben. Vgl. LÜDENBACH (2010), § 34 Rz. 24.

429 Siehe dazu die Auslegung hinsichtlich der gültigen IFRS bei LÜDENBACH (2010), § 34 Rz. 23.

430 Vgl. SCHINDLER (1987), S. 158.

431 Hinsichtlich der Ausnahmen Gemeinschaftsunternehmen nicht mittels Quotenkonsolidierung oder *Equity*-Methode einzubeziehen, wird auf die Ausführungen in Kapitel 3.2.3.3.5 verwiesen.

dass sich die beiden Methoden grundlegend in den jeweiligen Rechnungslegungsnormen entsprechen.

Der österreichische Gesetzgeber übernahm das in Art. 32 der 7. EG-RL festgelegte Wahlrecht Gemeinschaftsunternehmen quotal einzubeziehen.[432] Die Quotenkonsolidierung ist demnach alternativ zum Ausweis mittels *Equity*-Methode anzuwenden.[433] Die Ausübung des Wahlrechtes muss entsprechend den UGB-Normen nicht für alle Gemeinschaftsunternehmen einheitlich ausgeübt werden. Die für das Gemeinschaftsunternehmen einmal gewählte Methode unterliegt aber dem Stetigkeitsgebot gemäß § 250 Abs. 3 UGB.[434]

Auch wenn das IASB in IAS 31 die Quotenkonsolidierung noch als *Benchmark*-Methode[435] für den Einbezug von Gemeinschaftsunternehmen[436] empfiehlt, soll zukünftig entsprechend dem ED 9 „*Joint Arrangements*" (kurz: ED 9) nur mehr die Möglichkeit des Einbezugs nach der *Equity*-Methode bestehen (vgl. dazu auch Abbildung 10).

Theoretisch-konzeptioneller Hintergrund der Quotenkonsolidierung ist die Interessentheorie.[437] Dieser Theorie zufolge sind – wie bereits oben erläutert – alle Vermögensgegenstände/-werte und Schulden sowie Erträge und Aufwendungen wie auch stille Reserven/Lasten nur quotal in Höhe des Konzernanteils[438] im Konzernabschluss zu berücksichtigen. Im Gegensatz zur Vollkonsolidierung werden Anteile anderer Gesellschafter entsprechend der Interessentheorie nicht ausgewiesen. Bei Unterschiedsbeträgen aus der Erstkonsolidierung ist gleichermaßen wie bei der Vollkonsolidierung vorzugehen. Auch konzerninterne Beziehungen sind nur quotal in Höhe des Konzernanteils zu berücksichtigen.[439]

---

432 Vgl. NOWOTNY/PLATZER (2000), § 262 Rz. 1.

433 Vgl. NOWOTNY/PLATZER (2000), § 262 Rz. 1.

434 Vgl. EGGER et al. (2009), S. 138; NOWOTNY/PLATZER (2000), § 262 Rz. 13; ADLER et al. (1995), § 310 Rz. 7.

435 Der wirtschaftliche Gehalt der Anteile an einem Gemeinschaftsunternehmen würde, so die bisherige Meinung des IASB, durch die Quotenkonsolidierung besser dargestellt werden. Die *Equity*-Methode wurde deshalb nicht empfohlen. Vgl. IAS 31.39.

436 Das Wahlrecht der Quotenkonsolidierung oder des Einbezugs nach der *Equity*-Methode gem. IAS 31 ist entsprechend IAS 8.13 einheitlich für alle Gemeinschaftsunternehmen auszuüben. Vgl. dazu KÜTING/WEBER (2008), S. 511.

437 Vgl. COENENBERG et al. (2009), S. 699; KÜTING/WEBER (2008), S. 71; BAETGE et al. (2004), S. 14.

438 Dieser entspricht dem Konzernanteil. Vgl. KÜTING/WEBER (2008), S. 511.

439 Vgl. die §§ 255 bis 257 UGB; EGGER et al. (2009), S. 139; KÜTING/WEBER (2008), S. 511ff. sowie IAS 31.33 für die bislang geltenden Regelungen der IFRS.

Hinsichtlich der Quotenkonsolidierung nach UGB ist wie auch bei der Vollkonsolidierung die Buchwert- oder Neubewertungsmethode vorgesehen. Im Zuge der vom AFRAC (2009) zur Modernisierung der Rechnungslegung verlautbarten Vorschläge soll zukünftig auch die Möglichkeit der Anwendung der Buchwertmethode im Rahmen der Quotenkonsolidierung fallen.[440] Da die Quotenkonsolidierung die Anteile anderer Gesellschafter nicht berücksichtigt, sind keine bilanz- und ergebniswirksamen Auswirkungen mit der Wahl einer der beiden Methoden verbunden.[441]

IAS 31 formuliert zwei verschiedene Ausweismöglichkeiten bei der Anwendung der Quotenkonsolidierung. Einerseits die Saldierung der einzelnen Abschlussposten der Gemeinschaftsunternehmen mit den entsprechenden Posten des Konzernabschlusses (*line-by-line basis*) oder der getrennte Ausweis der Abschlussposten (*separate-line-items*).[442] Eine derartige Regelung hinsichtlich der Möglichkeit eines getrennten Ausweises findet sich in § 262 UGB nicht.[443] Um die Einflussmöglichkeiten besser dazustellen sowie um methodenspezifische Auswirkungen[444] zu erfassen, wäre nach Ansicht der Verfasserin ein getrennter Ausweis der Abschlussposten zu bevorzugen.

Bei einem Einbezug eines Gemeinschaftsunternehmens nach der *Equity*-Methode wird grundsätzlich[445] lediglich der Beteiligungsbuchwert in der Bilanz und das Ergebnis des Gemeinschaftsunternehmens in der GuV bzw. Gesamtergebnisrechnung in einer Zeile ausgewiesen.[446] Allgemein wird die *Equity*-Methode auch als *one-line-consolidation* bezeichnet[447] und erfordert nicht notwendigerweise die Erstellung einer UB II. Einheitliche Bilanzierungs- und Bewertungsmethoden sind jedoch unabdingbar.[448] Ausgehend von den Anschaf-

440 Vgl. AFRAC (2009), S. 18.

441 Vgl. dazu die Ausführungen zur Quotenkonsolidierung bei SIGLE (1998), § 310 Rz. 76ff.

442 Vgl. IAS 31.34; KIRSCH (2008), S. 92.

443 EGGER et al. (2009) sprechen sich für einen zusammengefassten Ausweis der Abschlussposten der Gemeinschaftsunternehmen mit den entsprechenden Abschlussposten der vollkonsolidierten Unternehmen aus. Vgl. EGGER et al. (2009), S. 418. Dies entspricht auch den Regelungen des DRS. 9.19 sowie der Meinung von KÜTING/WEBER (2008), S. 512.

444 Vgl. dazu die Ausführungen in Kapitel 3.2.3.3.2.

445 Mit Ausnahme der Möglichkeit des gesonderten Ausweises des Geschäfts- und Firmenwertes nach der Kapitalanteilsmethode nach UGB. Vgl. dazu die Ausführungen auf der folgenden Seite.

446 Vgl. KÜTING/WEBER (2008), S. 520.

447 Vgl. HAYN (2009), § 36 Rz. 1.

448 Vgl. THEILE/PAWELZIK (2009), Rz. 360; WAGENHOFER (2005), S. 423.

fungskosten und entsprechend der Entwicklung des Eigenkapitals des einbezogenen Unternehmens wird lediglich der Beteiligungsbuchwert in Höhe des Kapitalanteils angepasst.[449] Aus diesem Grund wird diese Methode auch als Spiegelbildmethode bezeichnet, da die Beteiligungsbuchwertveränderungen die Änderungen des Eigenkapitals des einbezogenen Unternehmens widerspiegeln.[450] Wertänderungen aus etwaigen stillen Reserven und eines Geschäfts- und Firmenwertes fließen grundsätzlich[451] in das Ergebnis aus assoziierten Unternehmen ein.[452] Thesaurierte Gewinne werden ebenso sofort im Ergebnis aus assoziierten Unternehmen gezeigt und nicht erst bei Ausschüttung.[453]

Die Kapitalaufrechnung bei Anwendung der *Equity*-Methode nach UGB kann nach der Kapitalanteilsmethode oder der Buchwertmethode vorgenommen werden,[454] wobei die Kapitalanteilsmethode in der Vorgehensweise der Kapitalaufrechnung der Neubewertungsmethode bei Vollkonsolidierung entspricht.[455] Die Vorgehensweise der Kapitalaufrechnung bedingt jedoch keine Unterschiede im Ergebnis.[456] Da wie auch bei Anwendung der Quotenkonsolidierung bei Anwendung der *Equity*-Methode keine Anteile anderer Gesellschafter ausgewiesen werden. Zu bedenken ist, dass auch wenn keine inhaltlichen Unterschiede in der Kapitalaufrechnung zwischen der Buchwert- und Kapitalanteilsmethode nach UGB bestehen, Unterschiede im Ausweis sein können. So wird im Schrifttum die Ansicht vertreten, dass bei Anwendung der Kapitalanteilsmethode im Unterschied zur Buchwertmethode der Geschäfts- und Firmenwert gesondert oder auch wie bei Anwendung der Buchwertmethode im Beteiligungsansatz ausgewiesen werden kann.[457] Bei Ausweis im Beteiligungsansatz ist jedoch zumindest

---

449 Vgl. im Detail die Regelung des IAS 28 sowie § 264 UGB.

450 Vgl. KÜTING/WEBER (2008), S. 520. Im Detail siehe die Ausführungen bei ZÜNDORF (1987b), S. 24ff.

451 Sofern der Geschäfts- und Firmenwert bei Anwendung der Kapitalanteilsmethode getrennt ausgewiesen wird, wird eine Berücksichtigung der Abschreibung des Firmenwertes unter den Abschreibungen und nicht im Ergebnis assoziierter Unternehmen empfohlen. Vgl. FRÖHLICH/PLATZER (2000), § 264 Rz. 38.

452 Vgl. im Detail FRÖHLICH (2007), S. 657f.

453 Vgl. FRÖHLICH (2007), S. 647.

454 Vgl. FRÖHLICH (2007), S. 652. Zur Anwendung ausführlich FRÖHLICH (2007), S. 652ff.

455 Vgl. FRÖHLICH (2007), S. 652.

456 Vgl. EGGER et al. (2009), S. 171.

457 Vgl. EGGER et al. (2009), S. 168f; FRÖHLICH (2007), S. 653.

bei erstmaliger Anwendung ein davon-Vermerk anzugeben oder eine Angabe im Anhang zu leisten.[458]

Analog zur Aufgabe der Buchwertmethode zu Gunsten der Neubewertungsmethode bei Einbezug eines Tochterunternehmens schlug das AFRAC im Endbericht zur "Modernisierung und Vereinheitlichung der Rechnungslegung" vor, dass auch bei Anwendung der *Equity*-Methode die in § 264 Abs. 1 Z. 1 UGB kodifizierte Buchwert- zu Gunsten der Kapitalanteilsmethode aufgegeben werden soll.[459] Fragwürdig erscheint jedoch, ob damit das vom AFRAC verfolgte Ziel einer Angleichung an die IFRS erreicht wird. Die Aufgabe der Buchwertmethode zu Gunsten der Neubewertungsmethode mit dem Ziel eine Annäherung an die IFRS zu erreichen, lässt sich damit begründen, dass die Kapitalaufrechnung der *Equity*-Methode nach IFRS der Kapitalanteilsmethode nach UGB und damit der der Neubewertungsmethode bzw. *Partial Goodwill*-Methode entspricht.[460] Dem ist aber entgegenzuhalten, dass sich die Buchwert- und Kapitalanteilsmethode als Kapitalaufrechnungsmethode im Bereich der *Equity*-Methode trotz unterschiedlicher Vorgehensweisen im Ergebnis nicht unterscheiden und Unterschiede zwischen den UGB- und IFRS-Rechnungslegungsnormen vielmehr im Ausweis des Geschäfts- und Firmenwertes zu suchen sind. So kann nach IFRS ein etwaiger Geschäfts- und Firmenwert wie bei Anwendung der Buchwertmethode nach UGB nicht gesondert ausgewiesen werden.[461] Da ausschließlich bei Anwendung der Kapitalanteilsmethode nach UGB ein gesonderter Ausweis des Geschäfts- und Firmenwertes möglich ist, entspricht mangels Unterschiede im Ergebnis vielmehr die Buchwert- als die Kapitalanteilsmethode der Methode der Kapitalaufrechnung nach IFRS. Bei Aufgabe der Kapitalanteilsmethode zu Gunsten der Buchwertmethode als Kapitalaufrechnungsmethode der *Equity*-Methode würde somit auch dem deutschen Gesetzgeber gefolgt werden, der sich im Zuge des BilMoG auch aus obigem Grund für die Buchwertmethode entschied.[462]

In Bezug auf die Klassifikation der *Equity*-Methode ist umstritten, ob diese als Kapitalkonsolidierungs-[463] oder Bewertungsmethode einzustufen ist.[464] Eine

---

458 Vgl. FRÖHLICH (2007), S. 653. Bei Anwendung der Buchwertmethode würde dies den Ausweis des gesamten Unterschiedsbetrages und nicht nur den des Geschäfts- und Firmenwert umfassen. Vgl. FRÖHLICH (2007), S. 653.

459 Vgl. AFRAC (2009), S. 18.

460 Vgl. FRÖHLICH (2007), S. 652.

461 Vgl. IAS 28.23a sowie FRÖHLICH (2007), S. 653.

462 Vgl. BT Art. 1 zu Nr. 48 (§ 312 dHGB) des Gesetzesentwurfes zum BilMoG.

463 Als Kapitalkonsolidierungsmethode bezeichnet bei SCHEREN (1998), Kapitel I, Art. 5 Rz. 367.

464 Vgl. BUSSE v. COLBE et al. (2006), S. 525f.

Kategorisierung als Konsolidierungsmethode[465] lässt sich darin begründen, dass Konsolidierungsmaßnahmen[466] erforderlich sind.[467] So ist auch bei Anwendung der *Equity*-Methode eine Aufrechnung des Beteiligungsbuchwertes mit dem anteiligen Eigenkapital des Partnerunternehmens vorgesehen. Im Unterschied zu den anderen Kapitalkonsolidierungsmaßnahmen werden aber die Vermögensgegenstände/-werte und Schulden des einzubeziehenden Unternehmens nicht übernommen.[468]

Wird hingegen unter Konsolidierung die Zusammenfassung von Vermögensgegenständen/-werten und Schulden, Aufwendungen und Erträgen sowie die Aufrechnung der aus Rechtsbeziehungen zwischen Unternehmen entstandenen Jahresabschlusspositionen, also insbesondere von Beteiligungswerten mit anteiligem Eigenkapital, von konzerninternen Forderungen und Schulden und von Aufwendungen und Erträgen[469] verstanden, ist mangels fehlendem Einbezug der Bilanz- und Gesamtergebnis- bzw. GuV-Positionen die *Equity*-Methode nicht als Konsolidierungsmethode zu klassifizieren.[470] Demzufolge steht die Bewertung einer Beteiligungsposition im Vordergrund.[471]

3.2.3.3 Quotenkonsolidierung versus *Equity*-Methode

Zielsetzung des IASB hinsichtlich der Abschaffung des Methodenwahlrechtes war, die Vergleichbarkeit zwischen IFRS-Abschlüssen wie auch die Konvergenz zwischen IFRS und US-GAAP-Abschlüssen zu erhöhen.[472] Für die Abschaffung der Quotenkonsolidierung kann jedoch nicht nur die dadurch angestrebte weltweite Harmonisierung ausschlaggebend sein, vor allem, wenn Inkonsistenzen in der Bilanzierung von Gemeinschaftsunternehmen gegenüber den US-GAAP weiterhin bestehen.[473] Zum Beispiel ist die Quotenkonsolidierung in den Branchen der Bau- oder Rohstoffindustrie nach US-GAAP immer noch vorgeschrie-

---

465 Auch wenn bei der *Equity*-Methode keine unmittelbaren Auswirkungen auf die Wertansätze der Konzernbilanz vorliegen, ist dennoch von einer Kapitalkonsolidierung auszugehen. Vgl. DUSEMOND et al. (1998), § 301 Rz. 2.

466 So besteht die Verpflichtung zur anteiligen Eliminierung von Zwischenergebnissen gemäß § 264 Abs. 5 UGB iVm § 256 UGB und IAS 28.22.

467 Vgl. EBELING (1995b), S. 195.

468 Vgl. ZÜNDORF (1987b), S. 21.

469 Vgl. BUSSE v. COLBE et al. (2006), S. 525.

470 Vgl. ZÜNDORF (1987b), S. 21.

471 Die Zwischenerfolgseliminierung ist lediglich als zusätzliche Wertkorrektur innerhalb des Bewertungsvorgangs aufzufassen. Vgl. dazu SAHNER/HÄGER (1988b), S. 1783.

472 Vgl. IASB (2007b), ED 9 BC24.

473 Im Detail siehe dazu ERCHINGER/MELCHER (2008), S. 172.

ben.[474] Das Argument, dass Konvergenz notwendig ist, um die Kosten der Finanzberichterstattung für ausländische Emittenten einer US-Börse (*foreign private issuers*), die nach IFRS bilanzieren und an einer US-Börse gelistet sind, zu senken, relativiert sich selbst für kapitalmarktorientierte Konzernunternehmen vor dem Hintergrund der aktuellen Ereignisse.[475] Außerdem sind steigende Kosten der Finanzberichterstattung zu erwarten, wenn die interne Berichterstattung von Gemeinschaftsunternehmen auf der Quotenkonsolidierung basiert, während die externe Berichterstattung zukünftig nach der *Equity*-Methode zu erfolgen hat.

Bei kapitalmarktorientierten Konzernunternehmen können daraus auch Inkonsistenzen in den veröffentlichten Abschlusszahlen der externen Berichterstattung in Zusammenhang mit der Segmentberichterstattung resultieren. Schließlich fand mit IFRS 8 der *Management Approach* in der Segmentberichterstattung seine Umsetzung. Unternehmen, die intern nach der Quotenkonsolidierung berichten, müssten dies auch in ihrer Segmentberichterstattung fortführen. Im Konzernabschluss würde jedoch die *Equity*-Methode Anwendung finden und den Abschlussadressaten die Informationen beider Methoden gewährleisten. Aus Kostengesichtspunkten wurde deshalb die Einarbeitung des *Management Approach* in den ED 9 propagiert.[476] Wenngleich damit eine Harmonisierung der internen und externen Berichterstattung vorangetrieben werden könnte, ist dieser Ansatz vor dem Hintergrund der vorrangigen Zielsetzung des IASB internationale Konvergenz zu schaffen, zu verneinen. Abzuwarten ist, ob durch einen verpflichtenden Einbezug mittels *Equity*-Methode in der externen Rechnungslegung nicht auch in der internen Rechnungslegung eine Umstellung erfolgen würde.

---

474 Vgl. AIN-APB 18 und EITF Issue No. 00-1. Auch die Bilanzierung des Gemeinschaftsunternehmens lediglich als Residual findet in APB 18 keine Anwendung. Vgl. KAFADAR (2008), S. 278.

475 So hat die *Securities and Exchange Commission* (SEC) bereits Ende 2007 die Abschaffung der IFRS-Überleitungsrechnung auf US-GAAP für ausländische Emittenten verlautbart. Vgl. SEC (2007), S. 1ff. Die neuen Regelungen traten am 4. März 2008 für Unternehmen, deren Geschäftsjahr nach dem 15. November 2007 endete, in Kraft. Auch auf Grund der Tatsache, dass bereits für US-amerikanische Unternehmen diskutiert wird, die Einreichung von IFRS-Abschlüssen zu ermöglichen und selbst Staaten wie Kanada, deren Rechnungslegungsnormen traditionell von den US-GAAP geprägt waren, eine Übernahme der IFRS vorsehen, stellt sich die Frage, inwieweit Anpassungsbestrebungen an die US-GAAP noch von Relevanz sein können. Vgl. dazu SEC (2008), S. 1ff. sowie ERCHINGER/MELCHER (2007), S. 2636.

476 Vgl. SIGLE (2008), S. 27.

Das IASB hat seine Entscheidung des Weiteren damit begründet, dass die Quotenkonsolidierung ohnedies seit vielen Jahren keine Anwendung mehr findet,[477] dieses Argument des IASB kann zumindest für den deutschsprachigen Raum auf Grund der vorliegenden empirischen Studien nicht bestätigt werden.[478] Zur Diskussion steht nun, ob die *Equity*-Methode gegenüber der Quotenkonsolidierung die entscheidungsnützlichere Einbezugsmethode für Gemeinschaftsunternehmen im Konzernabschluss nicht kapitalmarktorientierter Konzernunternehmen darstellt. Dazu werden bestehende Studienergebnisse und Meinungen im Schrifttum einer vergleichenden Analyse unterzogen.

3.2.3.3.1 Gleichstellung von Gemeinschaftsunternehmen mit assoziierten Unternehmen

Den Diskussionen auf internationaler Ebene zufolge stieß die geplante Abschaffung der Quotenkonsolidierung des IASB großteils auf negative Resonanz.[479] Kritisiert wird, und dem kann auch aus Sicht der nicht kapitalmarktorientierten Konzernunternehmen beigepflichtet werden, dass durch die Abschaffung der Quotenkonsolidierung Gemeinschaftsunternehmen in ihrer bilanziellen Abbildung assoziierten Unternehmen gleichgesetzt werden.[480] Der Grad der Einflussnahme des Partnerunternehmens könnte bilanziell nicht mehr abgebildet werden.[481] Demgemäß wird in Zukunft „Ungleiches gleich behandelt."[482]

Das IASB tritt dem entgegen, indem trotz unterschiedsloser bilanzieller Behandlung, die geforderten Angaben[483] in den *Notes* getrennt für Gemeinschafts-

---

477 Vgl. IASB (2007b), ED 9 BC14. Auch PETERSEN/ZWIRNER (2008) gehen von einer internationalen Bedeutungslosigkeit der Quotenkonsolidierung aus. Vgl. PETERSEN/ZWIRNER (2008), S. 2098.

478 Vgl. dazu v. KEITZ (2005), S. 307ff. Die Ergebnisse der Studie LABRENZ ET AL. (2008), S. 178ff. zeigen eine Präferenz der *Equity*-Methode gegenüber der Quotenkonsolidierung. Zur empirischen Relevanz der Quotenkonsolidierung im Konzernabschluss nicht kapitalmarktorientierter Konzernunternehmen siehe Kapitel 5.6.2.1.

479 Vgl. SIGLE (2008), S. 27 sowie beispielhaft folgende *Comment Letters* (CL) zu ED 9: DRSC, CL 20 Rz. 28ff.; EFRAG, CL 112, S. 7ff.; ERNST & YOUNG GLOBAL LIMITED , CL 39, S. 4f.; FEE, CL 105, S. 4. Download der *Comment Letters* unter: http://www.iasb.org/Current+Projects/IASB+Projects/Joint+Ventures/Exposure+Draft+ED+9+Joint+Arrangements/Comments/Comment+Letters.htm, abgerufen am 25.09.2009.

480 Vgl. CL des DRSC (2008), S. 33.

481 Vgl. ZÜLCH et al. (2008), S. 207.

482 ZÜLCH et al. (2008), S. 207.

483 Mit ED 9 erfolgte auch eine inhaltliche Anpassung der Angaben in den Notes an assoziierte Unternehmen. Vgl. IASB (2007b), ED 9.BC23.

unternehmen und assoziierte Unternehmen zu erbringen sind. Gemäß IAS 31.56 hat ein Partnerunternehmen, das Gemeinschaftsunternehmen mittels Quotenkonsolidierung oder *Equity*-Methode einbezieht, die Summe aller kurz- und langfristigen Vermögenswerte, Schulden, Erträge und Aufwendungen für seine Anteile an einem Gemeinschaftsunternehmen anzugeben.[484]

Anhand der Ergebnisse der Studie von LEITNER (2009) kann indessen gezeigt werden, dass in der Praxis selbst bei kapitalmarktorientierten Konzernunternehmen ein getrennter Ausweis von assoziierten Unternehmen und Gemeinschaftsunternehmen nur in geringem[485] Ausmaß Umsetzung findet.[486] Abzuwarten bleibt, ob Konzernunternehmen, die bislang bereits ihre Gemeinschaftsunternehmen nach der *Equity*-Methode einbezogen haben, mit dem neuen Standard die geforderten Informationen in den *Notes* angeben.

Von Interesse hinsichtlich der nach IAS 31.56 geforderten Angaben in den *Notes* ist, inwieweit Fremdkapitalgeber als „primäre" Adressaten einer nicht kapitalmarktorientierten Konzernrechnungslegung diesen Bedeutung beimessen.

3.2.3.3.2 Auswirkungen auf Abschlussposten und Kennzahlen

Hervorzuheben an dieser Stelle ist, dass die Abschaffung des Methodenwahlrechtes grundsätzlich nur Auswirkungen auf den Ausweis hat, nicht aber auf die Bewertung eines Gemeinschaftsunternehmens. Keinen Auswirkungen in Bezug auf die angewendete Methode unterliegen somit grundsätzlich[487] das Konzerneigenkapital als auch das Konzernergebnis.

---

484 Vgl. IAS 31.56.

485 Von den 20 Unternehmen des *Prime Market* der Wiener Börse und DAX, die angaben ihre Gemeinschaftsunternehmen mittels *Equity*-Methode zu konsolidieren, haben im Geschäftsjahr 2006/2007 bzw. 2007 lediglich 4 (20 %) Unternehmen die zu erbringenden Angaben getrennt für Gemeinschaftsunternehmen und assoziierte Unternehmen erbracht. Von den übrigen 16 Unternehmen haben 9 Unternehmen keinen getrennten Ausweis vollzogen und 7 Unternehmen haben die geforderten Angaben gänzlich nicht erbracht. Die Untersuchung umfasste die Konzernabschlüsse der Konzernunternehmen des *Prime Market* der Wiener Börse sowie des DAX des Geschäftsjahres 2006/2007 bzw. 2007. Vgl. LEITNER (2009), S. 32.

486 Kein nicht kapitalmarktorientiertes österreichisches Konzernunternehmen der Grundgesamtheit aus Kapitel 5, das bereits nach IFRS bilanziert, kommt den Erfordernissen des IAS 31.56 nach.

487 Unterschiede resultieren nur dann, wenn Verluste zu erfassen sind. So sind bei Anwendung der *Equity*-Methode Verluste in der Regel höchstens in Höhe der Anschaffungskosten des Gemeinschaftsunternehmens zu erfassen. Bei Anwendung der Quotenkonsolidierung ist eine derartige Begrenzung nicht vorgesehen. Vgl. KÜTING/WEBER (2008), S. 555f.

Abschlussposten und berechnete Kennzahlen variieren jedoch je nach angewendeter Methode.[488] Im Vergleich zur Quotenkonsolidierung wird bei Anwendung der *Equity*-Methode ein geringeres Gesamtvermögen ausgewiesen, da nicht die neubewerteten Vermögensgestände-/werte und Schulden des einbezogenen Unternehmens, sondern die Höhe des anteiligen Eigenkapitals nach Neubewertung der Vermögensgegenstände/-werte und Schulden als Beteiligung ausgewiesen wird (vgl. dazu Abbildung 12). Da bei der Quotenkonsolidierung die Gesamtergebnisrechnung bzw. GuV des Gemeinschaftsunternehmens und somit auch die betreffenden Umsatzerlöse einbezogen werden, wäre in Bezug auf die Höhe der Konzernumsatzerlöse der Quotenkonsolidierung gegenüber der *Equity*-Methode der Vorzug zu geben.[489]

Für die Berechnung der Auswirkungen einer der beiden Methoden sind die fingierten Konzernabschlussgrößen der anderen Methode zu berechnen. Sofern die Konzernunternehmen ihren Konzernabschluss nach IFRS erstellen und entsprechende Angaben gemäß IAS 31.56 leisten, können bei fingiertem Einbezug die Auswirkungen einer Umstellung direkt aus den verpflichtenden Angaben in den *Notes* abgelesen werden.

Die Auswirkungen werden auf Grund der aktuellen Tendenzen in den IFRS hinsichtlich einer Umstellung von der Quotenkonsolidierung auf die *Equity*-Methode dargestellt. [490] Den Auswirkungen auf das Konzernvermögen entspricht die Differenz aus dem Vermögen des Gemeinschaftsunternehmens bei Quotenkonsolidierung und dem Beteiligungsansatz des Gemeinschaftsunternehmens bei Anwendung der *Equity*-Methode. Damit verändern sich bei Einbeziehung des Gemeinschaftsunternehmens mittels *Equity*-Methode anstelle der Quotenkonsolidierung das Gesamtvermögen und die Gesamtschulden des Konzerns – absolut betrachtet – um die Schulden des Gemeinschaftsunternehmens (vgl. Abbildung 12).

488 Vgl. FINK/ULBRICH (2008), S. 57.

489 Vgl. DUSEMOND (1997), S. 1783f. Eine bilanzpolitische Diskussion in Bezug auf die Anwendung der Quotenkonsolidierung oder der *Equity*-Methode zur Bilanzierung von Gemeinschaftsunternehmen findet sich auch bei HARMS/KNISCHEWSKI (1985), S. 1356ff.

490 Ebenso besteht umgekehrter Weise natürlich die Möglichkeiten die bilanziellen Auswirkungen einer Umstellung der *Equity*-Methode auf die Quotenkonsolidierung zu berechnen.

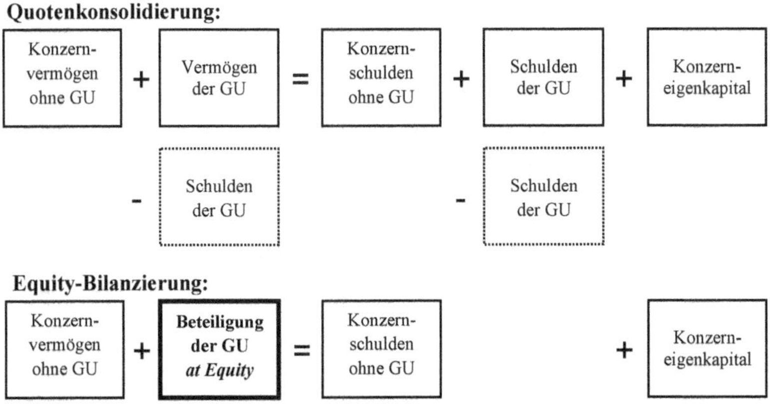

Abbildung 12: Konvertierung von der Quotenkonsolidierungsmethode zur Equity-Methode

Quelle: In Anlehnung an GRAHAM et al. (2003), S. 129

Hinsichtlich der quantitativen Auswirkungen einer Umstellung der Einbezugsmethode von der Quotenkonsolidierung auf die *Equity*-Methode wird im Detail auf die Studie von LEITNER (2009) verwiesen. In die Studie wurden die per 30.09.2008 im DAX-30 notiereten Konzernunternehmen sowie die 57 Konzernunternehmen des *Prime Market* der Wiener Börse einbezogen.[491] Wenngleich die Ergebnisse der Studie darauf hinweisen, dass die Auswirkungen für die Mehrheit der betrachteten Konzernunternehmen von geringem Ausmaß sein werden, wird im Einzelfall[492]– insbesondere mit steigenden Anteil einbezogener Gemeinschaftsunternehmen – mit beträchtlichen Auswirkungen zu rechnen sein. Auf Grund der größtenteils fehlenden (separaten) Angaben in den *Notes* jener Konzernunternehmen, die ihre Gemeinschaftsunternehmen mittels *Equity*-Methode einbezogen haben, konnte allerdings kein Rückschluss über die Auswirkungen einer Einschränkung des Wahlrechtes auf die Quotenkonsolidierung gezogen werden.

Inwieweit nicht kapitalmarktorientierte Konzernunternehmen durch einen Wechsel der Einbezugsmethode Veränderungen auf Bilanzpositionen bzw.

---

491 Vgl. LEITNER (2009), S. 32. Von diesen 87 Unternehmen wurden 41 Unternehmen identifiziert, die ein oder mehrere Gemeinschaftsunternehmen einbeziehen. Die Bilanzierung von Gemeinschaftsunternehmen ist demnach für ungefähr die Hälfte der Unternehmen von unmittelbarem Interesse. Von diesen 41 Unternehmen sind 21 (51,20 %) Unternehmen von einer verpflichtenden Umstellung auf die *Equity*-Methode betroffen. Vgl. LEITNER (2009), S. 32.

492 Beispielhaft anzuführen ist die Warimpex Finanz- und Beteiligungs AG.

Kennzahlen in Kauf nehmen müssen, ist mangels erbrachter Angaben in den *Notes* nicht möglich. Insofern bleibt unklar, ob nicht kapitalmarktorientierte Konzernunternehmen mittels Quotenkonsolidierung ihre Abschlusspositionen und Finanzkennzahlen bilanzpolitisch zu verändern versuchen. Da der obigen Untersuchung keine unmittelbar durch den Kapitalmarkt beeinträchtigten Größen zu Grunde liegen, sind die Auswirkungen der kapitalmarktorientierten Konzernunternehmen grundsätzlich auch auf nicht kapitalmarktorientierte Konzernunternehmen übertragbar. Es ist insbesondere vor der insgesamt geringen empirischen Relevanz von Gemeinschaftsunternehmen davon auszugehen,[493] dass bei nicht kapitalmarktorientierten Konzernunternehmen die Auswirkungen als unwesentlich einzustufen sind.

3.2.3.3.3 Vereinbarkeit mit der Einheitstheorie

In der Literatur wird der Einbezug von Gemeinschaftsunternehmen aus konzeptionellen Gesichtspunkten kritisch gesehen, denn zweifellos widerspricht die Quotenkonsolidierung der Konzeption der Einheitstheorie.[494] Ob die Quotenkonsolidierung als „Fremdkörper“[495] innerhalb der Konzernrechnungslegungsrichtlinien zu bezeichnen ist, ist davon abhängig, welche konzerntheoretische Ausrichtung im Konzernabschluss verfolgt wird.

Da die Interessentheorie vor allem beinhaltet, dass den Anteilen anderer Gesellschafter der Status Konzernfremder zukommt und deren Anteil im Konzernabschluss nicht angeführt wird, wäre auch die *Equity*-Methode als Konsolidierungsmethode nicht mit der Einheitstheorie vereinbar.[496] Nach Meinung der Verfasserin liegt jedoch, sofern die *Equity*-Methode als reine Bewertungsmethode verstanden wird,[497] kein Verstoß gegen die Einheitstheorie vor.[498]

3.2.3.3.4 Ergebnisse empirischer Studien zur Entscheidungsnützlichkeit

Bereits in der Vergangenheit versuchten empirische Studien die Entscheidungsnützlichkeit der beiden Einbezugsmethoden zu vergleichen. Entsprechend der Kategorisierung von BIDDLE ET AL. (1995) haben alle folgenden Studien das Ziel, den relativen Informationsgehalt bzw. die relative Entscheidungsnützlich-

---

493 Vgl. dazu die Ausführungen in Kapitel 5.6.2.

494 Vgl. EGGER et al. (2009), S. 141; SIGLE (1998), § 310 Rz. 6; ADLER et al. (1995), § 310 Rz. 3. Zu den Konzerntheorien im Detail siehe Kapitel 3.1.

495 COENENBERG et al. (2009), S. 699.

496 Vgl. PARKER (1977), S. 77.

497 Vgl. dazu die Ausführungen in Kapitel 3.2.3.2.

498 Eine vergleichbare Ansicht findet sich auch bei LUTTER/RIMMELSPACHER (1992), S. 491.

keit der Quotenkonsolidierung bzw. der *Equity*-Methode anhand eines multiplen Regressionsmodells zu bestimmen. Somit wird eine Reihung der Bewertungsmethoden dahingehend vorgenommen, ob die eine oder die andere Bewertungsmethode relevanter für die Vorhersage einer bestimmten Ergebniskennzahl ist.[499]

Derartige Studien zur Entscheidungsnützlichkeit von Rechnungslegungsinformationen lassen sich in zwei Kategorien unterteilen. Beiden Kategorien liegen Konzernabschlüsse von (Konzern-)Unternehmen zu Grunde, die ihre Gemeinschaftsunternehmen mittels Quotenkonsolidierung einbeziehen. In allen Studien wurden ausschließlich kapitalmarktorientierte Konzernunternehmen einbezogen.

Die erste Kategorie dieser Studien (vgl. dazu Tabelle 6) misst den Einfluss von Kennzahlen in Abhängigkeit der Konsolidierungsmethode auf die Anleihenbewertung eines Unternehmens mittels zweier multipler Regressionsmodelle. Damit wird versucht nachzuweisen, ob die konsolidierten Werte aus dem Einbezug mittels Quotenkonsolidierung Einfluss auf die Anleihenbewertung haben. In diesem Zusammenhang anzuführen sind die Untersuchungen von KOTHAVALA (2003), STOLTZFUS/EPPS (2005) und BAUMAN (2007). In der Studie von KOTHAVALA (2003) wurde nachgewiesen, dass mit Hilfe der Kennzahlen der *Equity*-Methode die Anleihenbewertung besser erklärt werden kann als mit Hilfe der Quotenkonsolidierung.[500] BAUMAN (2007) kommt wiederum mit denselben Regressionsmodellen zu dem Ergebnis, dass die Quotenkonsolidierung zur Erklärung der Anleihenbewertung entscheidungsnützlicher einzuschätzen ist als die *Equity*-Methode.[501] Quantitativ ist der Studienumfang mit jener von KOTHAVALA (2003) vergleichbar.[502] Mögliche Gründe für unterschiedliche Ergebnisse könnten darin liegen, dass der Studie von BAUMAN (2007) Konzernabschlüsse nach US-GAAP und der Studie von KOTHAVALA (2003) Konzernabschlüsse nach kanadischem GAAP zu Grunde lagen. Ebenso liegt der Studie von BAUMAN (2007) eine homogenere Grundgesamtheit zu Grunde als der Vergleichsstudie von KOTHAVALA (2003).[503] Anhand der beiden vergleichbaren Studien mit identen Regressionsmodellen kann somit keine eindeutige Aussage darüber getroffen werden, ob durch die Anwendung der Quotenkonsolidierung

---

499 Vgl. BIDDLE et al. (1995), S. 1ff.

500 Vgl. dazu auch Tabelle 6.

501 Vgl. BAUMAN (2007), S. 499ff.

502 Vgl. BAUMAN (2007), S. 499.

503 KOTHAVALA (2003) nahm im Unterschied zu BAUMAN (2007) keine Brancheneinschränkung auf Industriebetriebe vor. Vgl. BAUMAN (2007), S. 503 sowie KOTHAVALA (2003), S. 525.

oder der *Equity*-Methode die Anleihenbewertung von Ratingagenturen besser erklärt werden kann. Die Studie von STOLTZFUS/EPPS (2005) kommt jedoch zu dem Ergebnis, dass der Einbezug eines Gemeinschaftsunternehmens mittels Quotenkonsolidierung nur dann eine bessere Anleihenbewertung bedingt, wenn die jeweiligen Partnerunternehmen für die Schulden des Gemeinschaftsunternehmens Haftung übernehmen.[504] Demnach finden in diesem Fall auch die anteilsmäßigen Vermögensgegenstände/-werte und Schulden in den Bewertungen von Anleihen Berücksichtigung und verbessern damit die Entscheidungsnützlichkeit von Rechnungslegungsinformationen.

Tabelle 6: Empirische Studien zur Entscheidungsnützlichkeit der Einbezugsmethoden von Gemeinschaftsunternehmen (Kategorie I)

Autor	Erhebungsland	Untersuchungsdesign
KOTHAVALA (2003)	**Kanada**	Zur Untersuchung des relativen Informationsgehaltes wurden Regressionsmodelle zur Erklärung des Einflusses der Einbezugsmethode von Gemeinschaftsunternehmen auf die Volatilität des Aktienpreises und die Anleihenbewertung eines Unternehmens herangezogen. In die Studie wurden die Daten von 117 kanadischen Konzernunternehmen im Zeitraum von 1995 bis 2000 einbezogen. Der Studie lagen die Aktienpreise der Datenbank „Datastream" sowie die Anleihenbewertungen der Ratingagentur „Dominion Bond Rating" zu Grunde.
	Ergebnis: Mittels der Kennzahlen der *Equity*-Methode kann die Anleihenbewertung besser erklärt werden als mittels der Kennzahlen der Quotenkonsolidierung. Die Volatilität des Aktienpreises kann jedoch durch die Kennzahlen der Quotenkonsolidierung besser erklärt werden. Inwieweit eine Einbezugsmethode entscheidungsrelevant ist, variiert in Abhängigkeit der betrachteten Adressatengruppe.[505]	

504 Vgl. STOLTZFUS/EPPS (2005), S. 169ff.

505 Vgl. KOTHAVALA (2003), S. 517ff.

Autor	Erhebungsland	Untersuchungsdesign
STOLTZFUS/EPPS (2005)	USA	Anhand der Daten des 10K, des *Wall Street Journal* und der Ratingagentur „Moody's" wurde mittels Regressionsanalyse ein Zusammenhang zwischen den Einbezugsmethoden von Gemeinschaftsunternehmen und der Anleihenbewertung im speziellen der Anleihenrisikoprämie für den Zeitraum 1.05.1996 bis 30.04. 1998 für 287 US-amerikanische Unternehmen überprüft.
	Ergebnis: Mittels der Kennzahlen der Quotenkonsolidierung ist eine bessere Vorhersage der Bewertung von Anleihen möglich, sofern die Partnerunternehmen für die Schulden des Gemeinschaftsunternehmen eine Haftung übernehmen.[506]	

Autor	Erhebungsland	Untersuchungsdesign
BAUMAN (2007)	USA	Das Studiendesign entspricht dem obigen von KOTHAVALA aus dem Jahre 2003 zur Bewertung des Informationsgehaltes von Einbezugsmethoden für Anleihenbewertungen. In die Studie wurden 39 US-amerikanische Unternehmen einbezogen, für die eine Anleihenbewertung im Zeitraum von 1997 bis 2001 vorlag. Der Studie lagen die Daten der Ratingagentur „Standard and Poor's" zu Grunde.
	Ergebnis: Mittels der Kennzahlen der Quotenkonsolidierung kann die Anleihenbewertung besser erklärt werden als mittels der Kennzahlen der *Equity*-Methode.[507]	

Die zweite Kategorie von empirischen Studien zur Entscheidungsnützlichkeit (vgl. Tabelle 7) beantwortet die Frage, ob mittels der Kennzahlen der Quotenkonsolidierung oder der *Equity*-Methode die zukünftige Rentabilität des Eigenkapitals besser prognostiziert werden kann. Auch diesen Studien liegen multiple Regressionsmodelle zu Grunde, wobei als abhängige Variable die Eigenkapitalrentabilität des aktuellen Geschäftsjahres und als unabhängige Variablen die Kennzahlen des *DuPont*-Modells sowie die Eigenkapitalrentabilität des Vorjahres festgelegt werden. Ein derartiges Studiendesign wurde von GRAHAM et al. (2003), LEITNER (2009) und LEITNER-HANETSEDER (2010) gewählt. Wenngleich die Prognosegüte zwischen den drei Studien variiert, kann in allen Stu-

506 Vgl. STOLTZFUS/EPPS (2005), S. 169ff.
507 Vgl. KOTHAVALA (2003), S. 517ff.

dien eine bessere Prognosekraft[508] der Quotenkonsolidierung gegenüber der *Equity*-Methode nachgewiesen werden.

Tabelle 7: Empirische Studien zur Entscheidungsnützlichkeit von Einbezugsmethoden von Gemeinschaftsunternehmen (Kategorie II)

Autor	Erhebungsland	Untersuchungsdesign
GRAHAM et al. (2003)	**Kanada**	In die Studie von GRAHAM ET AL. (2003) wurden 78 kanadische Konzernunternehmen einbezogen, die ausreichende Angaben leisteten und in ihren Konzernabschluss Gemeinschaftsunternehmen mittels Quotenkonsolidierung einbezogen haben. Für den Zeitraum 1995 bis 2001 standen somit 219 Datensätze für die Regressionsanalyse zur Verfügung. Die Studie versuchte nachzuweisen, ob die Vorjahreskennzahlen der Quotenkonsolidierung oder die der *Equity*-Methode besser in der Lage sind den Return on Equity (ROE) des laufenden Jahres zu prognostizieren.
	Ergebnis: Mittels Kennzahlen der Quotenkonsolidierung ist eine bessere Vorhersage des ROE möglich.[509]	

Autor	Erhebungsland	Untersuchungsdesign
LEITNER (2009)	**Österreich/ Deutschland**	Das Studiendesign entspricht dem von GRAHAM ET AL. aus dem Jahr 2003. Die Grundgesamtheit bildeten jene Konzernunternehmen des DAX-30 und *Prime Market* der Wiener Börse, die im Geschäftjahr 2007 ein Gemeinschaftsunternehmen in ihren Konzernabschluss einbezogen haben und ausreichende Erläuterungen in den *Notes* geleistet haben. Der Untersuchungszeitraum umfasste die Geschäftsjahre 2004-2007.
	Ergebnis: Mittels Kennzahlen der Quotenkonsolidierung ist eine bessere Vorhersage des ROE möglich.	

508 Entsprechend den Ergebnissen der Studie von LEITNER-HANETSEDER (2010) und GRAHAM et al. (2003) korrelieren die Kennzahlen der Quotenkonsolidierung und *Equity*-Methode sehr stark miteinander, sodass auch die Prognosekraft der Eigenkapitalrentabilität bei Anwendung der Quotenkonsolidierung nur geringfügig von der bei Anwendung der *Equity*-Methode variiert. Vgl. LEITNER-HANETSEDER (2010), S. 6.

509 Vgl. GRAHAM et al. (2003), S. 123ff.

Autor	Erhebungsland	Untersuchungsdesign
LEITNER-HANETSEDER (2010)	**Deutschland**	Das Studiendesign entspricht dem von GRAHAM aus dem Jahre 2003. In die Studie wurden 23 Konzernunternehmen des DAX-30, MDAX, SDAX and TecDAX einbezogen, die ihre Gemeinschaftsunternehmen im Geschäftsjahr 2008 mittels Quotenkonsolidierung einbezogen haben und *ausreichende Erläuterungen* in den *Notes* geleistet haben. Die Studie erstreckt sich auf den Zeitraum 2004-2008.
	Ergebnis: Mittels Kennzahlen der Quotenkonsolidierung ist eine bessere Vorhersage des ROE möglich.[510]	

Die gezeigten Studien umfassen in der betrachteten Grundgesamtheit ausschließlich kapitalmarktorientierte Konzernunternehmen. Vergleichbare Relevanzstudien für nicht kapitalmarktorientierte Konzernunternehmen sind aus der gängigen Literatur nicht bekannt. Mangels Angaben und daraus folgenden Vergleichsdaten ist die Durchführung einer spezifischen Studie für nicht kapitalmarktorientierte Konzernunternehmen nicht möglich. Aus diesem Grund müssen sich empirische Studien auf verhaltenswissenschaftliche Studien beschränken. Für das Forschungsfeld kann nur die Studie des AICPA (1994)[511] genannt werden, die das Ziel verfolgt abzuwägen, ob der Quotenkonsolidierung oder *Equity*-Methode im Konzernabschluss nicht kapitalmarktorientierter Konzernunternehmen ein höherer Entscheidungsnutzen beizumessen ist. In der Studie wird die Quotenkonsolidierung mehrheitlich von den Teilnehmern der Studie abgelehnt.[512] Die Präferenz der *Equity*-Methode würde auch die Abschaffung der Quotenkonsolidierung für Gemeinschaftsunternehmen nicht kapitalmarktorientierter Konzernunternehmen rechtfertigen. Neben der räumlichen und zeitlichen Diskrepanz der Untersuchung kann auch kritisiert werden, dass eine separate Darstellung der Informationsbedürfnisse der Adressatengruppe der Fremdkapitalgeber als auch Eigenkapitalgeber unterlassen wurde. Dem ist jedoch Rechnung zu tragen, da bei heterogenen Informationsbedürfnissen und der in Kapitel 2 dargestellten Prämisse der vorliegenden Arbeit den Fremdkapitalgebern der Vorzug zu geben ist.

510 Vgl. LEITNER-HANETSEDER (2010), S. 1ff.

511 Die experimentelle Studie, die in den USA durchgeführt wurde, umfasste Befragungen von insgesamt 1600 potentiellen Adressaten einer nicht kapitalmarktorientierten (Konzern-)Rechnungslegung. Vgl. AICPA (1994), Kapitel 6.

512 Vgl. ABDEL-KHALIK (1983), S. 45f.

3.2.3.3.5 Alternative Einbezugsmethoden von Gemeinschaftsunternehmen

3.2.3.3.5.1 Anschaffungskostenmethode und *Fair Value*-Methode im IFRS *for* SMEs

Wie bereits erwähnt[513] hat das IASB im Juli 2009 den neuen Standard „IFRS *for* SMEs" verabschiedet. Auch wenn die Entwicklung des vom IASB angestrebten Standards in der Literatur nicht zu letzt wegen seines *Top-Down* Ansatzes kritisiert wurde,[514] kann dem jedoch zumindest für die anzuwendenden Kapitalkonsolidierungsmethoden von Gemeinschaftsunternehmen[515] entgegengebracht werden, dass das IASB diesbezüglich die Präferenzen der Konzernbilanzersteller[516] sowie der Fremdkapitalgeber nicht kapitalmarktorientierter (Konzern-) Unternehmen berücksichtigt hat.[517]

Im Vorfeld des IFRS *for* SMEs wurde von den Konzernbilanzerstellern insbesondere die Unmöglichkeit der Beschaffung und Aufbereitung der geforderten Informationen, die sowohl die *Equity*- als auch die Quotenkonsolidierungsmethode mit sich bringen, kritisiert. Aus diesem Grund forderten die Konzernbilanzersteller die Anschaffungskostenmethode, die nach IAS 31 im Einzelabschluss des Mutterunternehmens zur Bilanzierung von Anteilen an Gemeinschaftsunternehmen erlaubt ist, auch als Möglichkeit für den Einbezug in den Konzernabschluss.[518]

Auch die Fremdkapitalgeber sahen in der *Equity*-Methode als auch der Quotenkonsolidierung nur einen begrenzten Nutzen. Beide Einbezugsmethoden würden weder bei der Beurteilung künftiger *Cashflows* noch der Einschätzung der Sicherheit des Kredites nicht kapitalmarktorientierter Konzernunternehmen von Nutzen sein. Vielmehr von Relevanz für die Bewertung von Gemein-

---

513 Vgl. Kapitel 2.3.3.

514 Vgl. KAJÜTER et al. (2007), S. 1877.

515 Selbiges gilt auch für assoziierte Unternehmen. Vgl. IASB (2007b), ED 9 BC83. In der vorliegenden Arbeit finden jedoch assoziierte Unternehmen keinen Eingang.

516 Auch wenn wie in Kapitel 2.3.3 erläutert das IASB im IFRS *for* SMEs den Bilanzerstellern im Sinne des Managements keine „primäre" Adressatenstellung einräumt, werden für die Rechtfertigung der Anschaffungskostenmethode als Einbezugsmethode von Gemeinschaftsunternehmen und assoziierten Unternehmen auch deren Bedürfnisse herangezogen. Wie bereits oben erläutert ist aber ohnedies bei nicht kapitalmarktorientierten (Konzern-)Unternehmen von einer weitgehenden homogenen Interessenlage der Eigenkapitalgeber und Manager auszugehen.

517 Vgl. IASB (2009b), IFRS *for* SMEs BC115.

518 Vgl. IASB (2009b), IFRS *for* SMEs BC115.

schaftsunternehmen sind für die Fremdkapitalgeber die beizulegenden Zeitwerte.[519]

Um auf die Bedürfnisse der „primären" Adressaten der Konzernbilanzersteller einzugehen, wird im IFRS *for* SMEs neben der *Equity*-Methode eine Bewertung zu Anschaffungskosten sowie eine erfolgswirksame Bilanzierung zum beizulegenden Zeitwert ermöglicht.[520] Im Unterschied zum ED IFRS *for* SMEs ist die Quotenkonsolidierung als Einbezugsmethode von Gemeinschaftsunternehmen nicht mehr vorgesehen.[521] Im IFRS *for* SMEs sollte damit vermutlich die bereits geplante Änderung in den „*full*"-IFRS[522] vorweggenommen werden. Neu gegenüber dem ED IFRS *for* SMEs ist auch, dass Unternehmen nicht mehr gänzlich zwischen den Methoden wählen dürfen. So sieht der IFRS *for* SMEs vor, dass eine Bewertung zum beizulegenden Zeitwert vorgenommen werden muss, wenn eine öffentliche Preisnotierung besteht.[523] Die Anschaffungskostenmethode oder auch *Equity*-Methode kommt *vice versa* nur dann zur Anwendung, wenn keine öffentliche Preisnotierung besteht.[524]

Hinsichtlich der Bewertung zum *Fair Value* gemäß ED IFRS *for* SMEs ist zu beachten, dass ein notierender Preis auf einem aktiven Markt den bestmöglich beizulegenden Wert darstellt. Ist dieser nicht erhältlich, ist der Preis einer vergleichbaren Transaktion heranzuziehen. Erst wenn keine Preisnotierungen auf einem aktiven Markt sowie vergleichbare Transaktionen vorliegen, ist der *Fair Value* mittels Bewertungsvereinfachungsverfahren festzustellen. Bei Ermittlung des *Fair Value* unter Heranziehen einer Bewertungsmethode (zB *Dis-*

---

519 Vgl. IASB (2009b), IFRS *for* SMEs BC115.

520 Vgl. IASB (2009a), IFRS *for* SMEs 15.9ff.

521 Vgl. dazu IASB (2007c), ED IFRS *for* SMEs 14.11.

522 Eine begriffliche Neudefinition des Gemeinschaftsunternehmens entsprechend dem IFRS X „*Joint Arrangements*" findet im IFRS *for* SMEs nicht statt, wie auch nach bislang gültigem IAS 31 werden Gemeinschaftsunternehmen als gemeinschaftlich geführte Unternehmen (*jointly controlled entities*) bezeichnet. Auch definiert der IFRS *for* SMEs Gemeinschaftsunternehmen nicht als Residual an Vermögenswerten und Schulden an denen keiner der Partnerunternehmen spezielle Rechte inne hat. Vgl. dazu auch Kapitel 3.2.3.1.

523 Vgl. IASB (2009a), IFRS *for* SMEs 15.15. Auch für assoziierte Unternehmen, denen aber im Rahmen dieser Arbeit keine weitere Aufmerksamkeit geschenkt wird, sieht der IFRS *for* SMEs eine erfolgswirksame Bewertung zum beizulegenden Zeitwert bzw. zu Anschaffungskosten oder mittels *Equity*-Methode vor. Vgl. IASB (2009a), IFRS *for* SMEs 14.4ff.

524 Vgl. IASB (2009a), IFRS *for* SMEs 15.10.

counted Cash Flow-Analysen)[525] ist der Transaktionspreis zu ermitteln, der sich am Bewertungsstichtag bei Tausch unter Beachtung der üblichen Geschäftsüberlegungen und unter marktüblichen Bedingungen ergeben hätte. Explizit hält der IFRS *for* SMEs fest, dass in den Fällen, in denen ein beizulegender Zeitwert nicht verlässlich ermittelbar ist, die Anschaffungskostenmethode anzuwenden ist.[526]

3.2.3.3.5.2 Anschaffungskostenmethode im UGB- und IFRS-Abschluss

Die Begründung des IASB die Anschaffungskostenmethode auf Grund der Problematik der Informationsbeschaffung und -anpassung im IFRS *for* SMEs zu zulassen und damit die Bedürfnisse der Konzernbilanzersteller zu erfüllen, findet teilweise auch in den UGB-Rechnungslegungsnormen Anwendung. Diesbezüglich kann auf das Konsolidierungswahlrecht des § 249 Abs. 1 UGB verwiesen werden. Dieses besagt, dass bei unverhältnismäßigen Verzögerungen und Kosten gegenüber einer Informationswirkung auf den Einbezug eines Tochterunternehmens verzichtet werden kann.[527] Wird in weiterer Folge auch eine Assoziierungsvermutung widerlegt, kommt die Anschaffungskostenmethode zur Anwendung.[528]

Weshalb weder § 262 UGB[529] für Gemeinschaftsunternehmen noch § 263 UGB für assoziierte Unternehmen einen Verweis auf § 249 Abs. 1 UGB enthält, kann an dieser Stelle nicht beantwortet werden. Auszugehen ist von einer grundsätzlichen Regelungslücke.[530] Da für Gemeinschaftsunternehmen und assoziierte Unternehmen „keine strengeren Maßstäbe als für die Einbeziehung von Tochterunternehmen [...] angelegt werden“[531] sollen, ist das Konsolidierungswahlrecht des § 249 Abs. 1 UGB auch für Gemeinschaftsunternehmen und assoziierte Unternehmen anzuwenden.[532]

525 Kristallisieren sich bestimmte Methoden zur Bewertung heraus, sind diese sofern sie verlässliche Schätzungen mit sich bringen, anzuwenden. Vgl. IASB (2009a), IFRS *for* SMEs 11.28.

526 Vgl. IASB (2009a), IFRS *for* SMEs 15.15.

527 Vgl. DEUTSCH (2000), § 249 Rz. 15.

528 Vgl. FRÖHLICH (2007), S. 114f.; ADLER et al. (1995), § 296 Rz. 34.

529 Mit § 262 Abs. 2 UGB wird lediglich auf die Vorgehensweisen der Vollkonsolidierungsmethoden im Zuge der Konsolidierung verwiesen.

530 Für assoziierte Unternehmen legt der Gesetzgeber für den Tatbestand der untergeordneten Bedeutung in § 263 Abs. 3 UGB entsprechend § 249 Abs. 2 UGB ein Konsolidierungswahlrecht fest.

531 SAHNER/SAUERMANN (1998), § 296 Rz. 33.

532 Vgl. FRÖHLICH (2007), S. 116.

Die Möglichkeit des Einbezuges mittels Anschaffungskostenmethode entsprechend § 249 Abs. 1 UGB hängt aber von der Widerlegung einer Assoziierungsvermutung auf Grund fehlender Informationen ab. An dieser Stelle anzumerken ist, dass entsprechend ADLER ET AL. (1995) Gemeinschaftsunternehmen, sofern auf den Einbezug mittels Quotenkonsolidierung verzichtet wird, stets als assoziierte Unternehmen zu behandeln sind, da Gemeinschaftsunternehmen regelmäßig auch die Anforderungen eines assoziierten Unternehmens erfüllen werden.[533] Woraus folgt, dass die Anschaffungskostenmethode bei Widerlegung der Assozierungsvermutung auch für Gemeinschaftsunternehmen anzuwenden ist.

Nicht jeder Mangel an Information begründet aber die Widerlegung der Assoziierungsvermutung. Die Assoziierungsvermutung gilt entsprechend ADLER ET AL. (1995) als widerlegt, wenn die für die Anwendung der *Equity*-Methode erforderlichen stillen Reserven und Lasten bzw. das neubewertete Eigenkapital nicht zu erhalten sind.[534] In weiterer Folge ist die Anwendung der Anschaffungsmethode geboten. Für eine vereinfachte Anwendung der *Equity*-Methode bei Fehlen der Angaben über stille Reserven/Lasten sprechen sich wiederum EGGER ET AL. (2009) aus. Trotz fehlender Informationen über stille Reserven/Lasten würden entscheidungsnützlichere Informationen zur Verfügung gestellt werden, da zumindest die Veränderungen des Eigenkapitals im Beteiligungsansatz bei vereinfachter Anwendung der *Equity*-Methode im Unterschied zur Anschaffungskostenmethode einen Niederschlag finden.[535]

Ein Informationsproblem, das eine einheitliche Bilanzierung und Bewertung[536] oder die Eliminierung von Zwischenergebnissen nicht ermöglicht, kann eine Assoziierungsvermutung nicht widerlegen. Dies lässt sich damit begründen, dass bei Anwendung der *Equity*-Methode weder eine einheitliche Bilanzierung noch eine Eliminierung der Zwischenergebnisse notwendigerweise in allen Fällen verpflichtend durchzuführen ist.[537] Nach den UGB-Rechnungslegungsnormen würde in diesen Fällen die Assoziierungsvermutung nicht widerlegt werden und die *Equity*-Methode anzuwenden sein.[538] Die Anwendung der Anschaffungskostenmethode wird in diesen Fällen somit ausgeschlossen.

Neben dem Wahlrecht des § 249 Abs. 1 UGB sieht der österreichische Gesetzgeber darüber hinaus in § 249 Abs. 2 UGB ein explizites Konsolidierungs-

533 Vgl. ADLER et al. (1995), § 310 Rz. 7.
534 Vgl. ADLER et al. (1995), § 311 Rz. 56.
535 Vgl. EGGER et al. (2009), S. 177f.
536 Dem stimmen auch EGGER et al. (2009), S. 177 zu.
537 Vgl. § 264 Abs. 5 UGB; ADLER et al. (1995), § 311 Rz. 56f.
538 Vgl. ADLER et al. (1995), § 311 Rz. 57.

wahlrecht vor, wenn der Einbezug von Tochterunternehmen für die Vermögens-, Finanz- und Ertragslage des Konzerns von untergeordneter Bedeutung sind. Unter dieser Voraussetzung ist – wie auch hinsichtlich der Voraussetzungen des Abs. 1 – die Anwendung der Anschaffungskostenmethode für den Einbezug von Tochterunternehmen möglich. Obwohl der Gesetzgeber die Möglichkeit der Bilanzierung zu Anschaffungskosten auch für assoziierte Unternehmen festgelegt hat,[539] sieht er diese für Gemeinschaftsunternehmen bei untergeordneter Bedeutung nicht vor. Da wie oben erläutert Gemeinschaftsunternehmen in ihrer Behandlung assoziierten Unternehmen gleichkommen, kann auch bei untergeordneter Bedeutung von Gemeinschaftsunternehmen eine Aufnahme im Konzernabschluss unterbleiben und damit die Anschaffungskostenmethode zur Anwendung kommen.[540]

Die *„full"*-IFRS sehen keine expliziten Konsolidierungswahlrechte vor, allerdings besteht ein implizites Konsolidierungswahlrecht im Rahmen des Grundsatzes der Wesentlichkeit[541] sowie wenn die Kosten den Informationsnutzen der Informationsbeschaffung überschreiten.[542] Auf Basis des Grundsatzes der Wesentlichkeit ist auch in den *„full"*-IFRS die Möglichkeit argumentierbar, Tochterunternehmen bzw. Gemeinschaftsunternehmen mittels Anschaffungskosten- bzw. *Fair Value*-Methode regelmäßig als veräußerbare Werte (*available-for-sale-assets*) mit Ergebnisneutralität der Wertänderungen entsprechend IAS 39 anzusetzen.[543]

Im Unterschied zum IFRS *for* SMEs sehen die *„full"*-IFRS die Anwendung der Anschaffungskostenmethode bzw. eine Bewertung zum beizulegenden Zeitwert nur vor, wenn auch die Voraussetzungen für ein Gemeinschaftsunternehmen bzw. in weiterer Folge assoziiertes Unternehmen und die damit verbundene Bilanzierung *at-Equity* fehlen bzw. von einer untergeordneten Bedeutung auszugehen ist.[544] Ein derartiges Resümee lässt sich auch hinsichtlich der Einbeziehung von Gemeinschaftsunternehmen nach der Anschaffungskostenmethode im UGB festhalten.

---

539 § 262 Abs. 2 UGB.

540 Vgl. NOWOTNY/PLATZER (2000), § 262 Rz. 20.

541 Vgl. F.29.

542 Vgl. F.44.

543 Vgl. LÜDENBACH (2010), § 34 Rz. 58.

544 Vgl. FRÖHLICH (2007), S. 116; KÜTING et al. (1998), § 311 Rz. 98; ZÜNDORF (1987a) S. 1910 bzw. S. 1918.

3.2.3.4 Zusammenfassende Ergebnisdarstellung

Anhand der obigen Ausführungen wurde gezeigt, dass auf Grund des Methodenwahlrechtes für den Einbezug von Gemeinschaftsunternehmen bilanzpolitische Möglichkeiten sehr wohl bestehen, sich tendenziell jedoch in Grenzen halten. Bei Anwendung der Quotenkonsolidierung könnte zudem mangels getrennter Angaben ein falscher Eindruck bezüglich der Einflussmöglichkeiten erweckt werden.[545] Um deshalb aufzuzeigen, inwieweit die im Konzernabschluss erfassten Abschlusspositionen anteilsmäßig oder vollkonsolidiert wurden, hat zumindest ein getrennter Ausweis der Vermögensgegenstände/-werte und Schulden zu erfolgen (*separate-line-items*).[546] Dies würde auch der bislang möglichen Regelung von IAS 31.34 eines getrennten Ausweises von Vermögenswerten und Schulden eines Gemeinschaftsunternehmens in den Abschlussposten entsprechen.

Strebt der österreichische Gesetzgeber mit der Modernisierung der unternehmensrechtlichen Rechnungslegung eine Annäherung an die Einheitstheorie und IFRS an, könnte ein Schritt in diese Richtung mit der Abschaffung der Quotenkonsolidierung erreicht werden. Die österreichische Konzernrechnungslegung würde damit im Unterschied zur deutschen Konzernbilanzrechnungslegung[547] hinsichtlich des Einbezugs von Gemeinschaftsunternehmen eine klarere Ausrichtung an der Einheitstheorie verfolgen.

Mit der Abschaffung der Quotenkonsolidierung könnte gleichzeitig sichergestellt werden, dass der Konzernabschluss nicht kapitalmarktorientierter österreichischer Konzernunternehmen auf Grund der verpflichtenden Anwendung der *Equity*-Methode für Gemeinschaftsunternehmen nach IFRS international vergleichbarer wird. Gleichzeitig würde sich auch auf nationaler Ebene die Vergleichbarkeit verbessern.

Den bestehenden empirischen Studien zur Entscheidungsnützlichkeit der beiden Einbezugsmethoden kann aber nicht entnommen werden, dass der *Equity*-Methode gegenüber der Quotenkonsolidierung der Vorzug aus Sicht der „primären“ Adressaten einer nicht kapitalmarktorientierten Konzernrechnungslegung zu geben ist. Aus diesem Grund gilt es zu erheben, ob die Quotenkonsolidierungsmethode oder *Equity*-Methode aus Sicht der „primären“ Adressaten entscheidungsnützlicher ist. Durch die im IFRS *for* SMEs angeführten Möglich-

545 Vgl. ADLER et al. (1995), § 310 Rz. 3.

546 Vgl. COENENBERG et al. (2009), S. 699; BIERMAN (1992), S. 16.

547 Trotz umfassender Reformierung hält der deutsche Gesetzgeber am Wahlrecht des Einbezugs von Gemeinschaftsunternehmen mittels Quotenkonsolidierung und *Equity*-Methode fest. Vgl. § 310 dHGB sowie LÜDENBACH (2009), § 310 Rz. 21ff.

keiten Gemeinschaftsunternehmen auch mittels einer ergebniswirksamen Bilanzierung zum beizulegenden Zeitwert bzw. mittels Anschaffungskostenmethode einzubeziehen, stellt sich zusätzlich die Frage, ob das IASB damit tatsächlich auch die Informationsbedürfnisse der „primären" Adressaten nicht kapitalmarktorientierter österreichischer Konzernunternehmen erfasst.[548]

3.3 Zwischenfazit

Die vorangegangenen Ausführungen des Kapitels stellen die Unterschiede sowie Vor- und Nachteile der nach UGB, den „*full*" IFRS und des IFRS *for* SMEs möglichen Einbezugsmethoden für Tochter- als auch Gemeinschaftsunternehmen im Überblick dar. Gezeigt werden konnte, dass anhand der vertretenen Ansichten im Schrifttum bzw. der Ergebnisse der empirischen Studien nicht abgeleitet werden kann, ob und welchen Einbezugsmethoden bei bestehenden Wahlrechten aus Sicht der „primären" Adressaten der Konzernrechnungslegung nicht kapitalmarktorientierter österreichischer Konzernunternehmen Entscheidungsnützlichkeit beigemessen wird.

Darüber hinaus wurde auch dargelegt, dass durch die Wahl einer bestimmten Kapitalkonsolidierungsmethode einer konzerntheoretischen Ausrichtung Ausdruck verliehen werden kann. So wird in der Arbeit unterstellt, dass bei Ausübung der Buchwertmethode für den Einbezug von Tochterunternehmen nach UGB gleichzeitig sowie bei Ausübung des Wahlrechtes der Quotenkonsolidierung für den Einbezug von Gemeinschaftsunternehmen eine Ausrichtung an der Interessentheorie verfolgt wird. *Vice versa* wird durch die Wahl der Neubewertungsmethode bzw. *Partial Goodwill*-Methode aber auch *Full Goodwill*-Methode für den Einbezug von Tochterunternehmen und der *Equity*-Methode für den Einbezug Gemeinschaftsunternehmen eine Ausrichtung an der Einheitstheorie unterstellt (vgl. Tabelle 8).

548 Vgl. IASB (2007b), ED 9 BC83.

Tabelle 8: Kategorisierung der Einbezugsmethoden von Tochter- und Gemeinschaftsunternehmen

	Interessentheorie	Einheitstheorie
Kapitalkonsolidierungsmethoden von Tochterunternehmen:		
Buchwertmethode	X	
Neubewertungsmethode nach UGB bzw. *Partial Goodwill*-Methode nach IFRS		X
Full Goodwill-Methode		X
Einbezugsmethoden von Gemeinschaftsunternehmen:		
Quotenkonsolidierung	X	
Equity-Methode		X

Ausgehend von den von den Adressaten einer nicht kapitalmarktorientierten Konzernrechnungslegung als entscheidungsnützlich deklarierten Kapitalkonsolidierungsmethoden kann somit ein Anhaltspunkt hinsichtlich der im Konzernabschluss nicht kapitalmarktorientierter Konzernunternehmen zu verfolgenden konzerntheoretischen Ausrichtung gewonnen werden. Auch wenn in den IFRS und auch im IFRS *for* SMEs diesbezüglich eine Ausrichtung an der Einheitstheorie klar erkennbar ist, konnte empirisch noch nicht bestätigt werden, dass auch die „primären" Adressaten einer nicht kapitalmarktorientierten Konzernrechnungslegung eine Ausrichtung an der Einheitstheorie bevorzugen.

4 Entscheidungsnützlichkeit aus Sicht der Fremdkapitalgeber

4.1 Einführung

Aus Sicht der Fremdkapitalgeber liegen entscheidungsnützliche Informationen vor, wenn diese dazu beitragen, die subjektiven Beurteilungen über die Höhe, Unsicherheit und zeitliche Verteilung der künftigen Zahlungsströme aus der Kreditvergabe sowie der möglichen Unternehmensentwicklung zu beeinflussen.[549] Mit einem individuellen Rating versuchen Kreditinstitute die Ausfallsgefährdung von Krediten abzuschätzen.[550] Entscheidungsnützlichkeit wird (Konzern-)Abschlüssen im Ratingverfahren insofern beigemessen, als die aus dem (Konzern-)Abschluss gewonnen Informationen zu Kennzahlen verdichtet werden, die wiederum entsprechend den bisherigen Erfahrungen eine Unterscheidung in hohe und niedrige Risikokategorien ermöglichen. Die Analyse des (Konzern-)Abschlusses bzw. des (Konzern-)Abschlussratings erfolgt grundsätzlich im Rahmen des sog. „*Hard Fact*"-Rating[551] als Teil des Ratingprozesses.[552]

Mittels eines verhaltenswissenschaftlichen Forschungsansatzes werden die nachfolgenden Thesen und die dazugehörigen Forschungsfragen überprüft und somit erhoben, ob Kapitalkonsolidierungsmethoden im Rahmen des (Konzern-) Abschlussratings österreichischer Kreditinstitute entscheidungsnützlich sind und ob die Einheitstheorie als konzerntheoretische Ausrichtung gemessen an den Ausprägungen der Kapitalkonsolidierungsmethoden erkennbar von den Fremdkapitalgebern präferiert werden würde.

These 1:	***Österreichische Kreditinstitute messen den unterschiedlichen Kapitalkonsolidierungsmethoden keine Entscheidungsnützlichkeit bei.***
These 2:	***Österreichische Kreditinstitute präferieren tendenziell eine an der Einheitstheorie ausgerichtete Konzernrechnungslegung.***

549 Vgl. BONSE (2004), S. 63.

550 Vgl. JANSSEN (2009), S. 95.

551 Neben dem aus dem „*Hard Fact*"-Rating erzielten quantitativen Aspekten ist auch ein sog. „*Soft Fact*"-Rating, indem die voraussichtliche Unternehmensentwicklung, die Unternehmensplanung und die strategischen Erfolgsfaktoren analysiert werden, Bestandteil des Abschlussratings. Vgl. MASSENBERG/BORCHARDT (2007), S. 349.

552 Vgl. GAUMERT/BURKHARDT (2006), S. 62.

Diese Thesen werden im Wesentlichen anhand der folgenden Forschungsfragen zu widerlegen versucht.

- Wird der Buchwertmethode, der Neubewertungsmethode oder „*Full Goodwill*-Methode ein höherer Entscheidungsnutzen beigemessen?
- Sollte Anteilen anderer Gesellschafter der Status eines Eigenkapitalgebers zukommen?
- Ist das Aufdecken stiller Reserven aus der Erstkonsolidierung auf die Anschaffungskosten zu begrenzen?
- Werden Abschlussposten um die stillen Reserven aus der Erstkonsolidierung bereinigt?
- Finden im Abschlussrating Anpassungen hinsichtlich des Ausweises des Geschäfts- und Firmenwertes statt?
- Messen Kreditinstitute der Quotenkonsolidierung oder *Equity*-Methode mehr Bedeutung bei?
- Ist der Anschaffungskostenmethode oder dem beizulegendem Zeitwert aus Sicht der Kreditinstitute ein höherer Entscheidungsnutzen beizumessen als der Quotenkonsolidierung oder *Equity*-Methode?
- Sind die Wahlrechte im Rahmen der Kapitalkonsolidierung einzuschränken?

4.2 Forschungsmethodik und -vorgehensweise

4.2.1 Entscheidungsnutzen und Forschungsmethodik

Um die Entscheidungsnützlichkeit der Kapitalkonsolidierungsmethoden und konzerntheoretischen Ausrichtung im Kreditvergabeprozess für Kreditinstitute als Fremdkapitalgeber zu erheben, bedient sich die folgende empirische Studie eines verhaltenswissenschaftlichen Ansatzes (*behavioral accounting*)[553]. Diesem Ansatz entsprechend werden Erkenntnisse über die Informationsbedürfnisse und Erwartungen der Adressaten insbesondere durch Vergleich alternativer Möglichkeiten gewonnen[554] und darauf aufbauend Gestaltungsempfehlungen zur Normierung gegeben.[555] Dazu können zum Zweck der Ermittlung und Messung der subjektiven Entscheidungsnützlichkeit von Rechnungslegungsinformationen

553 Auch wenn eine Fülle von verhaltenswissenschaftlichen Forschungsarbeiten vorliegen, konnte bis dato keine allgemein gültige verhaltenswissenschaftliche Theorie abgeleitet werden. Vgl. COENENBERG et al. (2009), S. 1269. Im Detail auch GILLENKIRCH/ARNOLD (2008), S. 128ff.

554 Vgl. COENENBERG et al. (2009), S. 1269; GILLENKIRCH/ARNOLD (2008), S. 128.

555 Vgl. GILLENKIRCH/ARNOLD (2008), S. 128.

Befragungen wie Experteninterviews sowie Feld- und Laborexperimente herangezogen werden.[556]

Um auf das Erfahrungswissen ausgewählter Interviewpartner zurückgreifen zu können, wurde für die folgende Studie das Experteninterview als angemessene Erhebungsmethode ausgewählt. Als entscheidungsnützlich sind demnach jene Kapitalkonsolidierungsmethoden zu betrachten, die von den Experten als relevant für das Abschlussrating der Kunden einzustufen sind. Entscheidungsnützliche Rechnungslegungsinformationen aus Sicht der Fremdkapitalgeber liegen insoweit vor, als die Wahl der Kapitalkonsolidierungsmethode einen nachweislichen signifikanten Einfluss auf die Ratingkennzahlen, die geschätzte Ausfallwahrscheinlichkeit und die abgeleitete Ratingklassifizierung hat.[557]

4.2.2 Methodik und Vorgehensweise der Datenerhebung und -analyse

Die interviewten Experten vertreten die Adressatengruppe der „Fremdkapitalgeber". Kennzeichnend für einen Experten ist, dass dieser über Sachwissen für ein bestimmtes Handlungsfeld verfügt und darüber hinaus die Verantwortung in diesem Handlungsfeld trägt.[558]

Auch wenn für Zwecke der Basel II-Kriterien ein Mindeststandard hinsichtlich der Ratingeinschätzung in allen Kreditinstituten gegeben ist, variiert die Ausgestaltung der Ratingmodelle in der Praxis.[559] Aus diesem Grund kann auch die Entscheidungsnützlichkeit der Kapitalkonsolidierungsmethoden je nach Ratingmodell innerhalb der befragten österreichischen Kreditinstitute variieren. Die Befragung eines einzelnen Institutes wird aus diesem Grund als nicht zielführend gesehen. Angesichts der vergleichsweise geringen Anzahl an österreichischen Kreditinstituten und des explorativen Charakters eines Experteninterviews wurde versucht, möglichst viele der – gemessen an der Bilanzsumme – größten österreichischen Kreditinstitute zu befragen, da diese als repräsentativ für den österreichischen Bankensektor anzusehen sind. Die Auswahl der zu befragenden Kreditinstitute erfolgte basierend auf der Klassifizierung der in der

---

556 Vgl. COENENBERG et al. (2009), S. 1269.

557 Vgl. KEHREL et al. (2009), S. 285ff.

558 Eine umfassende Begriffsdefinition des sog. „Experten" bietet zB PFADENHAUER (2009), S. 451f.

559 Zu den Möglichkeiten der Ausgestaltung und der Notwendigkeit des internen Kreditratings in Zusammenhang mit Basel II. Vgl. MASSENBERG/BORCHARDT (2007), S. 349; KÜTING et al. (2004), S. 93ff.

Zeitschrift „trend" im Juni 2009 publizierten Bilanzsummen. Insgesamt wurden acht Vertreter (73 %) der 11 größten österreichischen Kreditinstitute befragt.[560] Bei den ausgewählten Experten handelt es sich ausschließlich um Personen, die für das Abschlussrating der Kunden im jeweiligen Kreditinstitut die Verantwortung tragen.

Um eine Eingrenzung auf das vorher festgelegte Thema zu ermöglichen, wurde ein Interviewleitfaden erarbeitet. Der Interviewleitfaden stellt einen geeigneten Rahmen dar, ermöglicht aber, dass der befragte Experte weitere Themen auf Grund seiner Erfahrungen und seines Sachverstandes ansprechen kann, die im Leitfaden nicht berücksichtigt wurden.[561] Die Interviews wurden somit in einer Art und Weise geführt, dass die Interviewten frei und ohne vordefinierte Antwortalternative auf gestellte Fragen antworten konnten. Im Unterschied zu einem vom Experten auszufüllenden Fragebogen wird dadurch der Gefahr entgegengetreten, dass Fragen (und darauf gegebene Antworten) falsch interpretiert werden.[562] Der Einsatz eines Interviewleitfadens bietet den Vorteil einer strukturierten Vorgehensweise und dient damit der Aufarbeitung und Analyse des Interviews. Des Weiteren wird die Gefahr des „Abschweifens" vom Thema während des Interviews verringert. Ein Nachteil eines qualitativen Interviews besteht darin, dass im Vergleich zu schriftlichen Erhebungen weniger Befragungen stattfinden können, da das Interview mit einem erheblichen Zeitaufwand verbunden ist.[563]

Für die Auswertung wurden die einzelnen Interviews weitgehend digital aufgezeichnet. Die Länge der Interviews variierte zwischen 30 und 60 Minuten. Um eine methodisch kontrollierte Vorgehensweise im Rahmen der Auswertungen zu ermöglichen, wurde eine qualitative Inhaltsanalyse gewählt, welche entsprechend der Kategorisierung von MAYERING/BRUNNER (2009) als zusammenfassende und strukturierte Inhaltsanalyse zu verstehen ist. [564] Ebenso wurde ein Kategoriensystem entwickelt, dass sich im Wesentlichen an die Struktur des Interviewleitfadens anlehnt und die Auswertung erleichtern soll. Die Auswertung und Analyse erfolgte in vier Phasen (der Transkription, der daran anschließenden Einzel- sowie der generalisierenden Analyse und der Kontrollphase). Die in der ersten Phase durchgeführte Transkription ist notwendig, um das umfangrei-

560 Die Reihung erfolgt anhand der Bilanzsumme des Geschäftsjahres 2008. Im Detail dazu siehe S. 24 der Juni Ausgabe des Jahres 2009 der Zeitschrift „trend".

561 Vgl. SCHNELL et al. (2008), S. 387ff.

562 Vgl. LAMNEK (2005), S. 6ff.

563 Der im Rahmen der Befragung angewendete und in einem *„Pretest"* getestete Interviewleitfaden ist dem Anhang 1 der Arbeit zu entnehmen.

564 Vgl. MAYERING/BRUNNER (2009), S. 674.

che Datenmaterial in eine lesbare und verarbeitbare Form zu bringen.[565] Die Transkripte der einzelnen Interviews liegen der Verfasserin der Arbeit vor, wurden der Arbeit allerdings nicht beigelegt, um die von den Interviewpartnern geforderte Anonymität zu gewährleisten und Möglichkeiten der Rückverfolgung von Aussagen einzelner Personen zu verhindern. In den Fällen, in denen die Befragten einer Aufnahme des Interviews nicht zustimmten, wurde eine möglichst detaillierte Protokollierung in Form einer Mitschrift während des Interviews durchgeführt. In der zweiten Phase wurden die einzelnen Interviews analysiert, wobei nicht inhaltstragende Textteile ausgeschieden und zentrale Aussagen hervorgehoben wurden. Ebenso wurden die zentralen Aussagen in ein im Vorfeld entwickeltes Kategorienschema[566] eingetragen. Die Kategorienschemata und darin dargestellten Aussagen können dem Anhang entnommen werden.[567] In der anschließenden dritten Phase wurden die vorliegenden Interviews auf Gemeinsamkeiten analysiert. Letztendlich erfolgte eine Kontrollphase, in der die Ergebnisse der vorhergehenden Phasen mit den Orginaltranskripten nochmals abgeglichen wurden, um Fehlinterpretationen der Aussagen zu vermeiden.[568]

4.3 Ergebnisse und Analyse der Experteninterviews

4.3.1 Allgemeines zum (Konzern-)Abschlussrating österreichischer Kreditinstitute

Um die empirische Entscheidungsnützlichkeit der Kapitalkonsolidierungsmethoden und einer damit verfolgten konzerntheoretischen Ausrichtung festzuhalten, ist zu klären, ob und welche Bedeutung der Konzernabschluss als Informationsinstrument im Kreditvergabeprozess einnimmt.[569] Nach WALKER ET AL. (1982) verliert der Einzelabschluss gegenüber dem Konzernabschluss für Fremdkapitalgeber zunehmend an Bedeutung.[570] Den durchgeführten Experteninterviews der vorliegenden Arbeit kann entnommen werden, dass für Mutterunternehmen, die einen Konzernabschluss erstellen und Unternehmen, die in einen Konzernabschluss einbezogen wurden, jedenfalls ein Rating des Einzelabschlus-

565 Zur Vorgehensweise bei Transkriptionen siehe HÖLD (2009), S. 655ff.

566 Im Detail dazu MAYERING (2008), S. 11ff.

567 Vgl. Anhang 2.

568 Vgl. LAMNEK (2005), S. 402ff.

569 Vgl. BALLWIESER (1982), S. 778.

570 Vgl. WALKER et al. (1982), S. 184.

ses und je nach wirtschaftlicher Bedeutung ein Rating des Konzernabschlusses durchgeführt wird. Auf Grund der zunehmenden Konzernierung hat der Konzernabschluss als Analyseobjekt zweifelsohne an Bedeutung gewonnen, der Einzelabschluss stellt allerdings immer noch eine wichtige Entscheidungsgrundlage dar. Anzumerken ist, dass das Ergebnis des Abschlussratings nie besser sein kann als das Rating des Konzerns.

Vor dem Hintergrund der anzustrebenden Reduzierung von Verwaltungskosten durch die EU[571] ist anzumerken, dass für Kreditinstitute die Abbildung der Konzernverhältnisse auch unterhalb der vom Gesetzgeber festgelegten Schwellenwerte von Interesse ist und – sofern kein Konzernabschluss vorgelegt wird – Grobkonsolidierungen vorgenommen werden. Das Erhöhen der Schwellenwerte würde nach Meinung der Verfasserin bei einer gesamtwirtschaftlichen Betrachtung zu keinen nennenswerten Einsparungen führen, was wie folgt zu begründen ist. Sehen nicht kapitalmarktorientierte Konzernunternehmen folglich von der Erstellung eines Konzernabschlusses ab, würde in den Kreditinstituten jedenfalls eine Grobkonsolidierung vorgenommen werden. Ein Teil der Kosten würde dadurch lediglich an einer anderen Stelle anfallen und gegebenenfalls über höhere Kreditkosten rückverrechnet werden.

Das Ratingverfahren der Kreditinstitute beruht auf statistisch-mathematischen Methoden und ist von der verfügbaren Datenbasis abhängig, die als Vergleichsgrundlage[572] herangezogen wird. Um auf die Besonderheiten der jeweiligen Kunden einzugehen sind differenzierte Ratingmodelle innerhalb des Kreditinstitutes vor allem von den vorhandenen in das System eingespeisten Kundendaten (Datenpool) abhängig. Mögliche Differenzierungskriterien können je nach vorhandenem Datenpool sowohl regional, länder- und branchenspezifisch als auch größenabhängig festgelegt werden.[573] Eine Differenzierung im „*Hard Fact*“-Rating basierend auf einer (fehlenden) Kapitalmarktorientierung des Unternehmens konnte entgegen den Tendenzen in der Normierung der Rechnungslegung weder im bestehenden Schrifttum zum Ratingprozess noch in den Experteninterviews festgestellt werden. Damit können auch die Ergebnisse der Studie von STANGA/TILLER (1983)[574] für österreichische Kreditinstitute bes-

571 Ausführlich dazu Kapitel 5.3.2.

572 Wie die Experten in den Befragungen mitgeteilt haben, können die für die Vergleichsgrundlage herangezogen Daten ungeachtet der angewendeten Rechnungslegungsnorm auch zugekauft werden.

573 Vgl. MASSENBERG/BORCHARDT (2007), S. 349.

574 Im Zuge dieser Studie aus dem Jahr 1983 wurden 230 Bankbeamte hinsichtlich der Informationsbedürfnisse bei der Kreditvergabe befragt. Vgl. STANGA/TILLER (1983), S. 63.

tätigt werden, dass hinsichtlich der Kreditvergabe sowohl für nicht kapitalmarktorientierte als auch kapitalmarktorientierte Unternehmen annähernd identische Informationsbedürfnisse seitens der Kreditinstitute bestehen.[575]

Von weiterem Interesse ist, inwieweit Kreditinstitute in den Ratingmodellen größenabhängige Differenzierungen vorsehen und die Ratingmodelle in Abhängigkeit der herangezogenen Größenkriterien variieren. Als Differenzierungskriterium können im standardisierten (Konzern-)Abschlussrating sowohl die Betriebsleistung, der Personalaufwand als auch die Bilanzsumme herangezogen werden. Die Größengrenzen variieren von Kreditinstitut zu Kreditinstitut. Werden keine Größenkriterien als Differenzierungskriterium herangezogen, liegt dies einerseits daran, dass andere Differenzierungskriterien verwendet werden bzw. dass das Geschäftsfeld der Bank bezogen auf die Größe der Kunden relativ homogen ausgestaltet ist.

Auf Grund der zunehmenden Relevanz der IFRS-Abschlüsse wurde in der jüngsten Vergangenheit oftmals bekundet, dass Kreditinstitute zukünftig keine getrennten Auswertungen für UGB- und IFRS-Abschlüsse mehr vornehmen werden. Das Abschlussrating würde primär auf Basis der internationalen Rechnungslegungsnormen vorgenommen werden. Auch nicht kapitalmarktorientierte Konzernunternehmen wären somit zu einer Umstellung auf die IFRS verpflichtet.[576] Dieser Aussage wird entgegengehalten, dass von Seiten der Vertreter deutscher Kreditinstitute zum Ausdruck gebracht wurde, dass Kreditinstitute als Grundlage des Abschlussratings keinen IFRS-Abschluss einfordern.[577] Es stellt sich die Frage, inwieweit die zunehmende Relevanz der internationalen Rechnungslegungsnormen im Abschlussrating österreichischer Kreditinstitute Berücksichtigung findet und damit bereits als entscheidungsnützlich im Kreditvergabeprozess gesehen wird.

Anhand der an der Studie teilgenommenen österreichischen Kreditinstitute kann nachgewiesen werden, dass Unterschiede hinsichtlich der angewendeten Rechnungslegungsnorm nur in zwei Kreditinstituten über *Benchmarks* standardisiert Berücksichtigung finden. Ein wesentliches Problem stellen ausreichende Datenpools dar, um signifikante Ergebnisse hinsichtlich der Ausfallwahrscheinlichkeit eines IFRS-Abschlusses zu generieren. Solange keine ausreichende Datenbasis an IFRS-Abschlüssen von insolventen Unternehmen vorliegt, können die IFRS in (den eingesetzten) Abschlussratingmodellen keine Berücksichtigung finden.[578]

575 Vgl. STANGA/TILLER (1983), S. 63ff.

576 Vgl. KAHLE (2003), S. 274; PEEMÖLLER et al. (2002), S. 1801.

577 Vgl. GUTHOFF (2006), S. 193.

578 Vgl. BAETGE/BRÜGGEMANN (2006), S. 582.

Entschärft wird die Problematik unterschiedlicher Rechnungslegungsnormen dadurch, dass größenabhängige Differenzierungskriterien herangezogen werden und anzunehmen ist, dass große Konzernunternehmen tendenziell die IFRS-Rechnungslegungsnormen anwenden. Die Datenpools großer Unternehmen würden damit tendenziell eher IFRS-Abschlüsse enthalten und somit die Rechnungslegungsnorm implizit im Rating mitberücksichtigen.[579]

Die im Schrifttum vertretene Auffassung,[580] dass durch Umstellung auf die IFRS ein verbessertes Abschlussrating erzielt werden könnte, konnte auf Grund der Ergebnisse der Studie KEHREL ET AL. (2009) widerlegt werden.[581]

4.3.2 Entscheidungsnützlichkeit der Kapitalkonsolidierungsmethoden und konzerntheoretischen Ausrichtung

Ob und inwieweit Kapitalkonsolidierungsmethoden aus Sicht österreichischer Kreditinstitute entscheidungsnützlich sind und von Kreditinstituten die Einheitstheorie als konzerntheoretische Ausrichtung präferiert werden würde, wird als zentraler Punkt dieser Arbeit durch Überprüfung der in Kapitel 4.1 dargestellten Thesen mittels Experteninterviews beantwortet. Die Ergebnisse der Befragungen können zudem im Detail den Kategorienschemata des Anhangs 2 entnommen werden.

Grundsätzlich ist an dieser Stelle festzuhalten, dass die Interviewfragen auf das sog. „*Hard Fact*“-Rating der Abschlussanalyse abzielen. Im Zuge der Experteninterviews hat sich jedoch abgezeichnet, dass auch wenn Abschlussposten

---

579 Inwieweit nicht kapitalmarktorientierte Konzernunternehmen die IFRS- und UGB-Rechnungslegungsnormen anwenden und sich hinsichtlich bestimmter Größenkriterien unterscheiden wird in der empirischen Studie in Kapitel 5.6.1 aufgegriffen.

580 Betreffend der Diskussion zu den Möglichkeiten nicht kapitalmarktorientierter (Konzern-)Unternehmen, das Rating mittels eines IFRS-(Konzern-)Abschlusses positiv zu beeinflussen, wird auf die Arbeiten von MASSENBERG/BORCHARDT (2007), S. 346ff.; OEHLER (2006), S. 113ff.; KÜTING et al. (2004), S. 93ff. verwiesen.

581 In der Studie wurden die dHGB- und IFRS-Konzernabschlussdaten von 111 deutschen Konzernunternehmen des Jahres 2004 untersucht und anhand eines dHGB-Ratingmodells analysiert. Den Ergebnissen zufolge steigt die Ausfallwahrscheinlichkeit bei Umstellung auf einen IFRS-Abschluss teilweise sogar an. Eine Verbesserung des Abschlussratings ist nur bei bonitätsschwachen Unternehmen möglich, da in diesen Unternehmen die Nutzung der Wahlrechte tendenziell progressiver erfolgt. Ein Wechsel vom *Non-Investment-Grade*-Bereich in den *Investment-Grade*-Bereich konnte aber nicht beobachtet werden. Vgl. KEHREL et al. (2009), S. 283ff.

und Rechnungslegungsmethoden im „*Hard Fact*"-Rating nicht standardisiert als entscheidungsnützlich für die Berechnung der Kennzahlen beurteilt werden, diese im Einzelfall bzw. im Zuge des sog. „*Soft Fact*"-Rating Berücksichtigung finden können.

Wie die Ergebnisse der Experteninterviews erkennen lassen, misst kein einziges österreichisches Kreditinstitut den Kapitalkonsolidierungsmethoden von Tochterunternehmen als auch Gemeinschaftsunternehmen Entscheidungsnützlichkeit im Abschlussrating bei. Die Möglichkeit, durch die Wahl der Kapitalkonsolidierungsmethode das Abschlussrating zu beeinflussen, wird von den Experten als sehr gering oder nicht relevant erachtet. Nur bei Auffälligkeiten erfolgt im Einzelfall eine Bereinigung um mögliche bilanzpolitische Spielräume.

Da sich Kapitalkonsolidierungsmethoden für den Einbezug von Tochterunternehmen hinsichtlich des Anteils der aufzudeckenden stillen Reserven/Lasten und des auszuweisenden Geschäfts- und Firmenwertes sowie des Ausweises der Anteile anderer Gesellschafter unterscheiden, wird in einem nächsten Schritt geklärt, inwieweit diesen Teilaspekten im Abschlussrating nicht kapitalmarktorientierter österreichischer Konzernunternehmen eine Bedeutung beigemessen wird.[582] Entsprechend Tabelle 2 kann somit auch ein Rückschluss auf die verfolgte konzerntheoretische Ausrichtung gezogen werden.

Den Ergebnissen der Interviews zufolge werden stille Reserven/Lasten aus der Erstkonsolidierung standardmäßig unbereinigt in die Abschlussanalyse übernommen. Auch bezüglich der vom Kunden im Konzernabschluss angewendeten Rechnungslegungsnorm erfolgt keine Unterscheidung, ob eine Bereinigung um die stillen Reserven/Lasten vorgenommen wird. Im Einzelfall werden jedoch wesentliche stille Reserven/Lasten überprüft, wobei, wie in einem Interview erörtert, den stillen Reserven/Lasten aus der Erstkonsolidierung wenig Bedeutung beigemessen wird. Insbesondere dann, wenn die Aufdeckung der stillen Reserven wie im UGB mit den Anschaffungskosten begrenzt ist. Daraus lässt sich eine von den Kreditinstituten gewünschte vorsichtige Bewertung hinsichtlich der Aufdeckung von stillen Reserven ableiten.

Hinsichtlich der Behandlung des Geschäfts- und Firmenwertes ist keine derart eindeutige Vorgehensweise innerhalb der befragten österreichischen Kredit-

582 Hinsichtlich der Behandlung des sog. passiven Unterschiedsbetrags aus der Erstkonsolidierung erfolgt für UGB-Abschlüsse durchwegs keine Vereinheitlichung hinsichtlich einer bestimmten Methode. Zur Erfassung eines passiven Unterschiedsbetrags nach UGB siehe im Detail Kapitel 3.2.2.2. Die IFRS sehen ohnedies ausschließlich eine erfolgswirksame Erfassung vor. Dennoch werden in einem Kreditinstitut passive Unterschiedsbeträge aus drohenden Verlusten entsprechend der UGB-Bestimmungen auch bei IFRS-Abschlüssen als Rückstellung ausgewiesen.

institute erkennbar. Ebenso wird keine Unterscheidung getroffen, ob die im Konzernabschluss abgebildeten Geschäfts- und Firmenwerte aus einer Erstkonsolidierung oder aus dem Einzelabschluss stammen.

Von einigen Kreditinstituten wird die Möglichkeit wahrgenommen, den Geschäfts- und Firmenwert als Aktivposten in der Konzernbilanz zu belassen und nur in dem Fall, indem der Geschäfts- und Firmenwert sich aus Sicht der Kreditinstitute als nicht werthaltig erweist, eine Verrechnung gegen das Eigenkapital durchzuführen. In anderen Kreditinstituten wird der Geschäfts- und Firmenwert im Zuge der Abschlussanalyse standardmäßig gegen das Eigenkapital verrechnet. Die Behandlung des Geschäfts- und Firmenwertes variiert ferner nach dem angewendeten Modell in Abhängigkeit von festgelegten Größenkriterien,[583] wenngleich in diesem Zusammenhang sehr konträr verfahren wird. Einerseits gibt es in den untersuchten österreichischen Kreditinstituten Modelle, die mit zunehmender Größe des Unternehmens den Geschäfts- und Firmenwert gegen das Eigenkapital verrechnen, andererseits gibt es Tendenzen, dass mit zunehmender Größe der Geschäfts- und Firmenwert als Aktivposten in der Bilanz belassen wird.

Eine Verrechnung eines Geschäfts- und Firmenwertes mit den Rücklagen erfolgt grundsätzlich nur, sofern Bankkunden diesen bereits als Aktivposten ausgewiesen haben. Wird der Firmenwert entsprechend den Regelungen des UGB sofort erfolgswirksam oder – wie vor Einführung des RÄG 2010 noch möglich – gegen die Rücklagen verrechnet, findet im Allgemeinen keine weitere Korrekturmaßnahme statt.[584]

Nachdem noch keine Datenpools vorhanden sind um *Benchmarks* zu definieren, kann keine Aussage darüber getroffen werden, ob die sog. *Full Goodwill*-Methode des IFRS 3 (*rev.* 2008) Auswirkungen auf das Abschlussrating hat. Die potentiellen Effekte auf die Ratingeinstufung werden aber als gering eingeschätzt. Sofern die Interviewpartner sich bereits mit der Thematik auseinandergesetzt haben, wird der vom IASB gewählte Ansatz der *Full Goodwill*-Methode allerdings kritisch gesehen. Kritisiert werden die damit einhergehenden Bewertungsspielräume sowie die Schaffung zusätzlicher Wahlrechte durch das IASB, welche mit einer verminderten Vergleichbarkeit von Jahres-/Konzern-

583 ZB in Abhängigkeit der Erträge eines Konzerns. Demnach wird bei sehr ertragsschwachen (Konzern-)Unternehmen der Geschäfts- und Firmenwert gegen das Konzerneigenkapital verrechnet.

584 Hinsichtlich der gem. IAS 36 durchzuführenden *Impairment*-Tests äußert sich ein Interviewpartner negativ, da ein *Impairment*-Test die Ergebnisse in Abhängigkeit der allgemeinen wirtschaftlichen Lage des Unternehmens verstärken würde. Die Abschreibung über die wirtschaftliche Nutzungsdauer wird aus Sicht des Interviewpartners bevorzugt.

abschluss einhergeht. Die Möglichkeit der außerbilanziellen Darstellung des Geschäfts- und Firmenwertes der Anteile anderer Gesellschafter stellt eine Zusatzinformation dar, der im Einzelfall Entscheidungsnützlichkeit beizumessen ist.[585]

Hinsichtlich der Stellung der Anteile anderer Gesellschafter sind sich die befragten Experten einig, dass auch diesen jedenfalls die Stellung eines Eigenkapitalgebers des Konzerns zukommt. Demnach wird die in der Literatur[586] vertretene Meinung, Anteile anderer Gesellschafter sind als Fremdkapitalgeber zu betrachten oder sind in einer Zwischenposition zwischen Eigen- und Fremdkapital ausweisen, nicht geteilt.

Bezüglich des bislang sowohl nach IFRS als auch UGB vorgesehenen Wahlrechtes, Gemeinschaftsunternehmen mittels *Equity*-Methode oder Quotenkonsolidierung einzubeziehen, wird von keiner österreichischen Bank standardmäßig – unabhängig der angewendeten Rechnungslegungsnorm – eine Anpassung der Abschlussdaten für das Abschlussrating vorgenommen. Den Angaben in den *Notes* des noch gültigen IAS 31.56 wird zwar im Einzelfall, sofern es sich um wesentliche Posten handelt, Beachtung geschenkt, eine standardisierte Vereinheitlichung hinsichtlich einer Methode wird im Rahmen des Abschlussratings jedoch nicht vorgenommen. Den Aussagen der Interviewpartner zufolge, zeichnet sich auch keine Präferenz hinsichtlich der Quotenkonsolidierung oder *Equity*-Methode als Einbezugsmethode für Gemeinschaftsunternehmen ab. Den Erfahrungen der Experten entsprechend findet die Quotenkonsolidierung nur äußerst selten Anwendung. Nach Auffassung der Verfasserin kann dies einerseits daran liegen, dass die Quotenkonsolidierung bei Einbezug von Gemeinschaftsunternehmen im Konzernabschluss nicht kapitalmarktorientierter Konzernunternehmen kaum gewählt wird. Andererseits könnte die Anzahl der einbezogenen Gemeinschaftsunternehmen in den Konzernabschlüssen der Kunden der Kreditinstitute von geringer empirischer Relevanz sein. Damit verliert auch das Wahlrecht zur Quotenkonsolidierung indirekt an Bedeutung.[587]

In Anbetracht der im IFRS *for* SMEs gebotenen Möglichkeit, Gemeinschaftsunternehmen auf Basis ihrer Anschaffungskosten einzubeziehen und den Ergebnissen einer Studie von WILKINS/ZIMMER (1995) der zufolge die Anschaffungskostenmethode gegenüber der *Equity*-Methode von den Fremdkapitalgebern präferiert werden würde,[588] wurde auch der Frage nachgegangen, ob die

585 Diese Ansicht teilen auch HENDLER/ZÜLCH (2005), S. 1155.

586 Vgl. dazu im Detail Kapitel 2.5.3.1.1.

587 Vgl. dazu auch die Ergebnisse aus Kapitel 5.6.2.

588 Im Rahmen einer experimentellen Studie wurden 48 Bankangestellten in Singapur Abschlüsse eines hypothetischen Unternehmens unter Anwendung der Anschaffungskos-

Experten die Anschaffungskostenmethode gegenüber der *Equity*-Methode oder Quotenkonsolidierung bevorzugen. Anhand der Experteninterviews jedoch können keine eindeutigen Aussagen darüber getroffen werden, ob die Anschaffungskostenmethode gegenüber der *Equity*-Methode oder Quotenkonsolidierung entscheidungsnützlichere Informationen aus Sicht der Fremdkapitalgeber generieren würde.[589] Wird die *Equity*-Methode oder die Quotenkonsolidierungsmethode bevorzugt, wird dies vor allem mit der Möglichkeit über die Anschaffungskosten hinaus zusätzliche entscheidungsnützliche Informationen zu generieren, argumentiert. Eine Bewertung zum *Fair Value* als weitere Methode des Einbezugs von Gemeinschaftsunternehmen lehnen – sofern Stellung bezogen wurde – alle Interviewpartner ab, da damit lediglich zusätzliche Bewertungsspielräume eröffnet werden.

Auch wenn den Kapitalkonsolidierungsmethoden an sich keine große Entscheidungsnützlichkeit im Abschlussrating beigemessen wird, vertreten die Interviewpartner die Ansicht, dass bestehende Wahlrechte zum Zwecke einer verbesserten Entscheidungsnützlichkeit einzuschränken sind. Ein Interviewpartner merkt an, dass man sich dessen bewusst ist, dass die Wahl einer bestimmten Methode bei gegebenem Wahlrecht auch ein Indiz dafür ist, wie sich das Unternehmen den Adressaten des Abschlusses gegenüber darstellen möchte. Aus diesem Grund wird festgestellt, dass auch Wahlrechten ein gewisser Grad an Entscheidungsnützlichkeit im Kreditvergabeprozess zukommt.

4.4 Zwischenfazit

Entsprechend den Ergebnissen der Experteninterviews kann festgehalten werden, dass ***These 1: „Österreichische Kreditinstitute messen den unterschiedlichen Kapitalkonsolidierungsmethoden keine Entscheidungsnützlichkeit bei“*** nicht widerlegt werden konnte. So erfolgt im Abschlussrating standardmäßig bei keinem der befragten Kreditinstitute (sofern Wahlrechte vorliegen) eine Anpassung der Abschlussdaten an eine vom Kreditinstitut als entscheidungsnützlich beurteilte Kapitalkonsolidierungsmethode. Im Einzelfall können aber Anpassungen durch die Verantwortlichen entgegen der standardmäßigen Einstellungen

ten- bzw. *Equity*-Methode vorgelegt. Ebenso erfolgte eine Befragung zur Präferenz hinsichtlich der beiden Methoden. Vgl. WILKINS/ZIMMER (1985), S. 207ff.

589 Den Ergebnissen von WILKINS/ZIMMER (1985) entsprechend wird der Anschaffungskostenmethode gegenüber der *Equity*-Methode von Kreditsachbearbeitern eine höhere Entscheidungsnützlichkeit beigemessen. Vgl. WILKINS/ZIMMER (1985), S. 207ff. sowie die Ausführungen dazu in Kapitel 3.2.3.3.5.2.

vorgenommen werden. Derartige Anpassungen stellen aber Ermessensentscheidungen der Verantwortlichen dar und sind nicht als Regelfall zu betrachten.

In den Interviews hat sich abgezeichnet, dass eine Abbildung des Geschäfts- und Firmenwertes der Anteile anderer Gesellschafter entsprechend der *Full Goodwill*-Methode gem. IFRS 3 (*rev.* 2008) von den Interviewpartnern auf Grund der sich darin widerspiegelnden zusätzlichen Bewertungsspielräume abgelehnt wird und eine Kapitalkonsolidierung entsprechend der Buchwert- bzw. Neubewertungsmethode für den Einbezug von Tochterunternehmen von den Interviewpartnern präferiert werden würde.

Der im IFRS *for* SMEs eröffneten Möglichkeit, Gemeinschaftsunternehmen mittels beizulegenden Zeitwertes einzubeziehen, stehen die Experten kritisch gegenüber. Auch der Anschaffungskostenmethode wird nicht notwendigerweise mehr Entscheidungsnützlichkeit als der Quotenkonsolidierung oder der *Equity*-Methode beigemessen. Aus diesem Grund ist aus Sicht der Fremdkapitalgeber der Einbezug mittels Quotenkonsolidierung oder *Equity*-Methode zu bevorzugen, wobei diese als gleichwertige entscheidungsnützliche Kapitalkonsolidierungsmethoden beurteilt werden.

Hinsichtlich der „primären" Adressatengruppe der Eigenkapitalgeber/Manager nicht kapitalmarktorientierter Konzernunternehmen wird zu überprüfen sein, ob bei gegebenem Wahlrecht die Buchwert- oder Neubewertungsmethode bzw. Quotenkonsolidierung oder *Equity*-Methode bevorzugt Anwendung findet. Wird eine bestimmte Kapitalkonsolidierungsmethode von den Eigenkapitalgebern/Managern bevorzugt angewendet, ist diese mangels vorliegender nachweisbarer Präferenzen der Kreditinstitute als Fremdkapitalgeber nicht kapitalmarktorientierter österreichischer Konzernunternehmen zu präferieren.[590]

Wird die Einheitstheorie als „Unternehmenstheorie" bzw. „*Entity*"-Theorie, welche die Bedürfnisse sowohl der Anteilseigner als auch aller Gläubiger widerspiegelt,[591] verstanden und als Gegenstück zur Interessentheorie, die alleinig die Interessen der Mehrheitsanteilseigner ausdrückt, gesehen, müssten entsprechend ***These 2 österreichische Kreditinstitute tendenziell eine an der Einheitstheorie ausgerichtete Konzernrechnungslegung präferieren,*** um ihre Bedürfnisse befriedigen zu können. Anhand der Ergebnisse der Interviews kann These 2 teilweise widerlegt werden. Wie bereits in Tabelle 2 dargestellt, spiegelt sich die konzerntheoretische Ausrichtung vor allem in der Ausprägung der Kapitalkonsolidierungsmethoden für den Einbezug von Tochterunternehmen wider. Diesbezüglich kommt dem Ausweis der Anteile anderer Gesellschafter im Konzern-

590 Vgl. dazu die Ausführungen in Kapitel 2.8.

591 Diese Ansicht findet sich auch bei HINZ (2004), S. 281; LUTTER/RIMMELSPACHER (1992), S. 485; DREGER (1969), S. 41.

abschluss, der Abbildung des Geschäfts- und Firmenwertes sowie dem Ausmaß der ausgewiesenen stillen Reserven/Lasten der Anteile anderer Gesellschafter eine besondere Bedeutung zu.[592]

Die Interviewpartner sind sich einig, dass den Anteilen anderer Gesellschafter die Stellung eines Eigenkapitalgebers im Konzern zukommt und diese auch im Konzernabschluss abzubilden sind. Darin spiegelt sich jedenfalls eine an der Einheitstheorie verfolgte Sichtweise wider. Unklar bleibt jedoch, ob eine durch die Buchwertmethode verstärkte Ausrichtung an der Interessentheorie oder eine an der Einheitstheorie stärkere Ausrichtung im Sinne der Neubewertungsmethode präferiert werden würde. Eine Tendenz hat sich dahingehend abgezeichnet, dass Kreditinstitute eine vorsichtige Abbildung der Sachverhalte wünschen, indem eine „Deckelung" der aufzudeckenden stillen Reserven mit den Anschaffungskosten bevorzugt wird. Diese Einschränkung der Aufdeckung stiller Reserven ist jedoch unabhängig davon, ob diese stillen Reserven/Lasten die Anteile der Mehrheits- oder Minderheitsgesellschafter betreffen.

Eine Präferenz der Interessentheorie auf Grund des eindeutigen Vorzugs der Quotenkonsolidierungsmethode[593] oder anderen Einbezugsmethoden (Bewertung zu Anschaffungskosten, zum *Fair Value* oder *at Equity*), die als Bewertungsmethoden mit der Einheitstheorie konform sind, ist auch betreffend dem Einbezug von Gemeinschaftsunternehmen nicht erkennbar.

Zusammenfassend wird festgehalten, dass auf Grund der Präferenzen zur Ausgestaltung der Kapitalkonsolidierungsmethoden kein Hinweis gewonnen werden konnte, ob einer bestimmten konzerntheoretischen Ausrichtung der Vorzug von Seiten der Fremdkapitalgeber gegeben wird. Abgezeichnet hat sich damit eine nicht einheitlich verfolgte interessen- bzw. einheitstheoretische Ausrichtung, da für Fremdkapitalgeber ausschließlich eine entscheidungsnützliche Abbildung von einzelnen Kapitalkonsolidierungssachverhalten im Vordergrund zu stehen scheint. Darüber hinaus ist festzuhalten, dass Kreditinstitute eine am Vorsichtsprinzip orientierte Ausgestaltung der Kapitalkonsolidierung bevorzugen. Eine Einschränkung der Wahlrechte würde dennoch tendenziell begrüßt werden.

Da die Ratingmodelle teilweise größenabhängige Differenzierungskriterien (zB hinsichtlich des Ausweises der Geschäfts- und Firmenwerte) beinhalten und

592 Nicht nachgegangen wurde der Frage, ob ein vollständiger Einbezug des Vermögens und der Schulden gegenüber einem quotalen Einbezug präferiert werden würde. Demnach wird die gängige Meinung vertreten, dass die „reine" Interessentheorie keinen adäquaten Einbezug von Tochterunternehmen gewährleistet. Vgl. Kapitel 3.1.1 und 3.2.2.5.

593 Vgl. Kapitel 3.2.3.3.3.

auch einer größenabhängigen Normierung der (Konzern-)Rechnungslegungsnormen eine zunehmende Bedeutung zuteil wird, wird der Aspekt einer differenzierten Ausgestaltung der (Konzern-)Rechnungslegung und Kapitalkonsolidierung in Kapitel 5 aufgegriffen. Diesbezüglich wird die Ansicht der Interviewpartner, dass große Konzernunternehmen tendenziell die IFRS anwenden, in Kapitel 5 empirisch zu überprüfen sein.

Die in diesem Kapitel erhobenen Ergebnisse dienen in einem weiteren Schritt der Eingrenzung und Ableitung von Forschungsfragen für die Adressatengruppe der Eigenkapitalgeber/Manager in Kapitel 5.

5 Entscheidungsnützlichkeit aus Sicht der Eigenkapitalgeber/Manager

5.1 Überblick

In den Experteninterviews des Kapitels 4 wurde bereits erhoben, dass Kreditinstitute als Fremdkapitalgeber nicht kapitalmarktorientierter Konzernunternehmen die Anwendung der *Full Goodwill*-Methode entsprechend IFRS 3 (*rev.* 2008) ablehnen, der Anwendung der Buchwert- oder Neubewertungsmethode bzw. *Partial Goodwill*-Methode[594] aber indifferent gegenüberstehen. Abgezeichnet hat sich in Kapitel 4 auch, dass Fremdkapitalgeber die Anwendung der Quotenkonsolidierung und *Equity*-Methode für den Einbezug von Gemeinschaftsunternehmen entscheidungsnützlicher einschätzen als durch eine Bewertung mittels Anschaffungskosten- oder *Fair Value*-Methode. Der Quotenkonsolidierung sowie auch der *Equity*-Methode stehen die Fremdkapitalgeber jedoch indifferent gegenüber. Eine eindeutige Präferenz einer konzerntheoretischen Ausrichtung kann anhand der Präferenzen zur Kapitalkonsolidierung von Tochter- und Gemeinschaftsunternehmen aus den Aussagen der befragten Fremdkapitalgeber ebenso nicht abgeleitet werden.

Da den Interessen der Fremdkapitalgeber gemäß der Prämisse der Arbeit, dass diese als „vorrangige" „primäre" Adressaten zu betrachten sind und damit ihren Interessen der Vorzug zu geben ist, sind die Bedürfnisse der Eigenkapitalgeber/Manager nur mehr hinsichtlich jener Kapitalkonsolidierungsmethoden/konzerntheoretischen Ausrichtungen zu erheben, denen die Fremdkapitalgeber indifferent gegenüberstehen.

Aus den Ergebnissen des Kapitels 4 lassen sich für die Adressatengruppe der Eigenkapitalgeber/Manager folgende Forschungsfragen ableiten, die im folgenden Kapitel zu beantworten sind:

- Findet bei gegebenem Wahlrecht die Buchwert- oder Neubewertungsmethode für den Einbezug von Tochterunternehmen bzw. die Quotenkonsolidierung oder *Equity*-Methode für den Einbezug von Gemeinschaftsunternehmen bevorzugt Anwendung?
- Zeichnet sich von Seiten der Eigenkapitalgeber/Manager eine bevorzugte konzerntheoretische Ausrichtung ab?

---

594 Im Folgenden wird unter dem Begriff der Neubewertungmethode auch die *Partial Goodwill*-Methode nach IFRS erfasst.

Um erheben zu können, welche Kapitalkonsolidierungsmethode und daraus abgeleitet welche konzerntheoretische Ausrichtung für Eigenkapitalgeber/Manager bei gegebenen Wahlrechten entscheidungsnützliche Informationen liefern, erfolgt eine Analyse der Konzernabschlüsse des Geschäftsjahres 2006/2007 bzw. 2007.

Die vorliegende Studie untersucht ebenfalls, ob die Eigenkapitalgeber/Manager eine Rechnungslegungsnorm[595] aber auch eine Kapitalkonsolidierungsmethode in Abhängigkeit der Konzerngröße bevorzugen und die für die übrigen Adressaten zugänglichen Informationen mit der Größe des Konzerns variieren. Damit wird auch die Ansicht der Fremdkapitalgeber überprüft, der zufolge nicht kapitalmarktorientierte österreichische Konzernunternehmen tendenziell die IFRS-Rechnungslegungsnormen anwenden. Die Möglichkeit einer damit zum Ausdruck gebrachten differenzierten Ausgestaltung[596] der Rechnungslegung innerhalb der nicht kapitalmarktorientierten Konzernunternehmen anhand von Größenkriterien erscheint insbesondere von Interesse, da sowohl der europäische als auch der nationale Gesetzgeber in einzelnen Teilbereichen eine Differenzierung anhand von Größenkriterien vornimmt, um Abstufungen innerhalb der Rechnungslegungsanforderungen festzulegen. Umso mehr erstaunt es, dass kaum Studien[597] vorliegen, die die Auswirkungen der Größe eines (Konzern-)Unternehmens auf die Wahl einer Rechnungslegungsnorm (UGB/IFRS) bzw. Methodenwahl (zB zur Kapitalkonsolidierung) statistisch nachweisbar belegen.

Daraus lässt sich neben den allgemeinen Forschungsfragen zum Entscheidungsnutzen der Kapitalkonsolidierungsmethoden und einer damit verfolgten konzerntheoretischen Ausrichtung folgende Forschungsfragen hinsichtlich der

---

595 Hinsichtlich der Analyse der Konzernabschlüsse gilt es zu bedenken, dass nicht kapitalmarktorientierte österreichische Konzernunternehmen ihren Konzernabschluss auch als befreienden Konzernabschluss entsprechend § 245a UGB nach IFRS erstellen können.

596 Zu den Grundgedanken und Möglichkeiten einer differenzierten Ausgestaltung der Rechnungslegung siehe Kapitel 5.3.

597 Die Studie DRSC ET AL. (2007) ermöglicht einen Hinweis darauf, inwieweit, abhängig von der Größe der Unternehmen einzelnen Bilanzierungsmethoden ein unterschiedliches Nutzenniveau beigemessen wird. Die Ergebnisse der Studie umfassen jedoch lediglich die relativen Antworthäufigkeiten in Bezug auf Bilanzierungsmethoden. Eine abschließende Aussage im Sinne eines statistischen Zusammenhangs wurde jedoch nicht getroffen. Vgl. DRSC et al. (2007), S. 29ff. Ein Nachweis hinsichtlich der Wahl bestimmter Rechnungslegungsstandards und der Größe eines Unternehmens wurde auch in einer australischen Studie Ende der 80iger Jahre erbracht. Vgl. HOLMES et al. (1991), S. 125ff.

Wahl der Rechnungslegungsnorm und Kapitalkonsolidierungsmethode ableiten, die statistisch auf Basis von Hypothesen zu überprüfen sind.

- Nimmt die Unternehmensgröße Einfluss auf die Wahl der Rechnungslegungsnorm?
- Nimmt die Unternehmensgröße Einfluss auf die Wahl der Einbezugsmethode?
- Nimmt die Unternehmensgröße Einfluss auf die bevorzugte konzerntheoretische Ausrichtung?

5.2 Grundgesamtheit und Erhebung der Daten

Den Ergebnissen der Studie vorgelagert erfolgt die Abgrenzung der Grundgesamtheit. Einbezogen werden alle Konzernunternehmen, die auf Grund der Verpflichtung des § 244 UGB oder freiwillig für das Geschäftsjahr 2006/2007 bzw. 2007 einen Konzernabschluss erstellt und veröffentlicht haben sowie als nicht kapitalmarktorientierte österreichische Konzernunternehmen im Sinne der Abgrenzung der IAS-Verordnung (1606/2002) per 30.06.2009 zu klassifizieren sind.[598]

5.2.1 Verpflichtung zur Erstellung eines Konzernabschlusses nach § 244 UGB

Die Pflicht zur Aufstellung eines Konzernabschlusses wird in Übereinstimmung mit Art. 1ff. der Konzernabschlussrichtlinie (83/349/EWG) vom nationalen Gesetzgeber[599] festgelegt. Eine europaweite einheitliche Regelung besteht auf Grund der Mitgliedstaatenwahlrechte nicht. Dementsprechend unterscheiden sich die Tatbestände, die eine Konsolidierungspflicht auslösen sowie die Ausnahmeregelungen innerhalb der Mitgliedstaaten.[600]

Zur Erstellung eines Konzernabschlusses nach UGB sind gemäß § 244 UGB all jene Mutterunternehmen in der Rechtsform einer Kapitalgesellschaft oder

---

598 Damit wurden auch jene Konzernunternehmen ausgeschieden, die im Geschäftsjahr 2006/2007 bzw. 2007 nicht kapitalmarktorientiert, aber per 30.06.2009 kapitalmarktorientiert waren.

599 Die Pflicht zur Aufstellung ist nach österreichischem Recht in den §§ 244 bis 246 UGB festgelegt.

600 Vgl. EUROPÄISCHE KOMMISSION (2003b), S. 7.

einer Kapitalgesellschaft & Co[601] mit Sitz im Inland verpflichtet, die zumindest über ein Tochterunternehmen verfügen. Mit RÄG 2010[602] bringt der Gesetzgeber in § 249 Abs. 2 letzter Satz UGB klar zum Ausdruck, dass kein Konzernabschluss erstellt werden muss, wenn alle Tochterunternehmen für sich und insgesamt von untergeordneter Bedeutung für das Unternehmen sind.[603]

Ungeachtet einer bestehenden Konsolidierungspflicht sieht der Gesetzgeber zwei weitere Ausnahmetatbestände vor: Gem. § 245 UGB kann auf die Erstellung eines Konzernabschlusses und -lageberichtes verzichtet werden, wenn das Mutterunternehmen selbst wiederum tatsächlich[604] in einen gleichwertig erstellten und geprüften Konzernabschluss einbezogen wird.[605] Bei dem zu befreienden Tochterunternehmen darf zudem keine Börsennotierung vorliegen.[606] Ein befreiender Konzernabschluss und -lagebericht durch ein übergeordnetes Mutterunternehmen setzt voraus, dass die Anteile anderer Gesellschafter des Mutterunternehmens die Aufstellung eines Teilkonzernabschlusses und –lageberichtes nicht verlangt haben.[607] So können gemäß § 245 Abs. 1 UGB der Aufsichtsrat, 10 % der Vertreter des Nennkapitals oder Vertreter von 1,4 Mio€ des Nennkapitals und bei einem ausländischen befreienden Konzernabschluss ebenso der Aufsichtsrat sowie 5 % der Vertreter des Aufsichtsrates und Vertreter von 700 T€ des Nennkapitals die Aufstellung eines Teilkonzernabschlusses verlangen.

601 Vgl. § 244 Abs. 3 UGB.

602 Vgl. BGBl. I 170/2009.

603 Vgl. dazu BT zu Art. I Z. 10 (§ 249) der Gesetzesmaterialien zum RÄG 2010.

604 Der Befreiungsgrund liegt demnach nicht vor, wenn ein Einbezug in den übergeordneten Konzernabschluss auf Grund eines Konsolidierungswahlrechtes nicht erfolgt. Vgl. FRÖHLICH (2007), S. 25.

605 Vgl. § 245 Abs. 1 UGB sowie FRÖHLICH (2007), S. 25f.; SIEBOURG (1998), § 291 Rz. 11.

606 Vgl. § 245 Abs. 5 UGB. Eine Börsennotierung liegt entsprechend § 245 Abs. 5 sowie § 246 Abs. 3 UGB vor, wenn am Abschlussstichtag Aktien oder andere von dem Mutterunternehmen oder einem in den Konzernabschluss des Mutterunternehmens einbezogenen Tochterunternehmen ausgegebene Wertpapiere an einem geregelten Markt im Sinne des § 1 Abs. 2 BörsG oder an einem anerkannten, für das Publikum offenen, ordnungsgemäß funktionierendem Wertpapiermarkt in einem Vollmitgliedstaat der OECD zum Handel zugelassen sind.

607 Zu den Einzelheiten siehe FRÖHLICH (2007), S. 27; DEUTSCH (2000), § 245 Rz. 16ff. Kapitalmarktorientierte Konzernunternehmen können von der Möglichkeit eines befreienden Konzernabschlusses entsprechend § 245 Abs. 5 UGB nicht Gebrauch machen. Eine Beschränkung des im Vergleich zum UGB bislang stärkeren Minderheitenschutzes sieht der deutsche Gesetzgeber im Rahmen des BilMoG vor. Vgl. BT Art. 1 zu Nr. 36 (§ 291 dHGB) des Gesetzesentwurfes zum BilMoG.

Entsprechend Art. 6 der Konzernabschlussrichtlinie (83/349/EWG) sieht der österreichische Gesetzgeber auch eine Befreiung von der Konsolidierungspflicht vor, wenn gemäß § 246 UGB bestimmte Größenkriterien nicht überschritten werden sowie keine Börsennotierung iSd § 246 Abs. 3 UGB[608] vorliegt. Diese Größenmerkmale beziehen sich auf die Konzernbilanzsumme, Konzernumsatzerlöse sowie die jährlich durchschnittliche Anzahl der Arbeitnehmer des Mutterunternehmens und der in den Konzernabschluss einbezogenen Tochterunternehmen.[609] Eine Berechnung der angeführten Werte kann für den gesamten Konsolidierungskreis[610] jährlich wechselnd,[611] nach der Brutto- sowie der Nettomethode ermittelt werden. [612] Bei Anwendung der Bruttomethode gemäß § 246 Abs. 1 Z. 1 UGB erfolgt eine Aufsummierung der Werte der Einzelabschlüsse aller in den Konzernabschluss einbezogenen Tochterunternehmen, wohingegen die Nettomethode gemäß § 246 Abs. 1 Z. 1 UGB eine Aufsummierung der Werte aller Konzernunternehmen nach erfolgter Konsolidierung darstellt. Werden mindestens zwei der drei Größenmerkmale an zwei aufeinander folgenden Konzernabschlussstichtagen[613] überschritten bzw. unterschritten, beginnt bzw. endet im Folgejahr[614] die Konzernrechnungslegungspflicht.[615]

Im Zuge des URÄG 2008[616] wurden auch die Schwellenwerte der sog. Schwellenwertrichtlinie (2006/46/EG)[617] vom 14.06.2006 umgesetzt. Auf eine

608 Vgl. dazu Fn. 606.

609 Vgl. § 246 Abs. 1 UGB.

610 Dem Schrifttum folgend sind auch bei der Berechnung der Größenkriterien nach der Bruttomethode lediglich die Einzelabschlüsse der Tochterunternehmen, die auch tatsächlich in den Konzernabschluss einbezogen werden, heranzuziehen. Tochterunternehmen, die auf Grund eines Konsolidierungswahlrechtes nicht miteinbezogen werden, sind nicht miteinzurechnen. Vgl. EGGER et al. (2009), S. 26; DEUTSCH (2000), § 246 Rz. 11.

611 Vgl. WAGENHOFER (1991), S. 342. Ausgeschlossen ist ein Vermischen der Schwellenwerte innerhalb der Methoden, etwa durch Berechnen der Umsatzerlöse nach der Bruttomethode und der Bilanzsumme nach der Nettomethode. Vgl. ADLER et al. (1995), § 293 Rz. 15.

612 Näheres zur Berechnungsweise siehe HUEMER (2002), S. 147ff.; DEUTSCH (2000), § 246 Rz. 10ff.

613 Ausführlich zu den zeitlichen Voraussetzungen siehe DEUTSCH (2000), § 246 Rz. 20ff.

614 Vgl. EGGER et al. (2009), S. 26f.; FRÖHLICH (2007), S. 30. Zum Widerspruch des Abs. 1 und Abs. 2 des § 246 UGB siehe die kritischen Ausführungen bei DEUTSCH (2000), § 246 Rz. 20ff.

615 Vgl. 246 Abs. 2 UGB.

616 Vgl. BGBl. I 70/2008.

617 Vgl. L 224/2006.

Darstellung der im Untersuchungszeitraum gültigen Schwellenwerte wird verzichtet, da auch Unternehmen, die freiwillig einen Konzernabschluss beim Firmenbuchgericht eingereicht haben, in die Studie einbezogen wurden. Eine Abgrenzung ist ohnedies auf Grund der Möglichkeit der Wahl zwischen der Brutto- und Nettomethode kaum nachvollziehbar.

Anzumerken ist, dass vom europäischen Gesetzgeber keine eigenständigen Größenmerkmale für die Konzernabschlusspflicht festgelegt werden, sondern ein Verweis auf die in Art. 27 der Bilanzrichtlinie (78/660/EWG) festgelegten Größenkriterien für große Kapitalgesellschaften erfolgt. Grundsätzlich entsprechen sich damit die Größenkriterien der großen Kapitalgesellschaften und des Konzerns.

Für die in § 221 UGB geregelten Größenkriterien der Erstellungspflicht eines Einzelabschlusses für Kapitalgesellschaften nimmt der österreichische Gesetzgeber aber von der in Art. 12 Abs. 2 der Bilanzrichtlinie (78/660/EWG)[618] festgelegten Möglichkeit der Erhöhung der Umsatzerlöse sowie der Bilanzsumme um 10 % gegenüber den Größenkriterien der Richtlinie (2006/46/EG) Gebrauch, wodurch sich auch die 19,25 Mio€ Bilanzsumme und 38,5 Mio€ Umsatzerlöse des § 221 Abs. 2 UGB erklären. Der österreichische Gesetzgeber folgte diesbezüglich der Vorgehensweise des deutschen Gesetzgebers, um Wettbewerbsnachteile gegenüber deutschen Unternehmen auszuschließen bzw. gleichzeitig eine Kostenreduktion bei Kapitalgesellschaften herbeizuführen.[619]

Auch wenn Art. 6 Abs. 2 der Konzernabschlussrichtlinie (83/349/EWG) auf die Möglichkeit der Ausnutzung der 10 %igen Erhöhung für die Erstellung eines Konzernabschlusses hinweist, hat der österreichische Gesetzgeber die Möglichkeit zur Anpassung für die Größenkriterien des § 246 UGB nicht mehr in Anspruch genommen. Der deutsche Gesetzgeber hat hingegen diesen Verweis genutzt und auch die Größenkriterien zur Erstellung eines Konzernabschlusses um 10 % erhöht. Das Argument, keine Wettbewerbsnachteile gegenüber deutschen Unternehmen schaffen zu wollen, ist damit nicht auf die Erstellungspflicht eines Konzernabschlusses übertragbar. Selbst wenn dadurch eine Inkonsequenz in der

618 Die 10 %ige Erhöhung findet ihre Rechtfertigung in der Umrechnung einer nationalen Währung in die in europäischen Rechnungseinheiten ausgedrückten Beträge. Vgl. Art. 12 Abs. 2 der Bilanzrichtlinie (78/660/EWG). Inwieweit derartige Anpassungen auch bei Mitgliedstaaten greifen, die bereits den Euro als Währung haben, gilt als ungeklärt. Im Gesetzesentwurf zum BilMoG wird mit der Gleichstellung von Mitgliedstaaten, die bereits den Euro als nationale Währung haben, mit jenen, die keinen Euro haben, argumentiert. Vgl. BT Art. 1 zu Nr. 19 (§ 267 dHGB) des Gesetzesentwurfes zum BilMoG.

619 Vgl. BT zu Z. 2 (§ 221) der RV URÄG 2008.

Argumentation besteht, beschränkt sich die tatsächliche Benachteiligung auf wenige Unternehmen.[620]

In Übereinstimmung mit Art. 6 Abs. 2 der Konzernabschlussrichtlinie (83/349/EWG) liegen die für die Bilanzsumme bzw. Umsatzerlöse maßgeblichen Grenzwerte bei Anwendung der Bruttomethode 20 % über jenen nach der Nettomethode. Mit dieser Differenz wird berücksichtigt, dass die lediglich aufsummierten Werte bei Anwendung der Bruttomethode höher sein werden, als jene nach durchgeführten Konsolidierungsmaßnahmen bei Anwendung der Nettomethode.[621]

Tabelle 9: Größenkriterien zur Befreiung von der Konzernabschlusspflicht für Geschäftsjahre beginnend mit 31.12.2007

	Bruttomethode	**Nettomethode**
Bilanzsumme	21,0 Mio€	17,5 Mio€
Umsatzerlöse	42,0 Mio€	35,0 Mio€
Arbeitnehmer	250	250

Das Festlegen von Schwellenwerten begründet sich darin, dass die Kosten der Erstellung den zusätzlichen Informationsnutzen nicht rechtfertigen würden. Die Schwellenwerte und damit, ab welchen Größenkriterien ein Konzernabschluss entscheidungsnützliche Informationen generiert, werden vom Europäischen Gesetzgeber festgelegt. Den Mitgliedstaaten wird das Recht zugestanden, keine oder niedrigere größenabhängige Befreiungen im nationalen Rechnungslegungsrecht festzusetzen. Die Grenze, ab wann die Kosten der Erstellung den

620 Bezogen auf das Geschäftsjahr 2006/2007 bzw. 2007 erfüllen sieben Unternehmen die bis 31.12.2007 geltenden in § 246 Abs. 1 Z. 2 UGB normierten Größenkriterien nicht. Bei Gegenüberstellung mit den ab 1.1.2008 gültigen Größenkriterien erfüllt die Katzenberger Baustoffindustrie GmbH (FN253963a) sowie die Rudolf Holzmann AG (FN174882f) die Größenkriterien des § 246 UGB nicht. Bei einer Erhöhung der Größenkriterien um 10 % gemäß Art. 12 Abs. 2 der Bilanzrichtlinie (78/660/EWG) wie in § 221 Abs. 2 UGB würde lediglich die Schösswender-Werke Gesellschaft m.b.H. (FN071458k) die Größenkriterien der Erstellung des Konzernabschlusses nicht mehr erfüllen. Anzumerken ist, dass anhand der Konzernabschlüsse nur ein Rückschluss auf die konsolidierten Werte möglich ist sowie, dass erst ein zweimaliges Unterschreiten zum Verlust der Konsolidierungspflicht führt. Ebenso kann nicht beantwortet werden, inwieweit freiwillig ein Konzernabschluss erstellt und eingereicht werden würde.

621 Vgl. SIEBOURG (1998), § 293 Rz. 6.

zusätzlichen Informationsnutzen rechtfertigen, wird jedoch vom europäischen Gesetzgeber mitgliedsstaatenübergreifend getroffen.

In den Empfehlungen der Europäischen Kommission, welche im Zuge des Aktions-programmes zur „Verringerung der Verwaltungslasten"[622] verfasst wurden, wird die bislang festgelegte Zweijahresfrist zumindest für die Schwellenwerte von kleinen und mittleren Unternehmen überarbeitet. Um den Verwaltungsaufwand zu reduzieren, wurde eine Fünfjahresfrist für Unternehmen angedacht, die die Schwellenwerte überschreiten und eine Einjahresfrist für Unternehmen, die die Schwellenwerte von mindestens zwei Größenkriterien in einem Jahr nicht erreichen.[623] Dies würde zu einer disparitätischen Vorgehensweise beim Wechsel zwischen Unternehmensgrößenklassen führen.[624]

Das Festlegen sowohl des Ermittlungszeitraumes[625] als auch der Größenklassen ist immer mit einer gewissen Willkür verbunden. Aus Sicht der Entscheidungsnützlichkeit gilt aber der obige Änderungsvorschlag für nicht kapitalmarktorientierte Konzernunternehmen als bedenklich, da auch bei einem stetig wachsenden (Konzern-)Unternehmen entscheidungsnützliche Informationen erst nach fünf Jahren erhältlich wären.[626] Inwieweit jedoch nicht freiwillig ein (Konzern-)Abschluss erstellt bzw. von den Fremdkapitalgebern verlangt[627] und damit Kostenaspekte der Bilanzersteller außer Acht gelassen werden, lässt sich an dieser Stelle nicht beantworten.

5.2.2 Abgrenzungskriterien und Erhebung der Grundgesamtheit

Problematisch ist eine an der Praxis der Bilanzierenden ausgerichtete Rechnungslegung zu sehen, wenn im Zuge der Erhebung der Bilanzierungspraxis nur einige wenige Bilanzierende, die sich zudem vornehmlich auch aus Eigeninteresse beteiligen, „auserwählt" werden. Unterschiede in den Bilanzierungspraktiken würden auf Grund des Verkennens der heterogenen Zusammensetzung von Bilanzierenden nicht erkannt werden und die Legitimation einer derartigen Normentwicklung von vornherein in Frage stellen.[628] Die Studie zielt deshalb

622 Vgl. EUROPÄISCHE KOMMISSION (2007a), S. 1ff.

623 Vgl. EUROPÄISCHE KOMMISSION (2007b), S. 18.

624 Vgl. KÖHLER (2008), S. 11.

625 Vgl. KÖHLER (2008), S. 11.

626 Vgl. KNORR et al. (2007), S. 2114.

627 Zur Problematik des Herabsetzens der Schwellenwerte aus Sicht der Fremdkapitalgeber wird auf Kapitel 4.3.1 verwiesen.

628 Vgl. BERNDT (2005), S. 174.

mittels der folgenden Abgrenzung der Grundgesamtheit, darauf ab, die Konzernunternehmen, die im Geschäftsjahr 2006/2007 bzw. 2007 einen Konzernabschluss erstellt haben, soweit als möglich zu erfassen.

Von der Grundgesamtheit ausgeschlossen wurden jedoch nicht kapitalmarktorientierte Kreditinstitute, Beteiligungsgesellschaften, Versicherungen und Glücksspielbetriebe[629], wegen ihrer Bedeutung für die Funktionsfähigkeit einer Volkswirtschaft[630] und/oder ihrer Eigenart der Geschäftstätigkeit.[631]

Der Untersuchungsgegenstand behandelt die Konzernrechnungslegung und im Speziellen die Kapitalkonsolidierung nicht kapitalmarktorientierter österreichischer Konzerne, aus diesem Grund wurden die von einem österreichischen Teilkonzern beim Firmenbuch eingereichten Konzernabschlüsse eines übergeordneten[632] Konzernunternehmens nicht in die Studie miteinbezogen.

Eine Einschränkung der Grundgesamtheit erfolgt auch in Bezug auf all jene nicht kapitalmarktorientierten österreichischen Konzernunternehmen, die einen Konzernabschluss erstellt und zugleich ihrer Offenlegungspflicht[633] nachge-

---

629 Davon erfasst ist als nicht kapitalmarktorientierter österreichischer Glücksspielbetrieb die Casinos Austria Aktiengesellschaft (FN 099639d).

630 Vgl. EIERLE (2003), S. 50.

631 Vgl. HEYD (1982), S. 174ff.

632 Ist ein Konzern in einen übergeordneten Konzernabschluss eines ausländischen Mutterunternehmens einbezogen, so kann auf die Erstellung eines Konzernabschlusses gemäß § 245 UGB verzichtet werden. Voraussetzung ist jedoch, dass das von der Erstellung befreite Konzernunternehmen tatsächlich in den Konzernabschluss des übergeordneten Konzernunternehmens einbezogen wird und der befreiende Konzernabschluss nach gleichwertigen Vorschriften entsprechend dem UGB erstellt und geprüft wird sowie in deutscher Sprache beim Firmenbuch eingereicht wird. Vgl. § 280 Abs. 2 UGB; FRÖHLICH (2007), S. 24ff.

633 Für Konzernabschlüsse, die verpflichtend nach den unternehmensrechtlichen Vorschriften zu erstellen sind, gilt, dass diese gemäß § 280 Abs. 1 UGB von den gesetzlichen Vertretern einer Gesellschaft, die den Konzernabschluss zu erstellen haben, offenzulegen sind. Ebenso sind der Bestätigungsvermerk oder der Vermerk über dessen Versagung und der Konzernlagebericht offenzulegen. Die Offenlegung des Konzernabschlusses hat zudem gleichzeitig mit der Offenlegung des Jahresabschlusses zu erfolgen. Vgl. § 280 Abs. 1 UGB. Einer Offenlegung wird durch Einreichung beim Firmenbuchgericht des Sitzes der Gesellschaft entsprochen. Vgl. § 280 Abs. 1 UGB. Zu den Offenlegungsvorschriften des Konzernabschlusses siehe im Detail ÖPPINGER (2009), S. 1571f. Wird die Offenlegungspflicht nicht wahrgenommen, so findet von Amts wegen die Verhängung einer Zwangsstrafe statt, welche nicht antragsgebunden ist. Vgl. LECHNER (2000), § 283 Rz. 2. Der repressive Charakter der Zwangsstrafe wurde im Rahmen des Publizitätsrichtlinien-Gesetz (PuG) (BGBl. I 103/2006) verankert. Auch wenn die Durchsetzung der Pflicht zur Vorlage der Jahresabschlüsse einschlägig in § 283 UGB geregelt ist, wird durch die Verankerung in § 24 FBG der repressive Charakter der

kommen sind. Konzernabschlüsse, die erstellt, aber nicht beim Firmenbuchgericht eingereicht wurden, wird mangels Informationswirkung gegenüber konzernexternen Adressaten keine weitere Aufmerksamkeit geschenkt.

Inwieweit in Österreich[634] die Offenlegungsverpflichtungen von Konzernabschlüssen verletzt werden, konnte auf Grund konkreter empirischer Erhebungen noch nicht bestätigt werden.[635] Mangels Veröffentlichungen von Verletzungen der Konzernabschlusspflicht nicht kapitalmarktorientierter Konzernunternehmen im Amtsblatt der Wiener Zeitung ist davon auszugehen, dass die Offenlegungspflicht überwiegend wahrgenommen wurde. Im Rahmen der Erhebungsphase konnte zudem vom Firmenbuchgericht Linz bestätigt werden, dass auf Grund der elektronischen Möglichkeiten die Offenlegungspflichten bereits einmal eingereichter Konzernabschlüsse in den Folgejahren jährlich von den zuständigen Firmenbuchgerichten überprüft werden. Lediglich in den Fällen, in denen das Mutterunternehmen noch keinen Konzernabschluss offengelegt und auch im Anhang[636] des Einzelabschlusses des Mutterunternehmens kein Konzernverhält-

Zwangsstrafe verdeutlicht. Vgl. Art. 1 Z. 3 (§ 24 FBG) BT des PuG. Eine Zwangsstrafe ist mit bis zu 3.600 € bei erstmaligem Verstoß begrenzt. Vgl. § 283 Abs. 1 UGB. Entsprechend § 283 Abs. 2 UGB folgt eine weitere Zwangsstrafe von bis zu 3.600 €, wenn der ersten Aufforderung nicht nachgekommen wird. § 283 Abs. 3 UGB legt fest, dass bei einem Außerachtlassen der zweiten Zwangsstrafe der Höchstbetrag das Dreifache des Betrags nach Abs. 2 sowie bei großen Kapitalgesellschaften das Sechsfache beträgt.

634 Eine empirische Untersuchung in Deutschland zeigte, dass weniger als 5 % der per Gesetz Verpflichteten der Offenlegung des Einzel- und Konzernabschlusses im Bundesanzeiger oder Handelsregister im Geschäftsjahr 2002 ihrer Offenlegungspflicht nachkamen. Vgl. MARX/DALLMANN (2004), S. 935. Gründe dafür könnten in einer vermuteten negativen Konkurrenzwirkung offengelegter Informationen liegen. Vgl. BAETGE/APELT (1988), S. 1709. Die private Weitergabe von Informationen an Adressaten schien für die Unternehmen effizienter zu sein als die Offenlegung der Abschlüsse. Vgl. MARX/DALLMANN (2004), S. 930. Die Nutzung elektronischer Daten, wie auch von den österreichischen Firmenbuchgerichten eingesetzt (Auskunft Firmenbuchgericht Linz 06.07.2008), bewirkte eine verstärkte Zwangsstrafenverhängung aber auch eine erhöhte Offenlegung. Vgl. SCHLAUß (2007), S. 2191ff.

635 Der Studie ÖPPINGER (2009) kann entnommen werden, dass die Offenlegungspflicht für den Jahresabschluss bei einer Grundgesamtheit der 200 größten Unternehmen Österreichs in 95,5 % der Fälle im Geschäftsjahr 2007 wahrgenommen wurde. Mangels Bekanntheit des Vorliegens von Konzernverhältnissen konnte das Einhalten der Offenlegungsverpflichtungen bei Konzernabschlüssen in der Studie nicht beurteilt werden. Vgl. ÖPPINGER (2009), S. 1577.

636 Anhand der Größenmerkmale eines Einzelunternehmens und bestehender Beteiligungsverhältnisse wird keinen Konzernabschlussverhältnissen nachgegangen. Informationsstand per 08.07.2008.

nis deklariert wurde, ist eine Verletzung der Offenlegungspflichten nur auf Antrag ersichtlich.

Hinsichtlich der Vorgehensweise bei der Erhebung der Grundgesamtheit nicht kapitalmarktorientierter österreichischer Konzernunternehmen ist darauf hinzuweisen, dass gemäß § 5 Z. 3 FBG der Tag der Einreichung[637] des Jahres- und Konzernabschlusses sowie der Abschlussstichtag im Firmenbuch einzutragen sind und ein entsprechender Eintrag[638] im Firmenbuch im Amtsblatt der Wiener Zeitung veröffentlicht wird. Reicht ein Konzernunternehmen einen Konzernabschluss beim Firmenbuchgericht ein, werden somit das Datum der Einreichung sowie der Konzernabschlussstichtag im Amtsblatt der Wiener Zeitung veröffentlicht. Im Rahmen der vorliegenden Untersuchung wurde mit Hilfe der Suchfunktion in der Datenbank des Amtsblattes der Wiener Zeitung eine Einschränkung auf das Suchkriterium „Konzernabschluss“ im Anzeigentext aller Bekanntmachungen beginnend mit 1.1.2007 vorgenommen.[639]

Da der Konzernabschluss entsprechend § 280 iVm § 277 Abs. 1 erster Satz UGB längstens neun Monate nach dem Bilanzstichtag zu veröffentlichen ist, erfolgt neben der Abgrenzung auf jene nicht kapitalmarktorientierten österreichischen Konzernunternehmen, die im Geschäftsjahr 2006/2007 bzw. 2007 einen Konzernabschluss veröffentlicht haben, eine Abgrenzung dahingehend, dass eine Bekanntmachung eines Eintrages im Firmenbuch bis einschließlich 04.03.2009 im Amtsblatt der Wiener Zeitung zu erfolgen hatte. Bekanntmachungen von Firmenbucheinträgen nach dem 04.03.2009 finden in der Studie keine Berücksichtigung.

Die elektronisch eingebrachten Konzernabschlüsse wurden in weiterer Folge kostenpflichtig vom Onlineportal „Portal Austria“ downgeloadet. Die elektronische Erfassung aller beim Firmenbuch eingebrachter Urkunden wurde bereits im Jahre 2005 im Zuge der Modernisierung des elektronischen Rechtsverkehrs umgesetzt.[640] Ab Bilanzstichtag 31.12.2007 ist der Jahresabschluss[641] von den Un-

637 § 280 UGB enthält keinen expliziten Hinweis bezüglich einer Neunmonatsfrist für Konzernabschlüsse. Auf Grund der Verpflichtung gemäß § 280 Abs. 1 UGB den Jahresabschluss des Mutterunternehmens gemeinsam mit dem Konzernabschluss einzureichen, scheint eine derartige Schlussfolgerung im Sinne des Gesetzgebers zu sein. Vgl. ZEHETNER/PLATZER (2000), § 280 Rz. 25.

638 Eintragungen im Firmenbuch, unter denen auch die Einreichung eines Konzernabschlusses zu subsumieren ist, werden im Amtsblatt der Wiener Zeitung annonciert.

639 Eine Veröffentlichung hat auch den Anzeigentext „Konzernabschluss“ zu enthalten.

640 Vgl. BLOCHER/ZISAK (2006), S. 617.

641 Wenngleich der Gesetzgeber ausdrücklich nur die Einbringung des Jahresabschlusses verlangt, sind auch Konzernabschlüsse und entsprechende (Konzern-)Lageberichte auf elektronischem Wege einzubringen. Per dato ist jedoch eine Einbringung eines Kon-

ternehmen grundsätzlich[642] verpflichtend auf elektronischem Weg einzureichen und wird in der Firmenbuchdatenbank erfasst.[643] Eine Abgrenzung erfolgt darüber hinaus auch bezüglich elektronisch beim Firmenbuchgericht hinterlegter und abrufbarer Abschlüsse.

Nach erfolgter sachlicher, zeitlicher und geographischer Abgrenzung bilden 206 nicht kapitalmarktorientierte österreichische Konzernunternehmen die zu untersuchende Grundgesamtheit.

5.3 Größenabhängige Differenzierung innerhalb nicht kapitalmarktorientierter österreichischer Konzernunternehmen

5.3.1 Einführung

Möglichkeiten einer differenzierten Rechnungslegung wurden im Schrifttum[644] insbesondere zur Abgrenzung der Anforderungen zwischen kapitalmarktorientierten und nicht kapitalmarktorientierten Konzernunternehmen betrachtet.[645] Im Folgenden wird ausgehend von den in der Literatur dargestellten Differenzierungskriterien insbesondere den Möglichkeiten der Differenzierung der Rechnungslegungsanforderungen innerhalb nicht kapitalmarktorientierter (Konzern-) Unternehmen Aufmerksamkeit zuteil.

---

zernabschlusses in strukturierter Form nicht möglich, sondern hat in einem pdf-Dokument zu erfolgen. Die Einbringung geprüfter Jahres- bzw. Konzernabschlüsse hat jedenfalls durch einen Wirtschaftstreuhänder zu erfolgen.

642 Eine Einbringung in Papierform ist möglich, sofern die Umsatzerlöse 70.000 € nicht überschreiten. Vgl. § 277 Abs. 6 UGB.

643 Vgl. § 277 Abs. 6 UGB; BLOCHER/ZISAK (2006), S. 617.

644 Für den deutschsprachigen Raum sind die Arbeiten von EIERLE (2005a), S. 279ff.; EIERLE (2003), S. 1ff. sowie PELLENS/FÜLBIER (2000), S. 572ff. wegweisend. International können die Arbeiten von MERSEREAU (2002), S. 30ff.; KENT/MUNRO (1999), S. 359ff.; WALTON (1992), S. 43ff.; HOLMES et al. (1991), S. 125ff. angeführt werden.

645 Die Diskussionen wurden außerhalb Europas insbesondere vor dem Hintergrund verpflichtender Standards auch für nicht kapitalmarktorientierte Unternehmen geführt (sog. „*little*“ GAAP). Vgl. MERSEREAU (2002), S. 30.

Eine differenzierte Rechnungslegung (*differential reporting*[646]) lässt sich in zweifacher Hinsicht begründen:

- Einerseits kann eine differenzierte Rechnungslegung damit begründet werden, dass Unterschiede in den Kostenbelastungen unternehmensindividuell bestehen.[647]
- Andererseits darin, dass Rechnungslegungsadressaten unterschiedliche Informationsbedürfnisse in Abhängigkeit von unternehmensspezifischen Merkmalen haben und die Bedürfnisse der Rechnungslegungsadressaten in Abhängigkeit unternehmensspezifischer Kriterien mittels einer differenzierten Rechnungslegung besser befriedigt werden können.[648]

5.3.2 Kosten als Differenzierungskriterium

Der Aspekt der Kostenorientierung begründet sich allgemein darin, dass nicht alle (Konzern-)Unternehmen den gleichen kostenintensiven Bilanzierungs- und Bewertungsmethoden unterliegen sollen.[649]

Darüber hinaus lässt sich eine Norm nur solange rechtfertigen, als die dadurch verursachten Kosten nicht größer sind als der erwartete Entscheidungsnutzen.[650] Eine derartige kostenorientierte Betrachtungsweise tangiert auch den Grundsatz der Wirtschaftlichkeit.[651] Demnach wird die Beschaffung von unwe-

646 Bislang existiert keine umfassende Definition des Terminus „*differential reporting*". Eine Begriffsbestimmung im engeren und weiteren Sinne nimmt EIERLE (2005b), S. 647f. vor. Gemäß der weiter gefassten Begriffsbestimmung kann die Normierung der externen Unternehmensberichterstattung in die Bereiche Abschlusserstellung, Abschlussprüfung, Offenlegung und Enforcement unterteilt werden. Eine Fokussierung auf die anzuwendenden Rechnungslegungsnormen im Bereich der Abschlusserstellung gilt als bezeichnend für die Definition des „*differential reporting*" im engeren Sinne. Vgl. EIERLE (2005b), S. 645f.

647 Vgl. EIERLE (2003), S. 42; WALTON/HARVEY (1996), S. 6.

648 Vgl. EIERLE (2003), S. 42; MERSEREAU (2002), S. 31; WALTON/HARVEY (1996), S. 6.

649 Vgl. EIERLE (2003), S. 52.

650 Eine Orientierung lediglich an einer hohen Informationsvermittlung wird auch von BALLWIESER (1982), S. 777 anstelle einer Kosten-/Nutzenbetrachtung kritisiert.

651 Auch wenn der Grundsatz der Wirtschaftlichkeit in der Siebten EG-Richtlinie oder im UGB nicht geregelt ist, ist dieser aus verschiedenen Einzelvorschriften (zB § 249 Abs. 1 Z. 2 UGB) abzuleiten. Vgl. BALLWIEßER (1997), S. 146. Der Grundsatz der Wirtschaftlichkeit wird im Schrifttum jedenfalls als ein Grundsatz der unterneh-

sentlichen Informationen von den damit verbundenen Kosten abhängig gemacht.[652] Insbesondere in der Konzernrechnungslegung, die ohnedies mit hohen Kosten verbunden ist, kommt TRÜTZSCHLER (1998) zufolge dem Grundsatz der Wirtschaftlichkeit eine besondere Bedeutung zu.[653]

Im Unterschied zum Grundsatz der Wirtschaftlichkeit umfasst eine kostenorientierte Differenzierung nicht nur den Verzicht auf unwesentliche Informationen, sondern auch die Möglichkeit wesentliche Informationen mittels mehr oder weniger kostenintensiven Methoden darzustellen. Wie insbesondere allgemeiner Art vom IASB angeführt, erweist sich eine Kosten-/Nutzenabschätzung jedoch als schwierig,[654] da diese wiederum individuellen subjektiven Einschätzungen unterliegt.

Eine differenzierte Rechnungslegung anhand der Kostenorientierung erlangt neuerdings insbesondere durch die von der Europäischen Kommission geforderten Verwaltungsvereinfachungsverfahren[655] und der damit in Verbindung stehenden Kosten-/Nutzen-abwägungen im Normierungsprozess eine zusätzliche Bedeutung. Demnach ist für jede einzelne (Konzern-)Rechnungslegungsnorm eine Kosten-/Nutzenbetrachtung[656] durchzuführen,[657] um die in diesem Zusammenhang anfallende Verwaltungslast bis zum Jahr 2012 um 25 %[658] zu verringern.

---

mensrechtlichen Konzernrechnungslegung gewertet. Vgl. dazu Trützschler (1998), Kapitel II, Art. 2 Rz. 1026.

652 Vgl. Trützschler (1998), Kapitel II, Art. 2 Rz. 1026.

653 Vgl. Trützschler (1998), Kapitel II, Art. 2 Rz. 1026.

654 Vgl. F.44.

655 Mit 14.11.2006 hat die Kommission der EU in einer Mitteilung „Strategische Überlegungen zur Verbesserung der Rechtsetzung in der Europäischen Union" die Einsparung von Verwaltungskosten formuliert. Vgl. EUROPÄISCHE KOMMISSION (2006), S. 9. Demnach hat der Gesetzgeber Regelungen auch vor dem Hintergrund anfallender bürokratischer Verwaltungslasten für Unternehmen zu beurteilen. Vgl. KÖHLER (2008), S. 5.

656 Zur Qualifizierung und Quantifizierung des Bürokratieaufwandes schlägt die Europäische Kommission in einem Arbeitsdokument „Berechnung der Verwaltungskosten und Verringerung der Verwaltungslasten der Europäischen Union" das europäische Standardkostenmodell vor. Zur Ermittlung der Kosten einer einzelnen Verwaltungstätigkeit sind die erforderlichen Zeiteinheiten mit dem Stundensatz zu multiplizieren sowie Anschaffungskosten von Wirtschaftsgütern, die zur Aufgabenerfüllung notwendig sind, zu addieren. Um die gesamtwirtschaftliche Belastung zu errechnen ist des Weiteren zu eruieren, wie häufig diese im Betrachtungszeitraum anfallen sowie wie viele Unternehmen betroffen sind. Vgl. KÖHLER (2008), S. 7f.

657 Vgl. KÖHLER (2008), S. 6.

658 Vgl. KÖHLER (2008), S. 12.

Dem Schrifttum ist zu entnehmen, dass die Größe des (Konzern-)Unternehmens gleichzeitig auch eine Differenzierung unter dem Kostenaspekt rechtfertigt.[659] Unterstellt wird, dass die erforderlichen Ressourcen und insbesondere das Know-How zur Anwendung komplexerer und damit auch kostenintensiverer Methoden in kleineren Unternehmen nicht in jedem Fall vorhanden sein werden. Bei Inanspruchnahme externer Rechnungslegungsexperten steigen die Kosten der Erstellung wiederum, wodurch ein angemessenes Kosten-/Nutzenverhältnis mit sinkender Größe eines Unternehmens schwerer erreicht werden kann.[660] Die Anwendung von Rechnungslegungsnormen und -methoden mit geringeren Kosten erfährt für kleinere (Konzern-)Unternehmen infolgedessen eine Rechtfertigung.[661]

Es herrscht weitgehend Einigkeit darüber, dass die IFRS als Rechnungslegungsnormen in ihrer inhaltlichen Ausprägung komplexer und hinsichtlich der Berichterstattungserfordernisse deutlich umfangreicher als die UGB-Rechnungslegungsnormen sind.[662] Neben den Umstellungskosten sind die IFRS auch im laufenden Betrieb deutlich kostenintensiver als die nationalen Rechnungslegungsnormen.[663] Kritisch anzumerken ist zudem die aktuell gegebene hohe Veränderungsdynamik der IFRS, die laufende Schulungskosten und Systemanpassungen verursachen.[664] Angesichts der zusätzlich zu tragenden Kosten ist nachvollziehbar, dass kleinere Unternehmen von einer IFRS-Umstellung absehen, da ihrerseits der dadurch erreichte höhere Informationsgehalt die Kosten nicht aufwiegen würde.[665]

Inwieweit zwischen der angewendeten Rechnungslegungsnorm und der Größe eines nicht kapitalmarktorientierten österreichischen Konzernunternehmens ein Zusammenhang besteht und damit indirekt nachgewiesen werden kann, ob kleinere nicht kapitalmarktorientierte österreichische Konzernunternehmen die „kostengünstigeren" UGB-Rechnungslegungsvorschriften bevorzu-

---

659 Vgl. WALTON (1992), S. 46.

660 Vgl. HOLMES/NICHOLLS (1989), S. 147; ABDEL-KHALIK (1983), S. 43ff.

661 Allgemein dazu siehe BREIDENBACH (1997), S. 139f.

662 Dazu beispielhaft BDI/ERNST & YOUNG GLOBAL LIMITED (2005), S. 28; MANDLER (2004), S. 152; STEINER/GROSS (2004), S. 558; ARBEITSKREIS EXTERNE UNTERNEHMENSRECHNUNG (2003), S. 1585; HALLER (2003), S. 415; SCHILDBACH (2002), S. 271; BÖCKING (2001), S. 1437; PELLENS/FÜLBIER (2000), S. 592f.

663 Vgl. SCHILDBACH (2002), S. 271; BÖCKING (2001), S. 1437; PELLENS/FÜLBIER (2000), S. 592f.; ARBEITSKREIS EXTERNE UNTERNEHMENSRECHNUNG (2003), S. 1585.

664 Vgl. KAHLE (2003), S. 274.

665 Vgl. JÖDICKE/WEINREIS (2004), S. 369.

gen, wird in Kapitel 5.6.1 mittels Analyse der Konzernabschlüsse des Jahres 2006/2007 bzw. 2007 erhoben.

Auch hinsichtlich der Wahl der Kapitalkonsolidierungsmethode und der im Konzernabschluss verfolgten konzerntheoretischen Ausrichtung ist jedenfalls davon auszugehen, dass die Eigenkapitalgeber/Manager bereits eine entsprechende Kosten-/Nutzenabwägung vorgenommen haben. Sofern die Wahl der Rechnungslegungsnorm bzw. Kapitalkonsolidierungsmethode nachweisbar in Abhängigkeit der Größe des Konzernunternehmens erfolgt, lassen sich somit darin grundsätzlich auch Differenzierungsmöglichkeiten auf Basis von Kosten-/Nutzenabwägungen argumentieren.[666]

5.3.3 Unternehmensspezifische größenabhängige Differenzierungskriterien

In der Regel werden die Kapitalmarktorientierung, die rechtliche oder wirtschaftliche Einheit, die Rechtsform, der Unternehmensgegenstand und die Branche oder die Unternehmensgröße als mögliche unternehmensspezifische Merkmale zur differenzierten Ausgestaltung der externen Rechnungslegung herangezogen.[667]

Der Untersuchungsgegenstand „Kapitalkonsolidierungsmethoden für nicht kapitalmarktorientierte Unternehmen“ schließt die im Schrifttum[668] anzutreffenden Überlegungen einer Differenzierung anhand der Kapitalmarktorientierung und dem damit einhergehenden Schutzbedürfnis von Adressaten anonymer Kapitalmärkte sowie bezüglich Einzel- und Konzernabschluss aus. Ähnliches gilt für eine Differenzierung der Rechnungslegungsanforderungen anhand der Rechtsform,[669] da in Österreich ausschließlich Kapitalgesellschaften zur Konzernabschlusserstellung verpflichtet sind.

Auch dem in der Literatur angeführten Differenzierungskriterium dem „Unternehmensgegenstand“ oder der „Branche“ wird im Zuge der vorliegenden Arbeit aus nachfolgend näher erläuterten Gründen keine weitere Beachtung geschenkt. Das Differenzierungskriterium der Branchenzugehörigkeit ist als bedeutsam zu erachten, wenn einem Unternehmen auf Grund der Branchenzugehö-

666 Vgl. dazu allgemein WALTON/HARVEY (1996), S. 6.

667 Vgl. EIERLE (2003), S. 42; HOLMES et al. (1991), S. 128.

668 Vgl. dazu vor allem die Literaturquellen in Fn. 644.

669 Die Differenzierung anhand der Rechtsform entspricht in der Literatur einer Abgrenzung von Personengesellschaft und Kapitalgesellschaften. Vgl. HOLMES et al. (1991), S. 128.

rigkeit ein öffentliches Interesse, wie im Falle von Versicherungen und Kreditinstituten, zukommt.[670] Kreditinstitute und Versicherungen wurden – wie oben angeführt – von der Grundgesamtheit ausgenommen. Eine Differenzierung innerhalb der verbleibenden nicht kapitalmarktorientierten Konzernunternehmen erscheint in Anbetracht der Möglichkeit von Mischkonzernen[671] und der damit verbundenen Zuordnungsproblematik zu einem Unternehmensgegenstand oder einer Branche als nicht zielführend.

Eine Differenzierung findet jedoch auf europäischer und nationaler Ebene oftmals anhand von Größenkriterien statt. Insbesondere auf europäischer Ebene wird bekundet, dass kleinere und mittlere Unternehmen (kurz: KMU) unterschiedliche Bedürfnisse haben und die Bilanzrichtlinien an den Bedürfnissen der KMU auszurichten sind.[672]

Vorteilhaft erscheint das Differenzierungskriterium Unternehmensgröße, weil diese im Schrifttum auch als Surrogat für andere Differenzierungsmerkmale, wie der Gesellschafterstruktur und der Trennung von Management und Eigentum sowie für Kosten-/Nutzenabwägungen[673] herangezogen wird.[674] Die Unternehmensgröße spiegelt zudem auch die volkswirtschaftliche Bedeutung eines Unternehmens sowie eine steigende Zahl von Kooperationsbeziehungen wider.[675] Ebenso nimmt die Komplexität der abzubildenden Geschäftstransaktionen mit der Größe des Unternehmens zu.[676] Im Umkehrschluss könnte die Ansicht vertreten werden, dass die Bedürfnisse der Adressaten kleinerer Unternehmen auch mit einfacheren Bewertungsmethoden befriedigt werden könnten.[677]

Im Hinblick auf die Unternehmensgröße gilt es zu überdenken, welche Kriterien zur Differenzierung herangezogen werden. Gängiges österreichisches Recht[678] sowie die Literatur[679] verwenden zur größenabhängigen Abgrenzung eine Kombination aus den Größenkriterien Arbeitnehmer im Jahresdurchschnitt sowie Umsatzerlöse und Bilanzsumme des Geschäftsjahres. In der Literatur wird

670 Vgl. HEYD (1982), S. 174f. Zu den im IFRS *for* SMEs vorgesehenen Einschränkungen für treuhänderisch verwaltende Unternehmen siehe Kapitel 2.3.3.

671 Ein Mischkonzern ist ein stark diversifizierter Konzern mit Tochtergesellschaften, der unterschiedliche Wertschöpfungsketten aufweist. Vgl. SCHRUFF (1993), Sp. 2277.

672 Vgl. EUROPÄISCHE KOMMISSION (2009), S. 3.

673 Vgl. auch Kapitel 5.3.2.

674 Vgl. FLUME (1962), S. 186.

675 Vgl. HEYD (1982), S. 172.

676 Vgl. MURRAY/JOHNSON (1983), S. 5.

677 Vgl. dazu auch die Diskussionen zur Begründung des IFRS *for* SMEs gegenüber den „*full*"-IFRS.

678 Vgl. dazu die §§ 221 und 246 UGB.

679 Vgl. GELTER (2001), S. 303.

auch die Zweckdienlichkeit der Wertschöpfung[680] als Alternative zu den Umsatzerlösen hervorgehoben.[681] Demzufolge wären die Vorteile der Wertschöpfung als Größenkriterium höher zu bewerten als die der Umsatzerlöse. Angesichts der einfacheren und nachvollziehbareren Ermittlung, weil gesetzlich geregelt, wird in der vorliegenden Arbeit auf die Umsatzerlöse als Größenindikator abgestellt.[682] Kritisch anzumerken ist, dass derartige Größenindikatoren branchenspezifischen Faktoren unterliegen.

Da sich Kapitalkonsolidierungsmethoden von Tochterunternehmen vor allem in der bilanziellen und erfolgsmäßigen Abbildung der Anteile anderer Gesellschafter unterscheiden, erscheint es von Interesse, welches Ausmaß am Konzerneigenkapital bzw. Konzernergebnis nach Steuern die Anteile anderer Gesellschafter einnehmen und ob ein Zusammenhang zwischen der Höhe des Anteils anderer Gesellschafter und der Wahl der Kapitalkonsolidierungsmethode besteht.

Bei einer Differenzierung anhand von Größenkriterien ist jedoch zu bedenken, dass Größenkriterien, wie die (Konzern-)Umsatzerlöse und -Bilanzsumme, branchenabhängig variieren. Darüber hinaus ist eine Berechnung dieser Abschlussgrößen über mehrere Perioden ratsam. Zudem müsste auch eine inflationsbedingte Anpassung in angemessenen Zeitabständen für die errechneten Schwellenwerte erfolgen. Aus Kostengründen ist dies für die vorliegende Studie jedoch nicht möglich.

In der in den folgenden Kapiteln dargelegten Studie zur Messung eines Zusammenhangs zwischen Größenkriterien und angewendeter Rechnungslegungsnorm bzw. Kapitalkonsolidierungsmethode und konzerntheoretischer Ausrichtung werden die im UGB kodifizierten Größenkriterien[683] sowie die Anzahl der (ausländischen) Tochterunternehmen und die relativen Anteile anderer Gesellschafter am Konzerneigenkapital und Konzernergebnis nach Steuern herangezogen.

---

680 Die Bruttowertschöpfung berechnet sich aus dem Produktionswert des Unternehmens vermindert um die Vorleistungen. Näheres zum Produktionswert und den Vorleistungen und den verschiedenen Wertschöpfungsgrößen siehe HALLER (1997), S. 56ff. und 491ff.

681 Vgl. HALLER (1997), S. 323ff.; BUSSE v. COLBE (1964), S. 57.

682 Vgl. HALLER (1997), S. 324.

683 Dabei handelt es sich, wie in den vorangegangen Kapiteln bereits angeführt, um die in § 246 Abs. 1 UGB festgelegten Größenkriterien: durchschnittliche jährliche Anzahl der Arbeitnehmer des Mutterunternehmens und der einbezogenen Tochterunternehmen (vereinfachend des Konzerns), Konzernumsatzerlöse und Konzernbilanzsumme.

5.3.4 Differenzierung und Harmonisierung

Eine differenzierte (Konzern-)Rechnungslegung, die die Informationsbedürfnisse der (Konzern-)Unternehmen in Abhängigkeit bestimmter Größenkriterien zu erfüllen versucht, ist auch vor dem Hintergrund einer steigenden Harmonisierung[684] der Rechnungslegung zu betrachten.[685]

Im Zuge der Harmonisierung, im Sinne von Standardisierung der Rechnungslegung, wird regelmäßig eine (inter-)nationale Vergleichbarkeit ermöglicht. Wenngleich dadurch den Informationsbedürfnissen der Rechnungslegungsadressaten, die möglichweise länderspezifisch variieren, durch nationale Rechnungslegungsnormen nicht mehr Ausdruck verliehen werden kann.

Positive Effekte aus der Standardisierung werden als sog. Netzwerkeffekte bezeichnet.[686] Diese Netzwerkeffekte umfassen die primären Vorteile einer Standardisierung, die in einer besseren Vergleichbarkeit der Abschlüsse[687] und der Möglichkeit Expertenwissen aufzubauen liegen. Für den Bereich der Rechnungslegungsnormen und -metho-den impliziert dies, je mehr (Konzern-)Unternehmen eine Norm anwenden, umso mehr Personen setzen sich mit dieser Norm bzw. Methode auseinander, wodurch das Know-How zur Anwendung insgesamt steigt.[688] (Konzern-)Unternehmen wären nichtsdestotrotz zunächst mit zusätzlichen Kosten der Umstellung auf eine einheitliche Methode oder ein einheitliches

684 Hinsichtlich ausführlicher Betrachtungen zur Harmonisierung der Rechnungslegung siehe GLAUM/MANDLER (1996), S. 25ff.

685 Vgl. dazu ausführlich WALTON (1992), S. 44.

686 Netzwerkeffekte bezeichnen den Nutzen, den eine Person durch die Teilnahme an einem Netzwerk in Abhängigkeit der Anzahl der teilnehmenden Personen hat. Vgl. THUM (1995), S. 5; ADAMS (1991), S. 947; KATZ/SHAPIRO (1985), S. 424. Das in der Literatur angeführte Beispiel aus dem Bereich der Telekommunikation erscheint auf den ersten Blick einsichtig. Je mehr Personen ein Faxgerät oder Telefon haben, umso wertvoller wird auch ein Anschluss. Vgl. TIROLE (1999), S. 906; THUM (1994), S. 465. In der Netzwerktheorie werden nicht nur Effizienzen und Ineffizienzen physischer Netzwerke (zB obiges Telefonnetz) betrachtet, sondern auch metaphorische Netzwerke, die sich durch keine physische Verbundenheit auszeichnen. Vgl. LIEBOWITZ/MARGOLIS (1994), S. 135f. Auch Rechtsnormen bedingen, dass Personen in reglungsverursachten Netzen verbunden sind. Vgl. ADAMS (1991), S. 947. Somit ist auch die Beurteilung der Konzernrechnungslegungsnormen und -methoden aus der Sicht der Netzwerktheorie begründbar.

687 Vgl. COLLIS et al. (2001), S. 171; WÄHRISCH (2001), S. 60ff.; KATZ/SHAPIRO (1985), S. 424.

688 Vgl. HOFFMANN (2003), S. 17.

Rechnungslegungssystem konfrontiert.[689] Auch wenn im Zeitablauf davon auszugehen ist, dass sich sowohl auf Seite der internen sowie externen Adressaten Lerneffekte einstellen, die wiederum die Transaktionskosten senken würden.[690]

Eine Differenzierung unter Berücksichtigung bestehender Netzwerkeffekte verfolgt das Ziel, die Bedürfnisse einer Mehrzahl von Adressaten zu berücksichtigen. Durch Bündelung der Daten mittels statistischer Vorgehensweisen dahingehend, dass Objekte in einer Gruppe sich möglichst ähnlich sind, die Gruppen untereinander sich möglichst unähnlich sind, könnten in zukünftigen Forschungsvorhaben bestehende Netzwerkeffekte bei einer differenzierten Ausgestaltung der Konzernrechnungslegung möglichst optimal eruiert werden.[691] Die Vergleichbarkeit bleibt somit der Ansicht der Verfasserin zufolge innerhalb der errechneten Schwellenwerte weitestgehend erhalten und wird um jene Konzernunternehmen erweitert, die hinsichtlich ihrer Wahl als statistische Ausreißer innerhalb der gesetzten Grenzen zu werten sind. Umstellungskosten würden somit nur für die Ausreißer innerhalb einer Gruppe anfallen. Vorteilhaft erscheint diese Betrachtungsweise vor allem vor dem Hintergrund nationaler Vergleichbarkeit.

In der folgenden Studie wird nachgewiesen, ob die Möglichkeit, den eigenen Bedürfnissen entsprechend wählen zu können, bereits Netzwerke und damit Netzwerkeffekte in Abhängigkeit der Größe der Konzernunternehmen generiert haben. Auch wenn keine Schwellenwerte berechnet werden, wird dennoch gezeigt, ob Konzernunternehmen, die eine bestimmte Rechnungslegungsnorm, Kapitalkonsolidierungsmethode und darin ausgedrückte konzerntheoretische Ausrichtung gewählt haben, sich von jenen größenmäßig unterscheiden, die eine andere Wahl getroffen haben.

5.4 Vorgehensweise zur Messung eines statistischen Zusammenhangs

5.4.1 Einführung

Die gewählte Vorgehensweise zur Identifikation eines Zusammenhangs zwischen den oben angeführten Größenkriterien und der angewendeten Rechnungs-

689 Vgl. HOFFMANN (2003), S. 17 sowie auch das Beispiel Frankreich und die Kosten der Umstellung auf die Bilanzrichtlinien. Vgl. WALTON (1992), S. 45.

690 Vgl. HOFFMANN (2003), S. 18.

691 Zur Umsetzung mittels statistischer Verfahren siehe BORTZ (2009), S. 565ff.

legungsnorm bzw. Kapitalkonsolidierungsmethode ist dem Bereich der deskriptiven Statistik zuzuordnen.[692]

Gezeigt wird, inwieweit durch Maßzahlen ein Zusammenhang zwischen zwei Merkmalen (zB Rechnungslegungsnorm und Bilanzsumme) gemessen werden kann und damit die Ausprägung eines Merkmals einen Einfluss auf die Ausprägung eines anderen Merkmals hat. Unabhängigkeit liegt wiederum vor, wenn kein Einfluss feststellbar ist.[693]

5.4.2 Begriffsdefinition „Merkmal"

„Merkmale" oder auch „Merkmalsträger" bezeichnen jene Eigenschaften der statistischen Einheiten, die untersucht werden sollen.[694] In der vorliegenden Studie umfassen diese die Rechnungslegungsnormen und Kapitalkonsolidierungsmethoden sowie die festgelegten Größenkriterien.

Da für die Wahl der unten dargestellten Maßzahlen wiederum das Skalenniveau ausschlaggebend ist,[695] erfolgt eine inhaltliche Abgrenzung der Merkmale sowie eine Klassifizierung der Merkmale der Untersuchung.

Ein Merkmal ist als metrisch zu werten, wenn die Ausprägung ein Vielfaches einer Einheit annimmt sowie eine eindeutige Anordnung und ein eindeutig definierter Abstand feststellbar sind. Ein ordinales Merkmal ist dadurch gekennzeichnet, dass die Ausprägungen zwar angeordnet werden können (zB gut, mittel, schlecht), der Abstand jedoch nicht klar definiert werden kann. Das niedrigste Skalenniveau bezeichnet ein nominales (qualitatives, kategoriales) Merkmal, dessen Ausprägungen keine eindeutige Anordnung mehr zulassen (zB Geschlecht, Familienstand). Die Ausprägungen eines nominalen Merkmals unterscheiden sich zwar durch ihre Bezeichnungen, ein Abstand kann wie bei einem ordinalen Merkmal nicht festgelegt werden.[696] Die zu wählende Rechnungslegungsnorm sowie in weiterer Folge die Kapitalkonsolidierungsmethode, beschränkt sich auf zwei Ausprägungen. Es liegt somit ein dichotomes Merkmal vor. Tabelle 10 zeigt die Klassifikation der in der Untersuchung betrachteten Merkmale.

---

692 Vgl. dazu die gängige Literatur zB DULLER (2007), S. 123ff.

693 Vgl. TOUTENBURG/HEUMANN (2008), S. 98.

694 Vgl. HARTUNG et al. (2005), S. 16.

695 Vgl. dazu ausführlich BENNINGHAUS (2005), S. 27.

696 Vgl. DULLER (2007), S. 13; HARTUNG et al. (2005), S. 16f.; FERSCHL (1985), S. 19ff.

Tabelle 10: Klassifikation der Untersuchungsmerkmale

Kapitalkonsolidierungsmethoden	nominal/dichotom
Rechnungslegungsnormen	nominal/dichotom
Jährliche durchschnittliche Arbeitnehmeranzahl	metrisch
Umsatzerlöse	metrisch
Bilanzsumme	metrisch
Anteile anderer Gesellschafter am Konzerneigenkapital	metrisch
Anteile anderer Gesellschafter am Konzernergebnis nach Steuern	metrisch
Anzahl der Tochterunternehmen	metrisch
Anzahl der ausländischen Tochterunternehmen	metrisch
Anzahl der Gemeinschaftsunternehmen	metrisch

5.4.3 Messung eines statistischen Zusammenhangs zwischen einem nominalen und metrischen Merkmal

Die punktbiseriale Korrelation r_{pb} ist ein Zusammenhangsmaß, das Anwendung findet, wenn der Zusammenhang zwischen einem metrischen oder auch ordinalen Merkmal und einem dichotomen/nominalen Merkmal berechnet werden soll.

Ausgangspunkt einer punktbiserialen Korrelation r_{pb} ist die Annahme, dass die Korrelation nach BRAVAIS-PEARSON auch auf den Zusammenhang eines dichotomen und metrischen bzw. ordinalen Merkmals Anwendung finden kann, da das dichotome Merkmal als mit 0 und 1 metrisiert betrachtet werden kann.[697]

Der Korrelationskoeffizient BRAVAIS-PEARSON r_{pb} nimmt wiederum einen Wert zwischen +1 und -1 ein. Nimmt r_{pb} den Wert null an, besteht kein nachweisbarer linearer Zusammenhang zwischen dem dichotomen und dem metrischen Merkmal. Bei +1 (bzw. -1) besteht ein vollständig positiver (bzw. negativer) linearer Zusammenhang zwischen den betrachteten Merkmalen. Das Vorzeichen hängt davon ab, welche Ausprägung des dichotomen Merkmals mit x=0 bzw. x=1 bezeichnet wird. Zur Berechnung der punktbiserialen Korrelation r_{pb} wird die vereinfachte Formel nach BRAVAIS-PEARSON verwendet.[698] Je geringer der absolute Wert von r_{pb} ist, umso häufiger treten höhere und niedrigere Werte des metrischen Merkmals in den beiden Gruppen des dichotomen Merkmals

697 Die punktbiseriale Korrelation ist identisch mit der Korrelation nach BRAVAIS-PEARSON. Die besondere Bezeichnung dient nur dazu, kenntlich zu machen, dass eines der beiden Merkmale dichotom ist.

698 Vgl. BORTZ (2009), S. 224f.; CLEFF (2008), S. 223ff.; LITZ (2000), S. 227.

gemischt auf. Für die Untersuchung bedeutet dies, je niedriger r_{pb}, umso weniger kann von der Ausprägung des metrischen oder des ordinalen Merkmals auf das dichotome Merkmal und umgekehrt geschlossen werden.[699]

Allgemeine Formel der punktbiserialen Korrelation r_{pb}:

$$r_{pb} = \frac{\bar{y}_1 - \bar{y}_o}{s_0} * \sqrt{\frac{n_0 * n_1}{n^2}}$$

n_0 = Anzahl der Beobachtungen mit Ausprägung x=0 des dichotomen Merkmals

n_1 = Anzahl der Beobachtungen mit Ausprägung x=1 des dichotomen Merkmals

n = Gesamtstichprobenumfang $n_0 + n_1$

$\bar{y}_0$ = Durchschnitt der metrischen Variablen (y) für die Fälle x=0

$\bar{y}_1$ = Durchschnitt der metrischen Variablen (y) für die Fälle x=1

s_0 = Standardabweichung der metrischen Variablen (y)

Wertebereich:[700]

$-1 \leq r_{pb} \leq +1$

$r_{pb} = 0 =$ kein Zusammenhang

$r_{pb} < 0{,}5 =$ schwacher Zusammenhang

$0{,}5 \leq r_{pb} < 0{,}8 =$ mittlerer Zusammenhang

$r_{pb} \geq 0{,}8 =$ starker Zusammenhang

$r_{pb} = 1 =$ vollständiger Zusammenhang

Die Richtung des Zusammenhangs wird anhand des Vorzeichens bestimmt.

Das Statistikprogramm SPSS ermittelt selbständig bei der Berechnung des Korrelationskoeffizienten die dazugehörige Irrtumswahrscheinlichkeit[701] und damit ob der Zusammenhang statistisch signifikant ist.[702]

---

699 Vgl. CLEFF (2008), S. 224f.

700 Vgl. CLEFF (2008), S. 110. Eine andere Gruppierung nimmt Duller (2007) vor, der zufolge ein mittlerer Zusammenhang bereits ab einem Wert von 0,3 vorliegt. Vgl. DULLER (2007), S. 135.

701 Die zulässige Irrtumswahrscheinlichkeit wird als Signifikanzniveau α bezeichnet. Beispielsweise bedeutet α = 0,01, dass die maximal zulässige Wahrscheinlichkeit für irrtümliches Ablehnen einer eigentlich richtigen Nullhypothese 1 % beträgt (Fehler 1.

5.5 Strukturmerkmale und Abgrenzung der Grundgesamtheit gegenüber Konzernunternehmen des *Prime Market* der Wiener Börse

5.5.1 Einführung

Im Folgenden wird der Frage nachgegangen, inwieweit sich kapitalmarktorientierte[703] und nicht kapitalmarktorientierte Konzernunternehmen hinsichtlich bestimmter Größenkriterien unterscheiden. Neben einer Abgrenzung nicht kapitalmarktorientierter von kapitalmarktorientierten Unternehmen erfolgt dadurch gleichzeitig eine Beschreibung der Grundgesamtheit der nicht kapitalmarktorientierten Konzernunternehmen anhand von Größenkriterien.

Daraus leitet sich folgende Hypothese sowie die dazugehörige Alternativhypothese ab, welche in weiterer Folge in Teilhypothesen hinsichtlich ausgewählter Größenkriterien zergliedert wird. Mittels der Klärung von Teilaspekten wird versucht, die Bewertung der Haupt- bzw. Alternativhypothese zu ermöglichen.

Haupthypothese 1: Es besteht kein oder ein negativer Zusammenhang zwischen der Größe und der Kapitalmarktorientierung österreichischer Konzernunternehmen.

Alternativhypothese 1: Es besteht ein positiver Zusammenhang zwischen der Größe und der Kapitalmarktorientierung österreichischer Konzernunternehmen.

Art). SPSS vergibt einen Stern, wenn die Wahrscheinlichkeit einer rein zufälligen Korrelation unter 5 % liegt. Bei zwei Sternen beträgt die Irrtumswahrscheinlichkeit weniger als 1 % und bei drei Sternen unter 1 ‰.

702 Auch wenn keine signifikanten Ergebnisse festgestellt werden, kann nicht sofort daraus geschlossen werden, dass kein Unterschied vorliegt, da über den Fehler 2. Art „β" nichts bekannt ist.

703 Es wurden jene Konzernunternehmen in die Studie einbezogen, die per 30.06.2009 im *Prime Market* der Wiener Börse notiert haben und einen Konzernabschluss im Geschäftsjahr 2006/2007 bzw. 2007 erstellt und offengelegt haben. Der Grundgesamtheit der nicht kapitalmarktorientierten Konzernunternehmen entsprechend wurden Kreditinstitute sowie Glückspielbetriebe von der Studie ausgeschlossen.

Der Zusammenhang wird anhand der folgenden Formel einer punktbiserialen Korrelation überprüft:[704]

$$r_{pb} = \frac{\overline{gk}_1 - \overline{gk}_0}{s_0} * \sqrt{\frac{ku_0 * ku_1}{ku^2}}$$

ku_0 = Anzahl der Beobachtungen mit der Ausprägung „nicht kapitalmarktorientiert"

ku_1 = Anzahl der Beobachtungen mit der Ausprägung „kapitalmarktorientiert"

ku = Gesamtstichprobenumfang $ku_0 + ku_1$

$\overline{gk}_0$ = Durchschnitt der jeweiligen Größenkriterien für die Fälle „nicht kapitalmarktorientiert"

$\overline{gk}_1$ = Durchschnitt des jeweiligen Größenkriteriums für die Fälle „kapitalmarktorientiert"

s_0 = Standardabweichung der jeweiligen Größenkriterien (gk)

Durch Operationalisierung des Merkmals „Größe" wird die Haupthypothese bzw. Alternativhypothese in Teilhypothesen untergliedert, die wiederum der Bewertung der Haupthypothese bzw. Alternativhypothese dienen. Die Operationalisierung des Merkmals „Größe" erfolgt anhand der obig erläuterten Kriterien:

- durchschnittliche Arbeitnehmeranzahl im Konzern,
- Konzernumsatzerlöse,
- Konzernbilanzsumme,
- Anzahl der einbezogenen (ausländischen) Tochterunternehmen,
- relative Anteile anderer Gesellschafter am Konzerneigenkapital und -ergebnis nach Steuern.

Ein möglicher Zusammenhang wird mittels einer punktbiserialen Korrelation r_{pb} überprüft. Anzumerken ist, dass nicht kapitalmarktorientierte Konzernunternehmen mit „0" kodiert wurden, während kapitalmarktorientierte Konzernunternehmen den Wert „1" erhielten. Sofern r_{pb} positiv ist, würde dies bedeuten, dass ein Zusammenhang dahingehend besteht, dass Konzernunternehmen des *Prime Market* der Wiener Börse tendenziell größer sind als nicht kapitalmarktorientierte österreichische Konzernunternehmen. Bei signifikanten Ergebnissen würde die Alternativhypothese 1 somit eine Bestätigung erfahren, die Haupt-

704 Auf eine Darstellung der Formeln der punktbiserialen Korrelation zur Überprüfung der Teilhypothesen wird in weiterer Folge verzichtet.

hypothese 1 wäre zu verwerfen. Im umgekehrten Fall, wenn r_{pb} negativ ist, würden Konzernunternehmen des *Prime Market* der Wiener Börse tendenziell kleiner sein als nicht kapitalmarktorientierte Konzernunternehmen. Die Alternativhypothese würde somit keine Bestätigung erfahren.

5.5.2 Differenzierung anhand Arbeitnehmeranzahl, Konzernumsatzerlöse und Konzernbilanzsumme

Bezogen auf die Größenmerkmale – jährliche durchschnittliche Anzahl der beschäftigten Arbeitnehmer im Konzern, Konzernumsatzerlöse und Konzernbilanzsumme des Geschäftsjahres 2006/2007 bzw. 2007 – zeigt sich die in Tabelle 11 dargestellte Verteilung. Daraus wird ersichtlich, dass die Hälfte der nicht kapitalmarktorientierten österreichischen Konzernunternehmen im Geschäftsjahr 2006/2007 bzw. 2007 bis zu 357 Arbeitnehmer im Jahresdurchschnitt im Konzern beschäftigt und bis zu 66.019,50 T€ Konzernumsatzerlöse sowie 54.417,00 T€ Konzernbilanzsumme ausgewiesen hat.

Tabelle 11: Jährliche durchschnittliche Arbeitnehmeranzahl im Konzern, Konzernumsatzerlöse und -bilanzsumme österreichischer Konzernunternehmen im Geschäftsjahr 2006/2007 bzw. 2007

		Durchschnittliche Arbeitnehmeranzahl im Konzern	Konzern-umsatzerlöse in T€	Konzern-bilanzsumme in T€
Kapitalmarkt-orientierte Konzern-unternehmen	n	51	51	51
	0,25-Quantil	836,00	144.574,00	228.789,00
	Median	2.216,00	426.128,00	508.359,73
	0,75-Quantil	8.031,00	1.736.959,00	2.840.300,00
	Mittelwert	6.327,53	1.523.876,14	2.350.092,03
	Standardabw.	10.811,58	3.220.126,61	3.873.124,10
Nicht kapital-marktorientierte Konzern-unternehmen	n[705]	193	205	205
	0,25-Quantil	1.893,88	326.338,54	414.488,87
	Median	357	66.019,50	54.417,00
	0,75-Quantil	789	138.605,00	120.134,00
	Mittelwert	1.602,50	324.210,00	298.110,50
	Standardabw.	4.606,23	773.328,09	1.396.181,49

Ein Vergleich der Mittelwerte der Größenkriterien gibt zu erkennen, dass Konzernunternehmen des *Prime Market* der Wiener Börse deutlich größer sind als nicht kapitalmarktorientierte Konzernunternehmen. Ein statistischer Nachweis erfolgt für die folgenden drei Größenkriterien: jährliche durchschnittliche Anzahl der Arbeitnehmer im Konzern, Konzernumsatzerlöse sowie -bilanzsumme anhand der folgenden Teil- bzw. Teilalternativhypothesen (1a bis 1c). Die Teilalternativhypothesen stellen – wie auch hinsichtlich der Alternativhypothese 1 ersichtlich – eine Bestätigung eines positiven Zusammenhangs dar.

Teilhypothese 1a: Es besteht kein oder ein negativer Zusammenhang zwischen der Anzahl der jährlich durchschnittlich beschäftigen Arbeitnehmer im Konzern und der Kapitalmarktorientierung österreichischer Konzernunternehmen.

705 n bezeichnet die Anzahl jener nicht kapitalmarktorientierten österreichischen Konzernunternehmen, die ausreichend Angaben geleistet haben.

Teilalternativhypothese 1a: Es besteht ein positiver Zusammenhang zwischen der Anzahl der jährlich durchschnittlich beschäftigen Arbeitnehmer im Konzern und der Kapitalmarktorientierung österreichischer Konzernunternehmen.

Teilhypothese 1b: Es besteht kein oder ein negativer Zusammenhang zwischen den Konzernumsatzerlösen und der Kapitalmarktorientierung österreichischer Konzernunternehmen.

Teilalternativhypothese 1b: Es besteht ein positiver Zusammenhang zwischen den Konzernumsatzerlösen und der Kapitalmarktorientierung österreichischer Konzernunternehmen.

Teilhypothese 1c: Es besteht kein oder ein negativer Zusammenhang zwischen der Konzernbilanzsumme und der Kapitalmarktorientierung österreichischer Konzernunternehmen.

Teilalternativhypothese 1c: Es besteht ein positiver Zusammenhang zwischen der Konzernbilanzsumme und der Kapitalmarktorientierung österreichischer Konzernunternehmen.

Im Ergebnis kann festgehalten werden, dass Konzernunternehmen des *Prime Market* der Wiener Börse 2006/2007 bzw. 2007 statistisch signifikant auf einem Niveau von einem 1 % höhere Werte als nicht kapitalmarktorientierte österreichische Konzernunternehmen hinsichtlich der Anzahl der jährlich durchschnittlich beschäftigten Arbeitnehmer des Konzerns (r_{pb} =0,272), der Konzernumsatzerlöse (r_{pb} =0,289) und der Konzernbilanzsumme (r_{pb} =0,343) aufweisen. Die Ergebnisse der Maßzahl r_{pb} weisen auf einen schwachen statistischen Zusammenhang hin. Konzernunternehmen des *Prime Market* der Wiener Börse sind somit gemessen an den drei Größenkriterien tendenziell als größer zu betrachten als nicht kapitalmarktorientierte österreichische Konzernunternehmen. Die Teilalternativhypothesen 1a bis 1c erfahren damit eine Bestätigung. Die Teilhypothesen 1a bis 1c als Nullhypothesen werden auf Grund statistisch signifikanter Ergebnisse abgewiesen.

Der österreichische Gesetzgeber nimmt in § 221 UGB eine Kategorisierung von kleinen, mittleren und großen Kapitalgesellschaften vor, anhand derer eine differenzierte Ausgestaltung der Rechnungslegung von Kapitalgesellschaften in einzelnen Teilbereichen gesetzlich gerechtfertigt wird. Im Bereich der Konzernrechnungslegung wird eine derartige Kategorisierung nicht vorgenommen.

Mittels der folgenden Abgrenzung der Größenkriterien, die von der Verfasserin der Arbeit festgelegt wurde (vgl. Tabelle 12), konnte eine, bezogen auf die

Grundgesamtheit der nicht kapitalmarktorientierten Konzernunternehmen, verhältnismäßig gleichgroße Aufteilung erreicht werden (vgl. Tabelle 13).

Damit gelten Konzernunternehmen mit weniger als 500 im Konzern durchschnittlich im Jahr beschäftigen Arbeitnehmer, Konzernumsatzerlöse von weniger als 100.000 T€ sowie einer Konzernbilanzsumme von weniger als 75.000 T€ jedenfalls als klein. Wie auch vom nationalen Gesetzgeber hinsichtlich der Kategorisierung von kleinen und mittleren sowie großen Kapitalgesellschaften gefordert, erfolgte eine Zuordnung zur nächst höheren Kategorie bei Überschreiten von mindestens zwei Grenzwerten. Das Erfordernis der Überschreitung der jeweiligen Größenkriterien an zwei aufeinanderfolgenden Geschäftsjahren kam mangels ausreichender Daten nicht zur Anwendung.

Tabelle 12: Kategorisierung nach Größenkriterien

	Durchschnittliche Arbeitnehmeranzahl im Konzern	**Konzernumsatzerlöse in T€**	**Konzernbilanzsumme in T€**
Klein	0 bis 499	0 bis 99.999	0 bis 74.999
Mittel	500 bis 1499	100.000 bis 249.999	75.000 bis 199.999
Groß	>= 1500	>= 250.000	>= 200.000

Anhand der vorliegenden Kategorisierung würden 37,81 % der nicht kapitalmarktorientierten österreichischen Konzernunternehmen als klein, 32,84 % als mittelgroß und 29,35 % als groß kategorisiert werden (vgl. Tabelle 13).

Tabelle 13: Ergebnisse der Kategorisierung österreichischer Konzernunternehmen

Kategorisierung nicht kapitalmarktorientierter Konzernunternehmen					
	Durchschnittliche Arbeitnehmeranzahl im Konzern	**Konzernumsatzerlöse in T€**	**Konzernbilanzsumme in T€**	**Kategorisierung**	**Kategorisierung in %**
n	193	205	205	201	
Klein	69	76	68	76	37,81 %
Mittel	75	63	66	66	32,84 %
Groß	49	66	71	59	29,35 %
Kategorisierung der Konzernunternehmen des *Prime Market* der Wiener Börse					
	Durchschnittliche Arbeitnehmeranzahl im Konzern	**Konzernumsatzerlöse in T€**	**Konzernbilanzsumme in T€**	**Kategorisierung**	**Kategorisierung in %**
n	51	51	51	51	
Klein	9	9	3	7	13,73 %
Mittel	13	10	8	11	21,57 %
Groß	29	32	40	33	64,71 %

Durch Kategorisierung der Konzernunternehmen des *Prime Market* der Wiener Börse mit den Werten aus Tabelle 12 werden die Größenunterschiede zwischen Konzernunternehmen des *Prime Market* der Wiener Börse und nicht kapitalmarktorientierten österreichischen Konzernunternehmen nochmals verdeutlicht (vgl. dazu Tabelle 13).

Anhand der Kategorisierung auf Basis der annähernd gleichmäßigen Verteilung der nicht kapitalmarktorientierten österreichischen Konzernunternehmen zeigt sich, dass knapp 2/3 der Konzernunternehmen des *Prime Market* der Wiener Börse als groß einzustufen sind.

5.5.3 Differenzierung anhand der Anzahl der (ausländischen) Tochterunternehmen

Dem Schwerpunkt der Arbeit entsprechend steigt der Aufwand der Kapitalkonsolidierung mit der Anzahl der einbezogenen Tochterunternehmen. Im Durchschnitt verfügen nicht kapitalmarktorientierte österreichische Konzernunternehmen über 15,46 und Konzernunternehmen des *Prime Market* der Wiener Börse über 53,16 einbezogene Tochterunternehmen. Mehr als die Hälfte der nicht kapitalmarktorientierten Konzernunternehmen bezieht mindestens 9 Tochterunternehmen ein, wohingegen Konzernunternehmen des *Prime Market* der Wiener Börse mindestens 35 Tochterunternehmen einbeziehen (vgl. Tabelle 14).

Tabelle 14: Anzahl der (ausländischen) Tochterunternehmen österreichischer Konzernunternehmen im Geschäftsjahr 2006/2007 bzw. 2007

Konzernunternehmen des *Prime Market* der Wiener Börse		
	Tochterunternehmen	**davon ausländische**
n	51	51
25-Quantil	20,00	11,00
Median	35,00	22,00
75-Quantil	62,00	48,00
Mittelwert	53,16	37,33
Standardabw.	59,87	37,22
Nicht kapitalmarktorientierte Konzernunternehmen		
	Tochterunternehmen	**davon ausländische**
n	203	202
25-Quantil	4,00	0,00
Median	9,00	4,00
75-Quantil	19,00	10,00
Mittelwert	15,46	8,70
Standardabw.	21,78	18,27

Die deskriptiven Daten begründen folgende Teil- bzw. Teilalternativhypothese:

Teilhypothese 1d: Es besteht kein oder ein negativer Zusammenhang zwischen der Anzahl der einbezogenen Tochterunternehmen im Konzernabschluss und der Kapitalmarktorientierung österreichischer Konzernunternehmen.

Teilalternativhypothese 1d: Es besteht ein positiver Zusammenhang zwischen der Anzahl der einbezogenen Tochterunternehmen im Konzernabschluss und der Kapitalmarktorientierung österreichischer Konzernunternehmen.

Mittels des Korrelationskoeffizient BRAVAIS-PEARSON (r_{pb}=0,417) konnte auf einem zweiseitigen Signifikanzniveau von 1 % ein schwacher bis mittlerer Zusammenhang gemessen werden. Die Anzahl der Tochterunternehmen als Abgrenzungskriterium von Konzernunternehmen des *Prime Market* der Wiener Börse und nicht kapitalmarktorientierten Konzernunternehmen kann tendenziell bestätigt werden. Konzernunternehmen des *Prime Market* der Wiener Börse konsolidieren tendenziell eine größere Anzahl an Tochterunternehmen als nicht kapitalmarktorientierte österreichische Konzernunternehmen. Der Konsolidierungsaufwand, gemessen an der Anzahl der einbezogenen Tochterunternehmen, ist damit bei nicht kapitalmarktorientierten Konzernunternehmen als geringer einzuschätzen als bei Konzernunternehmen des *Prime Market* der Wiener Börse. Damit ließen sich bei Konzernunternehmen des *Prime Market* der Wiener Börse tendenziell kostenintensivere Einbezugsmethoden rechtfertigen.

Auf Basis der Lagemaßzahlen zur Anzahl der ausländischen Tochterunternehmen ist erkennbar, dass Konzernunternehmen des *Prime Market* der Wiener Börse – gemessen an der Anzahl der Tochterunternehmen – deutlich internationaler ausgerichtet sind. Konzernunterunternehmen des *Prime Market* der Wiener Börse verfügen durchschnittlich über 37,33 und nicht kapitalmarktorientierte österreichische Konzernunternehmen über 8,70 ausländische Tochterunternehmen.

Teilhypothese 1e: Es besteht <u>kein</u> oder ein <u>negativer</u> Zusammenhang zwischen der Anzahl der einbezogenen ausländischen Tochterunternehmen im Konzernabschluss und der Kapitalmarktorientierung österreichischer Konzernunternehmen.

Teilalternativhypothese 1e: Es besteht ein <u>positiver</u> Zusammenhang zwischen der Anzahl der einbezogenen ausländischen Tochterunternehmen im Konzernabschluss und der Kapitalmarktorientierung österreichischer Konzernunternehmen.

Eine stärkere internationale Ausrichtung bei Konzernunternehmen des *Prime Market* der Wiener Börse auf einem zweiseitigen Signifikanzniveau von 1 % bestätigt die Teilalternativhypothese 1e und weist auf einen schwachen bis mittleren Zusammenhang (r_{pb} =0,443) hin. Konzernunternehmen des *Prime Market* der Wiener Börse sind damit nachweislich, gemessen an der Anzahl der ausländischen Tochterunternehmen, internationaler ausgerichtet als nicht kapitalmarktorientierte österreichische Konzernunternehmen.

5.5.4 Differenzierung anhand des relativen Anteils anderer Gesellschafter am Konzerneigenkapital und Konzernergebnis nach Steuern

Von zentraler Bedeutung für die Informationswirkung eines Konzernabschlusses und die Entscheidungsnützlichkeit von Kapitalkonsolidierungsmaßnahmen sind auch die bilanziellen und erfolgsmäßigen Anteile anderer Gesellschafter. Im Geschäftsjahr 2006/2007 bzw. 2007 verfügen 65 der 205 (31,71 %) nicht kapitalmarktorientierten österreichischen Konzernunternehmen, die ausreichende Angaben geleistet haben, über keine Anteile anderer Gesellschafter am Konzerneigenkapital (vgl. Tabelle 15). Die Hälfte weist einen relativen Anteil der Anteile anderer Gesellschafter am Konzerneigenkapital von höchstens 0,35 % sowie 0,63 % am Konzernergebnis nach Steuern auf. Bei Heranziehen einer Wesentlichkeitsgrenze[706] von 5 % des relativen Anteils anderer Gesellschafter am Konzerneigenkapital würden nur 51 (24,87 %) der 205 nicht kapitalmarktorientierten Konzernunternehmen, die ausreichende Angaben geleistet haben, diese Grenze überschreiten. Eine bilanzpolitische Einflussnahme durch einen unterschiedlich hohen Ansatz von Anteilen anderer Gesellschafter in Abhängigkeit der Kapitalkonsolidierungsmethode kann somit für einen Großteil der nicht kapitalmarktorientierten österreichischen Konzernunternehmen ausgeschlossen werden. Bei rund einem Viertel der nicht kapitalmarktorientierten Konzernunternehmen ist der relative Anteil der Anteile anderer Gesellschafter dennoch als wesentlich zu erachten.

---

706 Für eine zusammenfassende Darstellung der Quantifizierung von Wesentlichkeit siehe BERTL/ASCHAUER (2008), S. 111.

Tabelle 15: Relative Anteile anderer Gesellschafter am Konzerneigenkapital und Konzernergebnis nach Steuern österreichischer Konzernunternehmen im Geschäftsjahr 2006/2007 bzw. 2007

Anteile anderer Gesellschafter nicht kapitalmarktorientierten Unternehmen im Geschäftsjahr 2006/2007 bzw. 2007

	Anteile anderer Gesellschafter am Konzerneigenkapital in %	**Anteile anderer Gesellschafter am Konzernergebnis nach Steuern in %**
n	205	205
25-Quantil	0,00 %	0,00 %
Median	0,35 %	0,63 %
75-Quantil	5,15 %	7,96 %
Mittelwert	4,43 %	9,03 %
Standardabw.	21,97 %	25,64 %

Anteile anderer Gesellschafter der *Prime Market* Unternehmen der Wiener Börse im Geschäftsjahr 2006/2007 bzw. 2007

	Anteile anderer Gesellschafter am Konzerneigenkapital in %	**Anteile anderer Gesellschafter am Konzernergebnis nach Steuern in %**
n	51	51
25-Quantil	0,00 %	0,00 %
Median	1,40 %	1,40 %
75-Quantil	7,30 %	6,00 %
Mittelwert	5,15 %	3,69 %
Standardabw.	8,52 %	12,74 %

Von den 51 Konzernunternehmen des *Prime Market* der Wiener Börse weisen 11 (21,57 %) keine Anteile anderer Gesellschafter am Konzerneigenkapital aus. Bezogen auf die Daten des Geschäftsjahres 2006/2007 bzw. 2007 bestehen auch bei diesen Konzernunternehmen folglich keine bilanzpolitischen Möglichkeiten bei der Darstellung der Anteile anderer Gesellschafter. Für ein Viertel der Konzernunternehmen des *Prime Market* der Wiener Börse belaufen sich die Anteile anderer Gesellschafter am Konzerneigenkapital bereits auf mehr als 7,3 %. Eine 5 %ige Wesentlichkeitsgrenze überschreiten 15 Unternehmen (29,41 %) der 51 Konzernunternehmen des *Prime Market* der Wiener Börse. Auch wenn angesichts der Daten des Geschäftsjahres 2006/2007 bzw. 2007 das Wahlrecht zur Anwendung der *Partial Goodwill* oder *Full Goodwill*-Methode nach IFRS 3 (*rev.* 2008) für 11 der 51 Konzernunternehmen des *Prime Market* der Wiener Börse nicht relevant ist, zeigt sich, dass für einen beträchtlichen Anteil der Konzernunternehmen des *Prime Market* der Wiener Börse der Anteil anderer Gesellschafter am Konzerneigenkapital doch als wesentlich zu betrachten ist. Aus den deskriptiven Lagemaßzahlen können folgende Teil- bzw. Teilalternativhypothesen abgeleitet werden:

Teilhypothese 1f: Es besteht kein oder ein negativer Zusammenhang zwischen dem relativen Anteil anderer Gesellschafter am Konzerneigenkapital und der Kapitalmarktorientierung österreichischer Konzernunternehmen.

Teilalternativhypothese 1f: Es besteht ein positiver Zusammenhang zwischen dem relativen Anteil anderer Gesellschafter am Konzerneigenkapital und der Kapitalmarktorientierung österreichischer Konzernunternehmen.

Teilhypothese 1g: Es besteht kein oder ein negativer Zusammenhang zwischen dem relativen Anteil anderer Gesellschafter am Konzernergebnis nach Steuern und der Kapitalmarktorientierung österreichischer Konzernunternehmen.

Teilalternativhypothese 1g: Es besteht ein positiver Zusammenhang zwischen dem relativen Anteil anderer Gesellschafter am Konzernergebnis nach Steuern und der Kapitalmarktorientierung österreichischer Konzernunternehmen.

Wenngleich nicht statistisch signifikant, weisen die Ergebnisse der punktbiserialen Korrelation r_{pb} darauf hin, dass zwischen den relativen Anteilen anderer Gesellschafter am Konzerneigenkapital (r_{pb}=0,014) oder am Konzernergebnis nach Steuern (r_{pb}=-0,09) kapitalmarktorientierter und nicht kapitalmarktorientierter österreichische Konzernunternehmen kein nachweisbarer Unterschied besteht. Es kann mangels statistisch signifikanter Ergebnisse keine Aussage darüber getroffen werden, ob sich Konzernunternehmen des *Prime Market* oder nicht kapitalmarktorientierte österreichische Konzernunternehmen hinsichtlich der relativen Anteile anderer Gesellschafter am Konzerneigenkapital oder am Konzernergebnis nach Steuern unterscheiden.

5.5.5 Zusammenfassende Ergebnisdarstellung

Neben einer Darstellung der Verteilung nicht kapitalmarktorientierter österreichischer Konzernunternehmen hinsichtlich der ausgewählten Größenkriterien sollte gezeigt werden, dass Konzernunternehmen des *Prime Market* der Wiener Börse bezüglich der durchschnittlichen jährlichen Anzahl der Arbeitnehmer im Konzern, der Konzernumsatzerlöse und -bilanzsumme sowie der Anzahl der einbezogenen (ausländischen) Tochterunternehmen signifikant höhere Werte als nicht kapitalmarktorientierte österreichische Konzernunternehmen aufweisen. In diesen Bereichen kann die Haupthypothese 1verworfen und die Alternativhypothese 1 bestätigt werden. Eine Differenzierung im Rahmen der Konzernrechnungslegung zwischen Konzernunternehmen des *Prime Market* und nicht kapitalmarktorientierten Konzernunternehmen würde für diese Größenkriterien eine Rechtfertigung erfahren (vgl. dazu auch Tabelle 16).

Haupthypothese 1: Es besteht kein oder ein negativer Zusammenhang zwischen der Größe und der Kapitalmarktorientierung österreichischer Konzernunternehmen.

Tabelle 16: Übersicht über die Teilhypothesen bzw. -alternativhypothesen der Haupthypothese 1

Bezeichnung der Teil(alternativ)hypothese	Ablehnung der Teilhypothese	Annahme der Teilalternativhypothese	Fehlende Signifikanz der Ergebnisse
1a: Anzahl der durchschnittlich beschäftigten Arbeitnehmer im Konzern	x	ja	
1b: Konzernumsatzerlöse	x	ja	
1c: Konzernbilanzsumme	x		
1d: Anzahl der einbezogenen Tochterunternehmen insgesamt	x	ja	
1e: Anzahl der einbezogenen ausländischen Tochterunternehmen	x	ja	
1f: relativer Anteil anderer Gesellschafter am Konzerneigenkapital		nein	x
1g: relativer Anteil anderer Gesellschafter am Konzernergebnis nach Steuern		nein	x

Hinsichtlich der Anteile anderer Gesellschafter zeichnet sich kein signifikanter Unterschied zwischen Konzernunternehmen des *Prime Market* der Wiener Börse und nicht kapitalmarktorientierten österreichischen Konzernunternehmen ab. Wie bereits oben erläutert, wird in der Konzernrechnungslegung der kapitalmarktgeprägten IFRS eine klare Ausrichtung an der Einheitstheorie verfolgt. Bei annähernd identischer oder höherer empirischer Bedeutung der Anteile anderer Gesellschafter nicht kapitalmarktorientierter Konzernunternehmen im Vergleich zu den Konzernunternehmen des *Prime Market* der Wiener Börse könnte auch für nicht kapitalmarktorientierte Konzernunternehmen ein Verfolgen der Einheitstheorie begründet werden, zeichnet sich doch die konzerntheoretische Ausrichtung überwiegend in der Abbildung der Kapitalkonsolidierungsmethoden von Tochterunternehmen und hierbei wiederum in der Abbildung der Anteile anderer Gesellschafter ab. *Vice versa* wäre bei einem nachweisbar geringeren relativen Anteil anderer Gesellschafter am Konzerneigenkapital bzw. -ergebnis nach Steuern auch die Interessentheorie bei nicht kapitalmarktorientierten österreichischen Konzernunternehmen gegenüber der bei Konzernunternehmen des *Prime Market* der Wiener Börse verfolgten Einheitstheorie argumentierbar und würde die entscheidungsnützlichere konzeptionelle Ausrichtung darstellen. Mangels statistisch signifikanter Ergebnisse kann diesbezüglich jedoch keine Aussage getroffen werden.

5.6 Empirische Studie zum Entscheidungsnutzen von Kapitalkonsolidierungsmethoden und der konzerntheoretischen Ausrichtung für Eigenkapitalgeber/Manager

5.6.1 Entscheidungsnutzen und Differenzierungsmöglichkeiten bezüglich Rechnungslegungsnorm und Kapitalkonsolidierung nicht kapitalmarktorientierter Konzernunternehmen

Wie bereits in Kapitel 5.3.2 erläutert, sind die IFRS deutlich umfangreicher, komplexer und damit kostenintensiver, sodass das Mehr an Entscheidungsnützlichkeit, die Kosten der Umstellung auf IFRS nicht aufwiegt. Den bestehenden empirischen Ergebnissen zufolge messen in Deutschland kleinere und mittlere Unternehmen den IFRS keine höhere Entscheidungsnützlichkeit bei als den nationalen Rechnungslegungsnormen.[707] Die Anpassung nationaler Rechnungslegungsnormen an die IFRS darf aus diesem Grund zumindest für nicht kapitalmarktorientierte national tätige (Konzern-)Unternehmen kritisiert werden. Die Umstellung auf die IFRS als ein weltweit anerkanntes Rechnungslegungssystem

707 Vgl. MANDLER (2004), S. 99.

würde, so WALTON (1992), vorrangig international tätige Unternehmen sowie Unternehmen, die am internationalen Kapitalmarkt agieren, begünstigen.[708]

Mangels konkreter empirischer Studien wird im weiteren Verlauf die Frage beantwortet, welche Bedeutung die Konzernrechnungslegung nach IFRS innerhalb nicht kapitalmarktorientierter Konzernunternehmen bislang eingenommen hat und infolgedessen, inwieweit Eigenkapitalgeber/Manager deren Nutzen höher eingeschätzt haben als die durch die IFRS-Umstellung anfallenden Kosten.

Aufgezeigt wird darüber hinaus, ob die Eigenkapitalgeber/Manager nicht kapitalmarktorientierter österreichischer Konzernunternehmen einen UGB- oder IFRS-Konzernabschluss in Abhängigkeit bestimmter Größenkriterien tendenziell präferieren. Variiert die Anwendung der Rechnungslegungsnormen in Abhängigkeit der Größe des nicht kapitalmarktorientierten Konzernunternehmens, könnte bewiesen werden, dass der Nutzen einer Umstellung gegenüber den Kosten bei kleineren Konzernunternehmen tendenziell weniger ausgeprägt ist als bei größeren nicht kapitalmarktorientierten österreichischen Konzernunternehmen. Unterstellt wird,[709] dass die Wahl der Rechnungslegungsnorm von Kosten-/Nutzenabwägungen der Eigenkapitalgeber/Manager bestimmt wird und diese in einem Zusammenhang mit der Größe des Konzernunternehmens stehen. Dies würde auch die Annahme der Kreditinstitute, dass große Konzernunternehmen tendenziell häufiger IFRS anwenden, bestätigen.[710] Bei einem nachweislich statistisch signifikanten Zusammenhang wäre eine Differenzierung anhand von Größenkriterien zu Gunsten bestehender Netzwerkeffekte argumentierbar.

Aus diesen Überlegungen kann folgende Haupthypothese sowie die dazugehörige Alternativhypothese abgeleitet werden.[711]

Haupthypothese 2: Hinsichtlich der Wahl der Rechnungslegungsnorm und der Größe eines nicht kapitalmarktorientierten österreichischen Konzernunternehmens besteht kein oder ein negativer Zusammenhang.

Alternativhypothese 2: Hinsichtlich der Wahl der Rechnungslegungsnorm und der Größe eines nicht kapitalmarktorientierten österreichischen Konzernunternehmens besteht ein positiver Zusammenhang.

708 Vgl. WALTON (1992), S. 48.

709 Vgl. dazu auch die Ausführungen in Kapitel 5.3.2.

710 Näheres dazu siehe Kapitel 4.3.1.

711 Zur Formulierung von Zusammenhangshypothesen sowie deren Überprüfung siehe BORTZ/DÖRING (2009), S. 107ff. sowie 181ff.

Der Zusammenhang wird anhand der folgenden Formel einer punktbiserialen Korrelation überprüft:

$$r_{pb} = \frac{\overline{gk}_1 - \overline{gk}_0}{s_0} * \sqrt{\frac{r_0 * r_1}{r^2}}$$

r_0 = Anzahl der Beobachtungen mit der Ausprägung „UGB“

r_1 = Anzahl der Beobachtungen mit der Ausprägung „IFRS“

r = Gesamtstichprobenumfang $r_0 + r_1$

$\overline{gk}_0$ = Durchschnitt der jeweiligen Größenkriterien für die Fälle „UGB“

$\overline{gk}_1$ = Durchschnitt des jeweiligen Größenkriteriums für die Fälle „IFRS“

s_0 = Standardabweichung der jeweiligen Größenkriterien (gk)

In allen Teilhypothesen der Haupthypothese 2 bzw. Alternativhypothese 2 wurde das Merkmal „Rechnungslegungsnorm“ durch die dichotomen Merkmalsausprägungen „IFRS“ mit „1“ und „UGB“ mit „0“ klassifiziert. Ein positiver Zusammenhang im Rahmen der Hypothesenprüfung deutet somit darauf hin, dass nicht kapitalmarktorientierte Konzernunternehmen, die IFRS anwenden, tendenziell größer sind als Konzernunternehmen, die das UGB anwenden. *Vice versa* impliziert ein negativer Zusammenhang, dass nicht kapitalmarktorientierte österreichische Konzernunternehmen, die IFRS anwenden, tendenziell kleiner sind als nicht kapitalmarktorientierte Konzernunternehmen, die das UGB anwenden.

Anhand der Haupthypothese 2 bzw. Alternativhypothese 2 lässt sich hinsichtlich bestimmter Größenkriterien eine Differenzierung innerhalb der nicht kapitalmarktorientierten Konzernunternehmen bezüglich der Rechnungslegungsnorm rechtfertigen. Mit Hilfe der vorliegenden Daten wird auch ein Beweis darüber erbracht, welche Kapitalkonsolidierungsmethode nicht kapitalmarktorientierte österreichische Konzernunternehmen bei einer Wahlmöglichkeit zwischen Buchwert- und Neubewertungsmethode bevorzugen sowie, ob die damit verfolgte konzerntheoretische Ausrichtung größenabhängigen Einflüssen unterliegt.

Die Ergebnisse in Tabelle 17 lassen bereits auf eine eindeutige Präferenz der Buchwert- gegenüber der Neubewertungsmethode bei Anwendung der UGB-Rechnungslegungsnormen schließen. So wenden 148 (98,7 %) von 150 nicht kapitalmarktorientierten österreichischen Konzernunternehmen, die Angaben[712,713] zur Kapitalkonsolidierungsmethode geleistet haben, die Buchwertmethode an. Laut Angaben macht im Geschäftsjahr 2006/2007 bzw. 2007 nur ein Konzernunternehmen von dem Wahlrecht Gebrauch seine Tochterunternehmen mittels Neubewertungsmethode einzubeziehen. Ein weiteres Konzernunternehmen nutzt das Wahlrecht nicht einheitlich für alle Tochterunternehmen.[714]

Tabelle 17: Präferenzen der Grundgesamtheit bezüglicher der Kapitalkonsolidierungsmethoden von Tochterunternehmen

Partial Goodwill-Methode nach IFRS	47
Summe IFRS-Anwender	**47**
Neubewertungsmethode nach UGB	1
Buchwertmethode nach UGB	148
Wahlrecht Buchwert- und Neubewertungsmethode	1
UGB und keine Angabe zur Kapitalkonsolidierung	9
Summe UGB-Anwender	**159**
Summe IFRS und UGB-Anwender	**206**

Aus der Sicht eines nicht kapitalmarktorientierten österreichischen Konzernunternehmens, dass die UGB-Rechnungslegungsvorschriften anwendet, ist die Buchwertmethode somit als die entscheidungsnützlichere Einbezugsmethode zu betrachten. Da der Buchwertmethode – wie bereits in den vorhergehenden Kapiteln erläutert – eine im Vergleich zur Neubewertungsmethode stärkere Ori-

712 Darin enthalten ist ein Ausreißer mit einem Anteil anderer Gesellschafter von 58,83 % am Konzerneigenkapital.

713 Die Angabepflicht der Kapitalkonsolidierungsmethode ergibt sich aus § 254 Abs. 1 Z. 2 UGB. Vgl. dazu auch EGGER et al. (2009), S. 190; DEUTSCH/PLATZER (2000), § 254 Rz. 50 sowie die Checklisten eines UGB Konzernanhangs in FRÖHLICH (2007), S. 1014. PIRCHEGGER (1996) ist der Meinung, dass das Fehlen der Angabe der Konsolidierungsmethode nicht unbedingt einer Verletzung der Berichtspflicht gleichzusetzen ist und, dass der Gesetzgeber eine Angabe nur im Jahr der Erstkonsolidierung eines einbezogenen Unternehmens, nicht aber in den Folgejahren, verlangt. Vgl. PIRCHEGGER (1996), S. 357.

714 Vgl. die Ausübung für jedes einzelne Tochterunternehmen im Detail in Kapitel 3.2.2.2.

entierung an der Interessentheorie zu unterstellen ist,[715] kann somit auch eine mehrheitliche Präferenz der Interessentheorie aus Sicht der Eigenkapitalgeber/Manager nicht kapitalmarktorientierter Konzernunternehmen nachgewiesen werden.

Inwieweit ein statistischer Zusammenhang zwischen der Buchwert- bzw. Neubewertungsmethode und obiger quantitativer Größenkriterien innerhalb der UGB bilanzierenden Konzernunternehmen besteht, kann mangels dem Vorliegen ausreichender Fallzahlen für die Neubewertungsmethode nicht nachvollzogen werden.[716] Es kann jedoch der Frage nachgegangen werden, ob nicht kapitalmarktorientierte österreichische Konzernunternehmen, die die Buchwertmethode anwenden und damit hinsichtlich der Kapitalkonsolidierung von Tochterunternehmen eine an der Interessentheorie orientierte Konzernrechnungslegung präferieren, sich von jenen nicht kapitalmarktorientierten österreichischen Konzernunternehmen größenmäßig unterscheiden, die IFRS und damit eine Ausrichtung an der Einheitstheorie bevorzugen.

Die auf die Haupthypothese 3 bzw. Alternativhypothese 3 angewendete Grundgesamtheit erfährt damit gegenüber der Haupthypothese und Alternativhypothese 2 eine Bereinigung um alle jene nicht kapitalmarktorientierten österreichischen Konzernunternehmen, die die Neubewertungsmethode[717] anwenden bzw. keine Auskunft zur Kapitalkonsolidierungsmethode erteilten.[718] Auch wenn keine Bündelung der Daten erfolgt, kann zum Ausdruck gebracht werden, ob eine Einschränkung und damit Beibehaltung der Buchwertmethode und Ausrichtung an der Interessentheorie für UGB bilanzierende Konzernunternehmen im Vergleich zu nicht kapitalmarktorientierten IFRS bilanzierenden Konzernunternehmen bei statistisch signifikanten Ergebnissen anhand bestimmter Größenkriterien zu Gunsten möglicher Netzwerkeffekte eine Rechtfertigung erfahren würde.

---

715 Vgl. Kapitel 3.2.2.5.

716 Auch ein Vergleich zwischen Konzernunternehmen, die IFRS und damit, die nach UGB vergleichbare Neubewertungsmethode anwenden, und jenen Konzernunternehmen, die das UGB und die Neubewertungsmethode anwenden, ist mangels der geringen Fallzahlen nicht möglich.

717 Davon erfasst ist auch jenes nicht kapitalmarktorientierte österreichische Konzernunternehmen, welches sowohl die Buchwert- als auch die Neubewertungsmethode zur Konsolidierung von Tochterunternehmen anwendet.

718 Auch wenn nicht ausgeschlossen werden kann, dass diese Konzernunternehmen ebenfalls die Buchwertmethode anwenden, ist für einen externen Adressaten eine Analyse der Zusammenhänge zwischen der Wahl der Kapitalkonsolidierungsmethode und beispielsweise den Größenkriterien auf Grund der fehlenden Angaben nicht möglich.

Anhand der vorliegenden Daten wird folgende Haupthypothese einer statistischen Überprüfung unterzogen:

Haupthypothese 3: Hinsichtlich der im Konzernabschluss verfolgten konzerntheoretischen Ausrichtung und der Größe eines nicht kapitalmarktorientierten österreichischen Konzernunternehmens besteht kein oder ein negativer Zusammenhang.

Alternativhypothese 3: Hinsichtlich der im Konzernabschluss verfolgten konzerntheoretischen Ausrichtung und der Größe eines nicht kapitalmarktorientierten österreichischen Konzernunternehmens besteht ein positiver Zusammenhang.

Der Zusammenhang wird anhand der folgenden Formel einer punktbiserialen Korrelation überprüft:

$$r_{pb} = \frac{\overline{gk}_1 - \overline{gk}_0}{s_0} * \sqrt{\frac{t_0 * t_1}{t^2}}$$

t_0 = Anzahl der Beobachtungen mit der Ausprägung „Interessentheorie = UGB-Buchwertmethode"

t_1 = Anzahl der Beobachtungen mit der Ausprägung „Einheitstheorie = IFRS"

t = Gesamtstichprobenumfang $t_0 + t_1$

$\overline{gk}_0$ = Durchschnitt der jeweiligen Größenkriterien für die Fälle „Interessentheorie = UGB-Buchwertmethode"

$\overline{gk}_1$ = Durchschnitt des jeweiligen Größenkriteriums für die Fälle „Einheitstheorie = IFRS"

s_0 = Standardabweichung der jeweiligen Größenkriterien (gk)

Wie auch die Teil- bzw. Teilalternativhypothesen der Haupthypothese 2 bzw. Alternativhypothese 2 zielen die Teilhypothesen der Haupthypothese 3 bzw. Alternativhypothese 3 auf eine Überprüfung des Zusammenhangs hinsichtlich der obigen Größenkriterien[719] ab.

Die dichotomen Merkmalsausprägungen IFRS und Buchwertmethode wurden in allen Teil- bzw. Teilalternativhypothesen der Haupthypothese 3 bzw. Alternativhypothese 3 mit „1" bzw. „0" klassifiziert, wodurch ein positiver Wert eine Aussage darüber ermöglicht, dass nicht kapitalmarktorientierte Konzernunternehmen, die IFRS anwenden, tendenziell größer sind als Konzernunterneh-

719 Vgl. Kapitel 5.5.1.

men, die sich der Buchwertmethode für die Kapitalkonsolidierung der Tochterunternehmen unter Anwendung des UGB bedienen.

5.6.1.1 Entscheidungsnutzen und Differenzierungsmöglichkeiten in Abhängigkeit der Arbeitnehmeranzahl, Konzernumsatzerlöse und Konzernbilanzsumme

Bereits eine Analyse der deskriptiven Lagemaßzahlen nicht kapitalmarktorientierter Konzernunternehmen (vgl. Tabelle 18) zeigt, dass jene nicht kapitalmarktorientierten österreichischen Konzernunternehmen, die IFRS anwenden, gegenüber jenen, die die UGB-Rechnungslegungsnormen anwenden, deutlich höhere Werte in Bezug auf die Anzahl der durchschnittlich beschäftigten Arbeitnehmer des Konzerns, die Konzernumsatzerlöse und -bilanzsumme aufweisen.

Demnach werden knapp zweifach (184,86 %) so viele Arbeitnehmer im Konzernunternehmen eines nicht kapitalmarktorientierten Konzernunternehmens, das seinen Konzernabschluss nach IFRS, als in einem nicht kapitalmarktorientierten Konzernunternehmen, welches den Konzernabschluss nach UGB erstellt, beschäftigt. Anhand der unten dargestellten Durchschnittswerte kann auch demonstriert werden, dass IFRS-Anwender um 57,41 % mehr Konzernumsatzerlöse sowie eine höhere Konzernbilanzsumme von durchschnittlich mehr als 122,35 % gegenüber UGB-Anwendern ausweisen. Auch wenn die Konzernbilanzsumme rechnungslegungsspezifischen Besonderheiten unterliegt,[720] ist der Ansicht der Verfasserin zufolge die doch beträchtliche Differenz nicht alleinig auf rechnungslegungsspezifische Besonderheiten zurückzuführen.

Im Vergleich zu nicht kapitalmarktorientierten österreichischen Konzernunternehmen, die die Buchwertmethode anwenden, zeigt sich ein noch größerer Unterschied.[721] Nicht kapitalmarktorientierte österreichische Konzernunternehmen, die IFRS anwenden, verfügen im Durchschnitt über mehr als die zweifache Anzahl durchschnittlich beschäftigter Arbeitnehmer im Konzern (210,39 %).

720 Zu den Auswirkungen einer Umstellung auf IFRS auf die Posten der Bilanz und Gesamtergebnisrechnung siehe beispielhaft für Deutschland: HALLER et al. (2009), S. 267ff.; HUNG/SUBRAMANYAM (2007), S. 623ff.; KÜTING/ZWIRNER (2007), S. 92ff.; BURGER et al. (2006), S. 134ff. Für Großbritannien: AISBITT (2006), S. 117ff. Kritisch anzumerken ist, dass die Umstellungseffekte ausschließlich für kapitalmarktorientierte Konzernunternehmen betrachtet wurden.

721 Gezeigt werden kann ebenso, dass Konzernunternehmen, die die Buchwertmethode anwenden, im Vergleich zur Gesamtmenge der Konzernunternehmen, die das UGB anwenden, geringere Werte aufweisen.

Auch die Konzernumsatzerlöse sowie die Konzernbilanzsumme sind bei nicht kapitalmarktorientierten österreichischen Konzernunternehmen, die IFRS anwenden, im Vergleich durchschnittlich um 92,39 %[722] bzw. 136,42 % höher als bei Konzernunternehmen, die die Buchwertmethode unter Anwendung der UGB-Rechnungslegungsvorschriften anwenden.[723]

Tabelle 18: Jährliche durchschnittliche Arbeitnehmeranzahl des Konzerns, Konzernumsatzerlöse und -bilanzsumme nicht kapitalmarktorientierter österreichischer Konzernunternehmen des Geschäftsjahres 2006/2007 bzw. 2007

		Arbeitnehmer im Durchschnitt	Konzern-umsatzerlöse in T€	Konzern-bilanzsumme in T€
IFRS-Anwender	n	46	46	46
	0,25-Quantil	590,00	93.261,50	87.542,00
	Median	1.185,00	204.850,00	202.495,50
	0,75-Quantil	2.815,00	517.225,50	464.707,25
	Mittelwert	3.744,89	455.072,94	723.091,29
	Standardabw.	8.391,10	791.348,47	2.336.074,45
UGB-Anwender	n[724]	147	159	159
	0,25-Quantil	329,00	63.171,00	49.456,00
	Median	663,00	128.615,00	102.956,00
	0,75-Quantil	1.273,00	300.312,00	238.538,00
	Mittelwert	1.314,65	289.094,62	325.207,66
	Standardabw.	2.187,02	766.531,00	962.715,00
UGB-Anwender, davon Buchwert - methode	n[725]	137	148	148
	0,25-Quantil	329,00	63.580,75	50.635,75
	Median	667,00	133.618,00	108.818,00
	0,75-Quantil	1.247,50	274.867,50	241.292,00
	Mittelwert	1.206,50	236.540,38	305.854,90
	Standardabw.	1.766,74	261.916,33	914.024,30

722 Der übermäßig große Unterschied im Vergleich zur gesamten Anzahl der Konzernunternehmen, die das UGB anwenden, ist auf einen statistischen Ausreißer zurückzuführen, der die Neubewertungsmethode anwendet und im Geschäftsjahr 2006/2007 bzw. 2007 9.346.094 T€ Umsatzerlöse im Konzern erzielt hat.

723 Angesichts der geringen bzw. nicht statistisch signifikant vorliegenden Unterschiede hinsichtlich der Anteile anderer Gesellschafter ist dieser Unterschied nicht nur auf methodenimmanente Differenzen zurückzuführen.

724 n umfasst die Anzahl der Unternehmen, die das UGB anwenden.

725 n umfasst nur jene UGB-Unternehmen, die die Buchwertmethode für den Einbezug von Tochterunternehmen gewählt haben.

Auch gemessen an der obigen Kategorisierung entsprechend Tabelle 12 zeigt Tabelle 19, dass nicht kapitalmarktorientierte Konzernunternehmen, die IFRS anwenden, tendenziell in eine höhere Kategorie einzustufen sind als nicht kapitalmarktorientierte Konzernunternehmen, die eine UGB-Bilanzierung vornehmen. Innerhalb der UGB bilanzierenden Konzernunternehmen sind jene Konzernunternehmen, die die Buchwertmethode anwenden, wiederum als geringfügig kleiner zu klassifizieren als die restlichen das UGB anwendenden Konzernunternehmen.

Tabelle 19: Ergebnisse der Kategorisierung nicht kapitalmarktorientierter österreichischer Konzernunternehmen des Geschäftsjahres 2006/2007 bzw. 2007

Kategorisierung nicht kapitalmarktorientierter Konzernunternehmen nach IFRS					
	Durchschnittliche Arbeitnehmeranzahl im Konzern	**Konzern-umsatzerlöse in T€**	**Konzern-bilanzsumme in T€**	**Kategorisierung**	**Kategorisierung in %**
n	46	46	46	46	
Klein	10	13	7	11	23,90 %
Mittel	17	14	15	15	32,60 %
Groß	19	19	24	20	43,50 %
Kategorisierung der nicht kapitalmarktorientierten Konzernunternehmen nach UGB					
	Durchschnittliche Arbeitnehmeranzahl im Konzern	**Konzern-umsatzerlöse in T€**	**Konzern-bilanzsumme in T€**	**Kategorisierung**	**Kategorisierung in %**
n	147	159	159	65	65
Klein	59	63	61	51	41,90 %
Mittel	58	49	51	39	32,90 %
Groß	30	47	47	155	25,20 %
Kategorisierung der nicht kapitalmarktorientierten Konzernunternehmen, die die Buchwertmethode unter Anwendung der UGB-Vorschriften anwenden					
	Durchschnittliche Arbeitnehmeranzahl im Konzern	**Konzern-umsatzerlöse in T€**	**Konzern-bilanzsumme in T€**	**Kategorisierung**	**Kategorisierung in %**
n	137	148	148	145	145
Klein	54	59	56	60	41,4 %
Mittel	56	46	47	49	33,8 %
Groß	27	43	45	36	24,8 %

Anhand der Ergebnisse der Mittelwertvergleiche sowie der Kategorisierung können folgende Teil- bzw. Teilalternativhypothesen formuliert werden:

Teilhypothese 2a: Hinsichtlich der Wahl der Rechnungslegungsnorm und der Anzahl der jährlich durchschnittlich beschäftigen Arbeitnehmer eines nicht kapitalmarktorientierten österreichischen Konzernunternehmens besteht kein oder ein negativer Zusammenhang.

Teilalternativhypothese 2a: Hinsichtlich der Wahl der Rechnungslegungsnorm und der Anzahl der jährlich durchschnittlich beschäftigen Arbeitnehmer eines nicht kapitalmarktorientierten österreichischen Konzernunternehmens besteht ein positiver Zusammenhang.

Teilhypothese 2b: Hinsichtlich der Wahl der Rechnungslegungsnormen und der Höhe der Konzernumsatzerlöse eines nicht kapitalmarktorientierten österreichischen Konzernunternehmens besteht kein oder ein negativer Zusammenhang.

Teilalternativhypothese 2b: Hinsichtlich der Wahl der Rechnungslegungsnormen und der Höhe der Konzernumsatzerlöse eines nicht kapitalmarktorientierten österreichischen Konzernunternehmens besteht ein positiver Zusammenhang.

Teilhypothese 2c: Hinsichtlich der Wahl der Rechnungslegungsnorm und der Höhe der Konzernbilanzsumme eines nicht kapitalmarktorientierten österreichischen Konzernunternehmens besteht kein oder ein negativer Zusammenhang.

Teilalternativhypothese 2c: Hinsichtlich der Wahl der Rechnungslegungsnorm und der Höhe der Konzernbilanzsumme eines nicht kapitalmarktorientierten österreichischen Konzernunternehmens besteht ein positiver Zusammenhang.

Nachgewiesen werden konnte auf einem zweiseitigen Signifikanzniveau von 1 % ein schwacher positiver Zusammenhang (r_{pb} = 0,225) zwischen der Rechnungslegungsnorm und der im Konzern durchschnittlich beschäftigen Arbeitnehmer. Eigenkapitalgeber/Manager bevorzugen tendenziell mit steigender Anzahl der jährlich durchschnittlich beschäftigen Arbeitnehmer im Konzern die IFRS als Rechnungslegungsnorm. Die Teilalternativhypothese 2a kann somit bestätigt werden.

Sowohl für die Größenkriterien Konzernumsatzerlöse als auch -bilanzsumme konnte kein statistisch signifikanter Zusammenhang mit der angewendeten Rechnungslegungsnorm nachgewiesen werden.[726] Weder die Teilalternativhypothesen 2b noch 2c erfahren damit eine Bestätigung. Trotz der Ergebnisse der Mittelwertvergleiche kann keine Aussage darüber getroffen werden, ob nicht kapitalmarktorientierte Konzernunternehmen, die IFRS oder die das UGB anwenden, tendenziell hinsichtlich der beiden Größenkriterien höhere Werte ausweisen.

Den deskriptiven Daten aus Tabelle 19 kann entnommen werden, dass Konzernunternehmen, die die Buchwertmethode und damit durch die Wahl der Kapitalkonsolidierungsmethode eine Ausrichtung an der Interessentheorie gewählt haben, geringere Werte hinsichtlich der durchschnittlichen Anzahl der Arbeitnehmer, der Konzernumsatzerlöse und der -bilanzsumme aufweisen als Konzernunternehmen, die IFRS anwenden und damit eine Ausrichtung an der Einheitstheorie bekunden. Daraus lassen sich die Teil- bzw. Teilalternativhypothesen 3a bis 3c ableiten:

Teilhypothese 3a: Hinsichtlich der im Konzernabschluss verfolgten konzerntheoretischen Ausrichtung und der Anzahl der jährlich durchschnittlich beschäftigen Arbeitnehmer eines nicht kapitalmarktorientierten österreichischen Konzernunternehmens besteht kein oder ein negativer Zusammenhang.

Teilalternativhypothese 3a: Hinsichtlich der im Konzernabschluss verfolgten konzerntheoretischen Ausrichtung und der Anzahl der jährlich durchschnittlich beschäftigen Arbeitnehmer eines nicht kapitalmarktorientierten österreichischen Konzernunternehmens besteht ein positiver Zusammenhang.

Teilhypothese 3b: Hinsichtlich der im Konzernabschluss verfolgten konzerntheoretischen Ausrichtung und der Konzernumsatzerlöse eines nicht kapitalmarktorientierten österreichischen Konzernunternehmens besteht kein oder ein negativer Zusammenhang.

Teilalternativhypothese 3b: Hinsichtlich der im Konzernabschluss verfolgten konzerntheoretischen Ausrichtung und der Konzernumsatzerlöse eines nicht kapitalmarktorientierten österreichischen Konzernunternehmens besteht ein positiver Zusammenhang.

726 Die Ergebnisse der punktbiserialen Korrelationsanalyse r_{pb} betragen hinsichtlich der Merkmale Rechnungslegungsnorm und Konzernbilanzsumme (0,119) und Rechnungslegungsnorm und Konzernumsatzerlöse (0,090). Wie bereits oben erwähnt, konnte kein statistisch signifikanter Zusammenhang nachgewiesen werden.

Teilhypothese 3c: Hinsichtlich der im Konzernabschluss verfolgten konzerntheoretischen Ausrichtung und der Konzernbilanzsumme eines nicht kapitalmarktorientierten österreichischen Konzernunternehmens besteht kein oder ein negativer Zusammenhang.

Teilhypothese 3c: Hinsichtlich der im Konzernabschluss verfolgten konzerntheoretischen Ausrichtung und der Konzernbilanzsumme eines nicht kapitalmarktorientierten österreichischen Konzernunternehmens besteht ein positiver Zusammenhang.

Bestätigt werden kann auf einem zweiseitigen Signifikanzniveau von 1 %, dass Konzernunternehmen, die IFRS anwenden, höhere Werte in Bezug auf die Anzahl der durchschnittlichen Arbeitnehmer im Konzern ($r_{pb} = 0{,}241$) sowie auch hinsichtlich der Konzernumsatzerlöse ($r_{pb} = 0{,}205$) aufweisen als Konzernunternehmen, die sich der Buchwertmethode unter Anwendung des UGB bedienen. Die Teilalternativhypothesen 3a und 3b erfahren damit eine Bestätigung. Hinsichtlich der Konzernbilanzsumme sind keine statistisch signifikanten Ergebnisse erzielbar. Es kann demnach keine Aussage über die Gültigkeit der Teil- bzw. Teilalternativhypothese 3c getroffen werden.

5.6.1.2 Entscheidungsnutzen und Differenzierungsmöglichkeiten in Abhängigkeit von der Anzahl der (ausländischen) Tochterunternehmen

Neben den Größenkriterien des UGB ist davon auszugehen, dass mit steigender Anzahl der einbezogenen Tochterunternehmen die Wahrscheinlichkeit einer wenngleich kostenintensiveren aber stärker am Prinzip der Entscheidungsnützlichkeit ausgerichteten IFRS-Konzernrechnungslegung Anwendung findet. Auch ist anzunehmen, dass mit steigender Anzahl der einbezogenen ausländischen Tochterunternehmen und damit einer erhöhten internationalen Ausrichtung eines nicht kapitalmarktorientierten österreichischen Konzernunternehmens eine IFRS- gegenüber einer UGB-Rechnungslegung bevorzugt wird. Bei einer konzernweiten Implementierung der IFRS würden vor allem umfangreichere UB II Anpassungen der bisher auf lokalen Rechnungslegungsnormen basierenden Einzelabschlüsse ausländischer Tochterunternehmen wegfallen,[727] wodurch die interne (auch unterjährige) Berichterstattung erleichtert wird.

Tabelle 20 verdeutlicht anhand der Lagemaßzahlen, dass nicht kapitalmarktorientierte österreichische Konzernunternehmen, die IFRS anwenden, eine

727 Vgl. BÖCKING et al. (2004), S. 22.

größere Anzahl von Tochterunternehmen einbeziehen. Von den 156 Konzernunternehmen, die das UGB anwenden und Angaben zur Anzahl der Tochterunternehmen geleistet haben, werden im Durchschnitt 13,37 Tochterunternehmen einbezogen. Nicht kapitalmarktorientierte österreichische Konzernunternehmen, die IFRS anwenden, beziehen hingegen im Durchschnitt 22,38 Tochterunternehmen ein. Auch gemessen an der Anzahl der ausländischen Tochterunternehmen sind nicht kapitalmarktorientierte österreichische Konzernunternehmen, die IFRS anwenden, deutlich internationaler ausgerichtet. Im Unterschied zu 52 (33,33 %) der Konzernunternehmen, die das UGB anwenden, beziehen nur 4 (8,7 %) nicht kapitalmarktorientierte österreichische Konzernunternehmen, die IFRS anwenden, kein ausländisches Tochterunternehmen in den Konzernabschluss ein.[728]

728 Die deskriptiven Daten weisen darauf hin, dass Konzernunternehmen, die die Buchwertmethode anwenden, eine vergleichbare Anzahl von Tochterunternehmen einbeziehen wie die restlichen Konzernunternehmen, die nach UGB bilanzieren.

Tabelle 20: Anzahl (ausländischer) Tochterunternehmen nicht kapitalmarktorientierter österreichischer Konzernunternehmen des Geschäftsjahres 2006/2007 bzw. 2007

		Tochterunternehmen	davon ausländische Tochterunternehmen
IFRS-Anwender	n	47	46
	0,25-Quantil	8,00	5,00
	Median	14,00	9,50
	0,75-Quantil	31,00	21,00
	Mittelwert	22,38	14,15
	Standardabw.	20,80	13,20
UGB-Anwender	n	156	156
	0,25-Quantil	4,00	0,00
	Median	7,00	2,00
	0,75-Quantil	16,00	7,00
	Mittelwert	13,37	7,10
	Standardabw.	21,84	19,25
UGB-Anwender, davon Buchwertmethode	n	147	147
	0,25-Quantil	4,00	0,00
	Median	7,00	2,00
	0,75-Quantil	16,00	7,00
	Mittelwert	12,06	5,83
	Standardabw.	12,38	9,39

Ein statistischer Zusammenhang zwischen der Anzahl der (ausländischen) Tochterunternehmen wird anhand der folgenden Teilhypothesen bzw. -alternativhypothesen überprüft.

Teilhypothese 2d: Hinsichtlich der Wahl der Rechnungslegungsnorm und der Anzahl der einbezogenen Tochterunternehmen eines nicht kapitalmarktorientierten österreichischen Konzernunternehmens besteht kein oder ein negativer Zusammenhang.

Teilalternativhypothese 2d: Hinsichtlich der Wahl der Rechnungslegungsnorm und der Anzahl der einbezogenen Tochterunternehmen eines nicht kapitalmarktorientierten österreichischen Konzernunternehmens besteht ein positiver Zusammenhang.

Teilhypothese 2e: Hinsichtlich der Wahl der Rechnungslegungsnorm und der Anzahl der einbezogenen ausländischen Tochterunternehmen eines nicht kapitalmarktorientierten österreichischen Konzernunternehmens besteht kein oder ein negativer Zusammenhang.

Teilalternativhypothese 2e: Hinsichtlich der Wahl der Rechnungslegungsnorm und der Anzahl der einbezogenen ausländischen Tochterunternehmen eines nicht kapitalmarktorientierten österreichischen Konzernunternehmens besteht ein positiver Zusammenhang.

Auf einem zweiseitigen Signifikanzniveau von 5 % konnte bezüglich der angewendeten Rechnungslegungsnorm und der Anzahl der Tochterunternehmen insgesamt (r_{pb} = 0,175) sowie hinsichtlich der Anzahl der ausländischen Tochterunternehmen (r_{pb} = 0,162) ein schwacher positiver Zusammenhang aufgezeigt werden. Statistisch nachgewiesen werden konnte, dass nicht kapitalmarktorientierte österreichische Konzernunternehmen, die IFRS anwenden, mehr (ausländische) Tochterunternehmen in ihren Konzernabschluss einbeziehen als nicht kapitalmarktorientierte österreichische Konzernunternehmen, die das UGB anwenden. Die Teilalternativhypothesen 2d und 2e gelten als bestätigt. Die Anzahl der einbezogenen (ausländischen) Tochterunternehmen könnte somit als mögliches Differenzierungskriterium einer verpflichtenden Anwendung einer IFRS bzw. UGB-Rechnungslegung herangezogen werden.

Ein Vergleich der Mittelwerte zeigt, dass kaum Unterschiede zwischen nicht kapitalmarktorientierten österreichischen Konzernunternehmen, die die Buchwertmethode anwenden und der Gesamtheit aller UGB-Anwender bestehen. Folgedessen ist davon auszugehen, dass hinsichtlich der folgenden Teil- bzw. Teilalternativhypothesen 3d und 3e auch ein signifikanter Zusammenhang nachgewiesen werden kann. Vorrangiges Interesse ist somit nicht die Teilalternativhypothesen 3d und 3e ebenso statistisch zu bestätigen, sondern aufzuzeigen, ob ein stärkerer Zusammenhang besteht als hinsichtlich der Teilalternativhypothesen 2d und 2e.

Teilhypothese 3d: Hinsichtlich der im Konzernabschluss verfolgten konzerntheoretischen Ausrichtung und der Anzahl der einbezogenen Tochterunternehmen eines nicht kapitalmarktorientierten österreichischen Konzernunternehmens besteht kein oder ein negativer Zusammenhang.

Teilalternativhypothese 3d: Hinsichtlich der im Konzernabschluss verfolgten konzerntheoretischen Ausrichtung und der Anzahl der einbezogenen Tochterunternehmen eines nicht kapitalmarktorientierten österreichischen Konzernunternehmens besteht ein positiver Zusammenhang.

Teilhypothese 3e: Hinsichtlich der im Konzernabschluss verfolgten konzerntheoretischen Ausrichtung und der Anzahl der einbezogenen ausländischen Tochterunternehmen eines nicht kapitalmarktorientierten österreichischen Konzernunternehmens besteht kein oder ein negativer Zusammenhang.

Teilalternativhypothese 3e: Hinsichtlich der im Konzernabschluss verfolgten konzerntheoretischen Ausrichtung und der Anzahl der einbezogenen ausländischen Tochterunternehmen eines nicht kapitalmarktorientierten österreichischen Konzernunternehmens besteht ein positiver Zusammenhang.

Die Alternativhypothesen 3d und 3e erfahren auf einem zweiseitigen Signifikanzniveau von 1 % eine Bestätigung. Gegenüber den Ergebnissen aus der Bestätigung der Teilalternativhypothesen 2d und 2e konnte ein signifikanterer und stärkerer Zusammenhang nachgewiesen werden. Somit wird statistisch nachgewiesen, dass die größenabhängigen Unterschiede hinsichtlich der Anzahl der einbezogenen (ausländischen) Tochterunternehmen zwischen nicht kapitalmarktorientierten Konzernunternehmen, die IFRS anwenden, und jenen UGB anwendenden Konzernunternehmen, die die Buchwertmethode zur Konsolidierung der Tochterunternehmen heranziehen, stärker zum Ausdruck kommen als zwischen Konzernunternehmen, die IFRS anwenden, und der Gesamtheit aller UGB anwendenden Konzernunternehmen (vgl. dazu im Detail auch Tabelle 21).

Tabelle 21: Ergebnisse der Überprüfung bezüglich der Teilhypothesen zur Anzahl der einbezogenen (ausländischen) Tochterunternehmen

Zusammenhang zwischen...	**Zweiseitiges Signifikanzniveau**	r_{pb}
2d: ... der Anzahl der Tochterunternehmen und der Rechnungslegungsnorm	0,05	0,175
3d: ... der Anzahl der Tochterunternehmen und der konzerntheoretischen Ausrichtung	0,01	0,290
2e: ... der Anzahl der ausländischen Tochterunternehmen und der Rechnungslegungsnorm	0,05	0,162
3e: ... der Anzahl der ausländischen Tochterunternehmen und der konzerntheoretischen Ausrichtung	0,01	0,324

5.6.1.3 Entscheidungsnutzen und Differenzierungsmöglichkeiten in Abhängigkeit des relativen Anteils anderer Gesellschafter am Konzerneigenkapital und Konzernergebnis nach Steuern

Wie bereits in Kapitel 5.5.4 erläutert, ist eine bilanzpolitische Einflussnahme durch die Wahl der Kapitalkonsolidierungsmethode für die Mehrheit der nicht kapitalmarktorientierten österreichischen Konzernunternehmen mangels Anteile anderer Gesellschafter von geringer Bedeutung. Da bei geringen Anteilen anderer Gesellschafter die Auswirkungen der angewendeten Kapitalkonsolidierungsmethoden tendenziell auch geringer sein werden, spricht nichts gegen eine Beibehaltung interessentheoretisch geprägter Kapitalkonsolidierungsmethoden.

Statistisch nachgewiesen wird in weiterer Folge, ob in einem IFRS-Konzernabschluss eines nicht kapitalmarktorientierten österreichischen Konzernunternehmens tendenziell höhere Anteile anderer Gesellschafter ausgewiesen werden. An dieser Stelle wird deshalb die Frage aufgegriffen, ob Konzernunternehmen, die ihren Konzernabschluss nach IFRS erstellen und damit die Neubewertungsmethode verpflichtend anzuwenden hatten auch höhere Anteile anderer Gesellschafter ausgewiesen haben als Konzernunternehmen, die das UGB anwenden.

Insbesondere durch Vergleich jener Konzernunternehmen, welche die Buchwertmethode anwenden und in der Tendenz eine Ausrichtung an der Interessentheorie bevorzugen, mit jenen nicht kapitalmarktorientierten Konzernunternehmen, die IFRS anwenden, wird eine Aussage darüber ermöglicht, ob der Anteil anderer Gesellschafter eine Auswirkung auf die angewendete Kapitalkonsolidierungsmethode und die dadurch zum Ausdruck kommende konzerntheoretische Ausrichtung bedingt.

Die deskriptiven statistischen Daten weisen darauf hin, dass selbst bei nicht kapitalmarktorientierten österreichischen Konzernunternehmen, die IFRS anwenden, die Hälfte der Konzernunternehmen, nur einen geringen Anteil anderer Gesellschafter am Konzerneigenkapital aufweisen.[729] Dies entspricht auch in etwa den Ergebnissen der nicht kapitalmarktorientierten österreichischen Konzernunternehmen, die nach UGB bilanzieren.[730]

---

729 Bezogen auf das Konzernergebnis nach Steuern zeigt sich ein vergleichbares Ergebnis.

730 Anzumerken ist, dass neun nicht kapitalmarktorientierte Konzernunternehmen, die ihren Konzernabschluss nach UGB erstellt haben, einen aktiven Anteil anderer Gesellschafter am Konzerneigenkapital ausgewiesen haben. Aktivseitige Anteile anderer Gesellschafter resultieren aus nicht durch das Eigenkapital gedeckte Fehlbeträge in der Bilanz von Tochterunternehmen in der Rechtsform einer Kapitalgesellschaft und durch negative Eigenkapitalkonten in der Bilanz eines Tochterunternehmens in der Rechtsform einer Personenhandelsgesellschaft sowie durch die Aufdeckung stiller Lasten. Vgl. WE-

Bei Heranziehen einer Wesentlichkeitsgrenze von 5 % würden 67,4 % der Konzernunternehmen, die IFRS anwenden, und 77,4 % der nicht kapitalmarktorientierten österreichischen Konzernunternehmen, die das UGB anwenden, einen Anteil anderer Gesellschafter von weniger als 5 % am Konzerneigenkapital aufweisen.

25 % der nicht kapitalmarktorientierten österreichischen Konzernunternehmen, die IFRS anwenden, weisen immerhin einen relativen Anteil anderer Gesellschafter am Konzerneigenkapital von 13,59 % und mehr auf. Bei nicht kapitalmarktorientierten österreichischen Konzernunternehmen, die das UGB anwenden, liegt die Grenze jedoch deutlich niedriger bei 4,07 % (vgl. Tabelle 22).

Hinzuweisen ist auch auf die Tatsache, dass bei nur 5 (10,87 %) der nicht kapitalmarktorientierten österreichischen Konzernunternehmen, die IFRS anwenden, und 13 (8,18 %) der nicht kapitalmarktorientierten österreichischen Konzernunternehmen, die das UGB anwenden, der Anteil am Konzerneigenkapital über 20 % liegt.[731]

BER/ZÜNDORF (1998), § 307 Rz. 12. Ein Ausweis eines aktiven Ausgleichspostens für Anteile anderer Gesellschafter hat als Negativposten auf der Passivseite der Bilanz zu erfolgen. Vgl. DEUTSCH/PLATZER (2000), § 259 Rz. 8; WEBER/ZÜNDORF (1998), § 307 Rz. 12. Für eine Saldierung aktiver und passiver Ausgleichposten bei Anteilen fremder Gesellschafter spricht sich das Schrifttum grundsätzlich aus. Vgl. DEUTSCH/PLATZER (2000), § 259 Rz. 8; ADLER et al. (1995), § 307 Rz. 65; SCHINDLER (1986), S. 589. Auch der Ausweis eines aktiven Ausgleichspostens für Anteile anderer Gesellschafter als letzter Posten der Aktivseite nach den Rechnungsabgrenzungsposten kann als eine Möglichkeit in Betracht gezogen werden. Vgl. SCHINDLER (1986), S. 589. Alle neun nicht kapitalmarktorientierten Konzernunternehmen, die einen aktiven Ausgleichsposten für Anteile anderer Gesellschafter ausweisen, haben diesen als Negativposten auf der Passivseite der Bilanz ausgewiesen. Das Konzerneigenkapital wird bei Konzernunternehmen, die einen aktiven Anteil ausweisen, um im Durchschnitt 7,99 % verringert. In 50 % dieser Fälle wird das Konzerneigenkapital um höchstens 2,63 % geschmälert.

731 Da bei einem Vergleich der nicht kapitalmarktorientierten österreichischen Konzernunternehmen, die die Buchwertmethode unter Anwendung des UGB verwenden, auf deskriptiver Ebene kaum Unterschiede zu verzeichnen sind, wird auf detailliertere Ausführungen verzichtet und auf die in Tabelle 22 dargestellten Ergebnisse verwiesen.

Tabelle 22: Relativer Anteil anderer Gesellschafter am Konzerneigenkapital und Konzernergebnis nach Steuern nicht kapitalmarktorientierter österreichischer Konzernunternehmen des Geschäftsjahres 2006/2007 bzw. 2007

		Relativer Anteil anderer Gesellschafter am Konzerneigenkapital in %	Relativer Anteil anderer Gesellschafter am Konzernergebnis nach Steuer in %
IFRS - Anwender	**n**	46	46
	0,25-Quantil	0,00 %	0,00 %
	Median	1,63 %	0,78 %
	0,75-Quantil	13,59 %	11,44 %
	Mittelwert	7,37 %	9,32 %
	Standardabw.	11,97 %	18,06 %
UGB-Anwender	**n**	159	159
	0,25-Quantil	0,00 %	0,00 %
	Median	0,19 %	0,55 %
	0,75-Quantil	4,07 %	7,39 %
	Mittelwert	3,58 %	8,95 %
	Standardabw.	24,07 %	27,49 %
UGB-Anwender, davon Buchwertmethode	**n**	147	148
	0,25-Quantil	0,00%	0,00°%
	Median	0,21%	0,56°%
	0,75-Quantil	4,07%	6,99°%
	Mittelwert	3,41%	8,30°%
	Standardabw.	24,72%	25,52°%

Gezeigt werden konnte, dass nicht kapitalmarktorientierte österreichische Konzernunternehmen, die IFRS anwenden, gemessen an den deskriptiven Ergebnissen höhere Anteile anderer Gesellschafter ausweisen.[732] Daraus lassen sich die folgenden Teil- bzw. Teilalternativhypothesen ableiten:

732 Das Ergebnis erscheint insbesondere von Interesse, da Studien gezeigt haben, dass sowohl das Konzerneigenkapital als auch das Konzernergebnis nach Steuern durch die Umstellung auf IFRS stark beeinflusst werden. Anzuführen wäre beispielhaft die Studie HALLER ET AL. (2009), die im Durchschnitt einen Anstieg des Konzerneigenkapitals von 19,6 % und des Konzernergebnisses nach Steuern von 15,4 % bei einer Umstellung von dHGB auf IFRS für deutsche kapitalmarktorientierte Konzernunternehmen nachgewie-

Teilhypothese 2f: Hinsichtlich der Wahl der Rechnungslegungsnorm und dem relativen Anteil der Anteile anderer Gesellschafter am Konzerneigenkapital eines nicht kapitalmarktorientierten österreichischen Konzernunternehmens besteht kein oder ein negativer Zusammenhang.

Teilalternativhypothese 2f: Hinsichtlich der Wahl der Rechnungslegungsnorm und dem relativen Anteil der Anteile anderer Gesellschafter am Konzerneigenkapital eines nicht kapitalmarktorientierten österreichischen Konzernunternehmens besteht ein positiver Zusammenhang.

Teilhypothese 2g: Hinsichtlich der Wahl der Rechnungslegungsnorm und dem relativen Anteil der Anteile anderer Gesellschafter am Konzernergebnis nach Steuern eines nicht kapitalmarktorientierten österreichischen Konzernunternehmens besteht kein oder ein negativer Zusammenhang.

Teilalternativhypothese 2g: Hinsichtlich der Wahl der Rechnungslegungsnorm und dem relativen Anteil der Anteile anderer Gesellschafter am Konzernergebnis nach Steuern eines nicht kapitalmarktorientierten österreichischen Konzernunternehmens besteht ein positiver Zusammenhang.

Statistisch signifikante Aussagen bezüglich eines Zusammenhangs zwischen der Rechnungslegungsnorm und dem relativen Anteil der Anteile anderer Gesellschafter am Konzerneigenkapital r_{pb} = 0,072) sowie am Konzernergebnis nach Steuern (r_{pb} = 0,006) können aus den vorliegenden Daten nicht abgeleitet werden. Folglich kann keine Aussage darüber getroffen werden, ob sich nicht kapitalmarktorientierte österreichische Konzernunternehmen, die IFRS anwenden und jene, die das UGB anwenden, hinsichtlich der Höhe der Anteile anderer Gesellschafter unterscheiden.

Anhand der folgenden Teilhypothesen 3f und 3g erfolgt eine Einschränkung des Vergleiches hinsichtlich Konzernunternehmen, die angaben, ihre Tochterunternehmen mittels Buchwertmethode unter Anwendung der UGB-Rechnungslegungsnormen einzubeziehen.

---

sen hat. Vgl. HALLER et al. (2009), S. 271. Aus diesem Grund müssten tendenziell die Anteile anderer Gesellschafter gemessen am Konzerneigenkapital und -ergebnis nach Steuern bei einem vergleichbaren IFRS-Abschluss in den Jahren der Umstellung höher sein als in einem UGB-Abschluss. Die obigen Ergebnisse beinhalten somit auch normspezifische Differenzen, die das relative Verhältnis der Anteile anderer Gesellschafter zum Konzerneigenkapital und -ergebnis nach Steuern beeinflussen. Eine Quantifizierung der Auswirkungen würde jedoch den Umfang der Arbeit sprengen.

Teilhypothese 3f: Hinsichtlich der im Konzernabschluss verfolgten konzerntheoretischen Ausrichtung und der relativen Anteile anderer Gesellschafter am Konzerneigenkapital eines nicht kapitalmarktorientierten österreichischen Konzernunternehmens besteht kein oder ein negativer Zusammenhang.

Teilalternativhypothese 3f: Hinsichtlich der im Konzernabschluss verfolgten konzerntheoretischen Ausrichtung und der relativen Anteile anderer Gesellschafter am Konzerneigenkapital eines nicht kapitalmarktorientierten österreichischen Konzernunternehmens besteht ein positiver Zusammenhang.

Teilhypothese 3g: Hinsichtlich der im Konzernabschluss verfolgten konzerntheoretischen Ausrichtung und der relativen Anteile anderer Gesellschafter am Konzernergebnis nach Steuern besteht kein oder ein negativer Zusammenhang.

Teilalternativhypothese 3g: Hinsichtlich der im Konzernabschluss verfolgten konzerntheoretischen Ausrichtung und der relativen Anteile anderer Gesellschafter am Konzernergebnis nach Steuern besteht ein positiver Zusammenhang.

Auch bei einer Eingrenzung auf nicht kapitalmarktorientierte österreichische Konzernunternehmen, die die Buchwertmethode anwenden, können keine statistisch signifikanten Ergebnisse gewonnen werden.[733] Schlussfolgernd kann keine Aussage darüber getroffen werden, dass IFRS-Anwender über einen tendenziell relativ höheren Anteil anderer Gesellschafter am Konzerneigenkapital bzw. Konzernergebnis nach Steuern verfügen als nicht kapitalmarktorientierte Konzernunternehmen, die das UGB und die Buchwertmethode anwenden. Es lässt sich des Weiteren keine Aussage darüber treffen, ob nicht kapitalmarktorientierte österreichische Konzernunternehmen in Abhängigkeit der Anteile anderer Gesellschafter eine bestimmte Kapitalkonsolidierungsmethode und damit konzerntheoretische Ausrichtung hinsichtlich des Einbezugs von Tochterunternehmen bevorzugen.

733 Der Korrelationskoeffizient BRAVAIS-PEARSON nimmt bei der Messung des Zusammenhangs zwischen nicht kapitalmarktorientierten Konzernunternehmen, die IFRS bzw. die Buchwertmethode anwenden und dem relativen Anteil der Anteile anderer Gesellschafter am Konzerneigenkapital einen Wert von $r_{pb} = 0{,}072$ und hinsichtlich des Konzernergebnisses nach Steuern einen Wert von $r_{pb} = 0{,}006$ an.

5.6.2 Entscheidungsnutzen der Einbezugsmethode von Gemeinschaftsunternehmen

Eingangs kann bereits festgehalten werden, dass die empirische Relevanz von Gemeinschaftsunternehmen auf Grund der vorliegenden Ergebnisse für nicht kapitalmarktorientierte österreichische Konzerne als gering zu betrachten ist. Ausgehend von der Grundgesamtheit von 206 nicht kapitalmarktorientierten österreichischen Konzernunternehmen beziehen nur 14 Konzernunternehmen (6,80 %) mindestens ein Gemeinschaftsunternehmen in ihren Konzernabschluss ein. Im Durchschnitt weisen diese Konzernunternehmen 6,86 (4,85 ausländische) Gemeinschaftsunternehmen im Konzernabschluss aus.[734]

Eine geringe empirische Relevanz der Gemeinschaftsunternehmen bei nicht kapitalmarktorientierten Unternehmen konnte auch in der Untersuchung des DRSC ET AL. (2007) für Deutschland bestätigt werden.[735] Entsprechend den vorliegenden Ergebnissen kann auf eine relativ geringe empirische Relevanz der Gemeinschaftsunternehmen bei nicht kapitalmarktorientierten Konzernunternehmen im deutschsprachigen Raum geschlossen werden.

Auch im Vergleich zu den Konzernunternehmen des *Prime Market* der Wiener Börse ist die Bedeutung der Gemeinschaftsunternehmen bei nicht kapitalmarktorientierten Konzernunternehmen, gemessen an der Anzahl der Konzernunternehmen, die Gemeinschaftsunternehmen einbeziehen, vergleichsweise geringer einzuschätzen.[736]

Hinsichtlich der Präferenzen bei der Wahl der Einbezugsmethode, erfolgte im Geschäftsjahr 2006/2007 bzw. 2007 nur bei 3 der 14 nicht kapitalmarktorientierten österreichischen Konzernunternehmen der Einbezug der Gemeinschaftsunternehmen mittels der *Equity*-Methode (vgl. dazu Tabelle 23).

---

734 Anzumerken ist, dass ein nicht kapitalmarktorientiertes österreichisches Konzernunternehmen 47 (davon 46 ausländische) Gemeinschaftsunternehmen einbezieht und somit als statistischer Ausreißer zu werten ist. Ohne den statistischen Ausreißer würden die Konzernunternehmen im Durchschnitt drei Gemeinschaftsunternehmen einbeziehen.

735 Der Untersuchung von DRSC ET AL. (2007) zufolge messen 71 % der 410 befragten nicht kapitalmarktorientierten Unternehmen der Abbildung von Gemeinschaftsunternehmen keine bis eine geringe Bedeutung bei. 9 % geben an, dass der Abbildung von Gemeinschaftsunternehmen eine mittlere Bedeutung zukommt. Nur 6 % der Befragten sehen eine hohe bis sehr hohe Bedeutung in der Abbildung von Gemeinschaftsunternehmen in den Abschlüssen nicht kapitalmarktorientierter Unternehmen; 14 % der Befragten nahmen keine Stellung. Vgl. DRSC ET AL. (2007), S. 21.

736 Von den 51 Konzernunternehmen des *Prime Market* der Wiener Börse beziehen 20 (39,22 %) Konzernunternehmen zumindest ein Gemeinschaftsunternehmen ein.

Da die Quotenkonsolidierung eine Ausprägungsform der Interessentheorie ist, geht man davon aus, dass die *Equity*-Methode als Bewertungsmethode mit der Einheitstheorie in Einklang steht.[737] Somit würden nicht kapitalmarktorientierte österreichische Konzernunternehmen auf Grund der obigen Ergebnisse hinsichtlich der Abbildung der Gemeinschaftsunternehmen tendenziell die Interessentheorie unabhängig der angewendeten Rechnungslegungsnorm bevorzugen. Dies relativiert sich jedoch vor der insgesamt relativ geringen empirischen Relevanz der abzubildenden Gemeinschaftsunternehmen.

Tabelle 23: Inanspruchnahme des Methodenwahlrechtes bei österreichischen Konzernunternehmen im Geschäftsjahr 2006/2007 bzw. 2007

	Anzahl der nicht kapitalmarktorientierten Konzernunternehmen, die Gemeinschaftsunternehmen einbeziehen	**Relativer Anteil der nicht kapitalmarktorientierten Konzernunternehmen, die Gemeinschaftsunternehmen einbeziehen**
Quotenkonsolidierung	11	78,57 %
***Equity*-Methode**	3	21,43 %
Summe	14	100,00 %

5.6.2.1 Zusammenhang Methodenwahlrecht und Rechnungslegungsnorm

In einem nächsten Schritt wird nachgewiesen, ob bei Anwendung einer bestimmten Rechnungslegungsnorm der Einbezug mittels Quotenkonsolidierung oder *Equity*-Methode tendenziell bevorzugt wird.

Hauptthypothese 4: Zwischen der Wahl der Rechnungslegungsnorm eines nicht kapitalmarktorientierten österreichischen Konzernunternehmens und der Einbezugsmethode eines Gemeinschaftsunternehmen besteht kein Zusammenhang.

Alternativhypothese 4: Zwischen der Wahl der Rechnungslegungsnorm eines nicht kapitalmarktorientierten österreichischen Konzernunternehmens und der Einbezugsmethode eines Gemeinschaftsunternehmen besteht ein Zusammenhang.

737 Im Detail dazu Kapitel 3.2.3.3.3.

Eine erste deskriptive Analyse lässt darauf schließen, dass die Alternativhypothese, die *Equity*-Methode würde bei IFRS-Anwendern stärker zur Anwendung kommen als bei UGB-Anwendern, eine Bestätigung erfährt (vgl. Tabelle 24).[738]

Tabelle 24: Inanspruchnahme der Einbezugsmethode in Abhängigkeit der Rechnungslegungsnorm

		UGB	IFRS
Quotenkonsolidierung		7	4
	in %	87,50%	66,67%
Einbezug *at Equity*		1	2
	in %	12,50%	33,33%
Gesamt		8	6
	in %	100,00%	100,00%

Ein statistisch signifikanter Zusammenhang zwischen der Anwendung einer Rechnungslegungsnorm und der gewählten Einbezugsmethode für Gemeinschaftsunternehmen kann auf Grund der geringen Fallzahlen jedoch nicht nachgewiesen werden.[739] Es kann keine Aussage getroffen werden, ob die Haupthypothese 4 widerlegt bzw. die Alternativhypothese 4 bestätigt wurde.

5.6.2.2 Zusammenhang Größenmerkmale und Einbezugsmethode

In einem nächsten Schritt wird untersucht, ob ein Zusammenhang zwischen den ausgewählten Größenmerkmalen und den Einbezugsmethoden besteht. Kann ein Zusammenhang statistisch nachgewiesen werden, ist auch eine differenzierte Ausgestaltung der Wahl der Einbezugsmethode von Gemeinschaftsunternehmen

738 Mangels signifikanter Ergebnisse wird auf eine Ausformulierung der Formeln der Maßzahl CRAMER V sowie des exakten Test nach FISHER für nominale Merkmale und der Teil(alternativ)hypothesen verzichtet.

739 Da hier in beiden Fällen ein nominales Merkmal vorliegt, wird die Maßzahl CRAMER V zur Überprüfung der Hypothese bzw. Alternativhypothese 4 herangezogen. Gemessen an der Maßzahl CRAMER V (0,347) liegt zwar ein mittlerer, jedoch kein signifikanter Zusammenhang vor. Auch die Anwendung des exakten Tests nach FISHER, der selbst bei geringer Anzahl von Beobachtungen zuverlässige Werte liefert, ergab keine signifikanten Ergebnisse (exakter Test nach FISHER, zweiseitig = 0,538).

anhand dieser Größenkriterien zu Gunsten bestehender Netzwerkeffekte begründbar.

Die Größenkriterien umfassen die durchschnittliche Arbeitnehmeranzahl, die Umsatzerlöse, die Bilanzsumme und die Anzahl der einbezogenen Gemeinschaftsunternehmen. Daraus leitet sich folgende Haupthypothese bzw. Alternativhypothese ab:

Haupthypothese 5: Zwischen der Größe eines nicht kapitalmarktorientierten österreichischen Konzernunternehmens und der Einbezugsmethode von Gemeinschaftsunternehmen besteht kein oder ein negativer Zusammenhang.

Alternativhypothese 5: Zwischen der Größe eines nicht kapitalmarktorientierten österreichischen Konzernunternehmens und der Einbezugsmethode von Gemeinschaftsunternehmen besteht ein positiver Zusammenhang.

Der Zusammenhang wird anhand der folgenden Formel einer punktbiserialen Korrelation überprüft:

$$r_{pb} = \frac{\overline{gk}_1 - \overline{gk}_0}{s_y} * \sqrt{\frac{em_0 * em_1}{em^2}}$$

em_0 = Anzahl der Beobachtungen mit der Ausprägung „Quotenkonsolidierung"

em_1 = Anzahl der Beobachtungen mit der Ausprägung „*Equity*-Methode"

em = Gesamtstichprobenumfang $em_0 + em_1$

$\overline{gk}_0$ = Durchschnitt der jeweiligen Größenkriterien für die Fälle „Quotenkonsolidierung"

$\overline{gk}_1$ = Durchschnitt des jeweiligen Größenkriteriums für die Fälle „*Equity*-Methode"

s_0 = Standardabweichung der jeweiligen Größenkriterien (gk)

Da in der Untersuchung die Merkmale „Quotenkonsolidierungsmethode" mit „0" und „*Equity*-Methode mit „1" kodiert wurde, bedeutet eine negative Korrelation, dass nicht kapitalmarktorientierte österreichische Konzernunternehmen, die ihre Gemeinschaftsunternehmen mittels Quotenkonsolidierung einbeziehen, tendenziell höhere Werte bezüglich der getesteten Größenkriterien (durchschnittliche Arbeitnehmeranzahl, Umsatzerlöse, Bilanzsumme, Anzahl der einbezogenen Gemeinschaftsunternehmen) aufweisen.

Auf eine Ausformulierung der Teilhypothesen und -alternativhypothesen wurde an dieser Stelle verzichtet,[740] da mangels statistisch signifikanter Ergebnisse keine Aussage getroffen werden kann, ob die Teilhypothesen abzulehnen sind oder die Teilalternativhypothesen eine Bestätigung erfahren haben. Auch wenn ein Vergleich der Mittelwerte (vgl. Tabelle 25) zeigt, dass bei Anwendung der Quotenkonsolidierung höhere Konzernumsatzerlöse und eine höhere -bilanzsumme ausgewiesen wurden, sind diese auf statistische Ausreißer und nicht auf Bewertungsunterschiede auf Grund der Quotenkonsolidierung bzw. *Equity*-Methode zurückzuführen.[741]

Tabelle 25: Größenkriterien und Anwendung der Quotenkonsolidierung oder Equity-Methode

		Teilhypothese 5a: Arbeitnehmer im Durchschnitt	**Teilhypothese 5b: Konzernumsatzerlöse in T€**	**Teilhypothese 5c: Konzernbilanzsumme in T€**	**Teilhypothese 5d: Anzahl der Gemeinschaftsunternehmen**
Quotenkonsolidierung	**Mittelwert**	4.788,00	1.188.175,36	1.717.779,73	7,55
***Equity*-Methode**	**Mittelwert**	3.570,67	468.862,00	478.454,23	4,33
	r_{pb}	-0,104	-0,126	-0,180	-0,113

5.6.3 Zusammenfassende Ergebnisdarstellung

Nach einer Abgrenzung des Untersuchungsgegenstandes „nicht kapitalmarktorientierte Konzernunternehmen“ insbesondere von Konzernunternehmen des *Prime Market* der Wiener Börse wurden die Informationsinteressen der Eigenkapitalgeber/Manager anhand einer Analyse der Konzernabschlüsse des Geschäftsjahres 2006/2007 bzw. 2007 hinsichtlich der bevorzugten Rechnungslegungsnorm und der Kapitalkonsolidierungsmethode für den Einbezug von Tochterun-

740 Auch wenn eine Korrelation zwischen der Einbezugsmethode und den betrachteten Größenkriterien nachgewiesen werden kann, konnte auf Grund der geringen Fallzahlen ein Zusammenhang nicht statistisch abgesichert werden.

741 Mangels fehlender Angaben ist eine Korrektur um methodenimmanente Bewertungsunterschiede nicht möglich.

ternehmen und Gemeinschaftsunternehmen sowie der darin zum Ausdruck kommenden konzerntheoretischen Ausrichtung erhoben.

Angesichts der bestehenden Möglichkeit nicht kapitalmarktorientierter österreichischer Konzernunternehmen zwischen den UGB- und den IFRS-Rechnungslegungsnormen zu wählen, wurde in einem ersten Schritt abgeklärt, welche Rechnungslegungsnormen bevorzugt Anwendung finden. Diesbezüglich konnte gezeigt werden, dass nicht kapitalmarktorientierte österreichische Konzernunternehmen immer noch mehrheitlich die UGB-Rechnungslegungsnormen im Konzernabschluss bevorzugen und damit als entscheidungsnützlicher einstufen. Die UGB-Rechnungslegungsnormen stellen somit noch kein „Auslaufmodell" dar.

Hinsichtlich der in Abhängigkeit der Rechnungslegungsnormen bestehenden Wahlrechte für den Einbezug von Tochterunternehmen und Gemeinschaftsunternehmen zeichneten sich folgende Präferenzen ab. Nicht kapitalmarktorientierte Konzernunternehmen, die das UGB anwenden und damit die Möglichkeit haben zwischen der Buchwert- und der Neubewertungsmethode zu wählen, bevorzugen mehrheitlich die Buchwertmethode. Die Studie zeigt auch auf, dass die Quotenkonsolidierung für den Einbezug von Gemeinschaftsunternehmen von nicht kapitalmarktorientierten österreichischen Konzernunternehmen unabhängig der angewendeten Rechnungslegungsnorm mehrheitlich bevorzugt wird. Die empirische Relevanz der Gemeinschaftsunternehmen im Konzernabschluss nicht kapitalmarktorientierter österreichischer Konzernunternehmen ist jedoch als vernachlässigbar gering zu erachten, da nur 14 (6,80 %) der 206 nicht kapitalmarktorientierten österreichischen Konzernunternehmen zumindest ein Gemeinschaftsunternehmen einbeziehen.

Erhoben wurde zudem mittels Überprüfung von Hypothesen, ob Differenzierungsmöglichkeiten bezüglich der anzuwendenden Rechnungslegungsnormen, Einbezugsmethoden und einer darin verfolgten konzerntheoretischen Ausrichtung bestehen. Für den Untersuchungsgegenstand wurde ausschließlich die Größe eines Konzernunternehmens als Differenzierungsmerkmal in Betracht gezogen.[742] Begründen lässt sich dies damit, dass das Differenzierungsmerkmal „Größe" auch als Surrogat für andere Differenzierungsmöglichkeiten gesehen werden kann und bereits auf europäischer und nationaler Ebene in einzelnen Bereichen der Rechnungslegung als Möglichkeit einer differenzierten Ausgestaltung Anwendung findet.[743] Gezeigt wird, ob in Abhängigkeit der Größe des Konzernunternehmens bestimmte Präferenzen hinsichtlich einer Rechnungslegungsnorm, Einbezugsmethode bzw. konzerntheoretischen Ausrichtung statis-

742 Weiterführende Begründungen können dem Kapital 5.3.3 entnommen werden.

743 Vgl. Kapital 5.3.3.

tisch nachweisbar bestehen und sich somit auf Grund der Möglichkeit den eigenen Bedürfnissen entsprechend frei zu wählen Netzwerke und damit Netzwerkeffekte[744] in Abhängigkeit der Größe eines Konzernunternehmens gebildet haben.

Das Merkmal „Größe" wurde operationalisiert anhand

- der Anzahl der durchschnittlich beschäftigten Arbeitnehmer im Konzern,
- der Konzernumsatzerlöse,
- der Konzernbilanzsumme,
- der Anzahl der einbezogenen (ausländischen) Tochterunternehmen
- der relativen Anteile anderer Gesellschafter am Konzerneigenkapital und -ergebnis nach Steuern.

Eine Überprüfung der folgenden Haupthypothesen bzw. Alternativhypothesen erfolgte durch Untergliederung dieser in Teil- bzw. Teilalternativhypothesen. Eine Teil- bzw. Teilalternativhypothese entsprach der Überprüfung eines einzelnen Größenkriteriums. Für eine Untergliederung der Haupthypothese 2 und 3 bzw. Alternativhypothese 2 und 3 in weitere Teilhypothesen bzw. Teilalternativhypothesen wurden die folgenden Größenkriterien herangezogen:

Inwieweit die Wahl der Rechnungslegungsnorm in Abhängigkeit der Größe eines Konzernunternehmens getroffen wird, wurde anhand der Haupthypothese 2 bzw. Alternativhypothese 2 überprüft.

Haupthypothese 2: Hinsichtlich der Wahl der Rechnungslegungsnorm und der Größe eines nicht kapitalmarktorientierten österreichischen Konzernunternehmens besteht kein oder ein negativer Zusammenhang.

Alternativhypothese 2: Hinsichtlich der Wahl der Rechnungslegungsnorm und der Größe eines nicht kapitalmarktorientierten österreichischen Konzernunternehmens besteht ein positiver Zusammenhang.

Kann ein positiver Zusammenhang nachgewiesen werden, ist bei statistisch signifikanten Ergebnissen davon auszugehen, dass mit zunehmender Größe nicht kapitalmarktorientierte österreichische Konzernunternehmen tendenziell die IFRS-Rechnungslegungsnormen bevorzugen und diesen mehr Entscheidungsnützlichkeit beimessen. Die Alternativhypothese 2 wird bei einem positiven Zusammenhang bestätigt. Vice versa ist die Haupthypothese 2 als Nullhypo-

744 Eine genaue Erläuterung des Begriffes „Netzwerkeffekte" insbesondere in Bezug auf das Vorliegen im Bereich der Rechnungslegung erfolgt in Kapitel 5.3.4.

these abzulehnen (vgl. dazu Tabelle 26). Für die Größenkriterien „Anzahl der durchschnittlich beschäftigten Arbeitnehmer im Konzern", „Anzahl der einbezogenen (ausländischen) Tochterunternehmen" konnte nachgewiesen werden, dass Konzernunternehmen mit steigender Anzahl tendenziell die IFRS-Rechnungslegungsnormen bevorzugen. Auf Grund statistisch signifikanter Ergebnisse ist eine differenzierte Vorgehensweise, die bestehende Netzwerkeffekte berücksichtigt, für das Festlegen von Konzernrechnungslegungsnormen hinsichtlich der Größenkriterien „Anzahl der durchschnittlich beschäftigten Arbeitnehmer im Konzern", „Anzahl der einbezogenen (ausländischen) Tochterunternehmen" argumentierbar. Trotz eines bestehenden positiven Zusammenhangs konnte auf Grund fehlender Signifikanz der Ergebnisse kein Beweis dafür erbracht werden, dass nicht kapitalmarktorientierte österreichische Konzernunternehmen, die IFRS anwenden, im Unterschied zu nicht kapitalmarktorientierten österreichischen Konzernunternehmen, die das UGB anwenden, höhere oder niedrigere Konzernumsatzerlöse oder -bilanzsummen sowie relative Anteile anderer Gesellschafter am Konzerneigenkapital oder -ergebnis nach Steuern ausweisen. Die Alternativhypothese 2 konnte hinsichtlich dieser Teilalternativhypothesen und damit aller betrachteten Größenkriterien nicht bestätigt werden (vgl. dazu auch Tabelle 26).

Tabelle 26: Übersicht über die Teilhypothesen bzw. -alternativhypothesen der Haupthypothese 2

Bezeichnung der Teil(alternativ)hypothese	**Ablehnung der Teilhypothese**	**Annahme der Teilalternativ-hypothese**	**Fehlende Signifikanz der Ergebnisse**
2a: Anzahl der durchschnittlich beschäftigten Arbeitnehmer im Konzern	*x*	ja	
2b: Konzernumsatzerlöse		nein	*x*
2c: Konzernbilanzsumme		nein	*x*
2d: Anzahl der einbezogenen Tochterunternehmen insgesamt	*x*	ja	
2e: Anzahl der einbezogenen ausländischen Tochterunternehmen	*x*	ja	
2f: relativer Anteil anderer Gesellschafter am Konzerneigenkapital		nein	*x*
2g: relativer Anteil anderer Gesellschafter am Konzernergebnis nach Steuern		nein	*x*

Verfolgt wurde mittels Überprüfung der Haupthypothese 3 bzw. Alternativhypothese 3 auch die Fragestellung, ob nicht kapitalmarktorientierte österreichische Konzernunternehmen eine konzerntheoretische Ausrichtung präferieren. Unterstellt wird, dass UGB bilanzierende Konzernunternehmen, die die Buchwertmethode anwenden, mit der Wahl der Buchwertmethode eine klare Ausrichtung an der Interessentheorie verfolgen. Nicht kapitalmarktorientierte österreichische Konzernunternehmen, die nach IFRS bilanzieren, bekunden wiederum durch die Wahl der Rechnungslegungsnorm und der darin im Geschäftsjahr 2006/2007 bzw. 2007 verpflichtend anzuwendenden *Partial Goodwill*-Methode eine klare Ausrichtung an der Einheitstheorie.[745]

745 Hinsichtlich der konzerntheoretischen Kategorisierung der Kapitalkonsolidierungsmethoden sei auf die Ausführungen in Kapitel 3.2.2.5 verwiesen.

Haupthypothese 3: Hinsichtlich der im Konzernabschluss verfolgten konzerntheoretischen Ausrichtung und der Größe eines nicht kapitalmarktorientierten österreichischen Konzernunternehmens besteht kein oder ein negativer Zusammenhang.

Alternativhypothese 3: Hinsichtlich der im Konzernabschluss verfolgten konzerntheoretischen Ausrichtung und der Größe eines nicht kapitalmarktorientierten österreichischen Konzernunternehmens besteht ein positiver Zusammenhang.

Besteht ein positiver Zusammenhang wird nachgewiesen, dass mit zunehmender Größe eines Unternehmens tendenziell die IFRS und damit die Einheitstheorie bevorzugt werden. In umgekehrter Weise bekunden kleinere nicht kapitalmarktorientierte UGB bilanzierende Konzernunternehmen tendenziell eine Ausrichtung an der Interessentheorie durch Wahl der Buchwertmethode. Demonstriert werden konnte ein signifikanter positiver Zusammenhang zwischen der konzerntheoretischen Ausrichtung und der Anzahl der beschäftigten Arbeitnehmer im Konzern, der Konzernumsatzerlöse, der Anzahl der Tochterunternehmen insgesamt sowie der Anzahl der ausländischen Tochterunternehmen. Eine differenzierte Ausgestaltung der Konzernrechnungslegung unter Beachtung bestehender Netzwerkeffekte könnte derart ausgestaltet sein, dass nicht kapitalmarktorientierte österreichische Konzernunternehmen, die hohe Werte hinsichtlich dieser Größenkriterien aufweisen, die IFRS-Rechnungslegungsnormen anzuwenden haben und damit eine Ausrichtung an der Einheitstheorie verfolgen. Kleine nicht kapitalmarktorientierte österreichische Konzernunternehmen hätten wiederum die UGB-Rechnungslegungsnormen unter Anwendung der Buchwertmethode und eine Ausrichtung an der Interessentheorie zu verfolgen. Die Vergleichbarkeit der Konzernabschlüsse auf nationaler Ebene könnte daher unter Berücksichtigung bereits bestehender Netzwerkeffekte verbessert werden. Die Alternativhypothese 3 erfährt eine Bestätigung in den in Tabelle 27 angeführten Teilbereichen.

Mangels statistisch signifikanter Ergebnisse konnte nicht nachgewiesen werden, ob die Konzernbilanzsumme bzw. der Anteil anderer Gesellschafter einen Einfluss auf die konzerntheoretische Ausrichtung hat. Auch wenn sich die konzerntheoretische Ausrichtung in der Literatur vorwiegend durch die Abbildung der Anteile anderer Gesellschafter manifestiert, kann keine Aussage getroffen werden, ob nicht kapitalmarktorientierte österreichische Konzernunternehmen mit einem höheren Anteil anderer Gesellschafter tendenziell die IFRS-Rechnungslegungsnormen und eine Ausrichtung an der Einheitstheorie bevorzugen. *Vice versa* bleibt auch unbeantwortet, ob Konzernunternehmen, die das

UGB sowie die Buchwertmethode und damit eine stärkere Ausrichtung an der Interessentheorie bevorzugen, geringere Anteile anderer Gesellschafter ausweisen als nicht kapitalmarktorientierte IFRS bilanzierende Konzernunternehmen ausweisen. Nicht bestätigt werden kann, ob der Anteil anderer Gesellschafter die Darstellung des Konzerns hinsichtlich einer bestimmten konzerntheoretischen Ausrichtung beeinflusst. Die Alternativhypothese 3 konnte somit für die Teilalternativhypothesen 3c, 3f und 3g nicht bestätigt werden (vgl. dazu auch Tabelle 27).

Tabelle 27: Übersicht über die Teilhypothesen bzw. -alternativhypothesen der Hauptthypothese 3

Bezeichnung der Teil(alternativ)hypothese	**Ablehnung der Teilhypothese**	**Annahme der Teilalternativ-hypothese**	**Fehlende Signifikanz der Ergebnisse**
3a: Anzahl der durchschnittlich beschäftigten Arbeitnehmer im Konzern	x	ja	
3b: Konzernumsatzerlöse	x	ja	
3c: Konzernbilanzsumme		nein	x
3d: Anzahl der einbezogenen Tochterunternehmen insgesamt	x	ja	
3e: Anzahl der einbezogenen ausländischen Tochterunternehmen	x	ja	
3f: relativer Anteil anderer Gesellschafter am Konzerneigenkapital		nein	x
3g: relativer Anteil anderer Gesellschafter am Konzernergebnis nach Steuern		nein	x

Hinsichtlich des Einbezugs von Gemeinschaftsunternehmen konnten die folgenden Haupthypothesen und dazugehörigen Alternativhypothesen formuliert werden.

Haupthypothese 4: Zwischen der Wahl der Rechnungslegungsnorm eines nicht kapitalmarktorientierten österreichischen Konzernunternehmens und der Einbezugsmethode eines Gemeinschaftsunternehmen besteht kein Zusammenhang.

Alternativhypothese 4: Zwischen der Wahl der Rechnungslegungsnorm eines nicht kapitalmarktorientierten österreichischen Konzernunternehmens und der Einbezugsmethode eines Gemeinschaftsunternehmen besteht ein Zusammenhang.

Da im Geschäftsjahr 2006/2007 bzw. 2007 sowohl bei Anwendung der UGB- als auch IFRS-Rechnungslegungsnormen ein Wahlrecht hinsichtlich der Anwendung der Quotenkonsolidierung oder *Equity*-Methode für den Einbezug von Gemeinschaftsunternehmen bestand, wird anhand der Haupthypothese 4 bzw. Alternativhypothese 4 nachgewiesen, ob die Wahl der Einbezugsmethode eines Gemeinschaftsunternehmens in Abhängigkeit der angewandten Rechnungslegungsnorm getroffen wird. Auch wenn auf Basis der absoluten und relativen Ergebnisse (vgl. Tabelle 24) tendenziell davon auszugehen ist, dass UGB-Anwender die Quotenkonsolidierung bevorzugen, kann mangels statistisch signifikanter Ergebnisse nicht nachgewiesen werden, ob ein Zusammenhang zwischen der Wahl der Rechnungsnorm und der Einbezugsmethode von Gemeinschaftsunternehmen besteht.

Haupthypothese 5: Zwischen der Größe eines nicht kapitalmarktorientierten österreichischen Konzernunternehmens und der Einbezugsmethode von Gemeinschaftsunternehmen besteht kein oder ein negativer Zusammenhang.

Alternativhypothese 5: Zwischen der Größe eines nicht kapitalmarktorientierten österreichischen Konzernunternehmens und der Einbezugsmethode von Gemeinschaftsunternehmen besteht ein positiver Zusammenhang.

Die Überprüfung der Haupthypothese 5 bzw. Alternativhypothese 5 erfolgte unabhängig der angewandten Rechnungslegungsnorm. Eine größenabhängige Differenzierung erfolgte hinsichtlich der Größenkriterien: Anzahl der durchschnittlich beschäftigten Arbeitnehmer im Konzern, der Konzernumsatzerlöse, der Konzernbilanzsumme, der Anzahl der einbezogenen Gemeinschaftsunternehmen.

Ein positiver Zusammenhang würde bedeuten, dass tendenziell die *Equity*-Methode bei größeren nicht kapitalmarktorientierten Konzernunternehmen Anwendung findet und kleinere nicht kapitalmarktorientierte Konzernunternehmen tendenziell die Quotenkonsolidierung bevorzugen. Trotz eines nachgewiesenen negativen Zusammenhangs hinsichtlich aller überprüften Größenkriterien kann wie auch für die Haupthypothese 4 bzw. Alternativhypothese 4 ein Zusammenhang hinsichtlich der Wahl der Rechnungslegungsnorm mangels statistisch signifikanter Ergebnisse für kein Größenkriterium bestätigt werden. Es kann somit keine Aussage getroffen werden, ob nicht kapitalmarktorientierte österreichische Konzernunternehmen, die beispielhaft die *Equity*-Methode anwenden, tendenzielle höhere oder niedrigere Werte hinsichtlich der überprüften Größenkriterien aufweisen oder nicht.

5.7 Zwischenfazit

In diesem Kapitel konnte nachgewiesen werden, dass Eigenkapitalgeber/Manager nicht kapitalmarktorientierter österreichischer Konzernunternehmen die UGB-Rechnungs-legungsnormen für die Erstellung des Konzernabschlusses mehrheitlich bevorzugen. Gezeigt werden konnte auch, dass die Buchwertmethode von 148 (93,08 %)[746] der 159 UGB-Anwender als Einbezugsmethode von Tochterunternehmen angewendet wird. Der Neubewertungsmethode als Einbezugsmethode von Tochterunternehmen in einen UGB-Konzernabschluss wird damit nur ein geringer Entscheidungsnutzen beigemessen. Abgezeichnet hat sich auch eine geringe empirische Relevanz der in einen Konzernabschluss eines nicht kapitalmarktorientierten österreichischen Konzernunternehmens einbezogenen Gemeinschaftsunternehmen. Nur 14 der 206 (6,80 %) nicht kapitalmarktorientierten Konzernunternehmen beziehen zumindest ein Gemeinschaftsunternehmen in den Konzernabschluss ein. Die Quotenkonsolidierung findet wiederum in 11 der nicht kapitalmarktorientierten Konzernunternehmen Anwendung.

Auch wenn auf eine Berechnung von Schwellenwerten verzichtet wurde,[747] ist Ziel der Arbeit auch großenabhängige Differenzierungsmöglichkeiten, die bestehende Netzwerkeffekte berücksichtigen, zu identifizieren. Auf Basis einer statistischen Überprüfung von Hypothesen konnte nachgewiesen werden, dass nicht kapitalmarktorientierte österreichische Konzernunternehmen, die die IFRS-Rechnungslegungsnormen anwenden, tendenziell höhere Werte hinsichtlich der Anzahl der durchschnittlich beschäftigen Arbeitnehmer im Konzern sowie der Anzahl der (ausländischen) Tochterunternehmen aufweisen. Eigenkapitalgeber/Manager eines nicht kapitalmarktorientierten österreichischen Konzernunternehmen messen damit tendenziell mit zunehmender Größe des Kon-

746 Davon nicht erfasst ist ein UGB bilanzierendes Konzernunternehmen, welches sowohl die Buchwert- als auch die Neubewertungsmethode anwendet (vgl. dazu die Ausführungen in Kapitel 5.6.1).

747 Vgl. dazu die Ausführungen in Kapitel 5.3.4.

zernunternehmens den IFRS-Rechnungslegungsnormen mehr Entscheidungsnützlichkeit bei.

Die Arbeit zog in einem nächsten Schritt den Fokus einer differenzierten Ausgestaltung enger und betrachtete als Differenzierungsgegenstand ausschließlich die konzerntheoretische Ausrichtung des Konzernabschlusses. Die konzerntheoretische Ausrichtung wurde durch die Wahl der Rechnungslegungsnorm und Kapitalkonsolidierungsmethode von Tochterunternehmen zum Ausdruck gebracht. Unterstellt wurde, dass Konzernunternehmen, die die IFRS-Rechnungslegungsnormen anwenden, eine an der Einheitstheorie orientierte Konzernrechnungslegung bevorzugen. Nicht kapitalmarktorientierte Konzernunternehmen, die die UGB-Rechnungslegungsnormen anwenden und für den Einbezug von Tochterunternehmen die Buchwertmethode gewählt haben, bevorzugen wiederum eine Orientierung an der Interessentheorie. Gezeigt werden konnte, dass sofern der Fokus enger gezogen wird, die Anzahl größenabhängiger Differenzierungsmöglichkeiten steigt. Als größenabhängige Differenzierungsmöglichkeiten können neben den obigen Größenkriterien (Anzahl der durchschnittlich beschäftigen Arbeitnehmer im Konzern sowie der Anzahl der (ausländischen) Tochterunternehmen) auch die Konzernumsatzerlöse identifiziert werden. Höhere Werte bezüglich dieser Größenkriterien bedingen somit eine Präferenz der Einheitstheorie durch die Wahl der IFRS-Rechnungslegungsnormen. Niedrigere Werte begünstigen wiederum eine Präferenz der Interessentheorie durch die Wahl der Buchwertmethode im Zuge einer UGB-Rechnungslegung. Würde sich der österreichische Gesetzgeber für die Buchwertmethode als Einbezugsmethode eines Tochterunternehmens entscheiden, könnten in weiteren Forschungsvorhaben für diese Größenkriterien Schwellenwerte errechnet werden, die eine differenzierte Ausgestaltung der Rechnungslegung anhand der im Konzernabschluss verfolgten konzerntheoretischen Ausrichtung ermöglichen.

Inwieweit die Wahl der Einbezugsmethode eines Gemeinschaftsunternehmens in Abhängigkeit der Größe eines Konzernunternehmens getroffen wurde, kann mangels statistisch signifikanter Ergebnisse nicht beurteilt werden. Ebenso konnte nicht nachgewiesen werden, ob zwischen der Wahl der Einbezugsmethode von Gemeinschaftsunternehmen und der gewählten Rechnungslegungsnorm ein Zusammenhang besteht.

6 Schlussfolgerungen

6.1 Überblick

In den letzten Jahren zeichnete sich in den IFRS eine weitgehende Tendenz in Richtung Einheitstheorie ab. Niederschlag findet die Ausrichtung an der Einheitstheorie vor allem in den Methoden zur Kapitalkonsolidierung. Diese Trendwende, die das IASB in den letzten Jahren vollzogen hat, findet sich auch in den Änderungsvorschlagen des AFRAC zur Modernisierung der Rechnungslegung auf österreichischer Ebene wider. Den Vorschlägen des AFRAC zufolge soll zukünftig die Möglichkeit der Anwendung der Buchwert- zu Gunsten der Neubewertungsmethode aufgegeben werden, um eine Anpassung an die IFRS und damit an die Einheitstheorie zu erreichen. Gleichzeitig hält man im Unterschied zu den geplanten Änderungsvorschlägen des IASB an der quotalen Einbeziehung von Gemeinschaftsunternehmen fest und lässt interessentheoretische Ausprägungen im UGB-Konzernabschluss zu.

Gegen eine derartige „unreflektierte" Übernahme der Kapitalkonsolidierungsmethoden der IFRS in nationales Rechnungslegungsrecht spricht, dass damit noch lange nicht den Informationsbedürfnissen der Anwender einer UGB-Rechnungslegung entsprochen werden muss. Vielmehr wird das Erfordernis entscheidungsnützlicher Rechnungslegungsinformationen hinter eine angestrebte Vergleichbarkeit gestellt. Das primäre Ziel der UGB-Konzernrechnungslegung ist jedoch die Informationsfunktion und damit die Bereitstellung entscheidungsnützlicher Informationen für die „primären" Adressaten einer nicht kapitalmarktorientierten Konzernrechnungslegung.

6.2 Wer sind die „primären" Adressaten?

Auf Grund des gewählten entscheidungsorientierten Ansatzes zur Ausgestaltung der Kapitalkonsolidierung und konzerntheoretischen Ausrichtung nicht kapitalmarktorientierter Konzernunternehmen musste zunächst geklärt werden, wer als die „primären" Adressaten einer nicht kapitalmarktorientierten Konzernrechnungslegung und damit auch einer UGB-Konzernrechnungslegung zu betrachten sind. Da sich in den UGB-Rechnungslegungsnormen keine explizite Kodifikation der „primären" Adressaten findet, wurden Ergebnisse empirischer Studien und der im Schrifttum anzutreffenden Meinungen zur Identifikation der „primären" Adressaten einer nicht kapitalmarktorientierten Konzernrechnungslegung herangezogen. Gezeigt hat sich, dass eine Ausrichtung an einer „primären" Adressatengruppe – wie beispielhaft den „Eigenkapitalgebern“ – für die Konzernrechnungslegung nicht kapitalmarktorientierter Konzernunternehmen nicht zweckadäquat ist. Herauskristallisiert haben sich vielmehr zwei „primäre“ Adressatengruppen einer nicht kapitalmarktorientierten Konzernrechnungslegung: Einerseits die Eigenkapitalgeber/Manager, die in nicht kapitalmarktorientierten Konzernunternehmen eine weitgehend homogene Gruppe darstellen, andererseits konnte die Gruppe der Fremdkapitalgeber als „primäre“ Adressatengruppe identifiziert werden. Da im Konzernabschluss nicht ausschließlich jene Informationsbedürfnisse abgebildet werden sollen, die von beiden „primären“ Adressatengruppen getragen werden, ist eine Wertung vorzunehmen, wessen Informationsbedürfnisse darzustellen sind. Mangels schlechterer Zugangsmöglichkeiten zu Informationen über die Unternehmenslage ist die Befriedigung der Informationsbedürfnisse der Fremdkapitalgeber in der vorliegenden Arbeit als vorrangig zu betrachten.

6.3 Welche Kapitalkonsolidierungsmethode bzw. konzerntheoretische Ausrichtung ist als entscheidungsnützlich zu betrachten?

In der Arbeit wurde erhoben, inwieweit Kapitalkonsolidierungsmethoden von den Fremdkapitalgebern als entscheidungsnützlich im Kreditvergabeprozess erachtet werden und durch welche Kapitalkonsolidierungsmethode die Bedürfnisse der Fremdkapitalgeber am besten befriedigt werden können. Zusätzlich wurde untersucht, inwieweit sich in den Präferenzen gegenüber den Kapitalkonsolidierungsmethoden auch eine konzerntheoretische Ausrichtung ausdrückt.

Aus den Ergebnissen der empirischen Studie in Kapitel 4 lassen sich folgende thesenförmigen Präferenzen der Fremdkapitalgeber gegenüber den Kapitalkonsolidierungsmethoden und der konzerntheoretischen Ausrichtungen festhalten:

1. Die befragten Fremdkapitalgeber messen den Kapitalkonsolidierungsmethoden keine oder eine nur geringe Relevanz im Ratingprozess bei.
2. Die Buchwert- sowie die Neubewertungsmethode als Einbezugsmethode von Tochterunternehmen entspricht den Bedürfnissen der Fremdkapitalgeber.
3. Einer Aufdeckung des Firmenwertes der Anteile anderer Gesellschafter aus der Erstkonsolidierung entsprechend der *Full Goodwill*-Methode nach IFRS 3 (*rev.* 2008) stehen die Fremdkapitalgeber skeptisch gegenüber. Die *Full*

Goodwill-Methode als Kapitalkonsolidierungsmethode von Tochterunternehmen wird deshalb von den befragten Experten mehrheitlich abgelehnt.
4. Dem Ausweis des Firmenwertes der Anteile anderer Gesellschafter als Zusatzinformation im Anhang oder den *Notes* wird Bedeutung beigemessen.
5. Anteile anderer Gesellschafter werden als Eigenkapitalgeber des Konzerns betrachtet. Der Status eines Ausweises des Anteils anderer Gesellschafter in einer Zwischenposition als Fremdkapitalgeber wird abgelehnt.
6. Der Einbezug eines Gemeinschaftsunternehmens mittels Quotenkonsolidierung oder *Equity*-Methode entspricht den Bedürfnissen der Fremdkapitalgeber.
7. Die im IFRS *for* SMEs vorgesehenen Möglichkeiten, Gemeinschaftunternehmen mittels Anschaffungskosten- oder *Fair Value*-Methode einzubeziehen, werden von den Fremdkapitalgebern als nicht entscheidungsnützlicher eingeschätzt als die Quotenkonsolidierung oder die *Equity*-Methode.

Der Prämisse der Arbeit zufolge stellen die Fremdkapitalgeber die vorrangig durch entscheidungsnützliche Rechnungslegungsinformationen zu befriedigende „primäre" Adressatengruppe dar. Dies impliziert, dass sofern Fremdkapitalgeber eine bestimmte Kapitalkonsolidierungsmethode oder konzerntheoretische Ausrichtung als nicht entscheidungsnützlich einstufen, diese auch nicht festzulegen ist. Wird aber eine einzelne Kapitalkonsolidierungsmethode bzw. konzerntheoretische Ausrichtung von den Fremdkapitalgebern als entscheidungsnützlich betrachtet, ist diese vom *Standardsetter* zu normieren. Sofern die Fremdkapitalgeber mehrere Kapitalkonsolidierungsmethoden als entscheidungsnützlich betrachten, sind die Bedürfnisse der Eigenkapitalgeber/Manager zu erheben.

Den Experteninterviews zufolge können keine eindeutigen Präferenzen hinsichtlich einer bestimmten Kapitalkonsolidierungsmethode bzw. konzerntheoretischen Ausrichtung festgelegt werden, welche in weiterer Folge auch in einen Normierungsvorschlag aufzunehmen wären. Die befragten Fremdkapitalgeber sprechen sich aber gegen eine Anwendung der sog. *Full Goodwill*-Methode für den Einbezug von Tochterunternehmen sowie der Anschaffungskosten- sowie *Fair Value*-Methode für den Einbezug von Gemeinschaftsunternehmen aus. Daraus folgt, dass diese Kapitalkonsolidierungsmethoden auf keinen Fall vom *Standardsetter* zu normieren sind. Der Möglichkeit des Einbezugs von Tochterunternehmen mittels Buchwert- oder Neubewertungsmethode bzw. von Gemeinschaftsunternehmen mittels Quotenkonsolidierung oder *Equity*-Methode stehen die befragten Fremdkapitalgeber jedoch indifferent gegenüber. Ebenso zeichnet sich keine Präferenz der Fremdkapitalgeber gegenüber einer bestimmten konzerntheoretischen Ausrichtung ab. Erachten die Fremdkapitalgeber mehrere Kapitalkonsolidierungsmethoden oder konzerntheoretische Ausrichtungen als entscheidungsnützlich, sind – wie auch Abbildung 13 zu entnehmen ist – die Bedürfnisse der Eigenkapitalgeber/Manager zu erheben.

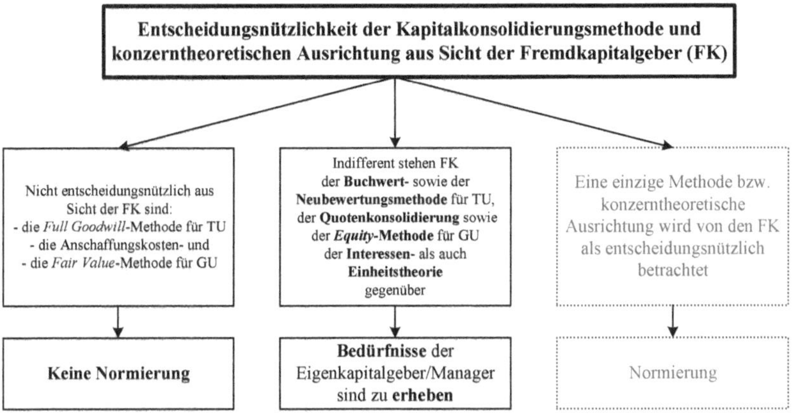

Abbildung 13: Präferenzen der Fremdkapitalgeber und weitere Vorgehensweisen

Auch wenn Fremdkapitalgeber der Buchwert- bzw. Neubewertungsmethode indifferent gegenüberstehen, zeigt die empirische Studie in Kapitel 5, dass die Eigenkapitalgeber/Manager eines nicht kapitalmarktorientierten Konzernunternehmens bei einem bestehenden Wahlrecht die Buchwertmethode bevorzugen. Hinsichtlich des Einbezugs von Gemeinschaftsunternehmen konnte nachgewiesen werden, dass nicht kapitalmarktorientierte Konzernunternehmen der Quotenkonsolidierung gegenüber der *Equity*-Methode den Vorzug geben. Wenngleich anzumerken ist, dass die empirische Relevanz von Gemeinschaftsunternehmen bei nicht kapitalmarktorientierten Konzernunternehmen tendenziell von geringer Bedeutung ist.

Den Aussagen der befragten Fremdkapitalgeber ist zu entnehmen, dass Konsolidierungswahlrechte im Sinne einer höheren Vergleichbarkeit einzuschränken sind. Korrespondierend mit diesem Bedürfnis der Fremdkapitalgeber sollten die Möglichkeiten der Kapitalkonsolidierung auf die Buchwertmethode für den Einbezug von Tochterunternehmen und auf die Quotenkonsolidierung für den Einbezug von Gemeinschaftsunternehmen eingegrenzt werden, um entscheidungsnützliche Rechnungslegungsnormen für nicht kapitalmarktorientiere Konzernunternehmen zur Verfügung zu stellen. Bei einer derartigen Normierung der Kapitalkonsolidierungsmethoden würde auch eine klare interessentheoretische Ausrichtung im UGB-Konzernabschluss zum Ausdruck kommen.

6.4 Nimmt die Unternehmensgröße einen Einfluss auf die gewählte Rechnungslegungsnorm bzw. konzerntheoretische Ausrichtung?

Die Arbeit greift nicht nur die im UGB festzulegenden Kapitalkonsolidierungsmethoden und konzerntheoretische Ausrichtung auf, sondern gibt gleichzeitig einen Vorschlag hinsichtlich einer differenzierten Ausgestaltung der Konzernrechnungslegung ab, der bestehende Netzwerkeffekte zu berücksichtigen versucht. Untersucht wurde, ob Konzernunternehmen, die IFRS anwenden, größer in Bezug auf die Anzahl der durchschnittlich beschäftigten Arbeitnehmer des Konzerns, der Konzernumsatzerlöse, der Konzernbilanzsumme, der (ausländischen) Tochterunternehmen und der relativen Anteile anderer Gesellschafter am Konzerneigenkapital und Konzernergebnis nach Steuern sind als Konzernunternehmen, die das UGB anwenden. Des Weiteren wurde der Frage nachgegangen, ob Konzernunternehmen, die IFRS anwenden und damit gleichzeitig eine einheitstheoretische Ausrichtung verfolgen hinsichtlich der selben Größenkriterien höhere Werte aufweisen als Konzernunternehmen, die das UGB und die Buchwertmethode anwenden und damit durch die gewählte Kapitalkonsolidierungsmethode eine interessentheoretische Ausrichtung zum Ausdruck bringen.

Die Behauptung, dass IFRS-Konzernunternehmen tendenziell größer sind als UGB-Konzernunternehmen konnte zumindest für die folgenden Größenkriterien bestätigt werden: Anzahl der durchschnittlich beschäftigen Arbeitnehmer im Konzern; Anzahl der einbezogenen Tochterunternehmen gesamt; Anzahl der ausländischen Tochterunternehmen. Wird der Vergleich auf Konzernunternehmen eingeschränkt, die das UGB und gleichzeitig die Buchwertmethode für den Einbezug von Tochterunternehmen anwenden und damit eine Ausrichtung an der Interessentheorie zum Ausdruck bringen, kann ein Zusammenhang für folgende Größenkriterien bestätigt werden: Anzahl der durchschnittlich beschäftigen Arbeitnehmer im Konzern; Anzahl der einbezogenen Tochterunternehmen gesamt; Anzahl der ausländischen Tochterunternehmen; Konzernumsatzerlöse.

Anhand der Ergebnisse konnte nachgewiesen werden, dass die Möglichkeit den eigenen Bedürfnissen entsprechend zu wählen, bereits Netzwerke und somit Netzwerkeffekte in Abhängigkeit der Konzerngröße erzeugt haben. Ein Konzernunternehmen, das eine vergleichbar hohe Anzahl von Tochterunternehmen in den Konzernabschluss einbezieht wird tendenziell die IFRS-Rechnungslegungsnormen anwenden. Entsprechend der graphischen Darstellung in Abbildung 14 könnten in weiteren Forschungsvorhaben Schwellenwerte für obige Größenkriterien berechnet werden, die festlegen, ab wann die IFRS-Rechnungslegungsnormen bzw. eine einheitstheoretische Ausrichtung im Konzernabschluss verpflichtend anzuwenden sind. *Vice versa* wären bei Unterschreiten der Schwellenwerte die UGB-Rechnungslegungsnormen bzw. eine interessentheoretische Ausrichtung des Konzernabschlusses verpflichtend anzuwenden.

Ein derartiger Vorschlag einer differenzierten Ausgestaltung der Rechnungslegung innerhalb der nicht kapitalmarktorientierten österreichischen Konzernunternehmen bedingt jedoch, dass nicht kapitalmarktorientierte österreichische Konzernunternehmen, die eine IFRS-Umstellung bereits vorgenommen haben, aber nicht die Schwellenwerte für eine verpflichtende Anwendung der IFRS erfüllen, einen Wechsel auf die international weniger akzeptierten UGB-Rechnungslegungsnormen vorzunehmen hätten. Aus diesem Grund wird vorgeschlagen, nicht kapitalmarktorientierten österreichischen Konzernunternehmen, die die Schwellenwerte für eine verpflichtende Anwendung der IFRS nicht erfüllen, das Wahlrecht zwischen den an der Einheitstheorie orientierten IFRS und den an der Interessentheorie orientierten Vorschriften des UGB auch weiterhin zu gewähren. Mit diesem Lösungsvorschlag würde auch die internationale Vergleichbarkeit nicht kapitalmarktorientierter österreichischer Konzernabschlüsse erhöht werden. Gleichzeitig würde dies für nicht kapitalmarktorientierte Konzernunternehmen, die die Schwellenwerte nicht erfüllen, die geringsten Umstellungskosten bedingen.

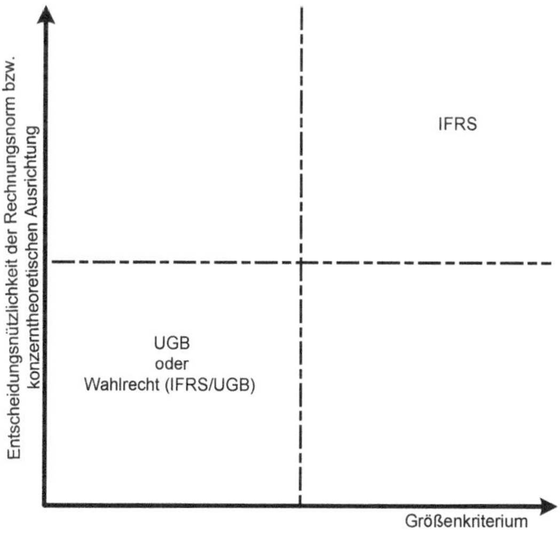

Abbildung 14: Vorschlag einer differenzierten Konzernrechnungslegung

6.5 Resümee

Gezeigt wurde das UGB-Konzernunternehmen tendenziell bezüglich bestimmter Unternehmensgrößen als kleiner zu betrachten sind als nicht kapitalmarktorientierte Konzernunternehmen, die IFRS anwenden. Die UGB-Konzernrechnungslegungsnormen sind somit tendenziell als Rechnungslegungsnormen zu verstehen, die die Bedürfnisse der kleinen nicht kapitalmarktorientierten Konzernunternehmen befriedigen. Konzernunternehmen, die das UGB anwenden, bevorzugen wiederum tendenziell eine Ausrichtung an der Interessentheorie. Die Ausgestaltung der UGB-Rechnungslegung hat somit den Bedürfnissen der „primären" Adressaten zufolge in Form der Buchwertmethode als Kapitalkonsolidierungsmethode für Tochterunternehmen und der Quotenkonsolidierung als Einbezugsmethode für Gemeinschaftsunternehmen zu erfolgen.

Hinsichtlich der auf europäischer Ebene diskutierten Übernahme des IFRS *for* SMEs lässt sich folgendes festhalten: Nachgewiesen werden konnte, dass der IFRS *for* SMEs hinsichtlich der Kapitalkonsolidierung von Tochterunternehmen und Gemeinschaftsunternehmen keine entscheidungsnützlicheren Informationen zur Verfügung stellt als eine an den Bedürfnissen der „primären" Adressaten ausgerichtete UGB-Konzernrechnungslegung. Die Kritik am IFRS *for* SMEs, eine Analyse der Bedürfnisse nicht kapitalmarktorientierter (Konzern-)Unternehmen vernachlässigt zu haben, konnte zumindest für die Kapitalkonsolidierungsmethoden und die konzerntheoretische Ausrichtung bestätigt werden. Einer Anpassung der UGB-Rechnungslegungsnormen an die Bedürfnisse der „primären" Adressaten für kleine nicht kapitalmarktorientierte Konzernunternehmen ist deshalb zunächst aus entscheidungsorientierter Sichtweise der Vorzug gegenüber einer Übernahme des IFRS *for* SMEs zu geben.

Anhang

Anhang 1: Interviewleitfaden für Experteninterviews

Interviewleitfaden:

Einfluss der Wahl von Kapitalkonsolidierungsmethoden auf das Abschlussrating nicht kapitalmarktorientierter österreichischer Konzernunternehmen

Name des befragten Institutes:
Dauer des Gespräches:
Allgemeine Fragen:

1. Der Literatur kann entnommen werden, dass dem Konzernabschluss eine größere Bedeutung beigemessen wird als dem Einzelabschluss, stimmen Sie dem zu?

2. Nimmt die Größe eines (Konzern-)Unternehmens Einfluss auf das Abschlussrating?

3. Wird bei der Vorgehensweise des Abschlussratings zwischen kapitalmarktorientierten und nicht kapitalmarktorientierten Konzernunternehmen unterschieden?

Berücksichtigung der Rechnungslegungsnorm im Konzernabschluss

4. Nimmt die angewendete Rechnungslegungsnorm (IFRS oder UGB) Einfluss auf das Abschlussrating eines Konzernabschlusses?

   ☐ Ja
   ☐ Nein

Wenn ja, kann mit einem IFRS-Abschluss ein besseres Rating erzielt werden?

Fragen zum Einbezug von Tochterunternehmen

5. Bereinigen Sie die Abschlussposten eines Konzernabschlusses um stille Reserven aus der Erstkonsolidierung (PPA) im Rahmen der Bilanzauswertung?

   ☐ Ja
   ☐ Nein

- Wenn ja, um die gesamten stillen Reserven?
- Bestehen Ausnahmefälle, in denen die stillen Reserven nicht bereinigt werden?

6. Findet der Geschäfts- und Firmenwert (GoF) in Ihrem Abschlussrating einen Niederschlag?

   ☐ Ja ☐ Nein
   - Wenn nein, welche Bereinigungsmaßnahmen sind vorgesehen?
   - Bestehen Ausnahmefälle, in denen der Geschäfts- und Firmenwert (GoF) nicht bereinigt wird?

7. Ist diese Vorgehensweise für stille Reserven und den Geschäfts- und Firmenwert (GoF) unabhängig von der angewendeten Rechnungslegungsnorm vorgesehen?

8. Bei passiven Unterschiedsbeträgen aus der Erstkonsolidierung fließen diese unabhängig der angewendeten Rechnungslegungsnorm und unverändert in Ihr Abschlussrating ein?

9. In der Literatur herrscht Uneinigkeit darüber, ob Anteile anderer Gesellschafter Eigen- oder Fremdkapital oder eine Zwischenposition darstellen. Übernehmen Sie das Eigenkapital unverändert ohne Umgliederung der Anteile anderer Gesellschafter? Sind Anteile anderer Gesellschafter überhaupt auszuweisen?

10. Das UGB sieht das Wahlrecht vor, dass Tochterunterunternehmen im Rahmen der Erstkonsolidierung mittels Buchwert- oder Neubewertungsmethode einbezogen werden können. Bei Anwendung der Buchwertmethode werden die stillen Reserven der Anteile anderer Gesellschafter nicht ausgewiesen. Bei der Buchwertmethode erstreckt sich die Neubewertung von Vermögen und Schulden somit im Unterschied zur Neubewertungsmethode nur auf den Anteil, den das Mutterunternehmen erworben hat.
    Berücksichtigen Sie beim Abschlussrating, ob bei einem UGB-Konzernabschluss die Neubewertungsmethode oder Buchwertmethode bei Einbezug von Tochterunternehmen gewählt wurde?

11. Ist Ihrer Ansicht nach bei der Buchwertmethode ein besseres Rating zu erwarten als bei der Neubewertungsmethode, bei der sowohl die stillen Reserven der Mehrheitsanteilseigner als auch der Anteile anderer Gesellschafter ausgewiesen werden? Begründen Sie Ihre Entscheidung kurz.

12. Mit IFRS 3 (*rev.* 2008) wurde die Möglichkeit eingeräumt den *Goodwill* der Anteile anderer Gesellschafter auszuweisen (sog. *Full Goodwill*-Methode). Wie stehen Sie zu dieser Möglichkeit?

Fragen zum Einbezug von Gemeinschaftsunternehmen

13. Berücksichtigen Sie in Ihrem Abschlussrating, ob ein Gemeinschaftsunternehmen („*Joint Venture*") mittels Quotenkonsolidierung oder *at Equity* einbezogen wurde?
    - Wenn ja, welche Bereinigungsmaßnahmen sieht Ihr Unternehmen für den Fall vor, dass Gemeinschaftsunternehmen mittels Quotenkonsolidierung einbezogen werden?
    - Wenn ja, welche Bereinigungsmaßnahmen sieht Ihr Unternehmen für den Fall vor, wenn Gemeinschaftsunternehmen mittels *Equity*-Methode einbezogen werden?

14. Unterscheiden Sie diesbezüglich zwischen IFRS- und UGB-Abschlüssen?

15. Berücksichtigen Sie die Angaben in den *Notes* nach IFRS 31.56 im Rahmen des Abschlussratings?
    IAS 31.56: Demnach hat ein Partnerunternehmen eine Auflistung und Beschreibung von Anteilen an maßgeblichen Gemeinschaftsunternehmen sowie die Höhe der Beteiligung an gemeinschaftlich geführten Unternehmen anzugeben. Ein Partnerunternehmen, das seine Anteile an gemeinschaftlich geführten Unternehmen mithilfe der Quotenkonsolidierung der entsprechenden Posten oder der *Equity*-Methode bilanziert, hat die Summe aller kurzfristigen Vermögenswerte, langfristigen Vermögenswerte, kurzfristigen Schulden, langfristigen Schulden, Erträge und Aufwendungen in Bezug auf seine Anteile an Gemeinschaftsunternehmen anzugeben.

16. Würden Sie den Einbezug von Gemeinschaftsunternehmen mittels Anschaffungskostenmethode bevorzugen? Wenn ja, warum?

17. Würde der Einbezug von Gemeinschaftsunternehmen mittels beizulegenden Zeitwertes (*Fair Value*) für Sie relevanter sein? Wenn ja, warum?

Anhang 2: Kategorienschemata

Kategorie	**Findet die Größe eines (Konzern-)Unternehmens Berücksichtigung im Rating? Wenn ja, welche Kriterien werden herangezogen?**	
	Ja	**Nein**
Interview 1		Die Größe wird eigentlich nicht berücksichtigt. Über branchenorientierte Größen wird eine Unterscheidung getroffen, indirekt werden damit auch Größenkriterien berücksichtigt.
Interview 2	Ja, es gibt einen Bonitätszuschlag in Abhängigkeit der Betriebsleistung. Die Größengrenze ist bei 40 Mio€ und dann gleitend festgelegt. Empirisch konnte nachgewiesen werden, dass die Ausfallwahrscheinlichkeit bei großen Unternehmen deutlich geringe ist als im KMU-Bereich.	
Interview 3	Die Größe wirkt sich positiv auf die Ausfallwahrscheinlichkeit aus. Die Größe eines Unternehmens wird an der Betriebsleistung gemessen. Angewandt wird ein dreistufiges größenabhängiges Modell. Ab 500 Mio€ liegt ein großes, ab 1,5 Mio€ Betriebsergebnis ein mittleres Unternehmen vor. Es werden aber auch neben den Größenkriterien regionale und branchenabhängige Aspekte berücksichtigt.	
Interview 4	Bislang wurde ein externes Ratingmodell verwendet, mit dem neuen internen Ratingmodell werden für große Unternehmen Kennzahlen unterschiedlich gewichtet und teilweise auch andere Kennzahlen verwendet. Als Größenkriterium wird die Betriebsleistung herangezogen.	

Kategorie	Findet die Größe eines (Konzern-)Unternehmens Berücksichtigung im Rating? Wenn ja, welche Kriterien werden herangezogen?	
	Ja	**Nein**
Interview 5	Es gibt eine Staffelung nach Kleinunternehmen und größeren Unternehmen. Ein Konzern fällt grundsätzlich unter große Unternehmen. Es gibt zwei Größenkriterien 1,5 Mio€ Personalaufwand und Bilanzsumme 5,0 Mio€.	
Interview 6		Grundsätzlich werden keine Größenkriterien standardmäßig hinterlegt.
Interview 7	Im Ratingmodell wird die Größe berücksichtigt. Je größer das Unternehmen ist, umso geringer ist die Ausfallwahrscheinlichkeit. Die Bilanzsumme wird als Größenkriterium herangezogen.	
Interview 8		Das Geschäftsfeld erstreckt sich auf österreichischer Ebene nur auf große Unternehmen. KMUs stellen die Ausnahme im Geschäftsbereich dar. Daher ist auch eine größenabhängige Differenzierung nicht notwendig.

Kategorie	Finden die IFRS im automatisierten Abschlussrating Berücksichtigung?	
	IFRS finden im Ratingmodell Berücksichtigung	**IFRS finden keine Berücksichtigung**
Interview 1	Es gibt kein eigenes Rating. Es wird über *Benchmarks* differenziert.	
Interview 2		Im "*Hard Fact*"-Rating wird kein Unterschied gemacht. Unterscheidungen werden nach dem Sitz des Unternehmens, somit regional oder national getroffen. Es wird nicht nach der Rechnungslegungsnorm differenziert.
Interview 3		Nicht standardisiert. Der Experte entscheidet in einem manuellen Überlegungsprozess. Es wurde noch kein Rechenmodell ausgetestet. Aber auf Grund der Berücksichtigung von größenabhängigen Ratingmodellen ist die Thematik grundsätzlich nicht von großer Bedeutung, weil die großen Unternehmen im Regelfall ohnedies IFRS anwenden.
Interview 4		Ein Modell das zwischen IFRS und UGB differenziert hat, wurde in der Vergangenheit angewandt, wurde aber vor zwei Jahren (ungefähr) wieder rückgängig gemacht, weil es keine Signifikanz gezeigt hat. Es hat keinen Fall gegeben, wo eine Firma, die IFRS anwendet, insolvent geworden ist. Es wird aber zukünftig eine größenabhängige Unterscheidung geben. Und damit wird der Thematik eine gewisse Bedeutung beigemessen. Da IFRS-Abschlüsse fast ausschließlich bei den sehr großen Unternehmen anzutreffen sein werden.
Interview 5	Es sind unterschiedliche *Benchmarks* in Abhängigkeit der Rechnungslegungsnorm standardisiert im Einsatz.	

Kategorie	Finden die IFRS im automatisierten Abschlussrating Berücksichtigung?	
	IFRS finden im Ratingmodell Berücksichtigung	**IFRS finden keine Berücksichtigung**
Interview 6		Eine Anpassung ist geplant, aber es fehlen ausreichende Datenpools. Deshalb wird die Rechnungslegungsnorm derzeit noch nicht standardisiert berücksichtigt.
Interview 7		Nein, werden nicht berücksichtigt.
Interview 8	Ja, über *Benchmarks*.	

Kategorie	**Sind standardmäßig Bereinigungsmaßnahmen in Hinblick auf die Wahlmöglichkeiten der Kapitalkonsolidierungsmaßnahmen für Tochterunternehmen vorgesehen?**
Interview 1	Standardmäßig nicht, aber es erfolgt eine Einzelfallbetrachtung.
Interview 2	Im Abschlussrating nicht, dh automatisiert wird keine Unterscheidung getroffen. Bei Auffälligkeiten wird über die *Soft Facts* im Rating aber nicht über die *Hard Facts* eine Anpassung des Ratings erfolgen. Ob die Kapitalkonsolidierungsmethode einen Einfluss hat, kann nicht beurteilt werden. Insgesamt ist es wichtiger über die Zeit vergleichbare Werte eines Unternehmens zu haben, die auf Grund von Wahlrechten angewendete Kapitalkonsolidierungsmethode ist eher nebensächlich. Hinsichtlich der *Full Goodwill*-Methode werden wieder Bewertungsspielräume eröffnet, denen man skeptisch gegenübersteht.
Interview 3	Nein, standardmäßig nicht.
Interview 4	Welche Kapitalkonsolidierungsmethode angewandt wird, wird nicht berücksichtigt. Es wird auch nicht erwartet, dass sich dadurch die Ratingeinstufung verändern würde.
Interview 5	Es wird keine Berichtigung standardmäßig vorgenommen. Wahlrechte können zwar einen Einfluss haben, der Einfluss wird aber als gering eingeschätzt.
Interview 6	Nein, es wird keine Unterscheidung getroffen. Differenzen in Hinblick auf die Kapitalkonsolidierungsmethoden können das Rating nicht beeinflussen
Interview 7	Es sind keine Maßnahmen zur Vereinheitlichung automatisiert vorgesehen. Möglicherweise wird im Einzelfall eine Vereinheitlichung vorgenommen. Es liegen aber keine Erfahrungswerte vor, wonach mit der Buchwertmethode ein besseres Rating erzielt werden könnte. Auch im Zuge der *Full Goodwill*-Methode werden keine großartigen Änderungen erwartet.
Interview 8	Kunden wenden tendenziell eher IFRS an, deshalb stellt sich die Frage nach der Vereinheitlichung der Buchwert- und Neubewertungsmethode nicht. Die *Full Goodwill*-Methode findet keine Berücksichtigung, da dazu Datenpools vorhanden sein müssen, um *Benchmarks* zu definieren.

Kategorie	**Sind Bereinigungsmaßnahmen standardmäßig in Hinblick auf die Wahlmöglichkeiten der Kapitalkonsolidierungsmaßnahmen für Gemeinschaftsunternehmen vorgesehen?**
Interview 1	Standardmäßig nicht, im Einzelfall aber vielleicht durchaus.
Interview 2	Es erfolgt keine Vereinheitlichung. Es sind auch keine Auffälligkeiten bekannt, in denen man dagegen gesteuert hätte. Alle zusätzlichen Angaben insbesondere, um Auffälligkeiten zu erkennen, werden begrüßt. Aber letztlich sind diese einzelfallbezogen und individuell zu sehen.
Interview 3	Nein, nicht standardmäßig.
Interview 4	Die Quotenkonsolidierung kommt kaum vor. Auch Maßnahmen zur Vereinheitlichung sind nicht vorgesehen. Auch im Einzelfall erfolgt eine Anpassung eher selten.
Interview 5	Es erfolgt keine Maßnahme zur Vereinheitlichung. Die *Equity*-Methode wird kritischer gesehen als die Quotenkonsolidierung. Der Quotenkonsolidierung würde deshalb der Vorzug gegeben werden.
Interview 6	Es finden keine Bereinigungsmaßnahmen statt. Auch die IFRS Angaben in den *Notes* werden nicht herangezogen, um eine Vereinheitlichung zu erreichen. Die *Equity*-Methode wird als entscheidungsnützlicher betrachtet als die Quotenkonsolidierungsmethode.
Interview 7	Es gibt keine Maßnahmen zur Vereinheitlichung. Es wird auch nicht zwischen IFRS und UGB unterschieden. Den Angaben in den *Notes* der IFRS wird keine Beachtung beigemessen.
Interview 8	Die Quotenkonsolidierung ist extrem selten. Es sind keine Maßnahmen zur Vereinheitlichung vorgesehen. Im Abschlussrating werden die Angaben in den *Notes* standardmäßig nicht berücksichtigt. Möglicherweise erfolgt aber eine Berücksichtigung der Angaben in den *Notes* im Einzelfall.

Kategorie	Werden die Abschlussposten standardmäßig um stille Reserven aus der Erstkonsolidierung (PPA) bereinigt?
Interview 1	In der Abschlussanalyse erfolgt standardmäßig keine Bereinigung. Je nach Ausmaß kann jedoch eine Bereinigung der stillen Reserven/Lasten im Einzelfall erfolgen.
Interview 2	Nein, es erfolgt keine Bereinigung. Einzelfälle, in denen eine Bereinigung erfolgt, sind jedoch nicht auszuschließen.
Interview 3	Nein, im Regelfall nicht. Allgemein werden stille Reserven sowohl im Einzel- und Konzernabschluss nicht bereinigt.
Interview 4	Teilweise werden kreditwirtschaftliche Korrekturen bei stillen Reserven/Lasten gemacht, aber nur bei wesentlichen Posten. Erstkonsolidierung wird aber nicht so problematisch gesehen, da zumindest im UGB eine Deckelung durch die Anschaffungskosten erfolgt.
Interview 5	Grundsätzlich nicht, Abschlusspositionen werden aus dem Konzernabschluss des Klienten übernommen.
Interview 6	Nein, diese werden nicht bereinigt.
Interview 7	Nein, den stillen Reserven wird insgesamt auch eine geringe Bedeutung beigemessen.
Interview 8	Es erfolgt standardisiert keine Bereinigung um die stillen Reserven. Im Einzelfall ist dies jedoch abzuklären.

Kategorie	**Wird der Geschäfts- und Firmenwert tendenziell gegen das Konzerneigenkapital verrechnet?**
Interview 1	Ist der Firmenwert werthaltig, dann wird dieser als Aktivposten ausgewiesen. Dies erfolgt aber nicht standardmäßig, sondern setzt eine Einzelfallbetrachtung voraus und ist damit abhängig vom Ausmaß der Firmenwerte.
Interview 2	Der Firmenwert wird grundsätzlich mit dem Eigenkapital saldiert. Kann der Kundenbetreuer die Werthaltigkeit des Firmenwertes entsprechend argumentieren, kann im Ausnahmefall davon abgegangen werden.
Interview 3	Wir haben verschiedene Modelle. In Abhängigkeit der Erträge des Unternehmens fließt der Firmenwert als Aktivposten ein, maximal in der Regel aber mit 80 Prozent. Bei sehr ertragsschwachen Unternehmen wird der Firmenwert gegen das Eigenkapital verrechnet.
Interview 4	Bei großen Unternehmen wird der Firmenwert vom System automatisch abgezogen. Im Einzelfall kann man aber über die kreditwirtschaftliche Korrektur wieder eingreifen. Bei einer Betriebsleistung von 100 Mio€ gilt ein Unternehmen als groß. Bei Firmenwerten wird eine kurzfristige Abschreibung präferiert. Dem *Impairment*-Test des Firmenwertes steht man eher negativ gegenüber. In schlechten Zeiten müsste tendenziell ein *Impairment*-Test gemacht werden und dies verstärkt wiederum die negativen Ergebnisse.
Interview 5	Grundsätzlich bleibt der Firmenwert drinnen. Insbesondere bei kleineren Unternehmen wird der Firmenwert vom Eigenkapital abgezogen. Bei Konzernen wird der Geschäfts- und Firmenwert aber jedenfalls als Aktivposten belassen.
Interview 6	Der Firmenwert wird standardmäßig mit dem Eigenkapital verrechnet.
Interview 7	Bei sog. Standardkommerzkunden wird der Geschäfts- und Firmenwert als Aktivposten belassen. Eine Bereinigung und Verrechnung mit dem Eigenkapital ist jedoch im Einzelfall möglich.
Interview 8	Der Firmenwert wird nur fallweise ganz oder teilweise gegen das Eigenkapital verrechnet. Dies ist abhängig von der Werthaltigkeit des Firmenwertes. Die Werthaltigkeit des Firmenwertes wird von der Bank geprüft.

Kategorie	**Stellen Anteile anderer Gesellschafter aus Sicht der Bank Eigen- oder Fremdkapital oder eine Zwischenposition dar?**
Interview 1	Die Anteile von anderen Gesellschaftern werden nicht als klassisches Fremdkapital gesehen. Anteile anderer Gesellschafter erhalten, genauso wie Mehrheitsanteilseigner, Ausschüttungen in Abhängigkeit der gehaltenen Anteile und verfügen, je nach Unternehmen, über Stimmrechte. Oftmals gibt es auch Konstrukte bei denen der Anteil anderer Gesellschafter höher ist als der Anteil der Mehrheitsanteilseigner.
Interview 2	Anteile anderer Gesellschafter werden nicht umgegliedert und bleiben Teil des Eigenkapitals, aber sie werden in der Berichterstattung in einem eigenen Bereich dargestellt. Dh das Anteile anderer Gesellschafter Eigenkapital geringer Qualität darstellen, aber dennoch Teil des Eigenkapitals sind. Das betrifft aber nur die Darstellung in der Abschlussanalyse und nicht das Abschlussrating.
Interview 3	Aus Sicht der Bank sind diese Eigenkapitalgeber.
Interview 4	Anteile anderer Gesellschafter sind Eigenkapitalgeber.
Interview 5	Nein, diese stellen jedenfalls Eigenkapital dar.
Interview 6	Die Übernahme des Eigenkapitals erfolgt ohne die Anteile anderer Gesellschafter umzugliedern.
Interview 7	Auch Anteile anderer Gesellschafter sind als Eigenkapitalgeber im klassischen Sinne zu bezeichnen. Die Übernahme erfolgt deshalb ohne die Anteile anderer Gesellschafter umzugliedern.
Interview 8	Anteile anderer Gesellschafter sind Eigenkapital.

Kategorie	**Wie wird die *Full Goodwill*-Methode von den Interviewpartner eingeschätzt?**
Interview 1	Auch wenn im Zeitpunkt der Kapitalkonsolidierung damit das Eigenkapital erhöht werden könnte, sind auch die Auswirkungen in den Folgejahren im Rahmen der *Impairment*-Anpassungen zu betrachten. Im Zeitablauf gleicht sich dieser Effekt wieder aus.
Interview 2	Es wird davon ausgegangen, dass die *Full Goodwill*-Methode keine Relevanz für die Ratingeinstufung haben wird.
Interview 3	Dazu kann im Moment noch keine Aussage getroffen werden.
Interview 4	Die Abbildung des Firmenwertes als Aktivposten wird generell eher negativ gesehen. Zur *Full Goodwill*-Methode wird keine Aussage getroffen.
Interview 5	Der Ansatz des Firmenwertes der Anteile anderer Gesellschafter in der Konzernbilanz wird negativ gesehen. Von Vorteil wäre eine außerbilanzielle Darstellung. Diese würde zusätzliche entscheidungsnützliche Informationen liefern.
Interview 6	Der Aufdeckung des Firmenwertes im Rahmen der *Full Goodwill*-Methode steht man skeptisch gegenüber.
Interview 7	Man erwartet sich keine großartigen Veränderungen durch das neue Wahlrecht.
Interview 8	Die *Full Goodwill*-Methode findet keine Berücksichtigung, da dazu Datenpools vorhanden sein müssen, um *Benchmarks* zu definieren. Die Auswirkungen können deshalb noch nicht abgeschätzt werden.

Kategorie	**Wäre ein Einbezug des Gemeinschaftsunternehmens zu Anschaffungskosten (*at cost*) oder mit dem beizulegenden Zeitwert *(Fair Value)* wünschenswert?**
Interview 1	Gegenüber der Anschaffungskostenmethode wird die *Equity*-Methode präferiert, da somit auch die Wertentwicklung des Unternehmens mitberücksichtigt wird. Hinsichtlich des beizulegenden Zeitwertes und der Anschaffungskostenmethode kann man differenzierter Meinung sein. Einerseits könnte man die vorsichtigere Anschaffungskostenmethode präferieren und man versucht im Nachhinein einzuschätzen, wie hoch die stillen Reserven sein könnten. Andererseits könnte man auch den beizulegenden Zeitwert ansetzen und man nimmt eventuell wieder Abschläge vor. Der Vorteil des beizulegenden Zeitwertes liegt darin, dass man den Zeitwert eventuell durch einen externen Gutachter bestätigt hätte. Die Informationen, die der Kunde in seinem Abschluss abbildet, müssen nachvollziehbar sein und vom Bilanzleser verstanden werden.
Interview 2	Grundsätzlich wird der Anschaffungskostenmethode gegenüber der *Equity*-Methode oder auch dem *Fair Value*-Ansatz der Vorzug gegeben.
Interview 3	Die Anschaffungskostenmethode hat durchaus Vorteile. Grundsätzlich muss ich als Bilanzleser wissen, welche Methode vorliegt, um Entscheidungen treffen zu können. Auch einer *Fair Value*-Bewertung steht man offen gegenüber, da jede zusätzliche Information positiv sein kann und jedenfalls auch positiv zu beurteilen ist. Aber der *Fair Value* muss entsprechend unterlegt werden.
Interview 4	Gegen einen Ansatz zu Anschaffungskosten ist nichts vorzubringen und würde deshalb gegenüber der *Equity*-Methode bevorzugt werden. Dem *Fair Value* wird fehlende Objektivität unterstellt.
Interview 5	Der Anschaffungskostenmethode wird mehr Entscheidungsnützlichkeit beigemessen als der *Equity*-Methode. Bei Anwendung der *Fair Value*-Methode würde jedoch wieder ein Bewertungsspielraum geschaffen werden.
Interview 6	Die *Equity*-Methode wird tendenziell gegenüber der Anschaffungskostenmethode bevorzugt. Einer *Fair Value*-Bewertung der Anteile von Gemeinschaftsunternehmen wird keine höhere Entscheidungsnützlichkeit zugesprochen, da die Nachvollziehbarkeit nicht immer gewährleistet werden kann.
Interview 7	Sowohl der Quotenkonsolidierung als auch der *Equity*-Methode wird eine bessere Entscheidungsnützlichkeit gegenüber der Anschaffungskostenmethode beigemessen, da zusätzliche Informationen über die Anschaffungskosten hinaus zur Verfügung stehen.
Interview 8	Die *Equity*-Methode wird tendenziell gegenüber der Anschaffungskostenmethode bevorzugt. Einer *Fair Value*-Bewertung der Anteile von Gemeinschaftsunternehmen wird keine höhere Entscheidungsnützlichkeit auf Grund der dadurch möglichen Bewertungsspielräume beigemessen. Die aus Sicht der Bank notwendige Objektivität einer *Fair Value*-Bewertung wird in Frage gestellt.

Kategorie	Wäre die Abschaffung bestehender Wahlrechte wünschenswert?
Interview 1	Wurde im Gespräch nicht offen thematisiert.
Interview 2	Eine Einschränkung der Wahlrechte würde begrüßt werden, um eine Vergleichbarkeit zu ermöglichen und eine Standardisierung voranzutreiben. Jedes Wahlrecht das wiederum Spielräume ermöglicht, ist kontraproduktiv.
Interview 3	Nicht unbedingt, weil die Wahl der Methode durchaus ein Indiz dafür ist, wie der Kunde sich darstellen möchte. Nutzt der Kunde die Wahlrechte in eine gewisse Richtung, erhält man zumindest ein Indiz für seine Bonität. Welches Wahlrecht ausgeübt wird, kann aus Bonitätsüberlegungen im Einzelfall relativ interessant sein. So gesehen stellen Wahlrechte eine Zusatzinformation dar. Auch wenn die Vergleichbarkeit dadurch erschwert wird. Die Anzahl der Wahlrechte macht es aber schwer einen Überblick zu behalten, wodurch die Spielwiese für Unternehmen größer wird.
Interview 4	Je weniger Wahlrechte, umso vergleichbarer sind die Abschlüsse für das Rating. Die Entwicklungen gehen diesbezüglich in die falsche Richtung.
Interview 5	Eine Einschränkung der Wahlrechte, um eine einheitlichere Darstellung zu ermöglichen, würde begrüßt werden.
Interview 6	Die Abschaffung von Wahlrechten wäre wünschenswert, um die Vergleichbarkeit der Abschlüsse zu erhöhen.
Interview 7	Eine Einschränkung der Wahlrechte wird generell gut geheißen.
Interview 8	Wahlrechte sollten reduziert werden, da die Vergleichbarkeit zu sehr eingeschränkt wird. Auch wenn man nicht alle Sachverhalte gleichbehandeln kann, aber das Ausmaß der Wahlrechte muss sich in Grenzen halten

Anhang 3: Daten nicht kapitalmarktorientierter österreichischer Konzernunternehmen im Geschäftsjahr 2006/2007 bzw. 2007

Lf. Nr.	Firmenbuchnr.	Firmenname	Ort	Rechnungslegungsnorm	Arbeitnehmer im Durchschnitt	Umsatzerlöse in T€	Bilanzsumme in T€
1	FN 017999w	Raimund Beck KG Wire Staples Company	Mauerkirchen	UGB	413	43.213	72.114
2	FN 027118f	non ferrum Metallpulver Gesellschaft m.b.H. & Co. KG	Salzburg	UGB	409	719.969	238.538
3	FN 027476g	Wiesenthal & Co. K.G	Salzburg	UGB	2.539	952.111	510.876
4	FN 028566i	Gebr. Leube KG	St. Leonhard	UGB	357	95.525	91.784
5	FN 032725a	Leyrer + Graf Baugesellschaft m.b.H.	Gmünd	UGB	908	118.689	62.914
6	FN 033881a	BOE Baumanagement Gesellschaft m.b.H.	Innsbruck	UGB	k.A.	45.326	87.758
7	FN 034773m	Kunststofftechnik Waidhofen an der Thaya Gesellschaft m.b.H.	Waidhofen a.d. Thaya	UGB	475	49.534	49.456
8	FN 034897w	Bundesimmobiliengesellschaft m.b.H.	Wien	IFRS	789	280.140	4.399.659
9	FN 035712v	Caritas Socialis GmbH	Wien	UGB	472	23.119	40.366
10	FN 036889z	ELK Fertighaus Aktiengesellschaft	Schrems	UGB	1.709	231.371	141.173
11	FN 037129b	Moser Holding Aktiengesellschaft	Innsbruck	UGB	k.A.	84.288	131.528
12	FN 039079w	Wien Holding GmbH	Wien	UGB	1.279	107.459	500.976
13	FN 039897y	Sun Chemical Aktiengesellschaft	Wien	UGB	k.A.	90.982	46.473
14	FN 040215s	Johnson & Johnson Gesellschaft m.b.H.	Hallein-Heide	UGB	k.A.	223.766	131.771
15	FN 041016v	Morandell International GmbH	Wörgl	UGB	196	68.795	30.439
16	FN 042105w	Neumann International Aktiengesellschaft	Wien	IFRS	k.A.	26.670	14.731
17	FN 042356p	IG Immobilien Invest GmbH	Wien	UGB	106	38.448	500.086
18	FN 042472i	Plansee Holding AG	Reutte	UGB	k.A.	970.652	1.111.983
19	FN 043517x	EGSTON Holding GmbH	Eggenburg	UGB	1.091	39.736	23.942
20	FN 044133b	TIWAG-Tiroler Wasserkraft AG	Innsbruck	UGB	k.A.	1.318.536	1.755.554
21	FN 045397k	Würth Hochenburger GmbH	Innsbruck	UGB	332	121.379	29.683
22	FN 046653h	Saubermacher Dienstleistungs-Aktiengesellschaft	Graz	IFRS	2.337	204.580	200.738
23	FN 046684d	Tondach Gleitstätte AG	Gleinstätten	UGB	3.096	247.793	325.007
24	FN 047390t	Kastner & Öhler Beteiligungs- Aktiengesellschaft	Graz	UGB	1.461	199.772	147.135
25	FN 048363y	Komptech GmbH	Frohnleiten	IFRS	433	87.413	53.800
26	FN 049531s	Engel Holding Gesellschaft m.b.H.	Schwertberg	UGB	3.396	598.720	470.279
27	FN 049591d	Handl Tyrol GmbH	Pians	UGB	375	71.376	53.000
28	FN 050002h	AEVG Abfall- Entsorgungs- und VerwertungsGmbH	Graz	UGB	100	28.671	26.723
29	FN 052149s	GESIBA Gemeinnützige Siedlungs- und Bauaktiengesellschaft,	Wien	UGB	329	128.615	1.520.494
30	FN 052293b	CASTOR Holding GmbH	Wien	IFRS	381	102.491	172.093

Lf. Nr.	Firmen-buchnr.	Firmenname	Ort	Rechnungs-legungsnorm	Arbeitnehmer im Durchschnitt	Umsatzerlöse in T€	Bilanzsumme in T€
31	FN 052596y	Hotel Sacher	Wien	UGB	561	48.646	77.683
32	FN 052836a	Sozialbau gemeinnützige Wohnungsaktiengesell-schaft	Wien	UGB	189	45.056	853.665
33	FN 052894k	Jacoby Pharmazeutika Aktiengesellschaft	Hallein	UGB	452	194.569	58.877
34	FN 053617z	Haberkorn Holding AG	Wien	UGB	893	190.044	74.700
35	FN 054309t	Grazer Stadtwerke AG	Graz	UGB	1.652	159.150	805.317
36	FN 055141s	Domoferm International GmbH	Gänserndorf	UGB	1.105	120.355	91.816
37	FN 055543g	Münze Österreich Akti-engesellschaft	Wien	UGB	240	395.634	473.098
38	FN 058339v	Ing. Hofer Holding Gesellschaft m.b.H.	Wilfersdorf	IFRS	297	21.082	20.821
39	FN 059202m	Vorarlberger Illwerke Aktiengesellschaft	Bregenz	UGB	1.180	526.034	1.465.672
40	FN 059232g	Schoeller Immobilien-und Beteiligungs GmbH	Bregenz	UGB	545	53.383	98.009
41	FN 059529v	Leykam Medien Aktien-gesellschaft	Graz	UGB	321	42.974	48.896
42	FN 059536d	Wietersdorfer Rohrbetei-ligungs GmbH	Klagenfurt	UGB	1.102	277.392	231.862
43	FN 059913h	Lagermax Lagerhaus und Speditions Aktiengesell-schaft	Salzburg	UGB	2.393	303.302	203.119
44	FN 060025y	F.M. Hämmerle Holding AG	Dornbirn	UGB	585	34.819	72.795
45	FN 061259m	Huber Holding AG	Götzis	UGB	1.026	102.784	68.738
46	FN 061365v	Salzburger Flughafen GmbH	Salzburg	UGB	323	46.219	110.659
47	FN 064499b	GANAHL AKTIENGE-SELLSCHAFT	Frastanz	UGB	909	201.635	187.207
48	FN 065738z	WELDE Gesellschaft m.b.H.	Wien	IFRS	943	47.628	31.088
49	FN 066107t	Holzwerkstoffe Ver-triebsholding Aktienge-sellschaft	Stockerau	UGB	1.553	412.237	168.067
50	FN 066936k	Karl Augustin Transport-gesellschaft m.b.H.	Straßwalchen	UGB	1.412	185.755	159.564
51	FN 069279g	Ernstbrunner Kalktechnik GmbH	Ernstbrunn	UGB	96	28.691	18.481
52	FN 070653b	Baumax Aktiengesell-schaft	Klosterneuburg	UGB	6.987	1.033.030	386.451
53	FN 070656g	Baustoff + Metall Gesell-schaft m.b.H.	Wien	UGB	772	261.854	120.134
54	FN 070663t	GrECo International Holding AG	Wien	UGB	k.A.	43.298	54.618
55	FN 071451a	Österreichischer Rund-funk	Wien	UGB	k.A.	949.917	1.013.957
56	FN 071458k	SCHÖSSWENDER-Werke Gesellschaft m.b.H.	Salzburg	UGB	462	29.874	18.696
57	FN 072115b	FREQUENTIS GmbH	Wien	IFRS	719	127.814	88.543
58	FN 073066a	PKB Privatkliniken Beteiligungs-GmbH	Wien	UGB	892	86.698	106.977
59	FN 073273f	Mayr-Melnhof Kauf-mann Holding AG	Reuthe bei Bezau	UGB	463	118.904	58.344

Lf. Nr.	Firmen-buchnr.	Firmenname	Ort	Rechnungs-legungsnorm	Arbeitnehmer im Durchschnitt	Umsatzerlöse in T€	Bilanzsumme in T€
60	FN 074803f	Österreichisches Verkehrsbüro Aktiengesellschaft	Wien	IFRS	2.661	809.209	317.757
61	FN 075071z	Pfeiffer HandelsgmbH	Traun	UGB	2.491	540.705	150.284
62	FN 075666z	Oberösterreichsiche Ferngas Aktiengesellschaft	Linz	IFRS	235	96.316	450.522
63	FN 075787b	Synthesa Chemie Gesellschaft m.b.H.	Perg	UGB	657	125.369	64.089
64	FN 076312z	J. Wimmer Holding Gesellschaft m.b.H.	Linz	UGB	727	78.781	60.278
65	FN 078642a	"VOG" Einfuhr und Großhandel mit Lebensmitteln und Bedarfsgütern Aktiengesellschaft	Linz	UGB	469	197.340	113.732
66	FN 078896z	PEZ International AG	Traun	UGB	617	64.810	48.063
67	FN 078961w	IM Autotrade Holding GmbH	Wien	UGB	273	255.189	66.648
68	FN 081132m	Schachermayer Holding Gesellschaft m.b.H.	Linz	UGB	k.A.	331.431	191.239
69	FN 082505g	SÜBA Beteiligungs Aktiengesellschaft	Wien	UGB	28	28.113	36.328
70	FN 082813i	delfortgroup AG	Traun	UGB	2.488	548.843	521.891
71	FN 082816p	Trierenberg Holding AG	Traun	UGB	1.205	205.962	180.455
72	FN 083768p	Schachinger Beteiligungs-GmbH	Hörsching	UGB	336	97.857	85.037
73	FN 083798h	IFN Beteiligungs GmbH	Traun	UGB	2.041	267.294	147.676
74	FN 083923t	TRANSDANUBIA Holding GmbH	Linz	UGB	171	114.048	42.686
75	FN 084055k	Panuli Bonbons Handelsgesellschaft m.b.H.	Linz	UGB	242	55.683	64.830
76	FN 084059t	Ebner Beteiligungsgesellschaft m.b.H.	Leonding	UGB	939	124.785	144.145
77	FN 086959g	CAG Holding Gesellschaft m.b.H.	Marktl im Traisental	UGB	4.006	768.602	548.787
78	FN 088239p	Raiffeisen Informatik GmbH	Wien	UGB	834	304.614	142.978
79	FN 089381v	Habau Hoch-Tiefbaugesellschaft m.b.H.	Perg	IFRS	2.759	505.188	235.226
80	FN 090981x	Innsbrucker Kommunalbetriebe Aktiengesellschaft	Innsbruck	UGB	1.198	167.589	586.787
81	FN 093104v	VAMED Aktiengesellschaft	Wien	UGB	1.861	415.631	393.402
82	FN 094328v	Salzer Holding GmbH	Wien	UGB	367	65.650	90.797
83	FN 096022i	Felbermayr GmbH	Wels	UGB	1.499	265.144	234.979
84	FN 096380k	Heinzel Holding GmbH	Vorchdorf	IFRS	862	553.338	517.775
85	FN 096667h	Teufelberger Holding Aktiengesellschaft	Wels	UGB	578	107.795	60.311
86	FN 099132h	Holding Wels GmbH	Wels	UGB	571	122.473	291.820
87	FN 099514w	Wolf Systembau Gesellschaft m.b.H.	Scharnstein	UGB	2.264	373.693	110.803
88	FN 099724d	Stern & Hafferl Holding GmbH	Gmunden	UGB	538	60.768	47.074
89	FN 100672y	Dietzel Gesellschaft m.b.H.	Wien	UGB	329	48.161	27.581
90	FN 101456a	Trodat Holding GmbH	Wels	IFRS	940	127.317	129.707

Lf. Nr.	Firmen-buchnr.	Firmenname	Ort	Rechnungs-legungsnorm	Arbeitnehmer im Durchschnitt	Umsatzerlöse in T€	Bilanzsumme in T€
91	FN 101672v	efko Frischfrucht und Delikatessen GmbH	Eferding	UGB	461	66.513	50.199
92	FN 101743y	UMDASCH AG	Amstetten	UGB	7.028	1.074.299	1.253.152
93	FN 102455w	Elektrizitätswerk Wels Aktiengesellschaft	Wels	UGB	512	115.349	228.929
94	FN 103264i	PKE Electronics AG	Wien	UGB	420	91.920	83.632
95	FN 103357x	ERTL GLAS AG	Amstetten-Mauer	UGB	606	71.220	65.426
96	FN 103682z	Kwizda Beteiligungs GmbH	Wien	UGB	1.040	646.429	242.210
97	FN 104921x	Electrovac AG	Klosterneuburg	IFRS	1.017	115.542	91.295
98	FN 105007y	Vetropack Austria Holding Aktiengesell-schaft	Pöchlarn	UGB	1.902	253.568	304.401
99	FN 105391m	Reform-Werke Bauer & Co Holding Aktiengesell-schaft	Wels	UGB	393	54.860	46.714
100	FN 105810d	Mitterbauer Beteiligungs-Aktiengesellschaft	Laakirchen	IFRS	2.850	366.506	326.787
101	FN 106006t	funworld AG	Lenzing	UGB	128	21.867	12.884
102	FN 106535w	Österreichische Salinen Aktiengesellschaft	Bad Ischl	UGB	444	73.152	210.954
103	FN 106825x	Management Trust Holding Aktiengesell-schaft	Wien	IFRS	2.818	472.285	263.652
104	FN 107104g	Hirtenberger Aktienge-sellschaft	Hirtenberg	UGB	709	85.599	75.061
105	FN 107250x	IMC Verwaltungsgesell-schaft mbH	Hörsching	IFRS	206	38.746	198.185
106	FN 108594y	3e Holding AG	Wels	UGB	190	41.896	30.009
107	FN 109608p	ara Shoes GmbH	Feldkirchen	UGB	4.459	185.893	129.012
108	FN 109734z	Vereinigte Kärntner Brauereien Aktiengesell-schaft	Villach	UGB	303	44.182	54.216
109	FN 109886y	Kostwein Holding GmbH	Klagenfurt	UGB	713	95.127	46.316
110	FN 110213d	FELIX AUSTRIA Gesellschaft m.b.H.	Mattersburg	UGB	202	51.259	39.657
111	FN 111075x	Jungbunzlauer Austria AG	Wien	UGB	294	233.371	255.777
112	FN 111722y	Wietersdorfer Industrie-Beteiligungs-GmbH	Klagenfurt	UGB	1.925	338.018	488.009
113	FN 111807y	Wintersteiger AG	Ried im Inn-kreis	IFRS	591	84.485	75.419
114	FN 113563f	K.A.M. Essl Holding Aktiengesellschaft	Klosterneuburg	UGB	75	114.789	561.178
115	FN 114187y	Schrattenecker Holding Gesellschaft m.b.H.	Lohnsburg am Kobernaußer-wald	UGB	k.A.	63.126	31.407
116	FN 114509x	Ventana Beteiligungsge-sellschaft m.b.H	Wien	IFRS	3.163	609.337	334.736
117	FN 114665a	shoe fashion group LORENZ AG	Taufkirchen a. d. Pram	UGB	964	63.171	43.910
118	FN 114782y	NÖM AG	Baden bei Wien	UGB	690	330.233	114.275
119	FN 114793p	Zentrum der Arbeit und Technik	Mürzzuschlag	UGB	1.683	60.133	13.835
120	FN 115068v	Prinzhorn Holding GmbH	Oberwaltersdorf	UGB	4.076	886.606	806.534
121	FN 117693d	Wolfgang Denzel Hol-ding Aktiengesellschaft	Wien	UGB	1.222	513.901	370.807
122	FN 118645d	Bernegger GmbH	Molln	UGB	435	65.924	75.823

Lf. Nr.	Firmen-buchnr.	Firmenname	Ort	Rechnungs-legungsnorm	Arbeitnehmer im Durchschnitt	Umsatzerlöse in T€	Bilanzsumme in T€
123	FN 119649f	Leier Baustoffe-Holding GmbH	Horitschon	UGB	1.440	133.075	156.262
124	FN 119982w	Adeg Österreich Handelsaktiengesellschaft	Bergheim	UGB	1.991	712.029	229.819
125	FN 121684y	Berger Beteiligungsgesellschaft m.b.H.	Radfeld	UGB	219	59.808	22.778
126	FN 123357h	BEKO HOLDING AG	Nöhagen	IFRS	1.244	143.418	119.941
127	FN 124131x	Plaut Aktiengesellschaft	Salzburg	IFRS	147	Unvollständig gescannte GuV	Unvollständig gescannte GuV
128	FN 124559a	Greiner Bio-One International AG	Kremsmünster	IFRS	1.227	241.708	204.253
129	FN 126805d	Burgenländische Elektrizitätswirtschafts-Aktiengesellschaft (BEWAG)	Eisenstadt	UGB	1.168	242.778	700.798
130	FN 128054s	Richter Pharma AG	Wels	UGB	307	186.926	47.202
131	FN 130635k	AKRON Immobilien Portfolio Aktiengesellschaft	Wien	IFRS	0	154	84.539
132	FN 132564y	Christine Rosenberger Familienholding G.m.b.H.	St. Valentin	UGB	663	40.898	33.244
133	FN 133444t	STANDARD Verlagsgesellschaft m.b.H.	Wien	UGB	201	60.229	26.564
134	FN 135484t	Stiegl Betriebsholding GmbH	Salzburg	UGB	618	138.605	122.704
135	FN 136550i	MCE AG	Linz	IFRS	8.266	1.135.351	609.023
136	FN 136896v	UCP Chemicals AG	Wien	IFRS	2.280	120.945	83.270
137	FN 136962s	Hofmann Holding GmbH	Kirchdorf an der Krems	UGB	1.273	143.530	134.294
138	FN 137494y	HIK Hans und Ingeborg Kostmann Verwaltungsges.m.b.H.	St. Andrä im Lavanttal	UGB	884	114.419	98.033
139	FN 139153m	Vinzenz Gruppe Krankenhausbeteiligungs- und Management GmbH	Wien	UGB	4.128	263.780	352.558
140	FN 140132b	ONE GmbH	Wien	UGB	901	645.799	872.576
141	FN 144567z	HÖDLMAYR INTERNATIONAL AG	Schwertberg	UGB	1.291	167.777	102.956
142	FN 145704x	Porsche Holding Gesellschaft m.b.H	Salzburg	UGB	17.254	9.346.094	5.116.136
143	FN 146205h	Donau Chemie Aktiengesellschaft	Wien	UGB	357	210.244	136.159
144	FN 149076f	BDI – BioDiesel International AG	Grambach	IFRS	114	77.094	102.700
145	FN 154148p	Österreichische Bundesforste AG	Purkersdorf	UGB	1.147	247.904	446.457
146	FN 155941a	Ströck – Logistik GmbH	Wien	UGB	673	45.950	46.321
147	FN 157766i	EWT Truck & Trailer Handels GmbH	Kitzbühel	UGB	294	369.126	75.192
148	FN 158674w	Getzner, Mutter & Cie. Beteiligungsgesellschaft m.b.H	Bludenz	UGB	1.039	146.459	151.024
149	FN 159839h	RWA Raiffeisen Ware Austria Aktiengesellschaft	Wien	IFRS	1.925	1.837.823	687.860
150	FN 168000i	Friedrich Holding Aktiengesellschaft	Zettling	UGB	767	86.108	37.109
151	FN 168434y	Knapp Holding GmbH	St. Hart bei Graz	IFRS	1.228	176.380	109.933

Lf. Nr.	Firmen-buchnr.	Firmenname	Ort	Rechnungs-legungsnorm	Arbeitnehmer im Durchschnitt	Umsatzerlöse in T€	Bilanzsumme in T€
152	FN 170439x	KAPSCH-Group Beteiligungs GmbH	Wien	IFRS	2.316	465.583	507.263
153	FN 171802a	B & C Holding GmbH	Wien	IFRS	13.681	1.958.293	2.640.536
154	FN 174160v	Greiner Holding AG	Kremsmünster	IFRS	6.219	841.282	683.619
155	FN 174652t	WBH Holding AG	Wien	UGB	304	166.400	120.602
156	FN 174882f	Rudolf Holzmann Holding GmbH	Wien	UGB	253	34.109	12.137
157	FN 174981a	"ARTAX" Beteiligungs- und Vermögensverwaltungs Aktiengesellschaft	Linz	IFRS	817	269.049	122.301
158	FN 177836z	AVL Holding GmbH	Graz	IFRS	4.172	625.409	732.149
159	FN 185066g	Erdal Gesellschaft m.b.H. & Co KG	Hallein	UGB	900	198.016	110.926
160	FN 186368x	ATP Planungs- und Beteiligungs- Aktiengesellschaft	Innsbruck	UGB	341	33.591	47.397
161	FN 188925g	Waagner-Biro Aktiengesellschaft	Wien	IFRS	995	229.069	161.184
162	FN 189707g	Immobilien Holding GmbH	Wien	UGB	323	66.115	593.074
163	FN 195913h	TGW Mechanics GmbH	Wels	IFRS	947	224.551	144.109
164	FN 196007x	FUTURELAB Holding GmbH	Wien	IFRS	1.281	95.211	239.638
165	FN 197578g	PBS Holding AG	Wels	IFRS	996	197.298	77.197
166	FN 198666g	LINZ AG für Energie	Linz	UGB	2.590	501.122	1.540.744
167	FN 199234t	Stadtwerke Klagenfurt AG	Klagenfurt	UGB	1.181	134.161	260.394
168	FN 199637i	MVC Automotive Austria GmbH	Wien	UGB	292	117.196	42.023
169	FN 200305t	Javor Unternehmensbeteiligungsges.m.b.H.	Wien	UGB	293	199.113	81.853
170	FN 203076t	Forster Beteiligungs-AG	Waidhofen a.d. Ybbs	UGB	776	90.994	61.432
171	FN 208684p	Ed. Haas International GmbH	Traun	UGB	667	67.181	27.712
172	FN 211978h	Lutz Service GmbH	Wels	UGB	12.821	787.878	1.282.681
173	FN 213207s	Asamer Familienholding GmbH	Ohlsdorf	IFRS	2.815	351.528	686.169
174	FN 214583p	EPAMEDIA – EUROPÄISCHE PLAKAT- UND AUSSENMEDIEN GMBH,	Wien	IFRS	488	133.050	311.767
175	FN 216884y	Gebrüder Weiss Holding AG	Lauterach	UGB	4.328	1.076.192	423.264
176	FN 220726y	Eybl Familien GmbH	Wels	UGB	2.207	300.312	174.043
177	FN 225256i	Hipp Austria Holding GmbH	Gmunden	UGB	176	98.537	39.375
178	FN 225533t	Roth Heizöle Gesellschaft m.b.H.	Graz	UGB	106	618.606	102.824
179	FN 225794a	IHB – Beteiligungs GmbH	Wartberg im Mürztal	UGB	380	55.899	48.259
180	FN 225806v	HAUSER GmbH	Linz	UGB	473	83.207	45.477
181	FN 238869d	Seidel Holding GmbH	Deutschlandsberg	UGB	327	50.572	30.668
182	FN 239188y	CREDO Real Estate AG	Wien	UGB	30	5.205	51.946
183	FN 240832s	Gemeinnützige Salzburger Landeskliniken Betriebsgesellschaft mbH	Salzburg	UGB	4.242	315.822	581.410

Lf. Nr.	Firmenbuchnr.	Firmenname	Ort	Rechnungslegungsnorm	Arbeitnehmer im Durchschnitt	Umsatzerlöse in T€	Bilanzsumme in T€
184	FN 241500y	Graf Holding GmbH	Gmünd	UGB	908	118.899	66.584
185	FN 247333a	DMT Technology GmbH	Salzburg	IFRS	221	57.190	59.979
186	FN 247642f	Österreichische Bundesbahnen-Holding AG	Wien	IFRS	43.390	4.874.238	15.449.189
187	FN 251251m	Wagner Unternehmensbeteiligung GmbH	Ried/Innkreis	UGB	327	150.502	1.732
188	FN 253041w	FHS Beteiligungsverwaltungs GmbH	Wien	UGB	1.161	134.644	87.667
189	FN 253485y	Salzburger Aluminium AG	Lend	UGB	951	366.843	145.678
190	FN 253963a	Katzenberger Baustoffindustrie GmbH	Graz	UGB	226	36.185	16.084
191	FN 254844x	WDS Holding GmbH	Linz	UGB	k.A.	142.113	79.745
192	FN 259753s	JETALLIANCE Holding AG	Oberwaltersdorf	UGB	49	159.489	81.834
193	FN 260403x	Schrack Technik International GmbH	Wien	UGB	550	158.099	91.984
194	FN 260540y	TCG Holdings GmbH	Kirchdorf an der Krems	IFRS	3.279	304.861	268.742
195	FN 264538b	Leder & Schuh Holding Aktiengesellschaft	Graz	UGB	3.272	380.885	152.043
196	FN 265173k	Modelleisenbahn GmbH	Salzburg	UGB	635	37.473	32.235
197	FN 266251x	OÖ Landesholding GmbH	Linz	UGB	11.178	750.245	10.595.973
198	FN 266822k	König Holding AG	Wien	UGB	919	318.187	232.855
199	FN 268248h	ISOROC Holding AG	Wien	IFRS	589	40.730	46.681
200	FN 269042a	Doppler Beteiligungs GmbH	Wels	UGB	78	503.407	131.789
201	FN 275135k	Pollmann International GmbH	Karlstein an der Thaya	UGB	616	50.407	52.961
202	FN 279426x	TAMAK Holding AG	Wien	IFRS	1.143	22.156	32.533
203	FN 283041m	ADCURAM Group AG	Wien	IFRS	2.123	205.120	233.266
204	FN 285807f	MCE Beteiligungsverwaltungs GmbH	Linz	IFRS	8.286	906.907	676.991
205	FN 297412x	Trenkwalder International AG	Schwadorf	IFRS	38.075	722.870	264.834
206	FN112207 k	Weyland GmbH	Schärding	UGB	k.A.	408.067	137.946

Lf. Nr.	Firmen-buchnr.	Firmenname	Konzernergebnis nach Steuern in T€	Anteile anderer Gesellschafter am Ergebnis in T€	Eigenkapital inkl. Anteile anderer Gesellschafter in T€	Anteile anderer Gesellschafter am Konzerneigenkapital in T€
1	FN 017999w	Raimund Beck KG Wire Staples Company	995	6	26.772	48
2	FN 027118f	non ferrum Metallpulver Gesellschaft m.b.H. & Co. KG	1.170	734	68.361	2.735
3	FN 027476g	Wiesenthal & Co. K.G	11.267	3.945	82.682	23.973
4	FN 028566i	Gebr. Leube KG	7.687	1.862	41.143	19.804
5	FN 032725a	Leyrer + Graf Baugesellschaft m.b.H.	1.340	0	11.221	0
6	FN 033881a	BOE Baumanagement Gesellschaft m.b.H.	4.282	21	15.990	-511
7	FN 034773m	Kunststofftechnik Waidhofen an der Thaya Gesellschaft m.b.H.	485	0	16.826	0
8	FN 034897w	Bundesimmobiliengesellschaft m.b.H.	73.391	0	792.131	0
9	FN 035712v	Caritas Socialis GmbH	485	0	3.289	0
10	FN 036889z	ELK Fertighaus Aktiengesellschaft	-9.960	-821	30.608	7.620
11	FN 037129b	Moser Holding Aktiengesellschaft	36.558	25	53.241	181
12	FN 039079w	Wien Holding GmbH	-14.339	-297	228.810	6.240
13	FN 039897y	Sun Chemical Aktiengesellschaft	9.649	149	26.792	638
14	FN 040215s	Johnson & Johnson Gesellschaft m.b.H.	11.244	80	56.448	219
15	FN 041016v	Morandell International GmbH	148	21	4.142	-45
16	FN 042105w	Neumann International Aktiengesellschaft	2.581	0	4.832	0
17	FN 042356p	IG Immobilien Invest GmbH	-509	-273	300.043	7.711
18	FN 042472i	Plansee Holding AG	104.312	1.424	659.552	4.718
19	FN 043517x	EGSTON Holding GmbH	59	0	8.146	0
20	FN 044133b	TIWAG-Tiroler Wasserkraft AG	99.244	62	774.390	31.551
21	FN 045397k	Würth Hochenburger GmbH	1.674	33	7.606	20
22	FN 046653h	Saubermacher Dienstleistungs-Aktiengesellschaft	9.225	479	42.066	2.377
23	FN 046684d	Tondach Gleitstätte AG	20.353	143	113.851	874
24	FN 047390t	Kastner & Öhler Beteiligungs- Aktiengesellschaft	-3.063	0	66.007	0
25	FN 048363y	Komptech GmbH	3.840	0	11.481	0
26	FN 049531s	Engel Holding Gesellschaft m.b.H.	29.927	0	174.951	0
27	FN 049591d	Handl Tyrol GmbH	3.557	2	17.658	26
28	FN 050002h	AEVG Abfall- Entsorgungs- und VerwertungsGmbH	2.420	530	9.961	1.394
29	FN 052149s	GESIBA Gemeinnützige Siedlungs- und Bauaktiengesellschaft,	27.511	821	215.456	12.317
30	FN 052293b	CASTOR Holding GmbH	6.392	503	27.289	2.077
31	FN 052596y	Hotel Sacher	10.107	0	53.898	0

Lf. Nr.	Firmen-buchnr.	Firmenname	Konzernergebnis nach Steuern in T€	Anteile anderer Gesellschafter am Ergebnis in T€	Eigenkapital inkl. Anteile anderer Gesellschafter in T€	Anteile anderer Gesellschafter am Konzerneigenkapital in T€
32	FN 052836a	Sozialbau gemeinnützige Wohnungsaktiengesellschaft	20.074	502	167.074	13.075
33	FN 052894k	Jacoby Pharmazeutika Aktiengesellschaft	3.979	518	26.367	2.844
34	FN 053617z	Haberkorn Holding AG	9.813	76	45.369	137
35	FN 054309t	Grazer Stadtwerke AG	-46.401	-1.186	286.674	1.858
36	FN 055141s	Domoferm International GmbH	2.107	472	13.893	6.965
37	FN 055543g	Münze Österreich Aktiengesellschaft	67.155	0	348.444	0
38	FN 058339v	Ing. Hofer Holding Gesellschaft m.b.H.	-234	0	4.425	0
39	FN 059202m	Vorarlberger Illwerke Aktiengesellschaft	82.983	2.991	796.187	21.994
40	FN 059232g	Schoeller Immobilien- und Beteiligungs GmbH	-854	-65	2.247	1.397
41	FN 059529v	Leykam Medien Aktiengesellschaft	3.728	98	3.564	344
42	FN 059536d	Wietersdorfer Rohrbeteiligungs GmbH	23.416	4.035	88.209	13.174
43	FN 059913h	Lagermax Lagerhaus und Speditions Aktiengesellschaft	5.003	49	64.674	411
44	FN 060025y	F.M. Hämmerle Holding AG	342	919	20.384	1.512
45	FN 061259m	Huber Holding AG	2.772	0	34.338	0
46	FN 061365v	Salzburger Flughafen GmbH	5.247	19	67.213	43
47	FN 064499b	GANAHL AKTIENGESELLSCHAFT	16.228	46	135.941	21
48	FN 065738z	WELDE Gesellschaft m.b.H.	179	173	9.715	1.570
49	FN 066107t	Holzwerkstoffe Vertriebsholding Aktiengesellschaft	14.900	0	54.332	0
50	FN 066936k	Karl Augustin Transportgesellschaft m.b.H.	-14.239	0	-39.746	0
51	FN 069279g	Ernstbrunner Kalktechnik GmbH	1.237	21	11.734	25
52	FN 070653b	Baumax Aktiengesellschaft	19.385	0	86.492	0
53	FN 070656g	Baustoff + Metall Gesellschaft m.b.H.	9.177	1.278	69.273	5.087
54	FN 070663t	GrECo International Holding AG	6.368	795	23.070	1.100
55	FN 071451a	Österreichischer Rundfunk	3.569	1.974	294.109	16.108
56	FN 071458k	SCHÖSSWENDER-Werke Gesellschaft m.b.H.	1.399	7	8.165	571
57	FN 072115b	FREQUENTIS GmbH	5.844	37	38.546	169
58	FN 073066a	PKB Privatkliniken Beteiligungs-GmbH	-580	0	16.726	0
59	FN 073273f	Mayr-Melnhof Kaufmann Holding AG	11.324	0	32.235	0
60	FN 074803f	Österreichisches Verkehrsbüro Aktiengesellschaft	17.170	77	100.898	102

Lf. Nr.	Firmen-buchnr.	Firmenname	Konzernergebnis nach Steuern in T€	Anteile anderer Gesellschafter am Ergebnis in T€	Eigenkapital inkl. Anteile anderer Gesellschafter in T€	Anteile anderer Gesellschafter am Konzerneigenkapital in T€
61	FN 075071z	Pfeiffer HandelsgmbH	7.463	431	34.257	585
62	FN 075666z	Oberösterreichsiche Ferngas Aktiengesellschaft	16.601	0	147.888	0
63	FN 075787b	Synthesa Chemie Gesellschaft m.b.H.	7.600	8	47.307	42
64	FN 076312z	J. Wimmer Holding Gesellschaft m.b.H.	3.148	36	17.211	159
65	FN 078642a	"VOG" Einfuhr und Großhandel mit Lebensmitteln und Bedarfsgütern Aktiengesellschaft	12.397	0	40.660	0
66	FN 078896z	PEZ International AG	1.390	60	30.366	-49
67	FN 078961w	IM Autotrade Holding GmbH	12.457	0	25.307	0
68	FN 081132m	Schachermayer Holding Gesellschaft m.b.H.	6.969	0	36.543	0
69	FN 082505g	SÜBA Beteiligungs Aktiengesellschaft	18.044	268	15.316	-709
70	FN 082813i	delfortgroup AG	15.788	0	217.480	0
71	FN 082816p	Trierenberg Holding AG	19.447	198	92.819	1.547
72	FN 083768p	Schachinger Beteiligungs-GmbH	-1.846	0	10.779	163
73	FN 083798h	IFN Beteiligungs GmbH	3.039	312	54.718	1.922
74	FN 083923t	TRANSDANUBIA Holding GmbH	1.763	48	13.734	198
75	FN 084055k	Panuli Bonbons Handelsgesellschaft m.b.H.	3.585	4	56.615	83
76	FN 084059t	Ebner Beteiligungsgesellschaft m.b.H.	8.089	0	52.179	0
77	FN 086959g	CAG Holding Gesellschaft m.b.H.	19.513	9	200.816	698
78	FN 088239p	Raiffeisen Informatik GmbH	-1.346	-26	29.447	-203
79	FN 089381v	Habau Hoch-Tiefbaugesellschaft m.b.H.	3.999	0	54.000	0
80	FN 090981x	Innsbrucker Kommunalbetriebe Aktiengesellschaft	11.058	17	337.070	3.439
81	FN 093104v	VAMED Aktiengesellschaft	21.609	434	113.374	1.140
82	FN 094328v	Salzer Holding GmbH	-975	-8	43.603	245
83	FN 096022i	Felbermayr GmbH	12.921	0	56.518	0
84	FN 096380k	Heinzel Holding GmbH	35.828	568	223.337	2.077
85	FN 096667h	Teufelberger Holding Aktiengesellschaft	4.321	6.911	28.078	47
86	FN 099132h	Holding Wels GmbH	5.439	0	50.748	24.750
87	FN 099514w	Wolf Systembau Gesellschaft m.b.H.	9.720	3.195	21.638	6.696
88	FN 099724d	Stern & Hafferl Holding GmbH	975	16	21.560	40
89	FN 100672y	Dietzel Gesellschaft m.b.H.	706	4	3.417	470
90	FN 101456a	Trodat Holding GmbH	7.962	0	27.153	0
91	FN 101672v	efko Frischfrucht und Delikatessen GmbH	1.762	0	26.456	38
92	FN 101743y	UMDASCH AG	116.132	289	537.761	2.008

Lf. Nr.	Firmen-buchnr.	Firmenname	Konzernergebnis nach Steuern in T€	Anteile anderer Gesellschafter am Ergebnis in T€	Eigenkapital inkl. Anteile anderer Gesellschafter in T€	Anteile anderer Gesellschafter am Konzerneigenkapital in T€
93	FN 102455w	Elektrizitätswerk Wels Aktiengesellschaft	5.006	0	41.969	7.713
94	FN 103264i	PKE Electronics AG	2.333	0	6.393	0
95	FN 103357x	ERTL GLAS AG	6.396	819	42.250	2.963
96	FN 103682z	Kwizda Beteiligungs GmbH	4.320	532	60.990	1.361
97	FN 104921x	Electrovac AG	4.084	0	28.317	0
98	FN 105007y	Vetropack Austria Holding Aktiengesellschaft	32.250	103	155.426	5.518
99	FN 105391m	Reform-Werke Bauer & Co Holding Aktiengesellschaft	347	0	13.866	0
100	FN 105810d	Mitterbauer Beteiligungs-Aktiengesellschaft	11.743	2.684	173.154	39.846
101	FN 106006t	funworld AG	2.650	0	-88	-13
102	FN 106535w	Österreichische Salinen Aktiengesellschaft	-7.480	0	28.865	0
103	FN 106825x	Management Trust Holding Aktiengesellschaft	7.252	4.235	37.417	22.013
104	FN 107104g	Hirtenberger Aktiengesellschaft	12.768	70	35.842	-1.070
105	FN 107250x	IMC Verwaltungsgesellschaft mbH	16.047	4.816	103.724	28.854
106	FN 108594y	3e Holding AG	204	161	6.314	877
107	FN 109608p	ara Shoes GmbH	7.776	5	70.963	7
108	FN 109734z	Vereinigte Kärntner Brauereien Aktiengesellschaft	3.787	0	26.497	22
109	FN 109886y	Kostwein Holding GmbH	2.338	12	19.843	440
110	FN 110213d	FELIX AUSTRIA Gesellschaft m.b.H.	4.641	0	26.891	0
111	FN 111075x	Jungbunzlauer Austria AG	-1.885	-12	42.471	59
112	FN 111722y	Wietersdorfer Industrie- Beteiligungs-GmbH	30.393	5.997	177.241	47.577
113	FN 111807y	Wintersteiger AG	7.305	80	37.958	611
114	FN 113563f	K.A.M. Essl Holding Aktiengesellschaft	20.864	20	212.337	197
115	FN 114187y	Schrattenecker Holding Gesellschaft m.b.H.	1.467	150	7.240	471
116	FN 114509x	Ventana Beteiligungsgesellschaft m.b.H	19.833	6.003	104.738	29.870
117	FN 114665a	shoe fashion group LORENZ AG	5.578	0	13.421	0
118	FN 114782y	NÖM AG	11.663	0	32.393	0
119	FN 114793p	Zentrum der Arbeit und Technik	197	0	3.241	0
120	FN 115068v	Prinzhorn Holding GmbH	57.482	18	295.613	516
121	FN 117693d	Wolfgang Denzel Holding Aktiengesellschaft	1.253	0	80.072	0
122	FN 118645d	Bernegger GmbH	-838	0	10.418	0
123	FN 119649f	Leier Baustoffe-Holding GmbH	19.952	663	54.615	1.942
124	FN 119982w	Adeg Österreich Handelsaktiengesellschaft	-15.717	0	-20.027	0

Lf. Nr.	Firmen-buchnr.	Firmenname	Konzernergebnis nach Steuern in T€	Anteile anderer Gesellschafter am Ergebnis in T€	Eigenkapital inkl. Anteile anderer Gesellschafter in T€	Anteile anderer Gesellschafter am Konzerneigenkapital in T€
125	FN 121684y	Berger Beteiligungsgesellschaft m.b.H.	3.399	31	-3.956	-31
126	FN 123357h	BEKO HOLDING AG	1.724	538	63.652	10.956
127	FN 124131x	Plaut Aktiengesellschaft	Unvollständig gescannte GuV	Unvollständig gescannte GuV	Unvollständig gescannte GuV	Unvollständig gescannte GuV
128	FN 124559a	Greiner Bio-One International AG	15.856	5	76.779	8
129	FN 126805d	Burgenländische Elektrizitätswirtschafts-Aktiengesellschaft (BEWAG)	18.915	131	232.403	280
130	FN 128054s	Richter Pharma AG	3.103	0	19.757	0
131	FN 130635k	AKRON Immobilien Portfolio Aktiengesellschaft	-2.355	0	28.444	0
132	FN 132564y	Christine Rosenberger Familienholding G.m.b.H.	268	0	3.067	0
133	FN 133444t	STANDARD Verlagsgesellschaft m.b.H.	4.073	4	9.830	2
134	FN 135484t	Stiegl Betriebsholding GmbH	7.174	0	69.173	0
135	FN 136550i	MCE AG	20.118	258	43.092	2.293
136	FN 136896v	UCP Chemicals AG	3.776	303	40.990	1.281
137	FN 136962s	Hofmann Holding GmbH	4.300	345	33.328	2.811
138	FN 137494y	HIK Hans und Ingeborg Kostmann Verwaltungsges.m.b.H.	5.479	1.196	45.396	7.755
139	FN 139153m	Vinzenz Gruppe Krankenhausbeteiligungs- und Management GmbH	5.056	1.458	76.755	16.423
140	FN 140132b	ONE GmbH	4.220	0	146.665	0
141	FN 144567z	HÖDLMAYR INTERNATIONAL AG	4.774	551	11.656	501
142	FN 145704x	Porsche Holding Gesellschaft m.b.H	321.592	25.420	2.056.537	121.102
143	FN 146205h	Donau Chemie Aktiengesellschaft	587	424	16.792	1.231
144	FN 149076f	BDI – BioDiesel International AG	5.541	27	63.316	17
145	FN 154148p	Österreichische Bundesforste AG	23.866	0	207.136	0
146	FN 155941a	Ströck – Logistik GmbH	12.727	0	30.651	0
147	FN 157766i	EWT Truck & Trailer Handels GmbH	9.651	1.123	23.320	3.239
148	FN 158674w	Getzner, Mutter & Cie. Beteiligungsgesellschaft m.b.H	10.480	309	52.068	473
149	FN 159839h	RWA Raiffeisen Ware Austria Aktiengesellschaft	45.850	61	233.957	1.085
150	FN 168000i	Friedrich Holding Aktiengesellschaft	-568	-118	4.612	955
151	FN 168434y	Knapp Holding GmbH	8.096	58	31.426	540
152	FN 170439x	KAPSCH-Group Beteiligungs GmbH	14.162	334	62.692	1.142
153	FN 171802a	B & C Holding GmbH	190.598	46.032	1.673.019	281.060
154	FN 174160v	Greiner Holding AG	25.010	20	187.084	3.083

Lf. Nr.	Firmen-buchnr.	Firmenname	Konzernergebnis nach Steuern in T€	Anteile anderer Gesellschafter am Ergebnis in T€	Eigenkapital inkl. Anteile anderer Gesellschafter in T€	Anteile anderer Gesellschafter am Konzerneigenkapital in T€
155	FN 174652t	WBH Holding AG	25.582	0	92.570	0
156	FN 174882f	Rudolf Holzmann Holding GmbH	4.160	751	-890	2.062
157	FN 174981a	"ARTAX" Beteiligungs- und Vermögensverwaltungs AG	775	171	18.269	604
158	FN 177836z	AVL Holding GmbH	18.722	18	191.767	2.596
159	FN 185066g	Erdal Gesellschaft m.b.H. & Co KG	1.257	330	12.276	346
160	FN 186368x	ATP Planungs- und Beteiligungs- Aktiengesellschaft	3.376	72	6.008	53
161	FN 188925g	Waagner-Biro Aktiengesellschaft	16.490	1.743	40.463	7.855
162	FN 189707g	Immobilien Holding GmbH	34.831	116	280.020	13.921
163	FN 195913h	TGW Mechanics GmbH	9.158	78	49.352	121
164	FN 196007x	FUTURELAB Holding GmbH	3.958	1.031	49.075	2.096
165	FN 197578g	PBS Holding AG	-3.842	-365	12.635	1.609
166	FN 198666g	LINZ AG für Energie	30.084	0	584.224	0
167	FN 199234t	Stadtwerke Klagenfurt AG	3.681	968	70.487	35.468
168	FN 199637i	MVC Automotive Austria GmbH	-9.167	0	9.949	0
169	FN 200305t	Javor Unternehmensbeteiligungsges.m.b.H.	5.680	0	29.765	0
170	FN 203076t	Forster Beteiligungs-AG	3.960	8	40.235	174
171	FN 208684p	Ed. Haas International GmbH	488	0	6.984	0
172	FN 211978h	Lutz Service GmbH	66.866	3.468	279.710	9.044
173	FN 213207s	Asamer Familienholding GmbH	42.025	7.117	239.587	77.406
174	FN 214583p	EPAMEDIA – EUROPÄISCHE PLAKAT-UND AUSSENMEDIEN GMBH,	-2.968	-417	67.846	3.214
175	FN 216884y	Gebrüder Weiss Holding AG	34.473	0	197.388	1.414
176	FN 220726y	Eybl Familien GmbH	-16.426	-3.843	5.888	7.345
177	FN 225256i	Hipp Austria Holding GmbH	2.544	0	15.507	0
178	FN 225533t	Roth Heizöle Gesellschaft m.b.H.	1.705	0	4.299	0
179	FN 225794a	IHB – Beteiligungs GmbH	3.753	0	18.320	0
180	FN 225806v	HAUSER GmbH	7.235	0	21.743	0
181	FN 238869d	Seidel Holding GmbH	654	15	5.514	43
182	FN 239188y	CREDO Real Estate AG	5.521	112	6.278	-165
183	FN 240832s	Gemeinnützige Salzburger Landeskliniken Betriebsgesellschaft mbH	-58.941	0	157.247	0
184	FN 241500y	Graf Holding GmbH	1.307	29	14.342	19
185	FN 247333a	DMT Technology GmbH	54	0	1.481	0
186	FN 247642f	Österreichische Bundesbahnen-Holding AG	42.381	130	2.940.627	5.159

Lf. Nr.	Firmen-buchnr.	Firmenname	Konzernergebnis nach Steuern in T€	Anteile anderer Gesellschafter am Ergebnis in T€	Eigenkapital inkl. Anteile anderer Gesellschafter in T€	Anteile anderer Gesellschafter am Konzerneigenkapital in T€
187	FN 251251m	Wagner Unternehmensbeteiligung GmbH	2.871	0	-1.961	0
188	FN 253041w	FHS Beteiligungsverwaltungs GmbH	61	0	9.039	0
189	FN 253485y	Salzburger Aluminium AG	12.636	247	36.518	-12
190	FN 253963a	Katzenberger Baustoffindustrie GmbH	-1.908	0	-1.203	0
191	FN 254844x	WDS Holding GmbH	5.697	0	15.245	0
192	FN 259753s	JETALLIANCE Holding AG	-950	-363	4.061	-2.294
193	FN 260403x	Schrack Technik International GmbH	6.128	241	17.560	259
194	FN 260540y	TCG Holdings GmbH	-16.081	0	11.728	0
195	FN 264538b	Leder & Schuh Holding Aktiengesellschaft	14.245	0	77.652	0
196	FN 265173k	Modelleisenbahn GmbH	685	0	9.618	0
197	FN 266251x	OÖ Landesholding GmbH	-111.513	-12.303	825.545	185.262
198	FN 266822k	König Holding AG	16.101	4.421	150.361	14.993
199	FN 268248h	ISOROC Holding AG	6.786	0	20.422	0
200	FN 269042a	Doppler Beteiligungs GmbH	676	55	11.766	292
201	FN 275135k	Pollmann International GmbH	-593	-22	12.279	14
202	FN 279426x	TAMAK Holding AG	200	0	12.030	0
203	FN 283041m	ADCURAM Group AG	6.810	182	12.891	2.495
204	FN 285807f	MCE Beteiligungsverwaltungs GmbH	18.497	119	77.274	2.293
205	FN 297412x	Trenkwalder International AG	10.036	137	38.150	7.308
206	FN112207k	Weyland GmbH	9.620	711	48.408	2.918

Lf. Nr.	Firmenbuchnr.	Firmenname	Tochterunternehmen gesamt	ausländische Tochterunternehmen	Kapitalkonsolidierungsmethode für den Einbezug von Tochterunternehmen
1	FN 017999w	Raimund Beck KG Wire Staples Company	6	3	Buchwertmethode
2	FN 027118f	non ferrum Metallpulver Gesellschaft m.b.H. & Co. KG	16	15	Buchwertmethode
3	FN 027476g	Wiesenthal & Co. K.G	68	40	Buchwertmethode
4	FN 028566i	Gebr. Leube KG	9	0	Buchwertmethode
5	FN 032725a	Leyrer + Graf Baugesellschaft m.b.H.	6	2	Buchwertmethode
6	FN 033881a	BOE Baumanagement Gesellschaft m.b.H.	7	0	Buchwertmethode
7	FN 034773m	Kunststofftechnik Waidhofen an der Thaya Gesellschaft m.b.H.	3	2	Buchwertmethode
8	FN 034897w	Bundesimmobiliengesellschaft m.b.H.	11	0	IFRS
9	FN 035712v	Caritas Socialis GmbH	3	0	Buchwertmethode
10	FN 036889z	ELK Fertighaus Aktiengesellschaft	12	2	Buchwertmethode
11	FN 037129b	Moser Holding Aktiengesellschaft	24	0	Buchwertmethode
12	FN 039079w	Wien Holding GmbH	32	0	Buchwertmethode
13	FN 039897y	Sun Chemical Aktiengesellschaft	2	2	Buchwertmethode
14	FN 040215s	Johnson & Johnson Gesellschaft m.b.H.	2	0	Buchwertmethode
15	FN 041016v	Morandell International GmbH	5	0	Buchwertmethode
16	FN 042105w	Neumann International Aktiengesellschaft	4	4	IFRS
17	FN 042356p	IG Immobilien Invest GmbH	16	6	Buchwertmethode
18	FN 042472i	Plansee Holding AG	23	17	Buchwertmethode
19	FN 043517x	EGSTON Holding GmbH	6	4	Buchwertmethode
20	FN 044133b	TIWAG-Tiroler Wasserkraft AG	6	0	Buchwertmethode
21	FN 045397k	Würth Hochenburger GmbH	5	5	Buchwertmethode
22	FN 046653h	Saubermacher Dienstleistungs-Aktiengesellschaft	31	21	IFRS
23	FN 046684d	Tondach Gleitstätte AG	11	10	Buchwertmethode
24	FN 047390t	Kastner & Öhler Beteiligungs- Aktiengesellschaft	5	3	Buchwertmethode
25	FN 048363y	Komptech GmbH	10	7	IFRS
26	FN 049531s	Engel Holding Gesellschaft m.b.H.	28	27	Buchwertmethode
27	FN 049591d	Handl Tyrol GmbH	1	0	Buchwertmethode
28	FN 050002h	AEVG Abfall- Entsorgungs- und Verwertungs GmbH	2	0	Buchwertmethode
29	FN 052149s	GESIBA Gemeinnützige Siedlungs- und Bauaktiengesellschaft,	2	0	Buchwertmethode
30	FN 052293b	CASTOR Holding GmbH	18	12	IFRS
31	FN 052596y	Hotel Sacher	3	0	Buchwertmethode
32	FN 052836a	Sozialbau gemeinnützige Wohnungsaktiengesellschaft	4	0	Buchwertmethode

Lf. Nr.	Firmen-buchnr.	Firmenname	Tochterunternehmen gesamt	ausländische Tochterunternehmen	Kapitalkonsolidierungsmethode für den Einbezug von Tochterunternehmen
33	FN 052894k	Jacoby Pharmazeutika Aktiengesellschaft	40	37	Buchwertmethode
34	FN 053617z	Haberkorn Holding AG	10	8	Buchwertmethode
35	FN 054309t	Grazer Stadtwerke AG	20	0	Buchwertmethode
36	FN 055141s	Domoferm International GmbH	13	6	Buchwert- und Neubewertungsmethode nach UGB
37	FN 055543g	Münze Österreich Aktiengesellschaft	3	1	Buchwertmethode
38	FN 058339v	Ing. Hofer Holding Gesellschaft m.b.H.	11	6	IFRS
39	FN 059202m	Vorarlberger Illwerke Aktiengesellschaft	5	0	Buchwertmethode
40	FN 059232g	Schoeller Immobilien- und Beteiligungs GmbH	4	1	Buchwertmethode
41	FN 059529v	Leykam Medien Aktiengesellschaft	24	0	Buchwertmethode
42	FN 059536d	Wietersdorfer Rohrbeteiligungs GmbH	33	8	Buchwertmethode
43	FN 059913h	Lagermax Lagerhaus und Speditions Aktiengesellschaft	47	36	Buchwertmethode
44	FN 060025y	F.M. Hämmerle Holding AG	5	2	Buchwertmethode
45	FN 061259m	Huber Holding AG	17	10	Buchwertmethode
46	FN 061365v	Salzburger Flughafen GmbH	2	0	Buchwertmethode
47	FN 064499b	GANAHL AKTIEN-GESELLSCHAFT	5	3	Buchwertmethode
48	FN 065738z	WELDE Gesellschaft m.b.H.	6	5	IFRS
49	FN 066107t	Holzwerkstoffe Vertriebsholding Aktiengesellschaft	14	11	Buchwertmethode
50	FN 066936k	Karl Augustin Transportgesellschaft m.b.H.	7	5	Buchwertmethode
51	FN 069279g	Ernstbrunner Kalktechnik GmbH	2	1	Buchwertmethode
52	FN 070653b	Baumax Aktiengesellschaft	12	9	Buchwertmethode
53	FN 070656g	Baustoff + Metall Gesellschaft m.b.H.	25	23	Buchwertmethode
54	FN 070663t	GrECo International Holding AG	18	10	Buchwertmethode
55	FN 071451a	Österreichischer Rundfunk	8	0	Buchwertmethode
56	FN 071458k	. SCHÖSSWENDER-Werke Gesellschaft m.b.H.	6	1	Buchwertmethode
57	FN 072115b	FREQUENTIS GmbH	12	7	IFRS
58	FN 073066a	PKB Privatkliniken Beteiligungs-GmbH	7	0	Buchwertmethode
59	FN 073273f	Mayr-Melnhof Kaufmann Holding AG	6	3	Buchwertmethode
60	FN 074803f	Österreichisches Verkehrsbüro Aktiengesellschaft	12	0	IFRS
61	FN 075071z	Pfeiffer HandelsgmbH	10	0	Buchwertmethode

Lf. Nr.	Firmen-buchnr.	Firmenname	Tochterunternehmen gesamt	ausländische Tochterunternehmen	Kapitalkonsolidierungsmethode für den Einbezug von Tochterunternehmen
62	FN 075666z	Oberösterreichsiche Ferngas Aktiengesellschaft	3	0	IFRS
63	FN 075787b	Synthesa Chemie Gesellschaft m.b.H.	3	0	Buchwertmethode
65	FN 078642a	"VOG" Einfuhr und Großhandel mit Lebensmitteln und Bedarfsgütern Aktiengesellschaft	12	6	Buchwertmethode
66	FN 078896z	PEZ International AG	8	7	Buchwertmethode
67	FN 078961w	IM Autotrade Holding GmbH	1	1	Buchwertmethode
68	FN 081132m	Schachermayer Holding Gesellschaft m.b.H.	k.A.	k.A.	k.A.
69	FN 082505g	SÜBA Beteiligungs Aktiengesellschaft	20	0	Buchwertmethode
70	FN 082813i	delfortgroup AG	21	14	Buchwertmethode
71	FN 082816p	Trierenberg Holding AG	15	9	Buchwertmethode
72	FN 083768p	Schachinger Beteiligungs-GmbH	16	0	Buchwertmethode
73	FN 083798h	IFN Beteiligungs GmbH	25	11	Buchwertmethode
74	FN 083923t	TRANSDANUBIA Holding GmbH	1	0	k.A.
75	FN 084055k	Panuli Bonbons Handelsgesellschaft m.b.H.	2	0	Buchwertmethode
76	FN 084059t	Ebner Beteiligungsgesellschaft m.b.H.	4	4	Buchwertmethode
77	FN 086959g	CAG Holding Gesellschaft m.b.H.	35	24	Buchwertmethode
78	FN 088239p	Raiffeisen Informatik GmbH	12	1	Buchwertmethode
79	FN 089381v	Habau Hoch-Tiefbaugesellschaft m.b.H.	11	4	IFRS
80	FN 090981x	Innsbrucker Kommunalbetriebe Aktiengesellschaft	6	0	Buchwertmethode
81	FN 093104v	VAMED Aktiengesellschaft	13	4	Buchwertmethode
82	FN 094328v	Salzer Holding GmbH	8	1	Buchwertmethode
83	FN 096022i	Felbermayr GmbH	22	16	Buchwertmethode
84	FN 096380k	Heinzel Holding GmbH	13	9	IFRS
85	FN 096667h	Teufelberger Holding Aktiengesellschaft	4	1	k.A.
86	FN 099132h	Holding Wels GmbH	5	0	Buchwertmethode
87	FN 099514w	Wolf Systembau Gesellschaft m.b.H.	19	15	Buchwertmethode
88	FN 099724d	Stern & Hafferl Holding GmbH	12	2	Buchwertmethode
89	FN 100672y	Dietzel Gesellschaft m.b.H.	6	5	Buchwertmethode
90	FN 101456a	Trodat Holding GmbH	23	18	IFRS
91	FN 101672v	efko Frischfrucht und Delikatessen GmbH	7	4	Buchwertmethode
92	FN 101743y	UMDASCH AG	64	58	Buchwertmethode
93	FN 102455w	Elektrizitätswerk Wels Aktiengesellschaft	1	0	Buchwertmethode
94	FN 103264i	PKE Electronics AG	6	5	k.A.
95	FN 103357x	ERTL GLAS AG	4	3	Buchwertmethode
96	FN 103682z	Kwizda Beteiligungs GmbH	43	22	Buchwertmethode

Lf. Nr.	Firmen-buchnr.	Firmenname	Tochterunternehmen gesamt	ausländische Tochterunternehmen	Kapitalkonsolidierungsmethode für den Einbezug von Tochterunternehmen
97	FN 104921x	Electrovac AG	11	11	IFRS
98	FN 105007y	Vetropack Austria Holding Aktiengesellschaft	3	2	Buchwertmethode
99	FN 105391m	Reform-Werke Bauer & Co Holding Aktiengesellschaft	2	1	Buchwertmethode
100	FN 105810d	Mitterbauer Beteiligungs-Aktiengesellschaft	25	14	IFRS
101	FN 106006t	funworld AG	7	3	Buchwertmethode
102	FN 106535w	Österreichische Salinen Aktiengesellschaft	10	4	Buchwertmethode
103	FN 106825x	Management Trust Holding Aktiengesellschaft	28	11	IFRS
104	FN 107104g	Hirtenberger Aktiengesellschaft	14	3	Buchwertmethode
105	FN 107250x	IMC Verwaltungsgesellschaft mbH	19	10	IFRS
106	FN 108594y	3e Holding AG	13	5	Buchwertmethode
107	FN 109608p	ara Shoes GmbH	k.A.	k.A.	Buchwertmethode
108	FN 109734z	Vereinigte Kärntner Brauereien Aktiengesellschaft	4	0	Buchwertmethode
109	FN 109886y	Kostwein Holding GmbH	4	3	Buchwertmethode
110	FN 110213d	FELIX AUSTRIA Gesellschaft m.b.H.	1	0	Buchwertmethode
111	FN 111075x	Jungbunzlauer Austria AG	5	3	Buchwertmethode
112	FN 111722y	Wietersdorfer Industrie- Beteiligungs-GmbH	52	41	Buchwertmethode
113	FN 111807y	Wintersteiger AG	9	9	IFRS
114	FN 113563f	K.A.M. Essl Holding Aktiengesellschaft	18	7	Buchwertmethode
115	FN 114187y	Schrattenecker Holding Gesellschaft m.b.H.	3	1	Buchwertmethode
116	FN 114509x	Ventana Beteiligungsgesellschaft m.b.H	45	33	IFRS
117	FN 114665a	shoe fashion group LORENZ AG	11	6	Buchwertmethode
118	FN 114782y	NÖM AG	2	0	Buchwertmethode
119	FN 114793p	Zentrum der Arbeit und Technik	2	0	Buchwertmethode
120	FN 115068v	Prinzhorn Holding GmbH	37	30	Buchwertmethode
121	FN 117693d	Wolfgang Denzel Holding Aktiengesellschaft	22	4	Buchwertmethode
122	FN 118645d	Bernegger GmbH	2	0	Buchwertmethode
123	FN 119649f	Leier Baustoffe-Holding GmbH	15	13	Buchwertmethode
124	FN 119982w	Adeg Österreich Handelsaktiengesellschaft	5	1	Buchwertmethode
125	FN 121684y	Berger Beteiligungsgesellschaft m.b.H.	7	2	Buchwertmethode
126	FN 123357h	BEKO HOLDING AG	22	19	IFRS

Lf. Nr.	Firmen-buchnr.	Firmenname	Tochterunternehmen gesamt	ausländische Tochterunternehmen	Kapitalkonsolidierungsmethode für den Einbezug von Tochterunternehmen
127	FN 124131x	Plaut Aktiengesellschaft	8	7	IFRS
128	FN 124559a	Greiner Bio-One International AG	14	11	IFRS
129	FN 126805d	Burgenländische Elektrizitätswirtschafts-Aktiengesellschaft (BEWAG)	15	2	Buchwertmethode
130	FN 128054s	Richter Pharma AG	2	1	Buchwertmethode
131	FN 130635k	AKRON Immobilien Portfolio Aktiengesellschaft	1	1	IFRS
132	FN 132564y	Christine Rosenberger Familienholding G.m.b.H.	7	0	Buchwertmethode
133	FN 133444t	STANDARD Verlagsgesellschaft m.b.H.	3	0	k.A.
134	FN 135484t	Stiegl Betriebsholding GmbH	7	1	Buchwertmethode
135	FN 136550i	MCE AG	70	28	IFRS
136	FN 136896v	UCP Chemicals AG	4	4	IFRS
137	FN 136962s	Hofmann Holding GmbH	24	14	Buchwertmethode
138	FN 137494y	HIK Hans und Ingeborg Kostmann Verwaltungsges.m.b.H.	13	6	Buchwertmethode
139	FN 139153m	Vinzenz Gruppe Krankenhausbeteiligungs- und Management GmbH	8	0	Buchwertmethode
140	FN 140132b	ONE GmbH	3	0	Buchwertmethode
141	FN 144567z	HÖDLMAYR INTERNATIONAL AG	11	9	Buchwertmethode
142	FN 145704x	Porsche Holding Gesellschaft m.b.H	238	217	Neubewertungsmethode nach UGB
143	FN 146205h	Donau Chemie Aktiengesellschaft	7	6	Buchwertmethode
144	FN 149076f	BDI – BioDiesel International AG	2	0	IFRS
145	FN 154148p	Österreichische Bundesforste AG	2	0	Buchwertmethode
146	FN 155941a	Ströck – Logistik GmbH	2	0	Buchwertmethode
147	FN 157766i	EWT Truck & Trailer Handels GmbH	4	4	Buchwertmethode
148	FN 158674w	Getzner, Mutter & Cie. Beteiligungsgesellschaft m.b.H	11	6	Buchwertmethode
149	FN 159839h	RWA Raiffeisen Ware Austria Aktiengesellschaft	18	5	IFRS
150	FN 168000i	Friedrich Holding Aktiengesellschaft	6	4	Buchwertmethode
151	FN 168434y	Knapp Holding GmbH	14	9	IFRS

Lf. Nr.	Firmen-buchnr.	Firmenname	Tochterunternehmen gesamt	ausländische Tochterunternehmen	Kapitalkonsolidierungsmethode für den Einbezug von Tochterunternehmen
152	FN 170439x	KAPSCH-Group Beteiligungs GmbH	38	27	IFRS
153	FN 171802a	B & C Holding GmbH	89	57	IFRS
154	FN 174160v	Greiner Holding AG	45	26	IFRS
155	FN 174652t	WBH Holding AG	2	0	Buchwertmethode
156	FN 174882f	Rudolf Holzmann Holding GmbH	6	0	Buchwertmethode
157	FN 174981a	"ARTAX" Beteiligungs- und Vermögensverwaltungs Aktiengesellschaft	7	6	IFRS
158	FN 177836z	AVL Holding GmbH	39	36	IFRS
159	FN 185066g	Erdal Gesellschaft m.b.H. & Co KG	24	2	Buchwertmethode
160	FN 186368x	ATP Planungs- und Beteiligungs- Aktiengesellschaft	Kein Anhang gescannt	Kein Anhang gescannt	Kein Anhang gescannt
161	FN 188925g	Waagner-Biro Aktiengesellschaft	19	13	IFRS
162	FN 189707g	Immobilien Holding GmbH	39	1	Buchwertmethode
163	FN 195913h	TGW Mechanics GmbH	6	5	IFRS
164	FN 196007x	FUTURELAB Holding GmbH	30	27	IFRS
165	FN 197578g	PBS Holding AG	19	13	IFRS
166	FN 198666g	LINZ AG für Energie	13	0	Buchwertmethode
167	FN 199234t	Stadtwerke Klagenfurt AG	3	0	Buchwertmethode
168	FN 199637i	MVC Automotive Austria GmbH	2	0	Buchwertmethode
169	FN 200305t	Javor Unternehmensbeteiligungsges.m.b.H.	1	0	Buchwertmethode
170	FN 203076t	Forster Beteiligungs-AG	9	6	Buchwertmethode
171	FN 208684p	Ed. Haas International GmbH	8	5	Buchwertmethode
172	FN 211978h	Lutz Service GmbH	34	20	Buchwertmethode
173	FN 213207s	Asamer Familienholding GmbH	71	52	IFRS
174	FN 214583p	EPAMEDIA – EUROPÄISCHE PLAKAT- UND AUSSENMEDIEN GMBH,	28	19	IFRS
175	FN 216884y	Gebrüder Weiss Holding AG	41	26	Buchwertmethode
176	FN 220726y	Eybl Familien GmbH	6	1	Buchwertmethode
177	FN 225256i	Hipp Austria Holding GmbH	4	0	Buchwertmethode
178	FN 225533t	Roth Heizöle Gesellschaft m.b.H.	4	0	Buchwertmethode
179	FN 225794a	IHB – Beteiligungs GmbH	9	5	k.A.
180	FN 225806v	HAUSER GmbH	14	14	Buchwertmethode

Lf. Nr.	Firmen-buchnr.	Firmenname	Tochterunternehmen gesamt	ausländische Tochterunternehmen	Kapitalkonsolidierungsmethode für den Einbezug von Tochterunternehmen
181	FN 238869d	Seidel Holding GmbH	6	4	Buchwertmethode
182	FN 239188y	CREDO Real Estate AG	16	13	Buchwertmethode
183	FN 240832s	Gemeinnützige Salzburger Landeskliniken Betriebsgesellschaft mbH	6	0	k.A.
184	FN 241500y	Graf Holding GmbH	7	2	Buchwertmethode
185	FN 247333a	DMT Technology GmbH	3	3	IFRS
186	FN 247642f	Österreichische Bundesbahnen-Holding AG	66	21	IFRS
187	FN 251251m	Wagner Unternehmensbeteiligung GmbH	3	0	Buchwertmethode
188	FN 253041w	FHS Beteiligungsverwaltungs GmbH	3	2	Buchwertmethode
189	FN 253485y	Salzburger Aluminium AG	17	9	Buchwertmethode
190	FN 253963a	Katzenberger Baustoffindustrie GmbH	1	0	Buchwertmethode
191	FN 254844x	WDS Holding GmbH	5	2	Buchwertmethode
192	FN 259753s	JETALLIANCE Holding AG	19	9	Buchwertmethode
193	FN 260403x	Schrack Technik International GmbH	11	10	Buchwertmethode
194	FN 260540y	TCG Holdings GmbH	11	9	IFRS
195	FN 264538b	Leder & Schuh Holding Aktiengesellschaft	33	16	k.A.
196	FN 265173k	Modelleisenbahn GmbH	3	3	Buchwertmethode
197	FN 266251x	OÖ Landesholding GmbH	36	0	Buchwertmethode
198	FN 266822k	König Holding AG	20	18	Buchwertmethode
199	FN 268248h	ISOROC Holding AG	6	5	IFRS
200	FN 269042a	Doppler Beteiligungs GmbH	5	0	Buchwertmethode
201	FN 275135k	Pollmann International GmbH	6	5	Buchwertmethode
202	FN 279426x	TAMAK Holding AG	4	4	IFRS
203	FN 283041m	ADCURAM Group AG	34	k.A.	IFRS
204	FN 285807f	MCE Beteiligungsverwaltungs GmbH	38	28	IFRS
205	FN 297412x	Trenkwalder International AG	44	35	IFRS
206	FN112207k	Weyland GmbH	14	7	Buchwertmethode

Firmen-buchnr.	Firmenname	Einbezugsmethode	Rechnungslegungsnorm	Anzahl der *Joint Venture*	davon ausländische *Joint Venture*
FN 266251x	OÖ Landesholding GmbH	Quotenkonsolidierung	UGB	3.00	0.00
FN 174160v	Greiner Holding AG	Quotenkonsolidierung	IFRS	12.00	10.00
FN 145704x	Porsche Holding Gesellschaft m.b.H	Quotenkonsolidierung	UGB	2.00	2.00
FN 144567z	HÖDLMAYR INTERNATIONAL AG	Quotenkonsolidierung	IFRS	3.00	0.00
FN 137494y	HIK Hans und Ingeborg Kostmann Verwaltungsges.m.b.H.	Quotenkonsolidierung	UGB	5.00	3.00
FN 136896v	UCP Chemicals AG	Quotenkonsolidierung	IFRS	5.00	0.00
FN 130635k	AKRON Immobilien Portfolio Aktiengesellschaft	Quotenkonsolidierung	IFRS	1.00	1.00
FN 126805d	Burgenländische Elektrizitätswirtschafts-Aktiengesellschaft (BEWAG)	Quotenkonsolidierung	UGB	3.00	0.00
FN 070663t	GrECo International Holding AG	Quotenkonsolidierung	UGB	1.00	0.00
FN 042472i	Plansee Holding AG	Quotenkonsolidierung	UGB	47.00	46.00
FN 283041m	ADCURAM Group AG	*Equity*-Methode	IFRS	1.00	k.A.
FN 189707g	Immobilien Holding GmbH	*Equity*-Methode	UGB	11.00	1.00
FN106825x	Management Trust Holding Aktiengesellschaft	Quotenkonsolidierung	IFRS	1.00	0
FN 136550i	MCE AG	*Equity*-Methode	IFRS	1.00	0.00

Verzeichnis der Gesetze und Verordnungen

AktG: Bundesgesetz vom 31.03.1966 über Aktiengesellschaften (Aktiengesetz – AktG) (BGBl. 98/1965) mit allen späteren Änderungen einschließlich der Änderungen durch das Aktienrechts-Änderungsgesetz 2009 (AktRÄG 2009) vom 31.07.2009, in: BGBl. I (71/2009).

Bilanzrichtlinie: Vierte Richtlinie des Rates aufgrund von Artikel 54 Absatz 3 Buchstabe g) des Vertrages über den Jahresabschluss von Gesellschaften bestimmter Rechtsformen (78/660/EWG) vom 25. Juli 1978, in: L 222/1978.

BilMoG: Gesetz zur Modernisierung des Bilanzrechts (Bilanzrechtsmodernisierungsgesetz – BilMoG)*) vom 25. Mai 2009, in: dBGBl. (2009/27).

BWG: Bundesgesetz über das Bankwesen (Bankwesengesetz – BWG), über Kapitalanlagefonds (Investmentfondsgesetz – InvFG 1993), über Bausparkassen (Bausparkassengesetz – BSpG), über die Aufhebung des Kreditwesengesetzes, der Artikel II und III des Bundesgesetzes BGBl. 325/1986, des Bankagentengesetzes, des Geldinstitutezentralegesetzes, des Bundesgesetzes über die Geschäftsaufsicht, des Rekonstruktionsgesetzes, des Bundesgesetzes betreffend den Verkauf von Aktien verstaatlichter Banken, von Teilen des Bundesgesetzes über die Neuordnung des Kindschaftsrechts, des Bundesgesetzes über Kapitalanlagefonds (Investmentfondsgesetz), des Versicherungsaufsichtsgesetzes 1931, der Einführungsverordnung zum Versicherungsaufsichtsgesetz 1931 und über die Änderung des Bundes-Verfassungsgesetzes in der Fassung von 1929, des Sparkassengesetzes, des Hypothekenbankgesetzes, des Pfandbriefgesetzes, der Einführungsverordnung zum Hypothekenbank- und zum Pfandbriefgesetz, des Beteiligungsfondsgesetzes, des Postsparkassengesetzes 1969, des Kapitalmarktgesetzes, des Versicherungsaufsichtsgesetzes 1978, des Prämiensparförderungsgesetzes, des Körperschaftsteuergesetzes 1988, des Bewertungsgesetzes, der Gewerbeordnung 1973 und des Rechnungslegungsgesetzes (Finanzmarktanpassungsgesetz 1993) vom 30.07.1993 (BGBl. 532/1993) mit allen späteren Änderungen einschließlich der Änderungen durch das 28. Bundesgesetz, mit dem das allgemeine bürgerliche Gesetzbuch geändert, ein Bundesgesetz über Verbraucherkreditverträge und andere Formen der Kreditierung zu Gunsten von Verbrauchern (Verbraucherkreditgesetz – VKrG) erlassen sowie das Konsumentenschutzgesetz, das Bankwesengesetz, das Versicherungsaufsichtsgesetz, das Wertpapieraufsichtsgesetz 2007, das Investmentfondsgesetz, das Zahlungsdienstegesetz, die Gewerbeordnung 1994 und das Maklergesetz geändert werden (Darlehens- und Kreditrechts-Änderungsgesetz – DaK-RÄG) vom 20.05.2010, in: BGBl. I 28/2010.

dGmbHG: Deutsches Gesetz über die Gesellschaften mit beschränkter Haftung (GmbHG) vom 19.05.1892 (RGBl. S. 477) mit allen späteren Änderungen einschließlich der Änderungen durch Bundesgesetzblatt Jahrgang 2009 Teil I Nr. 50, ausgegeben zu Bonn am 04. August 2009.

dHGB: Deutsches Handelsgesetzbuch vom 10.05.1897 (RGBl. S. 219) einschließlich der Änderungen durch Bundesgesetzblatt Jahrgang 2009 Teil I Nr. 50, ausgegeben zu Bonn am 04. August 2009.

EKEG: Bundesgesetz, mit dem ein Bundesgesetz über Eigenkapital ersetzende Gesellschafterleistungen (Eigenkapitalersatz-Gesetz – EKEG) geschaffen wird sowie mit dem die Konkursordnung, die Ausgleichsordnung, das Unternehmensreorganisationsgesetz und das Übernahmegesetz geändert werden (Gesellschafts- und Insolvenzänderungsgesetzt 2003 – GIRÄG 2003) vom 28.10.2003, in: BGBl. I (92/2003).

FBG: Bundesgesetz über das Firmenbuch und Änderungen des Handelsgesetzbuchs, des Aktiengesetzes 1965, des Gesetzes über Gesellschaften mit beschränkter Haftung, des Gesetzes über Erwerbs- und Wirtschaftsgenossenschaften, des Erwerbsgesellschaftengesetzes, der Vierten Verordnung zur Einführung handelsrechtlicher Vorschriften im Lande Österreich, des Amtslöschungsgesetzes, des Umwandlungsgesetzes, des Versicherungsaufsichtsgesetzes, des Außerstreitgesetzes, der Jurisdiktionsnorm, des Gerichtsorganisationsgesetzes, der Exekutionsordnung, der Konkursordnung, der Ausgleichsordnung, des Geldinstitutezentralegesetzes, des Rechtspflegergesetzes, des Gerichtskommissärsgesetzes, des Gerichtsgebührengesetzes und der Gewerbeordnung 1973 (Firmenbuchgesetz – FBG) vom 11.01.1991 (BGBl. 10/1991) mit allen späteren Änderungen einschließlich der Änderungen durch das Gesellschaftsrechts-Änderungsgesetz 2007 (GesRÄG 2007) vom 24.10.2007, in: BGBl. I (72/2007).

Gesetzentwurf zum BilMoG: Entwurf des Gesetzes zur Modernisierung des Bilanzrechts (Bilanzrechtsmodernisierungsgesetz – BilMoG) mit Begründung, Drucksache 16/10067 vom 30.07.2008, download unter: www.bundesjustizministerium.com/files/-/3152/RegE_bilmog.pdf (01.09.2010).

Gesetzesmaterialien zum RÄG 2010: Bundesgesetz, mit dem das Unternehmensgesetzbuch geändert wird (Rechnungslegungsrechts-Änderungsgesetz 2010 – RÄG 2010).

Gesetzesmaterialien zum URÄG 2008: Bundesgesetz, mit dem das Unternehmensgesetzbuch, das Aktiengesetz 1965, das GmbH-Gesetz, das SE-

Gesetz, das Genossenschaftsgesetz, das Genossenschaftsrevisionsgesetz, das Spaltungsgesetz, das Luftfahrtgesetz, das Bankwesengesetz und das Versicherungsaufsichtsgesetz geändert werden (Unternehmensrechts-Änderungsgesetz 2008 – URÄG 2008).

Gesetzmaterialien zum Gesellschafts- und Insolvenzrechtsänderungsgesetz: 124 der Beilagen zu den Stenographischen Protokollen des Nationalrates XXII Gesetzgebungsperiode zu Bundesgesetz, mit dem ein Bundesgesetz über Eigenkapital ersetzende Gesellschafterleistungen (Eigenkapitalersatzgesetz – EKEG) geschaffen wird sowie mit dem die Konkursordnung, die Ausgleichsordnung, das Unternehmensreorganisationsgesetz und das Übernahmegesetz geändert werden (Gesellschafts- und Insolvenzänderungsgesetz 2003 – GIRÄG2003).

GmbHG (2008): Gesetz vom 6. März 1906, über Gesellschaften mit beschränkter Haftung (GmbH-Gesetz – GmbHG) mit allen späteren Änderungen einschließlich der Änderungen durch das Unternehmensrechts-Änderungsgesetz 2008 (URÄG 2008) vom 07.05.2008, in: BGBl. I (70/2008).

International Financial Reporting Standards – in der von der Europäischen Union übernommenen Fassung (Stand 1.10.2010).

IAS-Verordnung (2002): Verordnung (EG) (1606/2002) des Europäischen Parlaments und des Rates betreffend die Anwendung internationaler Rechnungslegungsstandards vom 19.07.2002, in: L 243/2002.

KonzaG (1999): 49. Bundesgesetz über Änderungen des Handelsgesetzbuchs, des Bankwesengesetzes, des Wertpapieraufsichtsgesetzes und des Versicherungsaufsichtsgesetzes betreffend die Anwendung international anerkannter Rechnungslegungsgrundsätze bei Konzernabschlüssen (Konzernabschlussgesetz – KonzaG) vom 26.03.1999, in: BGBl. I (49/1999).

Konzernabschlussrichtlinie: Siebte Richtlinie des Rates aufgrund von Artikel 54 Absatz 3 Buchstabe g) des Vertrages über den konsolidierten Abschluss (83/349/EWG) vom 13. Juni 1983, in: L 193/1983.

PuG (2006): Bundesgesetz, mit dem im Rahmen der Umsetzung der Richtlinie 2003/58/EG das Firmenbuchgesetz, das Unternehmensgesetzbuch, die Jurisdiktionsnorm, das Gesetz über Gesellschaften mit beschränkter Haftung, das Aktiengesetz 1965 und das Handelsvertretergesetzgeändert werden (Publizitätsrichtlinie-Gesetz – PuG) vom 26.06.2006, in: BGBl. I (103/2006).

RÄG (2010): 140. Bundesgesetz, mit dem das Unternehmensgesetzbuch geändert wird (Rechnungslegungsrechts-Änderungsgesetz 2010- RÄG 2010), vom 30. Dezember 2009, in: BGBl. 2009/140.

ReLÄG (2004): Bundesgesetz, mit dem das Handelsgesetzbuch, das Bankwesengesetz, das Versicherungsaufsichtsgesetz, das Wertpapieraufsichtsgesetz, das Pensionskassengesetz, das Betriebliche Mitarbeitervorsorgegesetz und das Nationalbankgesetz 1984 an die IAS-Verordnung angepasst und die Modernisierungs- sowie die Schwellenwertrichtlinie umgesetzt und das Firmenbuchgesetz, das Aktiengesetz sowie das GmbH-Gesetz geändert werden (Rechnungslegungsänderungsgesetz 2004 – ReLÄG 2004) vom 30.12.2004, in: BGBl. I (161/2004).

Schwellenwertrichtlinie: Richtlinie 2006/46/EG des Europäischen Parlaments und des Rates zur Änderung der Richtlinien des Rates 78/660/EWG über den Jahresabschluss von Gesellschaften bestimmter Rechtsformen, 83/349/EWG über den konsolidierten Abschluss, 86/635/EWG über den Jahresabschluss und den konsolidierten Abschluss von Banken und anderen Finanzinstituten und 91/674/EWG über den Jahresabschluss und den konsolidierten Abschluss von Versicherungsunternehmen (Text von Bedeutung für den EWR) vom 14. Juni 2006, in: L224/2006.

UGB (2009): Bundesgesetz über besondere zivilrechtliche Vorschriften für Unternehmen (Unternehmensgesetzbuch – UGB) vom 10.5.1897 (DRGBl. 1897/219) mit allen späteren Änderungen einschließlich der Änderungen des Unternehmensgesetzbuches durch das Rechnungslegungsrechts-Änderungsgesetz 2010 (RÄG 2010) vom 30.12.2009, in: BGBl. I (140/2009).

URÄG: 70. Bundesgesetz, mit dem das Unternehmensgesetzbuch, das Aktiengesetz 1965, das GmbH-Gesetz, das SE-Gesetz, das Genossenschaftsgesetz, das Genossenschaftsrevisionsgesetz, das Spaltungsgesetz, das Luftfahrtgesetz, das Bankwesengesetz und das Versicherungsaufsichtsgesetz geändert werden (Unternehmensrechts-Änderungsgesetz 2008 – URÄG 2008) vom 7. Mai 2008, in: BGBl. I 70/2008.

Wertpapieraufsichtsgesetz: 60. Bundesgesetz, mit dem ein Bundesgesetz über die Beaufsichtigung von Wertpapierdienstleistungen (Wertpapieraufsichtsgesetz 2007 – WAG 2007) erlassen wird sowie das Bankwesengesetz, das Börsegesetz 1989, das Investmentfondsgesetz, das Kapitalmarktgesetz, das Finanzmarktaufsichtsbehördengesetz, das Konsumentenschutzgesetz und die Gewerbeordnung 1994 geändert werden vom 31.07.2007 (BGBl. I 60/2007) mit allen späteren Änderungen einschließlich der Änderungen durch das 72. Bundesgesetz – Änderung des Bankwesengesetzes, des Wertpapieraufsichtsgesetzes 2007 und des Betrieblichen Mitarbeiter- und Selbständigenvorsorgegesetzes vom 18.08.2010, in BGBl. I (72/2010).

Wertpapierdienstleistungsrichtlinie: Richtlinie 2007/44/EG des Europäischen Parlaments und des Rates vom 5. September 2007 zur Änderung der Richtlinie 92/49/EWG des Rates sowie der Richtlinien 2002/83/EG, 2004/39/EG, 2005/68/EG und 2006/48/EG in Bezug auf Verfahrensregeln und Bewertungskriterien für die aufsichtsrechtliche Beurteilung des Erwerbs und der Erhöhung von Beteiligungen im Finanzsektor (Text von Bedeutung für den EWR) vom 21.9.2007, in: L 247/2007.

Literaturverzeichnis

ABDEL-KHALIK, A. R. (1983): Financial Reporting by Private Companies: Analysis and Diagnosis, Stamford 1983.

ACHLEITNER, A.-K. (1995): Die Normierung der Rechnungslegung: Eine vergleichende Untersuchung unterschiedlicher institutioneller Ausgestaltungen des nationalen und internationalen Standardsetzungsprozesses, Zürich 1995.

ADAMS, M. (1991): Normen, Standards, Rechte, in: Juristen Zeitung 1991, S. 941-992.

ADLER, H./DÜRING, W./SCHMALTZ, K. (Hrsg.) (1995): Rechnungslegung und Prüfung der Unternehmen, Band 3, 6. Aufl., bearbeitet von Forster, K.-H., Goerdeler, R./Lanfermann, J./Müller, H. P./Müller, W./Siepe, G./Stolberg, K., Stuttgart 1995.

AFRAC – Austrian Financial Reporting and Auditing Committee (Hrsg.): November 2008 - Endbericht "Modernisierung und Vereinheitlichung der Rechnungslegung", in: RWZ 2009, S. 15-18.

AICPA – American Institute of Certified Public Accountants (1994): Improving Business Reporting – A Customer Focus, download unter: http://www.aicpa.org/Professional+Resources/Accounting+and+Auditing/Accounting+Standards/ibr/chap3.htm (09.10.2009).

AISBITT, S. (2006): Assessing the Effect of the Transition to IFRS on Equity: The Case of the FTSE 100, in: European Accounting Review 2006, S. 17-133.

ARBEITSKREIS „EXTERNE UNTERNEHMENSRECHNUNG“ DER SCHMALENBACH-GESELLSCHAFT – DEUTSCHE GESELLSCHAFT FÜR BETRIEBSWIRTSCHAFT e.V. (Hrsg.) (2003): International Financial Reporting Standards im Einzel- und Konzernabschluss unter der Prämisse eines Einheitsabschlusses für unter Anderem steuerliche Zwecke, in: DB 2003, S. 1585-1588.

BAETGE, J./APELT, B. (1988): Konsequenzen des Verstoßes gegen die Offenlegungsvorschriften des HGB, in: DB 1988, S. 1709-1715.

BAETGE, J./KIRSCH, H.-J./THIELE, S. (2004): Konzernbilanzen, 7. Aufl., Düsseldorf 2004.

BALLWIESER, W. (1982): Zur Begründbarkeit informationsorientierter Jahresabschlussverbesserungen, in: ZfbF 1982, S. 772-793.

BALLWIESER, W. (2002): Informations-GoB – auch im Lichte von IAS und US-GAAP, in: KoR 2002, S. 115-121.

BALLWIEßER, C. (1997): Die handelsrechtliche Konzernrechnungslegung als Informationsinstrument: eine Zweckmäßigkeitsanalyse, Frankfurt am Main 1997.

BAUMAN, M. P. (2007): Proportionate consolidation versus the equity method: Additional evidence on the association with bond ratings, in: International Review of Financial Analysis 2007, S. 496-507.

BAXTER, G./SPINNEY, J. (1975): A closer look at consolidated financial statement theory, in: CA Magazine 1975, S. 31-36.

BDI/ERNST & YOUNG GLOBAL LIMITED (Hrsg.) (2005): Rechnungslegung im Umbruch, Berlin 2005.

BENNINGHAUS, H. (2005): Deskriptive Statistik: Eine Einführung für Sozialwissenschaftler, 10. Aufl., Wiesbaden 2005.

BERNDT, T. (2005): Wahrheits- und Fairnesskonzeptionen in der Rechnungslegung, Stuttgart 2005.

BERRY, A. J./FAULKNER, S./HUGHES, M./JARVIS, R. (1993): Financial Information, the banker and the small business, in: British Accounting Review 1993, S. 131-150.

BERTL, R./ASCHAUER, E. (2008): Das Kriterium der Wesentlichkeit für die Nichtigkeit des Jahresabschlusses, in: RWZ 2008, S. 109-113.

BERTSCH, A. (1995): Rechnungslegung und Konzernunternehmen: Probleme und alternative Konzepte, Heidelberg 1995.

BIERMANN, H. (1992): Proportionate Consolidation and Financial Analysis, in: Accounting Horizons 1992, S. 1-17.

BLOCHER, W./ZISAK, A. (2006): Elektronischer Rechtsverkehr: Rechtliche Regelung und praktische Anwendung elektronischer Signaturen, in: RdW 2006, S. 612-618.

BÖCKING, H.-J. (2001): IAS für Konzern- und Einzelabschluss?, in: WPg 2001, S. 1433-1440.

BOLLEN, L. H. H. (1995): Financial Reporting Regulation for Small and Medium Sized Private Firms, Maastricht 1995.

BONSE, A. (2004): Informationsgehalt von Konzernabschlüssen nach HGB, IAS und US-GAAP: Eine empirische Analyse aus Sicht der Eigenkapitalgeber, Frankfurt am Main 2004.

BORES, W. (1935): Konsolidierte Erfolgsbilanzen und andere Bilanzierungsmethoden für Konzerne und Kontrollgesellschaften, Leipzig 1935.

BORTZ, J. (2009): Statistik für Human und Sozialwissenschaftler, 6. Aufl., Berlin 2009.

BREIDENBACH, K. (1997): Normensetzung für die Rechnungslegung, Wiesbaden 1997.

BRÖSEL, G. (2009): Zum Goodwill nach IFRS aus Sicht des Abschlussprüfers, in: BFuP 2009, S. 191-207.

BRUNS, H. G. (1993): Der Konzernabschluss aus Sicht des Bilanzanalytikers, in: Gesellschaft für Computeranwendungen mbH (Hrsg.), Konzernabschluss in der Praxis: Rechtliche und betriebswirtschaftliche Probleme, Erfahrungsberichte, Wiesbaden 1993, S. 141-151.

BURGER, A./BUCHHARDT, A. (2000): Bietet eine investororientierte Rechnungslegung den besseren Gläubigerschutz?, in: BB 2000, S. 2197-2200.

BURGER, A./ULBRICH, P. (2005): Kapitalmarktorientierung österreichischer Unternehmen. Neufassung der Studie vor dem Hintergrund der Änderungen in der Rechnungslegung, in: RWZ 2005, S. 172-179.

BURGER, A./FELDRAPPE, T./ULBRICH, P. (2006): Auswirkungen der Umstellung von HGB auf IFRS auf zentrale Kennzahlen des Jahresabschlusses, in: PiR 2006, S. 134-141.

BUSSE v. COLBE, W. (1964): Die Planung der Betriebsgröße, Wiesbaden 1964.

BUSSE v. COLBE, W. (1995): Das Rechnungswesen im Dienste einer kapitalmarktorientierten Unternehmensführung, in: WPg 1995, S. 713-720.

BUSSE v. COLBE, W. (2004): Internationale Entwicklungstendenzen zur Einheitstheorie für den Konzernabschluss, in: Göbel, S./Heni, B. (Hrsg.), Unternehmensrechnung Konzeptionen und praktische Umsetzung: Festschrift zum 68. Geburtstag von G. Scherrer, München 2004, S. 41-63.

BUSSE v. COLBE, W./FALKENHAHN, G. (2005): Neue Entwicklungen der Methoden der Kapitalkonsolidierung, in: Janden, H./Krey, A. (Hrsg.), Betriebliches Rechnungswesen und Controlling im Spannungsfeld von Theorie und Praxis: Festschrift von Prof. Dr. Jürgen Graßhoff zum 65. Geburtstag, Hamburg 2005, S. 3-29.

BUSSE v. COLBE, W./ORDELHEIDE, D./GEBHARDT, G./PELLENS, B. (2006): Konzernabschlüsse: Rechnungslegung nach betriebswirtschaftlichen Grundsätzen sowie nach Vorschriften des HGB und der IAS/IFRS, 8. Aufl., Wiesbaden 2006.

CASEY, C. J. Jr. (1980): Variation in Accounting Information Load: The Effect on Loan Officers' Predictions of Bankruptcy, in: The Accounting Review 1980, S. 36-49.

CATLETT, G. R. (1960): Factors that Influence Accounting Principles, in: JoA 1960, S. 44-50.

CLEFF, T. (2008): Deskriptive Statistik und moderne Datenanalyse: Eine computergestützte Einführung mit Excel, SPSS und STATA, Wiesbaden 2008.

COENENBERG, A. G./HALLER, A./SCHULTZE, W. (2009): Jahresabschluss und Jahresabschlussanalyse: Betriebswirtschaftliche, handelsrechtliche, steuerrechtliche und internationale Grundsätze: HGB, IAS, US-GAAP, 21. Aufl., Landsberg/Lech 2009.

COLLIS, J./DUGDALE, D./JARVIS, R. (2001): Deregulation of small company financial reporting in the UK, in: McLeay, S./Riccaboni, A. (Hrsg.), Contemporary Issues in Accounting Regulation, Massachusetts 2001, S. 167-185.

DEARDEN, J./SHANK (1975): Financial Accounting and Reporting: A Contemporary Emphasis, Engelwood Cliffs 1975.

DEBUS, C. (1990): Haftungsregelungen im Konzernrecht: Eine ökonomische Analyse, Frankfurt am Main 1990.

DELOITTE TOUCHE TOHMATSU (Hrsg.) (2009): IFRS for SMEs given green light by UK ASB, download unter: http://www.deloitte.com (01.09.2010).

DEUTSCH, E. (1994): Kapitalkonsolidierung, Wien 1994.

DEUTSCH, E. (2000): § 245: Befreiende Konzernabschlüsse und Konzernlageberichte, in: Straube, M. (Hrsg.), Kommentar zum Handelsgesetzbuch, Band 2, 2. Aufl., Wien 2000.

DEUTSCH, E. (2000): § 246: Größenabhängige Befreiungen, in: Straube, M. (Hrsg.), Kommentar zum Handelsgesetzbuch, Band 2, 2. Aufl., Wien 2000.

DEUTSCH, E. (2000): § 249: Verzicht auf die Einbeziehung, in: Straube, M. (Hrsg.), Kommentar zum Handelsgesetzbuch, Band 2, 2. Aufl., Wien 2000.

DEUTSCH, E./PLATZER, W. (2000): § 254: Zusammenfassung von Eigenkapital und Beteiligungen (Kapitalkonsolidierung), in: Straube, M. (Hrsg.), Kommentar zum Handelsgesetzbuch, Band 2, 2. Aufl., Wien 2000.

DEUTSCH, E./PLATZER, W. (2000): § 259: Anteile anderer Gesellschafter, in: Straube, M. (Hrsg.), Kommentar zum Handelsgesetzbuch, Band 2, 2. Aufl., Wien 2000.

DREGER, K.-M. (1969): Der Konzernabschluss, Wiesbaden 1969.

DRSC – Deutsches Rechnungslegungs Standards Committee/HALLER, A./EIERLE, B. (2007): Entwurf eines internationalen Standards zur Bilanzierung von Small and Medium-sized Entities (ED-IFRS for SMEs) – Ergebnisse einer Befragung deutscher mittelständischer Unternehmen, Regensburg 2007.

DRSC – Deutsches Rechnungslegungs Standards Committee (Hrsg.) (2008): Comment Letter zu ED 9 (CL 20), download unter: http://www.iasb.org (01.09.2010).

DRUCKARCZYK, J. (1981): Verschuldung, Konkursrisiko, Kreditverträge und Marktwert von Aktiengesellschaften, in: Kredit und Kapital 1981, S. 287-319.

DULLER, C. (2007): Einführung in die Statistik mit Excel und SPSS, 2. Aufl., Heidelberg 2007.

DUSEMOND, M. (1997): Quotenkonsolidierung versus Equity-Methode – Kritische Analyse der Vorteilhaftigkeit anhand praxisrelevanter Kennzahlen –, in: DB 1997, S. 1781-1785.

DUSEMOND, M./WEBER, H./ZÜNDORF, H. (1998): § 301: Kapitalkonsolidierung, in: Küting, K./Weber, C.-P. (Hrsg.), Handbuch der Konzernrechnungslegung: Kommentar zur Bilanzierung und Prüfung, Band II, 2. Aufl., Stuttgart 1998.

EATON, J. J./ BAWDEN, D. (1991): What kind of resource is information?, in: International Journal of Information Management 1991, S. 156-165.

EBELING, R. M. (1995a): Die Einheitsfiktion als Grundlage der Konzernrechnungslegung, Stuttgart 1995, S. 323-346.

EBELING, R. M. (1995b): Die Einheitsfiktion als Grundlage der Konzernrechnungslegung, Aussagegehalt und Ansätze zur Weiterentwicklung des Konzernabschlusses nach deutschem HGB unter Berücksichtigung konsolidierungstechnischer Fragen, Stuttgart 1995.

EBERT, M./SIMONS, D. (2009): Bilanzpolitisches Potential im Rahmen der Goodwillbilanzierung, Transaktionsgestaltung beim Unternehmenserwerb, in: KoR 2009, S. 622-630.

EFRAG – EUROPEAN FINANCIAL REPORTING ADVISORY GROUP (Hrsg.) (2008): Comment Letter zu ED 9 (CL 112), download unter: http: //www.iasb.org (01.09.2010).

EGGER, A./SAMER, H./BERTL, R. (2009): Der Jahresabschluss nach dem Unternehmensgesetzbuch, Band 2: Der Konzernabschluss unter Einbezug der International Accounting Standards bzw. International Financial Reporting Standards, 6. Aufl., Wien 2009.

EICHHOLZ, R. (1993): Das Recht konzerninterner Darlehen, Berlin 1993.

EIERLE, B. (2003): Entwicklung der Differenzierung der Unternehmensberichterstattung in Deutschland und Großbritannien: Ansatzpunkte für die Diskussion der zukünftigen Gestaltung der Abschlusserstellung nicht kapitalmarktorientierter Unternehmen in Deutschland, Linz 2003.

EIERLE, B. (2005a): Differential Reporting in Germany: A Historical Analysis, in: Accounting Business & Financial History 2005, S. 279-315.

EIERLE, B. (2005b): Differential Reporting, in: DBW 2005, S. 647-652.

EISELE, W./RENTSCHLER, R. (1989): Gemeinschaftsunternehmen im Konzernabschluss, in: BFuP 1989, S. 309-324.

ELSCHEN, R. (1991): Shareholder Value und Agency-Theorie – Anreiz und Kontrollsysteme für Zielsetzungen der Anteilseigner, in: BFuP 1991, S. 209-220.

EPSTEIN, B. J. (2007): Information Overload Can Threaten Sound Decision-Making, in: CPA Journal 2007, S. 6-10.

ERCHINGER, H./MELCHER, W. (2007): Neuregelung der SEC zu IFRS-Abschlüssen von Foreign Private Issuers, in: DB 2007, S. 2635-2636.

ERCHINGER, H./MELCHER, W. (2008): Stand der Konvergenz zwischen IFRS und US-GAAP: Die Bilanzierung von Joint Ventures, in: KoR 2008, S. 164-178.

EUROPÄISCHE KOMMISSION (Hrsg.) (2003a): KMU und Zugang zur Finanzierung, download unter: http://docs.google.com (01.09.2010).

EUROPÄISCHE KOMMISSION (Hrsg.) (2003b): Wertpapiermärkte: Kommission schlägt Richtlinien zur Erhöhung des Anlegerschutzes und der Transparenz vor (IP/03/436), download unter: http://europa.eu/ (01.09.2010).

EUROPÄISCHE KOMMISSION (Hrsg.) (2006): Strategische Überlegungen zur Verbesserung der Rechtsetzung in der Europäischen Union (KOM (2006) 689 endgültig), download unter: http://eur-lex.europa.eu (01.09.2010).

EUROPÄISCHE KOMMISSION (Hrsg.) (2007a): Aktionsprogramm zur Verringerung der Verwaltungslasten in der Europäischen Union (KOM(2007) 23 endgültig), download unter: http://www.bundesregierung.de (01.09.2010).

EUROPÄISCHE KOMMISSION (Hrsg.) (2007b): Mitteilung der Kommission über ein vereinfachtes Unternehmensumfeld in den Bereichen Gesellschaftsrecht, Rechnungslegung und Abschlussprüfung (KOM(2007) 394 endgültig), download unter: http://ec.europa.eu/internal_market (01.09.2010).

EUROPÄISCHE KOMMISSION (Hrsg.) (2009): Arbeitsdokument der Kommissionsdienststellen zum Vorschlag für eine Richtlinie des Europäischen Parlaments und des Rates zur Änderung der Richtlinie 78/660/EWG des Rates über den Jahresabschluss von Gesellschaften bestimmter Rechtsformen im Hinblick auf Kleinstunternehmen – Zusammenfassung der Folgenabschätzung (KOM (2009) 83 endgültig) vom 26.02.2009, download unter: http://ec.europa.eu/internal_market/accounting (01.09.2010).

EWERT, R. (1986): Rechnungslegung, Gläubigerschutz und Agency-Probleme, Wiesbaden 1986.

EWERT, R. (1990): Wirtschaftprüfung und asymmetrische Information, Berlin 1990.

ERNST & YOUNG YOUNG GLOBAL LIMITED (Hrsg.) (2008): Comment Letter zu ED 9 (CL 39), download unter: http://www.iasb.org (01.09.2010).

FASB – FINANCIAL ACCOUNTING STANDARDS BOARD (Hrsg.) (1991): Discussion Memorandum: Consolidation Policy and Procedures, Norwalk 1991.

FEE – FEDERATION DES EXPERTS COMPTABLES EUROPEENS (Hrsg.) (2008): Comment Letter zu ED 9 (CL 105), download unter: http://www.iasb.org (01.09.2010).

FERSCHL, F. (1985): Deskriptive Statistik, 3. Aufl., Wien 1985.

FINK, C./ULBRICH, P. R. (2008): ED 9 „Joint Arrangements", in: PiR 2008, S. 53-58.

FLUME, W. (1962): Diskussionsbeitrag, in: v. Barz, C./Claussen, C./Hauck, M./Hoffmann, D./Hornef, H./Kaufmann, H./Muthesius, V./Rautmann, H.-G./Semler, S. jr. (Hrsg.), Das Frankfurter Publizitätsgespräch, Frankfurt am Main 1962, S. 183-189.

FRÖHLICH, E. (1995): Familie als Erfolgspotential im Gewerbe und Handwerk, in: Kemmetmüller, W./Kotek, H./Petermandl, M./Stiegler, H. (Hrsg.), Erfolgspotentiale für Klein- und Mittelbetriebe, Linz 1995, S. 105-136.

FRÖHLICH, C. (2007): Praxis der Konzernrechnungslegung, 2. Aufl., Wien 2007.

FRÖHLICH, C./PLATZER, W. (2000): § 264: Wertansatz der Beteiligung und Behandlung des Unterschiedsbetrags, in: Straube, M. (Hrsg.), Kommentar zum Handelsgesetzbuch, Band 2, 2. Aufl., Wien 2000.

FRÜH, H. J./KLAR, M. (1993): Joint Ventures: Bilanzielle Behandlung und Berichterstattung – Zur neuen HFA-Stellungnahme 1/1993 des IDW, in: WPg 1993, S. 493-503.

FUCHS, H./GERLOFF, O. (1954): Die konsolidierte Bilanz, Köln 1954.

FÜLBIER, R. (1998): Regulierung der Ad-hoc-Publizität, Wiesbaden 1998.

GAUMERT, U./BURKHARDT, K. (2006): Rating als Chance, in: Die Bank 2006, S. 62-65.

GELTER, M. (2001): Neue Rechnungslegungsnormen im Handelsrecht, Gesellschaftsrecht, Kapitalmarkt, IAS und private Normensetzung, Wien 2001.

Gillenkirch, R./Arnold, M. (2008): State of the Art des Behavioral Accounting, in: Wirtschaftswissenschaftliches Studium 2008, S. 128-134.

GLAUM, M./MANDLER, U. (1996): Rechnungslegung auf globalen Kapitalmärkten: HGB, IAS und US-GAAP, Wiesbaden 1996.

GÖTH, P. (1997): Das Eigenkapital im Konzernabschluss: Bilanzielle Darstellung, Ergebnisverwendungsrechnung, Konsolidierungstechnik, Stuttgart 1997.

GRAHAM, R. C./KING, R. D./MORRILL, C. K. J. (2003): Decision usefulness of alternative joint venture reporting practices, in: Accounting Horizons 2003, S. 123-137.

GRÄFER, H./SCHELD, G. A. (2007): Grundzüge der Konzernrechnungslegung, 10. Aufl., Berlin 2007.

GRIEBELER, C. (2006): Die zivilrechtliche und strafrechtliche Haftung eines geschäftsführenden Organs einer Tochtergesellschaft bei „upstream securities“ im Konzern nach schwedischem und deutschem Recht, Düsseldorf 2006.

GUTHOFF, M. (2006): IFRS und Mittelstandsrating der Banken, in: Winkeljohann, N./Herzig, N. (Hrsg.), IFRS für den Mittelstand, Stuttgart 2006, S. 179-194.

HAAKER, A. (2006): Einheitstheorie und Fair Value-Orientierung: Informationsnutzen der full goodwill method nach ED IFRS 3 und mögliche Auswirkungen auf die investororientierte Bilanzanalyse – Grundgedanken zum bilanzanalytischen Umgang mit den geplanten Regelungen des ED IFRS 3, in: KoR 2006, S. 451-458.

HAAKER, A. (2008): Das Wahlrecht zur Anwendung der full goodwill method nach IFRS 3 (2008), in: PiR 2008, S. 188-194.

HACHMEISTER, D. (2008): Neuregelung der Bilanzierung von Unternehmenszusammenschlüssen nach IFRS 3 (2008), in: IRZ 2008, S. 115-122.

HAHN, E.-M. (2007): Die Full-Goodwill-Methode nach ED IFRS 3 und Auswirkungen auf den Goodwill-Impairment-Test, in: KoR 2007, S. 408-417.

HALLER, A. (1997): Wertschöpfungsrechnung, Stuttgart 1997.

HALLER, A. (2003): IFRS für alle Unternehmen – ein realisierbares Szenario in der Europäischen Union, in: KoR 2003, S. 413-424.

HALLER, A./ERNSTBERGER, J./FROSCHHAMMER, M. (2009): Die Auswirkungen der verpflichtenden Umstellung der Rechnungslegung von HGB auf IFRS – Eine empirische Analyse, in: KoR 2009, S. 267-278.

HARMS, J. E./KNISCHEWSKI, G. (1985): Quotenkonsolidierung versus Equity-Methode im Konzernabschluss, in: DB 1985, S. 1353-1359.

HARR, U./EPPINGER, C./ZEYER, F. (2009): Das Wahlrecht zur Anwendung der full goodwill-Methode nach IFRS 3 (rev. 2008), Exemplarische Darstellung bilanzpolitischer Gestaltungsmöglichkeiten, in: PiR 2009, S. 1-5.

HARTER, J. (2010): Konzernabschlusspflicht und Abgrenzung des Konsolidierungskreises nach den deutschen Regelungen des Bilanzrechtsmodernisierungsgesetzes (BilMoG) – Vorbild für Österreich?, in: RWZ 2010, S. 75-84.

HARTMANN-WENDELS, T. (1989): Principal-Agent-Theorie und asymmetrische Informationsverteilung, in: ZfB 1989, S. 714-734.

HARTMANN-WENDELS, T. (1991): Rechnungslegung der Unternehmen und Kapitalmarkt aus informationsökonomischer Sicht, Heidelberg 1991.

HARTMANN-WENDELS, T. (1992): Agency-Theorie und Publizitätspflicht nichtbörsennotierter Kapitalgesellschaften, in: BFuP 1992, S. 412-425.

HARTUNG, J./ELPELT, B./KLÖSENER, K.-H. (2005): Statistik: Lehr- und Handbuch der angewandten Statistik: Mit zahlreichen, vollständig durchgerechneten Beispielen, 14. Aufl., München 2005.

HAYN, B. (1999): Konsolidierungstechnik bei Erwerb und Veräußerung von Anteilen, Berlin 1999.

HAYN, B./HAYN, S. (2006): Neuausrichtung der Konzernrechnungslegung nach IFRS – Current Status, in: IRZ 2006, S. 73-82.

HAYN, B. (2009): § 36: Equity Methode, in: Bohl, W./Riese, J./Schlüter, J. (Hrsg.), Beck'sches IFRS Handbuch, 3. Aufl., München 2009.

HAYNES, C./KACHELMEIER, S. (1998): The Effects of Accounting Contexts on Accounting Decisions: A Synthesis of Cognitive and Economic Perspectives in Accounting Experimentation, in: Journal of Accounting Literature 1998, S. 97-136.

HENDLER, M. (2002): Abbildung des Erwerbs und der Veräußerung von Anteilen an Tochterunternehmen nach der Interessentheorie und der Einheitstheorie, Köln 2002.

HENDLER, M./ZÜLCH, H. (2005): Anteile anderer Gesellschafter im IFRS-Konzernabschluss, in: WPg 2005, S. 1155-1166.

HENDLER, M./ZÜLCH, H. (2008): Unternehmenszusammenschlüsse und Änderung von Beteiligungsverhältnissen bei Tochterunternehmen – die neuen Regelungen des IFRS 3 und IAS 27, in: WPg 2008, S. 484-493.

HEYD, R. (1982): Ziele und Funktionsfähigkeit von Jahresabschlüssen nach den vorparlamentarischen Regierungsvorlagen für ein Bilanzrichtlinie-Gesetz unter besonderer Berücksichtigung des Interessenschutzes und Interessengewichtung bei unterschiedlichen Rechtsformen, Frankfurt am Main 1982.

HINZ, M. (2002): Der Konzernabschluss als Instrument zur Informationsvermittlung und Ausschüttungsbemessung, Wiesbaden 2002.

HINZ, M. (2004): Einheitstheorie oder Interessentheorie als konzeptionelle Grundlage für die Ausgestaltung der Konzernrechnungslegung als Informationsvermittlungs-instrument, BFuP 2004, S. 280-291.

HOFFMANN, J. (2003): Das DRCS und die Regulierung der Rechnungslegung: Eine ökonomische Analyse, Frankfurt am Main 2003.

HOFFMANN, W.-D. (2009): Das Gesellschafterdarlehen mit Rangrücktritt, in: PiR 2008, S. 182-184.

HOLMES, S./NICHOLLS, D. (1989): Modelling the Accounting Information Requirements of Small Businesses, in: Accounting & Business Research 1989, S. 143-150.

HOLMES, S./KENT, P./DOWNEY, G. (1991): The Austrialien Differential Reporting Debate: A Survey of Practitioners, in: Accounting & Business Research 1991, S. 125-132.

HORMUTH, M. W. (1998): Recht und Praxis des konzernweiten Cash-Managements: Ein Beitrag zur Konzernfinanzierung, Berlin 1998.

HÖLD, R. (2009): Zur Transkription von Audiodaten, in: Buber, R./Holzmüller, H. H. (Hrsg.), Qualitative Marktforschung, Konzepte – Methoden – Analysen, 2. Aufl., Wiesbaden 2009, S. 655-668.

HUEMER, D. (2002): Größenabhängige Erleichterungen bei der Rechnungslegung: Einzel- und Konzernabschluß nach HGB, Linz 2002.

HUNG, M./SUBRAMANYAM, K. R. (2007): Financial Statement Effects of the Adoption of International Accounting Standards: The Case of Germany, in: Review of Accounting Studies 2007, S. 623-657.

IASB – INTERNATIONAL ACCOUNTING STANDARDS BOARD (Hrsg.) (2007a): Exposure Draft: ED 9 Joint Arrangements, download unter: http://www.iasb.org (01.09.2010).

IASB – INTERNATIONAL ACCOUNTING STANDARDS BOARD (Hrsg.) (2007b): Basis for Conclusions on Exposure Draft: ED 9 Joint Arrangements, download unter: http://www.iasb.org (01.09.2010).

IASB – INTERNATIONAL ACCOUNTING STANDARDS BOARD (Hrsg.) (2007c): Exposure Draft of a proposed IFRS for Small and Medium-sized Entities, download unter: http://www.iasb.org (01.09.2010).

IASB – INTERNATIONAL ACCOUNTING STANDARDS BOARD (Hrsg.) (2008a): Exposure Draft of an improved Conceptual Framework for Financial Reporting: Chapter 1: The Objective of Financial Reporting, Chapter 2: Qualitative Characteristics and Constraints of Decision-useful Financial Reporting Information, London 2008, download unter: http://www.ifrs.org (01.09.2010).

IASB – INTERNATIONAL ACCOUNTING STANDARDS BOARD (Hrsg.) (2008b): Business Combinations Phase II-Project summary, feedback and effect analysis, download unter: http://www.iasb.org (01.09.2010).

IASB – INTERNATIONAL ACCOUNTING STANDARDS BOARD (Hrsg.) (2009a): International Reporting Standard for Small and Medium-sized Entities (IFRS for SMEs), London 2009.

IASB – INTERNATIONAL ACCOUNTING STANDARDS BOARD (Hrsg.) (2009b): Basis for Conclusions of IFRS for SMEs, London 2009.

JANSSEN, J. (2009): Rechnungslegung im Mittelstand, Eignung der nationalen und internationalen Rechnungslegungsvorschriften unter Berücksichtigung der Veränderungen durch den IFRS for Private Entities und das Bilanzrechtsmodernisierungsgesetz, Wiesbaden 2009.

JANSSEN, J./GRONEWOLD, U. (2010): IFRS for Small and Medium-sized Entities, in: KoR 2010, S. 75-80.

JARVIS, R. (1996): Users and Uses of Unlisted Companies Financial Statements: A Literature Review, London 1996.

JASKIEWICZ, P. (2006): Performance Studie börsennotierter Familienunternehmen in Deutschland, Frankreich und Spanien, Köln 2006.

JENSEN, M. C. (1983): Organization Theory and Methodology, in: The Accounting Review 1983, S. 319-338.

JÖDICKE, D./WEINREIS, M. (2004): IFRS-Forum – Letzte Weichenstellungen vor der IFRS-Erstanwendung 2005, Bericht zum gleichnamigen Workshop des Instituts für Unternehmungsführung und Unternehmensforschung am 2.7.2004 an der Ruhr-Universität Bochum, in: KoR 2004, S. 367-370.

JULA, R./BREITBARTH, C. (1997): Liquiditätsausgleich im Konzern durch konzerninterne Darlehen, in: Die Aktiengesellschaft 1997, S. 256-265.

KAFADAR, K. (2008): ED 9 – Ein Entwurf zur Bilanzierung von gemeinschaftlichen Vereinbarungen, in: IRZ 2008, S. 273-280.

KAHLE, H. (2003): Zur Zukunft der RLG in Deutschland: IAS im Einzel- und Konzernabschluss?, in: WPg 2003, S. 262-275.

KAJÜTER, P./BARTH, D./DICKMANN, T./ZAPP, P. (2007): Rechnungslegung nach IFRS im deutschen Mittelstand?, in: DB 2007, S. 1877-1884.

KALSS, S./ECKERT, G. (2007): Rechtsfragen von Geschäften im Konzern, in: RdW 2007, S. 583-586.

KASPERZAK, R./LIECK, H. (2008): Die Darstellung von Unternehmenszusammenschlüssen unter gemeinsamer Beherrschung im IFRS-Teilkonzernabschluss einer börsennotierten AG, in: DB 2008, S. 769-777.

KATZ, M. L./SHAPIRO, C. (1985): Network Externalities, Competition, and Compatibility, in: The American Economic Review 1985, S. 424-440.

KAUFMANN, A. (1994): Problemgeschichte der Rechtsphilosophie, in: Kaufmann, A./Hassemer, W. (Hrsg.), Einführung der Rechtsphilosophie und Rechtstheorie der Gegenwart, 6. Aufl., Heidelberg 1994, S. 30-178.

KEHREL, U./LEKER, J./MAHLSTEDT, D. (2009): Trustorff, J.-H.: Effekte der IFRS-Rechnungslegung auf das Bilanzrating, in: ZfbF 2009, S. 283-309.

KENT, P./MUNRO, L. (1999): Differential Reporting and the Effect on Loan Evalutions: An Experimental Study, in: Accounting Forum 1999, S. 359-377.

KISTNER, K.-P./STEVEN, M. (2002): Betriebswirtschaftslehre im Grundstudium 1 – Produktion, Absatz, Finanzierung, 4. Aufl., Heidelberg 2002.

KIRCHNER, C. (1981): Konzernrechnungslegung in Europa: Rechnungslegungspraxis und Probleme der Neuregelung durch die 7. gesellschaftsrechtliche Richtlinie in der EG, in: Die Aktiengesellschaft 1981, S. 325-341.

KIRSCH, H.-J./METH, D. (2007): Adressaten einer IFRS-Rechnungslegung für mittelständische Unternehmen, in: BB 2007, S. 7-12.

KIRSCH, H. (2008): Einführung in die internationale Rechnungslegung nach IFRS, 5. Aufl., Rheinbreitbach 2008.

KNORR, L./BEIERSDORF, K./SCHMIDT, M. (2007): EU-Vorschlag zur Vereinfachung des Unternehmensumfeldes – insbesondere für KMU, in: BB 2007, S. 2111-2117.

KÖHLER, A. G. (2008): Kosten-Nutzen-Aspekte der Vereinfachungsvorschläge der EU-Kommission in den Bereichen Rechnungslegung und Wirtschaftsprüfung, in: WPg 2008, S. 5-12.

KOTHAVALA, K. (2003): Proportional consolidation versus the equity method: A risk measurement perspective on reporting interests in joint ventures, in: Journal of Accounting and Public Policy 2003, S. 517-538.

KREJCI, H. (1993): Eigenkapitalersetzende Bankdarlehen bei der Kreditsicherung durch Konzernschwestern, in: ecolex 1993, S. 308-312.

KRÖNERT, B. (2001): Grundsätze informationsorientierter Rechnungslegung: Eine Untersuchung über die Erfüllung der Informationsfunktion von Jahresabschlüssen durch die US-GAAP, Sternenfels 2001.

KUPFERNAGEL, S. (1991): Die Generalnorm für den Jahresabschluss von Kapitalgesellschaften: Herleitung, Ziele und teleologische Auslegung, Frankfurt am Main 1991.

KUßMAUL, H./HENKES, J. (2006): IFRS für den Mittelstand: Anwender- und Adressatenkreis im Kontext der neuesten Entwicklungen beim SME-Projekt der IASB, in: BB 2006, S. 2235-2240.

KÜTING, K. (1983): Die Quotenkonsolidierung nach der 7. EG-Richtlinie, Anwendungsprobleme und kritische Würdigung, in: BB 1983, S. 804-814.

KÜTING, K.-H./KÖTHNER, R./ZÜNDORF, H. (1998): § 311: Definition (Assoziierte Unternehmen) Befreiung, in: Küting, K./Weber, C.-P. (Hrsg.), Handbuch der Konzernrechnungslegung: Kommentar zur Bilanzierung und Prüfung, Band 2, 2. Aufl., Stuttgart 1998.

KÜTING, K.-H./GATTUNG, A. (2003): Konzerntheorien in der nationalen und internationalen Konzernrechnungslegung, in: ZVglRWiss 2003, S. 505-527.

KÜTING, K./RANKER, D./WOHLGEMUTH, F. (2004): Auswirkungen von Basel II auf die Praxis der Rechnungslegung – Ist eine ausschließlich ratinginduzierte Umstellung der Rechnungslegung auf IFRS sinnvoll?, in: Finanz-Betrieb 2004, S. 93-104.

KÜTING, K./HARTH, H.-J. (1999): Vergleich der Kapitalkonsolidierung nach HGB, US-GAAP und IAS, Teil II, in: BB 1999, S. 1424-1429.

KÜTING, K./WEBER, C.-P. (2008): Der Konzernabschluss, 11. Aufl., Stuttgart 2008.

KÜTING, K./WEBER, C.-P. (2009): Die Bilanzanalyse: Beurteilung von Abschlüssen nach HGB und IFRS, 8. Aufl., Stuttgart 2009.

KÜTING, K./WEBER, C.-P./WIRTH, J. (2008): Die Goodwillbilanzierung im finalisierten Business Combinations Project Phase II – Erstkonsolidierung, Werthaltigkeitstest und Endkonsolidierung, in: KoR 2008, S. 139-152.

KÜTING, K./ZWIRNER, C. (2007): Quantitative Auswirkungen der IFRS-Rechnungslegung auf das Bilanzbild in Deutschland: Ein Modell zur Erfassung von Unterschieden zwischen der nationalen Rechnungslegung und der IFRS-Bilanzierung, in: KoR 2007, S. 92-102.

LABRENZ, H./NEUBAUER, L./SCHMIDT, M./SCHMIDT, P. (2008): Joint Ventures im Konzernabschluss deutscher börsennotierter Unternehmen, in: KoR 2008, S. 178-187.

LAMNEK, S. (2006): Qualitative Sozialforschung, 4. Aufl., Wiesbaden 2006.

LECHNER, E. (2000): § 283: Zwangsstrafen, in: Straube, M. (Hrsg.), Kommentar zum Handelsgesetzbuch, Band 2, 2. Aufl., Wien 2000.

LEFFERS, I. (2000): Gesellschafter-Fremdfinanzierung: Englisch-deutsche Textausgabe mit ausführlicher Kommentierung, 2. Aufl., Berlin 2000.

LEFFSON, U. (1986): Handwörterbuch unbestimmter Rechtsbegriffe im Bilanzrecht des HGB, Köln 1986.

LEFFSON, U. (1987): Die Grundsätze ordnungsgemäßer Buchführung, 7. Aufl., Düsseldorf 1987.

LEHNER, F./MAIER, R. (1994): Information in Betriebswirtschaftlehre, Informatik und Wirtschaftsinformatik, Forschungsbericht Nr. 11, Schriftenreihe des Lehrstuhl für Wirtschaftsinformatik und Informationsmanagement an der WHU 1994.

LEITNER, S. (2007): Der Einfluss von IFRS auf die europäischen und österreichischen Rechnungslegungsvorschriften, in: Löffler, H./Rohatschek, R. (Hrsg.), Internationale und nationale Rechnungslegung am Wendepunkt, Wien 2007, S. 15-53.

LEITNER, S. (2009): Abschaffung der Quotenkonsolidierung nach ED 9 des IASB - eine empirische Studie zur Prognosequalität und den quantitativen Auswirkungen für österreichische und deutsche börsenotierte Unternehmen", in: IRZ 2009, S. 27-35.

LEITNER-HANETSEDER (2010): Relative Information Content of Alternative Joint Venture Reporting Methods – Is the IASB on the right Way?, Working Paper, EAA Conference, Istanbul 2010.

LEITNER, S./ROHATSCHEK, R. (2008): Externe Rechnungslegung und Abschlussprüfung oberösterreichischer Familienunternehmen: Eine empirische Betrachtung, in: Feldbauer-Durstmüller, B./Pernsteiner, H./Rohatschek, R./Tumpel, M. (Hrsg.), Familienunternehmen, Wien 2008, S. 81-106.

LEV, B. (1988): Toward a Theory of Equitable and Efficient Accounting Policy, in: The Accounting Review 1988, S. 1-21.

LIEBOWITZ, S. J./MARGOLIS, S. E. (1994): Network Externality: An Uncommon Tragedy, in: Journal of Economic Perspectives 1994, S. 133-150.

LINNEMANN, C. (2007): Deutscher Mittelstand vom Aussterben bedroht?: Unternehmensnachfolge im Fokus, Frankfurt am Main 2007.

LITZ, H. P. (2000): Multivariate statistische Methoden, München 2000.

LÜDENBACH, N. (2010): § 32: Tochterunternehmen im Konzern- und Einzelabschluss, in: Lüdenbach, N./Hoffmann, W.-D. (Hrsg.), Haufe IFRS-Kommentar, 8. Aufl., Freiburg 2009.

LÜDENBACH, N. (2010): § 34: Anteile an Joint Ventures, in: Lüdenbach, N./Hoffmann, W.-D. (Hrsg.), Haufe IFRS-Kommentar, 8. Aufl., Freiburg 2009.

LÜDENBACH, N. (2009): § 310: Konsolidierung, in: Hoffmann, W.-D./Lüdenbach, N. (Hrsg.), NWB Kommentar Bilanzierung, Handels- und Steuerrecht, Herne 2009.

LUTTER, B./RIMMELSPACHER, D. (1992): Einheitstheorie und Kapitalkonsolidierung – mehr Konflikt als Konsens?, in: DB 1992, S. 485-491.

MACKENSTEDT, A./FLADUNG, H.-D./HIMMEL, H. (2006): Ausgewählte Aspekte bei der Bestimmung beizulegender Zeitwerte nach IFRS 3, in: WPg 2006, S. 1037-1048.

MAINGOT, M./ZEGHAL, D. (2006): Financial Reporting of Small Business Entities in Canada, in: Journal of Small Business Management 2006, S. 513-530.

MANDLER, U. (2004): Der deutsche Mittelstand vor der IAS-Umstellung 2005: Konzepte und empirische Befunde zur Umsetzung der IAS-Verordnung, Herne 2004.

MARSCHAK, J. (1954): Towards an Economic Theory of Organization and Information: in: Thrall, R. M./Davis, R. L. (Hrsg.), Decision Processes, New York 1954, S. 187-220.

MARX, F. J./DALLMANN, H. (2004): Jahresabschlusspublizität mittelständischer Unternehmen: Empirische Befunde und konzeptionelle Überlegungen, in: BB 2004, S. 929-935.

MASSENBERG, H.-J./BORCHARDT, A. (2007): Rating und Rechnungslegung im Mittelstand, in: BFuP 2007, S. 346-357.

MAYERING, P. (2008): Qualitative Inhaltsanalyse: Grundlagen und Techniken, 10. Aufl., Weinheim 2008.

MAYERING, P./BRUNNER, E. (2009): Qualitative Inhaltsanalyse, in: Buber, R./Holzmüller, H. H. (Hrsg.), Qualitative Marktforschung, Konzepte – Methoden – Analysen, 2. Aufl., Wiesbaden 2009, S. 669-680.

MERKEL, H. (1998): § 17: Die konzerntypischen Kreditsicherheiten und Kreditsicherungsvereinbarungen, in: Lutter, M./Scheffler, E./Schneider, U. (Hrsg.), Handbuch der Konzernfinanzierung, Köln 1998, S. 529-574.

MERSEREAU, A. (2002): Differential reporting: A Change in Canadian GAAP that will be of interest to most Canadian Corporations, in: CA Magazine 2002, S. 30-32.

METH, D. (2007): Die IFRS als Grundlage der Rechnungslegung mittelständischer Unternehmen: Eine Analyse der Eignung der IFRS für mittelständische Unternehmen unter Berücksichtigung des IASB-Projektes „Accounting Standards for Small and Medium-sized Entities", Lohmar 2007.

MEYER, C./SCHILL, P./BÜTLER, R. (2004): Rechnungslegung mittelgroßer Unternehmen: Wie reagieren größere, nicht kotierte Schweizer Unternehmen auf die Internationalisierung der Rechnungslegung?, Zürich 2004.

MILLA, A. /BUTOLLO, B. Sonderfälle der Übergangskonsolidierung nach IFRS und die Wechselwirkung zu IFRS 5, in: IRZ 2007, S. 173-182.

MOXTER, A. (1974): Bilanzlehre, Wiesbaden 1974.

MOXTER, A. (1976): Fundamentalgrundsätze ordnungsmässiger Rechenschaft, in: Baetge, J. (Hrsg.), Bilanzfragen: Festschrift zum 65. Geburtstag von Ulrich Leffson, Düsseldorf 1976, S. 87-100.

MOXTER, A. (2000): Rechnungslegungsmythen, in: BB 2000, S. 2143-2149.

MOXTER, A. (2003): Grundsätze ordnungsgemäßer Rechnungslegung, Düsseldorf 2003.

MÜHLBERGER, M. (2001): Die zweckadäquate Bilanzierung von Minderheitsanteilen im ein- und mehrstufigen Konzern nach HGB, IAS und US-GAAP, in: WPg 2001, S. 1312-1325.

MUJKANOVIC, R. (2000): Die Vorschläge des Deutschen Standardisierungsrates zur Abbildung von Unternehmenserwerben im Konzernabschluss: Zwei Schritt vor, ein Schritt zurück?, in: WPg 2000, S. 637-647.

MURRAY, D./JOHNSON, R. (1983): Differential GAAP and the FASB's Conceptual Framework, in: Journal of Accounting, Auditing & Finance 1983, S. 4-15.

NEUMANN, K. (1998): Aufsicht über Finanzkonglomerate, Berlin 1998.

NIEHUS, R. J./THYLL, A: (2000): Konzernabschluss nach US-GAAP, 2. Aufl., Stuttgart 2000.

NOTH, M. (1994): Regulierung asymmetrischer Informationsverteilung, Wiesbaden 1994.

NOWOTNY, C. (2000), Vorbemerkung vor § 244, in: Straube, M. (Hrsg.), Kommentar zum Handelsgesetzbuch, Band 2, 2. Aufl., Wien 2000.

NOWOTNY, C. (2000): § 244: Pflicht zur Aufstellung, in: Straube, M. (Hrsg.), Kommentar zum Handelsgesetzbuch, Band 2, 2. Aufl., Wien 2000.

NOWOTNY, C./PLATZER, W. (2000): § 262: Begriff, in: Straube, M. (Hrsg.), Kommentar zum Handelsgesetzbuch, Band 2, 2. Aufl., Wien 2000.

OEHLER, R. (2005): Auswirkungen einer IAS/IFRS-Umstellung bei KMU, München 2005.

OEHLER, R. (2006):Auswirkungen einer IFRS-Umstellung auf das Kreditrating mittelständischer Unternehmen, in: Der Betrieb, S. 113-119.

ÖPPINGER, C. (2009): Offenlegung von Jahresabschlüssen nach den Bestimmungen des UGB, in: SWK 2009, S. 1567-1582.

OTTE, H.-H. (1988): Gestaltungsspielräume bei der Erwerbskonsolidierung nach § 301 HGB, in: BB 1988, S. 100-105.

PAGE, M. J. (1984): Corporate Financial Reporting and Small Independent Company, in: Accounting & Business Research 1984, S. 271-282.

PARKER R. H. (1977): Concepts of consolidation in the EEC, in: Accountancy 1977, S. 72-75.

PAWELZIK, K. U. (2004): Die Konsolidierung von Minderheiten nach IAS/IFRS der Phase II („business combinations"), in: WPg 2004, S. 677-694.

PAWELZIK, K. U. (2009): Kombination von full goodwill und bargain purchase, in: PiR 2009, S. 277-279.

PEEMÖLLER, V. H./SPANIER, G./WELLER, H. (2002): Internationalisierung der externen Rechnungslegung: Auswirkungen auf nicht kapitalmarktorientierte Unternehmen, in: BB 2002, S. 1799-1803.

PELGER, C. (2009): Entscheidungsnützlichkeit in neuem Gewand: Der Exposure Draft zur Phase A des Conceptual Framework-Projekts, in: KoR 2009, S. 156-163.

PELLENS, B. (1994): Aktionärsschutz im Konzern, Wiesbaden 1994.

PELLENS, B./FÜLBIER, R. U. (2000): Differenzierung der Rechnungslegungsregulierung nach Börsenzulassung, in: Zeitschrift für Unternehmens- und Gesellschaftsrecht 2000, S. 572-593.

PELLENS, B./BASCHE, K./SELLHORN, T. (2003): Full Goodwill Method: Renaissance der reinen Einheitstheorie in der Konzernbilanzierung?, in: KoR 2003, S. 1-4.

PELLENS, B./AMSHOFF, H./SELLHORN, T. (2008a): IFRS 3 (rev. 2008): Einheitstheorie in der M&A-Bilanzierung, in: BB 2008, S. 602-606.

PELLENS, B./FÜLBIER, R. U./GASSEN, J./SELLHORN, T. (2008b): Internationale Rechnungslegung, 7. Aufl., Stuttgart 2008.

PERNSTEINER, H. (2005): Anforderungen an das unternehmerische Controlling aufgrund Basel II, in: Feldbauer-Durstmüller, B./Stiegler, H. (Hrsg.), Handbuch Controlling und Consulting: Festschrift für Harald Stiegler zum 65. Geburtstag, Wien 2005, S. 515-552.

PERNSTEINER, H. (2008): Familienunternehmen und Familienmanagement, in: Feldbauer-Durstmüller, B./Pernsteiner, H./Rohatschek, R./Tumpel, M. (Hrsg.), Familienunternehmen, Wien 2008, S. 53-79.

PETERSEN, K./ZWIRNER, C. (2008): Neuerungen in der Konzernrechnungslegung nach HGB - Geplante Veränderungen gemäß dem Regierungsentwurf zum BilMoG, in: DB 2008, S. 2093-2099.

PFADENHAUER, M. (2009): Das Experteninterview - Ein Gespräch auf gleicher Augenhöhe, in: Buber, R./Holzmüller, H. H. (Hrsg.), Qualitative Marktforschung, Konzepte – Methoden – Analysen, 2. Aufl., Wiesbaden 2009, S. 449-461.

PIRCHEGGER, B. (1996): Das Ausweisverhalten österreichischer Konzerne – ausgewählte Ergebnisse einer empirischen Untersuchung, in: RWZ 1996, S. 356-361.

RENTSCHLER, R. (1988) : Kapitalkonsolidierung nach § 301 HGB: Eine Analyse unter informationstheoretischen Aspekten, München 1988.

REUTER, A. (2001): Kreditgewährung und Kreditsicherheiten in Gesellschafts- und Zivilrecht: Der Stand der Rechtsprechung und die Folgen für Holding-, Akquisitions-, leveraged loan- und Projektfinanzierung, in: NZI 2001, S. 393-403.

RIAHI-BELKAOUI, A. (2000): Accounting theory, 4. Aufl., London 2000.

RICHTER, R. (1991): Institutionenökonomische Aspekte der Theorie der Unternehmung, in: Ordelheide, D./Rudolph, B./Brüsselmann, E. (Hrsg.), Betriebswirtschaftslehre und Ökonomische Theorie, Stuttgart 1991, S. 395-429.

ROHATSCHEK, R./MAUKNER, H. (2008): Rechnungslegung nach IFRS, Überblick mit erläuternden Beispielen, 3. Aufl., Wien 2008.

ROSS, S. A. (1973): The Economic Theory of Agency: The Principal Problem, in: The American Economic Review 1973, S. 134-139.

RUDOLPH, B. (1984): Kreditsicherheiten als Instrumente zur Umverteilung und Begrenzung von Kreditrisiken, in: ZfB 1984, S. 16-43.

RUDOLPH, B. (1998): § 2: Die konzernweiten Finanzierungsregeln und Kapitalstruktur, in: Lutter, M./Scheffler, E./Schneider, U. (Hrsg.), Handbuch der Konzernfinanzierung, Köln 1998.

RUHNKE, K. (2005): Rechnungslegung nach IFRS und HGB, Lehrbuch zur Theorie und Praxis der Unternehmenspublizität, Stuttgart 2005.

RUSCH, A. F. (2004): Interzession im Interesse des Aktionärs: Sicherheitenbestellung für Verbindlichkeiten von Mutter- und Schwestergesellschaften in der Schweiz, Zürich 2004.

SAHNER, F. (1981): Die Bedeutung des Einheitsgrundsatzes für den Konzernabschluss zum Aktiengesetz und in der 7. EG-Richtlinie, in: ZfbF 1981, S. 711-736.

SAHNER, F./HÄGER, M. (1988a): Konzernbilanzpolitik im Rahmen der Kapitalkonsolidierung gem. § 301 HGB, in: DB 1988, S. 405-412.

SAHNER, F./HÄGER, M. (1988b): Zur Zwischenerfolgseliminierung beim Beteiligungsansatz „at equity", in: BB 1988, S. 1780-1784.

SAHNER, F. /SAUERMANN, K. (1998): § 296: Verzicht auf die Einbeziehung, in: Küting, K./Weber, C.-P. (Hrsg.), Handbuch der Konzernrechnungslegung, Kommentar zur Bilanzierung und Prüfung, Band 2, 2. Aufl., Stuttgart 1998, S. 1053-1061.

SAUER, U. (2003): § 52 AktG, in: Doralt, P./Nowotny, C./Kalss, S. (Hrsg.) Kommentar zum Aktiengesetz, download unter: http://han.ubl.jku.at (01. 09.2010).

SCHEREN, M. (1998): Kapitel I, Artikel 5: Möglichkeiten und Grenzen der Konzernbilanzpolitik, in: Küting, K./Weber, C.-P. (Hrsg.), Handbuch der Konzernrechnungslegung, Kommentar zur Bilanzierung und Prüfung, Band 2, 2. Aufl., Stuttgart 1998.

SCHICK, A. G./GORDON, L./HAKA, S. (1990): Information Overload: A Temporal Approach, in: Accounting, Organizations and Society 1990, S. 199-220.

SCHIERENBECK, H. (1980): Der Pyramiden-Effekt im verschachtelten Konzern, in: DBW 1980, S. 249-258.

SCHILDBACH, T. (1975): Analyse des betrieblichen Rechnungswesens aus der Sicht der Unternehmungsbeteiligten: Dargestellt am Beispiel der Aktiengesellschaft, Wiesbaden 1975.

SCHILDBACH, T. (1986): Jahresabschluss und Markt, Berlin 1986.

SCHILDBACH, T. (1987): Anmerkungen zu den neuen Konzernrechnungslegungsvorschriften, in: Die Betriebswirtschaft 1987, S. 391-400.

SCHILDBACH, T. (1989): Überlegungen zu Grundlagen einer Konzernrechnungslegung, Teil I, in: WPg 1989, S. 157-164.

SCHILDBACH, T. (2002): Internationale Rechnungslegungsstandards für alle, in: BFuP 2002, S. 263-278.

SCHILDBACH, T. (2005): Das System der IAS/IFRS in der EU: Charakter und Probleme, in: Schneider, D. (Hrsg.), Kritisches zu Rechnungslegung und Unternehmensbesteuerung: Festschrift für Theodor Siegel, Berlin 2005, S. 45-63.

SCHILDBACH, T. (2008): Der Konzernabschluss nach HGB, IAS und US-GAAP, 7. Aufl., München 2008.

SCHILDBACH, T./FELDHOFF, M. (1993): Adressaten, in: Chmielewicz, K./Schweitzer, M. (Hrsg.), Handwörterbuch des Rechnungswesens, 3. Aufl., Stuttgart 1993, Sp. 30-36.

SCHINDLER, J. (1986): Der Ausgleichsposten für die Anteile anderer Gesellschafter nach § 307 HGB, in: WPg 1986, S. 588-596.

SCHINDLER, J. (1987): Konsolidierung von Gemeinschaftsunternehmen: Ein Beitrag zu § 310 HGB, in: BB 1987, S. 158-166.

SCHLAUß, S. (2007): Das neue Ordnungsgeldverfahren bei Verletzung der Publizitätspflicht: Verschärfte Sanktionierung der Nichtoffenlegung von Jahresabschlüssen durch das Bundesamt für Justiz, in: DB 2007, S. 2191-2194.

SCHNEIDER, U. (1984): Das Recht der Konzernfinanzierung, in: ZGR 1984, S. 479-537.

SCHNEIDER, D. (1997): Betriebswirtschaftslehre, Band 2: Rechnungswesen, 2. Aufl., München 1997.

SCHNELL, R./HILL, B./ESSER, E. (2008): Methoden der empirischen Sozialforschung, 8. Aufl., München 2008.

SCHORR, G./WALTER, K.-F. (2006): IFRS für den deutschen Mittelstand und Kreditfinanzierung, in: ZfgK 2006, S. 1090-1093.

SCHRUFF, W. (1993): Der Konzern, in: Wittmann, W./Kern, W./Köhler, R./Küpper, H.-U./Wysocki, K. v. (Hrsg.), Handwörterbuch der Betriebswirtschaftlehre, Teilband II, 5. Aufl., Stuttgart 1993, Sp. 2274-2287.

SEC – SECURITIES AND EXCHANGE KOMMISSION (Hrsg.) (2007): Final Rule, Release No. 33-8879, download unter: http://www.sec.gov/rules/final/ 2007/33-8879.pdf (01.09.2010).

SEC – SECURITIES AND EXCHANGE KOMMISSION (Hrsg.) (2008): Concept Release on Allowing US Issuers to Prepare Financial Statements in Accordance with International Financial Reporting Standards (No. 33-8831; 34-56217), download unter: http://www.sec.gov (01.09.2010).

SHLEIFER, A./VISHNY, R. W. (1986): Large shareholders and corporate control, in: Journal of Political Economy 1986, S. 461-488.

SIEBOURG, P. (1998): § 290: Pflicht zur Aufstellung, in: Küting, K./Weber, C.-P. (Hrsg.), Handbuch der Konzernrechnungslegung, Kommentar zur Bilanzierung und Prüfung, Band 2, 2. Aufl., Stuttgart 1998.

SIEBOURG, P. (1998): § 291: Befreiende Konzernabschlüsse und Konzernlageberichte, in: Küting, K./Weber, C.-P. (Hrsg.), Handbuch der Konzernrechnungslegung: Kommentar zur Bilanzierung und Prüfung, Band 2, 2. Aufl., Stuttgart 1998.

SIEBOURG, P. (1998): § 293: Größenabhängige Befreiungen, in: Küting, K./Weber, C.-P. (Hrsg.), Handbuch der Konzernrechnungslegung: Kommentar zur Bilanzierung und Prüfung, Band II, 2. Aufl., Stuttgart 1998.

SIGLE, H. (1998) § 310: Anteilsmäßige Konsolidierung, in: Küting, K./Weber, C.-P. (Hrsg.), Handbuch der Konzernrechnungslegung: Kommentar zur Bilanzierung und Prüfung, Band 2, 2. Aufl., Stuttgart 1998.

SIGLE, H./LÜDENBACH, N. (2008): Erhalt der Quotenkonsolidierung?, in: PiR 2008, S. 27-28.

SKINNER, R. M. (1972): Accounting Principles, Toronto 1972.

SKRZIPEK, M. (2005): Shareholder Value versus Stakeholder Value: Ein Vergleich des US-amerikanischen Raums mit Österreich, Wiesbaden 2005.

STANGA, K. G./TILLER, M. G. (1983): Needs of Loan officers for Accounting Information from Large versus Small Companies, in: Accounting and Business Research 1983, S. 63-70.

STEINER, M./WALLMEIER, M. (1999): Unternehmensbewertung mit Discounted Cash Flow-Methoden und dem Economic Value Added Konzept, in: Finanz-Betrieb 1999, S. 1-10.

STEINER, E./GROSS, B. (2004): Auswirkungen des Bilanzrechtsreformgesetzes auf die Rechnungslegung, in: StuB 2004, S. 551-558.

STIBI, B./FUCHS, M. (2007), Die handelsrechtliche Konzernrechnungslegung nach dem Referentenentwurf des BilMoG, in: KoR 2007, S. 97-104.

STOLTZFUS, R. L./EPPS, R. W. (2005): An empirical study of value-relevance of using proportionate consolidation accounting for investments in joint ventures, in: Accounting Forum 2006, S. 169-190.

STONE, D. E. (1967): The Objective of Financial Reporting in the Annual Report, in: The Accounting Review 1967, S. 331-337.

STRAUBE, M./TORGGLER, U. (2000): Vorbemerkungen vor § 189, in: Straube, M. (Hrsg.), Kommentar zum Handelsgesetzbuch, Band 2, 2. Aufl., Wien 2000.

STREIM, H./KUGEL, B. (1985): GmbH & Co KG und Rechnungslegungsreform, in: BFuP 1985, S. 102-107.

THEILE, C./PAWELZIK, K. U. (2009): VI: Equity-Methode (IAS 28), in: Heuser, P. J./Theile, C. (Hrsg.), IFRS-Handbuch, Einzel- und Konzernabschluss, 4. Aufl., Köln 2009, S. 695-705.

THUM, M. (1994): Möglichkeiten und Grenzen staatlicher Standardsetzung, in: Homo oeconomicus 1994, S. 465-499.

THUM, M. (1995): Netzwerkeffekte, Standardisierung und staatlicher Regulierungsbedarf, Tübingen 1995.

TIROLE, J. (1999): Industrieökonomik, 2. Aufl., München 1999.

TOUTENBURG, H./HEUMANN, C. (2008): Deskriptive Statistik: Eine Einführung mit R und SPSS, 6. Aufl., Heidelberg 2008.

TRÜTZSCHLER, K. (1998): Kapitel II, Artikel 2: Konsolidierungsgrundsätze, in: Küting, K./Weber, C.-P. (Hrsg.), Handbuch der Konzernrechnungslegung: Kommentar zur Bilanzierung und Prüfung, Band 2, 2. Aufl., Stuttgart 1998.

TSCHESCHE, F. R. (2000): IAS-Konzernabschlüsse, Baden-Baden 2000.

ULL, T. (2006): IFRS in mittelständischen Unternehmen, Empfehlungen für die inhaltliche Ausgestaltung einer mittelstandsorientierten IFRS-Rechnungslegung, Wiesbaden 2006.

VETTINGER, T./HIRZEL, C. (2009): IFRS 3 – Business Combinations, Herausforderungen in der praktischen Umsetzung, in: Der Schweizer Treuhänder 2009, S. 835-839.

v. KEITZ, I. (2005): Praxis der IASB-Rechnungslegung: Best practice von 100 IFRS-Anwendern, 2. Aufl., Stuttgart 2005.

WÄHRISCH, M. (2001): The Evolution of International Accounting Systems, Accounting System Adoptions by Firms from an Network Perspective, Frankfurt am Main 2001.

WAGENHOFER, A. (1991): Der Beginn der Konzernrechnungslegungspflicht, in: RdW 1991, S. 341-344.

WAGENHOFER, A. (2005): Internationale Rechnungslegungsstandards, 5. Aufl., Frankfurt am Main 2005.

WAGNER, E. (2008): Familienunternehmen, Besonderheiten der Kapitalstrukturpolitik von Familienunternehmen, in: Feldbauer-Durstmüller, B./Pernsteiner, H./Rohatschek, R./Tumpel, M. (Hrsg.), Familienunternehmen, Wien 2008, S. 167-199.

WALKER, R. G./WILKINS, T./ZIMMER, I. (1982): The Effects of Consolidated Statements of Loan Officers' Assessments of Ability to Repay, in: Australian Journal of Management 1982, S. 179-195.

WALTON, P. (1992): Differential reporting and the European Community – a suitable case for treatment?, in: European Business Journal 1992, S. 43-49.

WALTON, P./HARVEY, D. (1996): Differential Reporting – An Analysis, London 1996.

WEBER, C.-P. (1991): Praxis der Kapitalkonsolidierung im internationalen Vergleich, Stuttgart 1991.

WEBER, C. P./ZÜNDORF, H. (1998): § 307: Anteile anderer Gesellschafter, in: Küting, K./Weber, C.-P. (Hrsg.), Handbuch der Konzernrechnungslegung, Kommentar zur Bilanzierung und Prüfung, Band 2, 2. Aufl., Stuttgart 1998.

WEBER, C. P./ZÜNDORF, H. (1998): § 309: Behandlung des Unterschiedsbetrags, in: Küting, K./Weber, C.-P. (Hrsg.), Handbuch der Konzernrechnungslegung: Kommentar zur Bilanzierung und Prüfung, Band 2, 2. Aufl., Stuttgart 1998.

WEIßENBERGER, B. E. (1997): Die Informationsbeziehung zwischen Management und Rechnungswesen, Analyse institutionaler Koordination, Wiesbaden 1997.

WENTLAND, N. (1979): Die Konzernbilanz als Bilanz der wirtschaftlichen Einheit Konzern, Frankfurt am Main 1979.

WESSLING, E. (1991): Individuum und Information, Tübingen 1991.

WILKINS, T. A./ZIMMER, I. (1985): The Reporting of Investments in Associated Companies and Credit Evaluations: An Experimental Study", in: Journal of Business Finance and Accounting, S. 207-220.

WILSDORF, F. (1988): Rechnungslegungszwecke der Handelsbilanz und Steuerbilanz nach Inkrafttreten des Bilanzrichtlinien-Gesetzes: Ermittlung und Konkretisierung, Frankfurt am Main 1988.

WINKELJOHANN, N./BÖCKER, A. (2010): § 310: Anteilsmäßige Konsolidierung, in: Ellrott, H./Förschle, G./ Koziokowski, M./Winkeljohann, N. (Hrsg.), Beck'scher Bilanz-Kommentar Handels- und Steuerbilanz, §§ 238 bis 339, 342 bis 342 e HGB mit EGHGB und IAS/IFRS-Abweichungen, 7. Aufl., München 2010.

WÖHE, G. (1997): Bilanzierung und Bilanzpolitik, 9.Aufl., München 1997.

WOLK, H. I./TEARNEY, M. G./DODD, J. L. (2001): Accounting Theory: A Conceptual and Institutional Approach, 5. Aufl., Cincinnati 2001.

WULF, I. (2009): Bilanzierung des Goodwill nach IFRS 3 und IAS 36 – Eine Fallstudie unter Berücksichtigung bilanzpolitischer Gestaltungsmöglichkeiten beim Goodwill-Impairment, in: KoR 2009, S. 729-736.

YOUNG, J. J. (2006): Making up users, in: Accounting, Organizations and Society 2006, S. 579-600.

ZEHETNER, U./PLATZER, W. (2000): § 280: Offenlegung des Konzernabschlusses, in: Straube, M. (Hrsg.), Kommentar zum Handelsgesetzbuch, Band 2, 2. Aufl., Wien 2000.

ZIMMERLING, M. (1998): Kapitalerhaltung und Konzernfinanzierung: Eine Untersuchung der kapitalerhaltungsrechtlichen Problematik aufsteigender Sicherheiten im Konzern, Frankfurt am Main 1998.

ZÜLCH, H./ERDMANN, M.-K./WÜNSCH, M. (2008): Geplante Änderungen bei der Bilanzierung von gemeinschaftlich geführten Unternehmen durch den Exposure Draft ED 9 Joint Arrangements, in: WPg 2008, S. 204-208.

ZÜLCH, H./WÜNSCH, M. (2008): Neuregelung der Bilanzierung von gemeinschaftlichen Tätigkeiten durch ED 9 Joint Arrangements, in: PiR 2008, S. 29-31.

ZÜNDORF, H. (1987a): Zum Begriff des Gemeinschaftsunternehmens in § 310 HGB, in: BB 1987, S. 1910-1918.

ZÜNDORF, H. (1987b): Quotenkonsolidierung versus Equity-Methode, Stuttgart 1987.

FSC
www.fsc.org
MIX
Papier | Fördert gute Waldnutzung
FSC® C083411

Kolibri 360 GmbH
Ferdinand-Jühlke-Straße 7
99095 Erfurt, Deutschland
produktsicherheit@kolibri360.de